경제가 민주화를 만났을 때

이장규

중앙일보 뉴욕특파원·경제부장·일본총국장·편집국장·경제대기자를 역임했다. 경제기획원·재무부·상공부·농수산부·건설부·동력자원부 등 모든 경제부처를 출입한 '전천후' 경제기자이며, 시사지 경영인이 된 이후에도 발품 팔기를 멈추지 않았던 '만년' 현장기자. 1996년부터 10여 년간 핵심을 찌르는 특유의 명쾌한 칼럼으로 필명을 높였다.

젊은 시절에는 주로 한국의 경제정책 취재에 몰두하여 《경제는 당신이 대통령이야》(1991)와 그 속편에 해당하는 《실록 6공경제》(1995) 등의 책을 썼다. 한국판 '대통령의 경제학'을 집대성하겠다는 것이 그의 꿈이다.

기자생활 후반, 그는 시선을 밖으로 돌렸다. NICs, BRICs, 이머징마켓, 자원전쟁 등 세계경제의 환경 변화에 주목하여 더 부지런히 지구촌 곳곳을 누비고 다녔으며 《19단의 비밀-다음은 인도다》(1994), 《카스피해 에너지 전쟁》(2006) 등의 저서를 통해 한발 앞선 통찰로 한국경제의 돌파구를 제시해왔다.

저널리스트로서의 31년을 마감한 후 기업인으로 변신, 하이트맥주의 대표이사를 지냈다.

앞으로는 대학 강의와 저술에 집중할 계획이다.

《실록 6공경제》 공저자
김왕기 전 중앙일보 기자 / 허정구 전 중앙일보 기자 / 김종수 현 중앙일보 논설위원 / 남윤호 현 중앙일보 선임기자
*《경제가 민주화를 만났을 때》는 《실록 6공경제》의 개정증보판입니다.

경제가 민주화를 만났을 때 《실록 6공경제》 개정증보판

초판 1쇄 발행_ 2011년 7월 15일
초판 2쇄 발행_ 2011년 8월 30일

지은이_ 이장규 외
펴낸이_ 이성수
편집장_ 박상두
편집_ 황영선, 이홍우, 이효주, 박현지
본문디자인_ 이세영

펴낸곳_ 올림
주소_ 서울시 종로구 신문로1가 163 광화문오피시아 1810호
등록_ 2000년 3월 30일 제300-2000-192호(구: 제20-183호)
전화_ 02-720-3131   팩스_ 02-720-3191
이메일_ pom4u@naver.com   홈페이지_ www.ollim.com

값_ 22,000원
ISBN 978-89-93027-24-2 03320

※ 이 책은 올림이 저작권자와의 계약에 따라 발행한 것이므로 본사의 허락 없이는 어떠한 형태나 수단으로도 이 책의 내용을 이용하지 못합니다.
※ 잘못된 책은 구입하신 서점에서 바꿔 드립니다.

경제가 민주화를 만났을 때

노태우 경제의 재조명

이장규 외 지음

을유

국립중앙도서관 출판시도서목록(CIP)

경제가 민주화를 만났을 때 : 노태우 경제의 재조명 / 이장규 외 지음. -- 서울 : 올림, 2011
  p. ; cm

색인수록
권말부록: 6공 경제일지
ISBN 978-89-93027-24-2 03320 : ₩22000

한국 경제[韓國經濟]

320.911-KDC5
330.9519-DDC21   CIP2011002684

추천사

현장감 넘치는 경제드라마

이장규 씨의 《경제가 민주화를 만났을 때》는 《경제는 당신이 대통령이야》와 함께 5·6공시대의 경제 상황과 흐름을 잘 알 수 있는 귀중한 역사적 기록이다.

그 시대의 경제상을 아는 데는 정교한 분석틀에 의한 이론적 해석도 중요하지만, 현장에 실제 몸담았던 사람들을 통한 증언이나 기록도 그만큼 중요하다. 그래야 경제가 그렇게 돌아간 배경과 경과, 또 경제 주체들의 역할들을 제대로 알 수 있기 때문이다. 피가 통하고 사람 냄새가 나는 이런 방식은 우리나라에서는 제대로 평가받지 못하고, 그래서 아직은 미개척분야로 남아 있다. 어찌 보면 이것들이 진짜 경제 역사인데 그렇다.

5공경제를 대상으로 한 《경제는 당신이 대통령이야》와 6공경제를 다룬 《경제가 민주화를 만났을 때》는 이장규 씨가 신문사 현역시절 팀장이 되어 발로 뛰며 발굴한 자료와 증언들을 토대로 쓴 것이다. 당시 중앙경제신문중앙일보에 통합흡수됨에 대형기획물로서 연재되어 큰 인기를 끌었다.

연재가 끝난 다음 《경제는 당신이 대통령이야》가 91년 처음 책으로 나왔고 뒤이어 95년에 《실록 6공경제》가 나왔다 《경제가 민주화를 만났을 때》는 《실록 6공경제》를 다시 쓴 것이다.

5·6공은 정치적으로도 격동의 시대였지만 경제적으로도 파란만장했다. 이때는 나와 이장규 씨가 중앙경제에서 같이 근무했다. 세상은 격변에 격변을 거듭했고 이를 뒤좇는 지면도 그날그날 정신없이 돌아갔다. 어느 날 이장규 씨가 중앙경제의 대형기획물로서 5공과 6공의 경제를 실록으로 엮자는 제안을 했다. 그 후 구체적 기획에서부터 취재하고 정리하여 기사화하는 일을 혼자 도맡다시피 하여 훌륭한 작품을 만들어 냈다. 방대한 자료를 모으고 많은 사람들을 만나 일일이 확인하는 과정을 거쳤다. 왜곡과 편향이 심한 현대사를 사실에 입각하여 객관적으로 정리하고 기록한 귀중한 자료이다. 완전하다고는 할 수 없지만 5·6공경제사에 관해서 하나의 뼈대를 마련했다고 볼 수 있다.

그러나 신문연재 때부터 무언가 부족함을 느껴 왔다. 신문 마감시간에 맞춰야 하는 시간의 제약에다 취재의 어려움 때문이다. 책으로 나올 때는 많이 보완되었으나 미흡함은 여전했다. 세월이 지남에 따라 새로운 사실이 밝혀지기도 하고 옛날엔 입을 안 열던 사람들의 새로운 증언도 나왔다. 그것들을 종합해서 이장규 씨가 대대적인 작업을 벌이더니 두 책을 완전히 보완해 새 책을 내놨다. 바쁜 일상 중에서도 새로 사람을 만나고 자료를 챙기고 하여 책을 새로 쓰다시피 한 집념과 노력이 놀랍다.

프로 언론인으로서의 정열과 솜씨가 녹슬지 않았음을 보여주고 있다.

얼마 전에 나온 《경제는 당신이 대통령이야》를 뒤이은 이번 《경제가 민주화를 만났을 때》는 한층 재미있고 깊이가 있고 또 정확하다. 미흡했던 부분들이 많이 채워진 느낌이다. 현대경제사를 이해하는 데 좋은 이정표가 될 것으로 보인다.

앞으로도 이런 노력을 멈추지 않고 6공 이후의 경제사에 대해서도 좋은 발굴과 사실 접근이 이루어지길 기대해 본다.

2011년 7월

최 우 석

전 중앙일보·중앙경제신문 주필

차례

추천사 현장감 넘치는 경제드라마   5
서문 물대통령이 주도한 경제민주화   14
6공 경제정책 인맥도   21

제1장 '민주화'라는 쓰나미

기자도 참석시킨 경제차관회의   25
경제민주화의 시동   31
전두환정권이 넘겨준 짐   37
친구끼리 주고받은 대통령 권좌   43
그 밥에 그 나물   49
올림픽 성공과 그 이후   55
노 대통령의 경제관   60
대통령의 가정교사   67

제2장 여소야대(與小野大)시대

국회, 권력의 중심에 서다   79
야당이 주도한 경제 입법   84
포퓰리즘의 향연   90
쌀값도 국회가 정한다   95
농협회장도 직선제로 뽑아라   100

제3장 소모품 장관들

27번의 개각 107
키친 캐비닛 114
124명의 장관들 121
누가 경제사령탑인가 128
경제수석들의 고전 136

제4장 용두사미 개혁정책

회장 전두환, 사장 노태우 145
'작은 정부' 한다더니… 151
'경제 CIA' 국세청 157
선거공약 달성률 98% 163
안 되면 언론 탓 167

제5장   노동자시대

달라지는 노동정책	175
공권력 발동 시비	181
무노동무임금의 진통	187
연봉제의 탄생	192
불발탄으로 끝난 노동관계법 개정	198

제6장   금융실명제 두 번 죽다

부활한 금융실명제	205
금융실명단의 발족	210
실명제의 표류	216
대통령의 우유부단	225

제7장   신도시 건설

정부가 불지른 부동산투기	233
분당은 문희갑, 일산은 박승	239
200만 가구를 짓다	244
바닷모래와 중국산 시멘트	249
졸속과 신속의 차이	254

제8장 토지공개념의 탄생

개혁을 놓치면 혁명이 온다 263
토초세가 몰고 온 부작용들 277

제9장 정부와 재계의 전쟁

기업권력과 정치권력 285
"대통령을 뭘로 보나" 291
재계의 항복, 그리고 반격 296
자진매각이 강제매각으로 301
정주영의 도전 307
현대를 죽여라 314
노 대통령의 재벌관 320
달라진 정치자금 풍속도 327

제10장 산업정책의 진화

민주화 바람 속의 부실기업 정리	337
한국중공업 민영화의 엎치락뒤치락	342
제2이동통신의 특혜 시비	347
대통령의 망신	352

제11장 한국은행의 독립운동

때를 만난 한국은행	365
시녀와 식객 사이에서	370
재무부와 한국은행의 이전투구	375
싸움은 무승부로 끝나고	380

제12장 금리자유화의 긴 여정

사공일 구상	397
장관 바뀌면서 다시 원점으로	403
대통령 사돈의 원격조정	408
돌아앉은 재무부와 한국은행	416

제13장 ● 속 썩인 주식시장

발권력까지 동원된 12·12조치   423
대책 없는 증시대책   429

제14장 ● 다시 적자시대로

국제수지, 다시 적자로   437
미국의 환율절상 압력   444
쉬쉬했던 우루과이라운드   449
보험시장 개방의 우여곡절   457
대통령이 악화시킨 대일관계   467

제15장 ● 노태우의 대표작, 북방정책과 SOC투자

소련과의 역사적 수교   477
영종도신공항과 경부고속철   493

후기(초판) 노태우시대의 경제를 정리하면서   503
부록 6공 경제일지   512
찾아보기(인명 한자표기 포함)   541

서문

물대통령이 주도한 경제민주화

전직 대통령에 대한 책들이 제법 많이 나와 있다. 하지만 유독 13대 대통령 노태우에 대한 책은 찾아보기 어렵다. 마치 노태우는 한국의 역대 대통령 명단에서 제외된 것 같은 착각이 들 정도다. 노태우시대는 아예 '잃어버린 5년'처럼 되어 있다.

그러나 이 시기야말로 한국 역사에서 엄청나게 중요한 일들이 집중적으로 일어난, 그야말로 변화무쌍한 격변의 시기가 아니었는가. 박정희에서 전두환으로 이어졌던 군사독재시대가 드디어 막을 내리고, 민주화의 향연 속에 개혁이 홍수를 이뤘으며, 서울올림픽이 치러졌고, 소련과 중국 등 공산국가들과 국교를 맺었으며, 북한과 유엔에 동시 가입하는 등의 역사적인 사건도 노태우 대통령 집권기간 중에 일어난 일이다. 게다가 정치적으로는 야당이 국회를 장악하는 여소야대 세상도 이승만정권 초기 이후 처음으로 경험했다.

정치민주화는 물론이고 경제 쪽에서도 민주화가 쓰나미처럼 밀어닥쳤다. 기존의 패러다임이 완전히 바뀌었고, 분배와 복지가 모든 정책의 화두였다.

지금의 젊은 학생들이 노태우를 모르는 것은 그 시대를 안 겪어 봤으니 그렇다고 치자. 그 시대를 살았던 세대조차 노태우가 대통령으로서 어떤 지도자였고 무슨 일을 했는지를 제대로 기억하는 사람이 많지 않은 것 같다. 아마도 '물태우' '물대통령' 등 그에게 붙여졌던 희화적 별명 정도나 기억할까. 아니면 '친구한테 물려받은 공짜 대통령', 심지어는 '수천억 원을 챙겼다가 쇠고랑을 찼던 불명예 대통령'으로 낙인찍어 버린 사람들도 적지 않을 것이다.

노태우는 이러나저러나 한국의 역대 대통령 중에 가장 인기 없는 대통령으로 치부되고 있다. 같은 군인 출신이요 친구인 전두환 전임 대통령과 비교해서도 차이가 크다. 그러나 한편 생각하면 노태우는 민주화를 주도한 공로만으로도 독재권력을 전횡했던 전임자 전두환보다 대중적 인기 면에서 더 앞서야 마땅하지 않겠는가. 수천억 원의 뇌물을 챙긴 것이 치명타였다고 하지만, 그렇게 따진다면 전두환은 안 먹었나. 어쩌면 전두환이 돈도 더 먹었고, 인사를 포함해서 독재를 더 심하게 했다고 할 수 있다. 그럼에도 불구하고 그는 선거를 통해서 뽑힌 노태우보다 지금도 더 인기 있는 전직 대통령이다. 그를 추종하는 팬클럽까지 공공연히 활동한다.

노태우의 팬클럽이 결성됐다는 말은 여태 들어보지 못했다. 측근들의 결속력도 훨씬 떨어진다. 그러나 이런 잣대만으로 노태우시대를 평가할 수는 없다. 돌이켜 보면 노태우 대통령, 그리고 그가 집권했던 시대 자체가 저평가되어 왔고, 관심조차 끌지 못해 왔다.

그렇다고 해서 노태우의 명예 회복이나 그를 위한 변명에 초점을 맞추자는 것은 전혀 아니다. 다만 '경제민주화'라는 주제 아래 보다 객관적으로 대통령으로서의 그의 역할을 돌이켜 보면서 정리하는 작업을 다시 시도해 보자는 것이 이 책이 뜻하는 바다.

이 책은 필자가 지난 1995년 동료기자 김왕기, 허정구, 김종수, 남윤호 등과 함께 썼던《실록 6공경제》의 개정증보판이다. 당시 마감에 쫓기느라 서둘러 쓰는 바람에 부실했던 점들이 많아 16년 만에 다시 손을 보게 된 것이다. 사실관계가 틀린 점도 있었고, 해석이나 평가도 미흡하고, 그릇된 점들이 적지 않아서 도저히 방치할 수 없었다. 그동안 '노태우경제'에 관한 다른 좋은 책이 출간되어 있었다면 아예 개정할 엄두도 내지 않았을 것이다.

이왕 고치는 김에 책의 제목부터 아예 바꾸고 내용도 많이 고쳐 썼다. 노태우경제 5년을 되돌아보면서 간과했던 주요 부분에 대해 새롭게 인식할 필요가 있음을 강조하고 싶었다. 목차도 새로 짜고 시각을 달리해서 다시 쓴 부분도 적지 않다. 사실관계가 잘못된 부분들을 우선적으로 바로잡았고, 지금의 시각에서 재조명해야 할 부분들은 완전히 다시 쓰기도 했다.

예컨대 북방정책의 경우 16년 전에 썼던 초판에서는 다소 비판적인 입장을 견지했으나 새 책에서는 전혀 시각을 달리 해서 '잘한 정책'으로 접근했다. 소련과의 30억 달러 경협에 대한 평가 또한 당시의 관점과 세월이 지난 지금의 관점이 같을 수 없었다.

노태우 대통령이 자랑할 만한 또 하나의 업적은 사회간접자본 확충이다. 정치나 경제 면에서 반대를 무릅쓰고 뭉칫돈을 SOC투자에 쏟아붓는다는 것이 당시로서는 결코 쉽지 않은 일이었는데도, 그는 해냈다. 경부고속철도, 영종도신공항, 서해안고속도로 건설 등이 모두 노태우정부가 결단을 내린 것들이었는데, 이에 대한 평가가 너무 인색했다.

반대로 비자금 관련 부분은 엄청난 규모의 비리 내막이 뒤늦게 드러남에 따라 더 비판적으로 고쳤다. 당시로서는 감당하기 어려워 보였던 민주화 과정의 혼란도 한 발짝 더 떨어져서 다시 정리했다.

대통령 노태우에 대해 가장 주목해야 할 점은 역시 경제민주화 과정이다. 이승만은 건국, 박정희는 산업화, 전두환은 물가안정이었다면 그의 키워드는 단연 민주화라 할 수 있을 것이다. 대통령의 리더십부터 시작해서 의회의 역할, 그리고 기업과 노조, 일반 국민들에 이르기까지 민주시대라는 새로운 세상이 펼쳐지는 가운데 한국경제가 어떻게 달라졌는가에 좀 더 집중했다. 어떻든 이야기의 주인공은 대통령 노태우다.

당시의 시대 상황을 감안할 때 어쩌면 노태우 같은 인물이 민주화 과정에서 적절했던 선택이었는지도 모른다. 누가 봐도 노태우는 총명한 지도

자도 강력한 카리스마의 지도자도 아니었다. 자신의 주견을 내세우기보다는 남의 말을 따랐다. 성격적으로도 우유부단형에 가까웠다. 오히려 그런 타입이 민주화시대에 알맞은 리더십이라고도 할 수 있지 않을까. 만약 전두환처럼 자기주장이 강하고 모든 것을 자신이 거머쥐어야 직성이 풀리는 스타일의 인물이 계속 대통령 자리를 차지하고 있었다면 과연 어찌 되었을까. 오랜 세월 억눌렸던 민주화의 열망이 몰고 왔던 그 혼란을 잠자코 감내할 수 있었을까. 그런 면에서 인내력이 뛰어난 '물대통령' 노태우의 우유부단은 민주화를 이뤄낼 최고통치자의 가장 적절한 덕목이었을는지도 모르겠다.

 이 책이 노태우시대의 경제정책을 모두 담았다고는 말할 수 없다. 학문적인 접근과 분석을 시도한 것은 더더욱 아니다. 통계숫자를 좇기보다는 노 대통령을 비롯해 이 시대 경제를 끌어갔던 사람 중심의 경제 이야기를 재구성한 것이다. 주요 경제정책을 끌고 갔던 사람들의 생각은 어떠했고, 논의구조는 어떻게 변화해 나갔는지에 초점을 맞춘 것이다.

 성공한 역사보다 때로는 실패한 역사가 더 값지다는 말도 있다. 그런 의미에서 '노태우경제'는 더 소중한 의미를 지닌다. 개발독재하의 관성을 탈피해 어느 날 갑자기 시작된 민주화 세상에서 빚어졌던 갖가지 시행착오와 실패사례들이야말로 두고두고 귀중한 교훈이 될 것이기 때문이다.

 16대 대통령 노무현은 재임기간 중에 전두환의 경제정책에 대해 깊은 관심을 기울였다. 이왕 전직 대통령한테서 교훈을 찾으려 했다면, 전두환보다는 노태우시대의 경제정책을 참고했더라면 더 좋지 않았을까. 독재시대에 폈던 정책들은 민주화 세상에서는 별로 도움되는 바가 없기 때문이다. 비록 실패사례라 해도 노태우에 대해 연구를 했더라면 복지정책이든 분배정책이든 간에 노무현은 훨씬 더 세련되고 업그레이드된 정책을 만들어낼 수도 있었을 것이다.

초판에서 익명으로 인용했던 부분을 가급적 실명화했으나 일부만 그렇게 했다. 여전히 실명 밝히기를 꺼리는 사람들이 많아서 한계가 있었다. 인명은 초판에서 거의 한자로 표기했으나 이번 개정판에서는 대세를 따라 한글표기를 원칙으로 삼았다.

여러모로 고치고 보탰으나 아직도 잘못되거나 미진한 부분이 적지 않을 터인데, 그 책임은 전적으로 필자의 몫이다. 지적해 주시면 최선을 다해 다시 바로잡도록 하겠다.

언론계를 떠나 기업에 몸담고 있으면서 책을 쓴다는 것이 생각보다 여의치 않았다. 이왕 있던 책을 고치는 작업이라서 반년쯤이면 될 줄 알았는데, 결국 2년 넘게 걸려야 했다.

16년 만에 다시 고쳐 쓴 책을 누가 읽어줄지 모르겠으나 내 딴에는 후배 기자들에게 바치는 기분으로 썼다. 경제기자를 하면서 훌륭한 선배 모시고 유능한 후배들에게 많은 신세를 졌는데, 나는 아무것도 돌려드린 것이 없었다. 그런 뜻에서 잃어버린 노태우경제에 관한 나름대로의 기록과 정리를 다시 추스른 것이 후배 기자들에게 조금이라도 도움이 되었으면 좋겠다.

조금 더 욕심을 내자면 이 땅의 현직 대통령과 미래의 대통령은 물론 한국경제를 연구하거나 정책을 입안하는 학생, 교사, 연구자, 공무원들에게 다소나마 유용한 참고자료가 되기를 바라는 마음이다.

2011년 7월

이 장 규

6공 경제정책 인맥도

- 노태우
  - 박승
  - 문희갑
  - 김종인
  - 이진설
  - 나웅배
    - 최동섭
  - 이승윤
    - 진념
  - 사공일
    - 박필수
  - 이용만
  - 서영택
    - 한봉수
  - 이규성
    - 안병화
  - 이봉서
  - 조순
    - 윤근환
  - 최각규
    - 김식
  - 한승수
    - 강보성
  - 정영의
    - 조경식
  - 이희일
  - 권영각
  - 이상희
    - 강현욱

제1장

'민주화'라는 쓰나미

기자도 참석시킨 경제차관회의

⋮

"청와대 비서실은 행정부의 일에 간섭하는 일이 없도록 하십시오. 주요 정책들은 해당 장관들이 책임지도록 하고 청와대 비서실은 이를 도와주는 데 그쳐야 합니다."

노태우 대통령은 자신이 주재한 취임 후 첫 수석비서관회의에서 이렇게 지시했다. 바야흐로 민주화시대를 맞아 청와대부터 군림하는 자세를 버리고 각 부처의 장관들이 소신껏 정책을 펴 나갈 수 있도록 하겠다는 것이었다. 사방에서 민주화 봇물이 터져 나왔다. 민주화라는 단어가 안 붙으면 말이 안 되었다. '경제민주화'라는 용어도 약방의 감초처럼 자주 등장했다. 전두환 독재가 끝나고 세상이 천지개벽을 하는데, 정부든 민간이든 경제 쪽에도 민주화 열풍이 불어닥치는 것은 지극히 당연한 일이었다. 첫 경제수석이었던 박승은 당시의 분위기를 이렇게 돌이켰다.

"노태우 대통령의 지침은 분명했지요. 경제는 부총리를 중심으로 경제장관들이 협력해서 끌어나가도록 하고, 경제수석은 대통령의 자문에 응하거나 행정부와의 가교 역할에 치중하라는 것이었습니다. 전두환 정권과는 달리 청와대의 간섭이나 영향력을 줄이는 것이 민주화시대에 맞는다는 것이지요. 내 생각도 마찬가지였습니다. 대통령의 수석비서관이라는 자리가 옛날 같으면 임금을 모시는 승지 아닙니까. 나 역시 어디까지나 막 뒤에서 대통령을 보필하는 것으로 일관했습니다. 대통령의 뜻도 그랬었구요."

노 대통령과 박승 경제수석은 그전까지 전혀 면식이 없는 사이였다. 하지만 이른바 민주화시대를 맞아 종래의 청와대 중심 경제운용 방식은 지양되어야 한다는 점에는 생각이 일치했다. 주요 경제정책들이 모두 청와대 경제수석실로부터 출발했던 전두환시대와는 정반대 상황으로 변해 버린 것이다.

박승 경제수석은 대통령의 뜻을 받들어 자신이 주재하는 비서관회의에서도 행정부에 대한 청와대의 간섭 축소를 누누이 강조하곤 했다. 경제부처와 청와대의 관계는 하루아침에 바뀌어 갔다. 경제수석실의 태도가 달라진 것은 물론이고 과천 정부종합청사의 경제부처들도 변했다. 청와대 보고 자체가 현저하게 줄었다. 저쪽에서도 챙기지 않았고 이쪽에서도 신경을 덜 썼다. 그전 같으면 생각도 못할 일이었다. 웬만한 자료는 팩시밀리로 주고받으며 해결했다. 경제관료들은 "진작 이렇게 되어야 했던 것 아니냐"며 반겼다. 세상이 민주화되니까 경제정책의 결정 과정도 비로소 정상을 되찾게 되었다는 긍정적인 평가가 대세였다.

대통령으로부터 '소신껏 해 달라'는 당부를 받은 나웅배 부총리의 지휘 스타일 역시 종래의 경제팀장과는 달리, 지극히 민주적인 운용방식을 택했다. 그는 전두환시대에도 상공부장관을 지냈던 인물이었으나 세상이 바뀌었다는 사실을 잘 알고 있었기에, 보다 유연한 변신으로 노태우정부의 첫 경제팀장 역할을 능숙하게 해냈다.

"경제장관회의는 일방통행으로 정책을 결정하는 곳이 아닙니다. 각 장관들이 충분히 토론할 수 있는 장으로 활용하겠습니다."

새 정부가 들어서고 처음 열린 경제장관회의에서 나웅배 부총리가 한 말이다. 이로부터 경제장관회의는 얼굴을 붉힐 정도의 격론이 다반사로 일어났고, 그전 같은 일방통행식의 회의 진행은 완전히 사라졌다. 전두환시대에는 상상도 못할 일이었다.

그뿐만이 아니었다. 장관들만 모여서 정책을 논의하는 것이 아니라 회의 주제에 따라 민간기업인이나 학자들까지 참여시키는 관민합동연석회의도 자주 열렸다.

활기가 넘쳤다. 기업인이나 학자들은 결론이 어찌 나든지 간에 서로 하고 싶은 이야기들을 마음대로 할 수 있다는 것 자체만으로도 속이 시원해했고, 관료들은 어떤 비판도 수용하겠다는 자세를 보였다.

심지어 물러나는 중앙은행총재도 정부를 노골적으로 비난했다. 경질 당한 박성상 한국은행 총재는 기자회견을 통해 "중앙은행총재의 목을 재무장관이 마음대로 떼고 붙이고 할 수 있다는 생각이 개탄스럽다"고 불만을 토로했다. 그의 발언이 신문에 보도되자 많은 사람들이 깜짝 놀랐다. 물러나는 한국은행 총재가 아무리 서운하다 해도 그전 같으면 언감생심 생각도 못할 불만을 언론한테 노골적으로 쏟아 냈으니 말이다. 정말 세상이 순식간에 엄청난 속도로 변하고 있음이 틀림없었다.

경제는 아무도 걱정하지 않았다. 성장률은 연거푸 12%를 기록했고, 넘쳐나는 국제수지 흑자 때문에 어떻게 하면 그것을 줄이느냐가 고민거리였다. 한국경제를 걱정하는 사람은 바보였다.

기껏해야 한 구석에서 부동산투기 조짐이 있다거나 물가가 불안하다는 이야기가 조금씩 나오고 있을 뿐이었다. 언론들은 '한국경제가 드디어 선진국 문턱에 들어섰다'며 경쟁적으로 대서특필했다. 다들 그렇게 여겼다. 집권당인 민정당은 공약사업의 우선순위를 날짜까지 박아가며 자신 있게 발표했다. 금융자율화와 중앙은행 독립, 그리고 정책금융 축소 등은 집권 1년 안에 실천해 나갈 것이며 철도청은 임기 내에 공사로 바꾸겠다고 장담했다.

말로만 떠든 것이 아니라 행동으로 보여주었다. 재무부는 당장 대기업의 무역금융제도를 폐지했는가 하면, 상공부는 '기업에 불편을 주는 186개 법령'의 정비작업에 착수했다.

이를 추진하는 갖가지 위원회도 만들어졌다. 원로인사들을 모시는 민주화합추진위원회가 발족된 것을 비롯해서 행정개혁위원회·경제구조조정심의위원회 등이 속속 구성되었다. 무엇을 해도 이제는 민의와 여론을 샅샅이 살펴서 하겠다는 의지의 표현이기도 했다.

변해도 너무 변했다. 경제차관회의에는 기자들도 참석이 허용되었다. 기자들이 뒷자리에서 지켜보는 가운데 차관들은 얼굴을 붉혀가며 갑론을박을 주고받았고, 그 내용들은 생생히 국민들에게 보도되었다.

정부 고위당국자들의 정책토론장에 기자들을 들어가도록 한 것에 대해 기자들 스스로도 의아해했다. 그러나 과거의 비민주적이요 일방적인 밀실행정을 청산한다는 상징적인 변화로 치부되었다. 이제는 유리알을 들여다보듯 한 치도 숨김없는 공개행정을 펴 보이겠다는 것이었다.

증권시장에서는 민주화시대를 자축하는 폭죽처럼 연일 주가가 치솟았다. 상장기업들의 유상증자가 줄을 이었고, 농촌에서마저 소 판 돈으로 주식투자에 뛰어들었다. 주가는 자고 나면 올랐다.

여태까지 경제운용의 기관차 노릇을 해오던 경제관료들도 들떠 있었다. 최근 2~3년 동안 경제전망은 당초 전망했던 것보다 잘되는 쪽으로만 계속 틀려 나갔으니 행복에 겨운 고민들뿐이었다.

한국경제는 그저 굴러가는 대로 놓아두면 잘될 것처럼 보였다. 이제 남은 일은 민주화라는 시대적인 요구에 부응해서 성장의 과실을 나눠 갖는 작업을 충실히 해내는 것뿐이었다. 형평과 균배는 노동자들만의 슬로건이 아니었다. 정부의 공문서에도 언제나 앞자리를 차지하는 중심 단어로 등장하게 되었다. 대통령부터 앞장서서 이를 주장했고 관료들도 정책마다 이 대목을 강조했다.

경제를 위해서 모든 것을 참고 억제해 왔으니 바야흐로 정치민주화를 맞아서 이젠 경제가 그 뒷감당을 해야 할 차례라는 인식이 사회적 대세를 이루었다. 한국경제에 다시 적자가 쌓이고 물가불안에 휩싸일지도 모른다는 생각은 상상도 못할 일이었다. 그런 말이 나왔다가는 십중팔구 경제를 핑계로 민주화를 반대하고, 다시 독재시대로 회귀하려는 움직임으로 매도당하기 십상이었을 것이다.

서서히 부동산투기 조짐이 꿈틀거리고 노사분규가 본격적으로 가열되고 있었음에도 불구하고 한국경제는 선진국 대열에 확실하게 진입한 것으로 치부되고 있었다. 대통령도, 경제수석도, 관료들도, 학자들도, 언론도 모두가 하나같이 한국경제의 장래를 낙관했다. 정치하는 사람들이야 더 말할 것도 없었다.

아무튼 전두환의 5공정부가 '지옥의 경제'에서 출발했다면 노태우의 6공정부는 '천국의 경제'에서 출발했던 셈이다. 경제는 걱정의 대상이 아니었다. 그냥 놓아두어도 저절로 굴러가게 되어 있는 것이 경제이며, 한 걸음 더 나아가 민주화를 진행시켜 나가는 데 뒷돈이나 대면 그 역할을 다하는 것으로 여겨졌다.

경제에 대한 이 같은 인식은 전두환이냐 노태우냐의 문제가 아니었다. 누가 대통령이었든 간에 당시 밀어닥쳤던 '민주화'라는 쓰나미 속에서는 대동소이했을 것이다.

경제민주화의 시동

전두환경제의 막판 상황을 잠시 되짚어 보자. 새 정권이 출범하기도 전에 이미 민주화라는 이름 아래 엄청난 변혁의 물결이 성난 파도처럼 밀어닥쳤기 때문이다. 1987년의 '6·29선언'은 한국을 정치·경제·사회 모든 면에서 하루아침에 완전히 딴 나라로 바꿔 놓았다.

6·29선언이 나온 지 이틀 뒤인 87년 7월 1일, 과천 정부종합청사가 발칵 뒤집혔다. 350여 명의 데모군중이 면회실과 주차장에 진을 치고 농성을 벌이며 건설부장관과의 면담을 요구하고 있었다. 'SOS 사유재산권보호'라는 띠를 두르고 핸드마이크까지 동원한 이들은 당시 정부가 신행정도시를 건설하던 대전 둔산지구의 주민들이었다.

민간인 데모군중이 감히 정부종합청사 울타리 안에까지 무더기로 들어와서 겁도 없이 고함을 지르다니, 전에는 상상도 못할 일이었다. 청사 울타리 밖이라 해도 몇 사람만 모이면 잡혀 가거나 최루탄 세례를 받기 일쑤였는데, 데모군중이 청사 울타리 안에까지 들어와 장관을 오라 가라

했으니 말이다.

요구사항인즉 정부로부터 수용당한 땅의 수용가격을 시가로 올려주고, 덧붙여 정부의 공영개발 방식을 구획정리 방식으로 바꿔달라는 것이었다. 말하자면 신도시건설 과정에서 생겨날 개발이익을 국가가 가져갈 게 아니라 땅주인인 자기들한테 돌려달라는 이야기였다.

주무부서인 건설부 관계자들로서는 난감하기 짝이 없었다. 그동안의 부동산투기를 일으켜 온 주범 중의 하나가 '개발이익의 투기화 현상'이었다는 판단에 따라 어렵사리 공영개발 방식으로 전환시킨 것인데, 이것을 다시 원점으로 되돌리라는 요구였다. 한마디로 "땅값 오른 것은 당연히 땅임자의 몫이지 왜 국가가 가로채려 하느냐"는 항의농성이었다.

건설부 당국자들은 매우 당혹스러웠다. 그러나 어느 누구도 앞장서서 정부의 입장을 당당하게 설명하려는 사람은 없었.

"토지수용가격을 현실화시켜 달라는 요구도 일리는 있지요. 그러나 신도시가 건설되면서 투기꾼들이 올려놓은 땅값으로 정부가 사가라니, 이건 너무하지 않습니까." 데모군중으로부터 멀찌감치 떨어져서 자기네들끼리 이런 이야기를 나누는 정도였다.

결국 저녁 늦게 건설부장관이 나와 이들을 상대로 1시간 30분에 걸친 토론을 벌였다. 즉석에서 일문일답이 벌어졌다. 세상이 바뀐 것을 실감케 하는 장면이었다.

장관과의 토론이 끝나고 사람들이 흩어지려는 순간 뜻밖의 인물 한 명이 마이크를 잡고 나섰다. 문제의 지역 출신 야당 국회의원이 황급히 연락을 받고 서둘러 데모군중 앞에 나타난 것이었다.

"여러분의 요구는 모두 옳고 정부가 모두 잘못한 것입니다. 외채를 들여오거나 토지채권을 대량으로 찍게 해서라도 여러분의 요구를 관철시키도록 끝까지 투쟁하겠습니다."

사람들은 요란한 박수로 환호했고, 관료들은 끌끌 혀를 찼다. 국회의원이나 되는 사람이 외채를 들여다가 투기꾼 좋은 일이나 시키겠다는 말이냐는 것이었다. 이날의 해프닝을 지켜보던 건설부 국장 한 명은 이렇게 말했다.

"두고 보십시오. 길을 닦든 집을 짓든 이제 기존 방식의 토지수용은 어림없는 세상이 될 겁니다. 설령 정부의 논리가 옳다 하더라도 큰코다치는 일이 앞으로는 비일비재할 겁니다."

바로 이틀 전의 6·29선언과 연결시켜 하는 말이었다. 그의 예측은 딱 들어맞았다. 노태우 민정당 대표의 6·29선언은 모든 분야에 걸쳐 충격적인 변화를 몰고 오기 시작했고, 경제분야 역시 예외가 될 수 없었다. 언론마다 '경제민주화'라는 말이 뜻하는 바가 무엇인지를 놓고 특집 경쟁이 벌어졌다. 대체로 정부 주도의 경제운용체제를 집중 공격하는 내용이었다.

사실 정치 쪽과는 달리 경제민주화라는 것은 개념부터 애매한 구석이 없지 않았다. 그러나 어찌 되었든 간에 세상 모든 게 민주화되는 마당에 경제도 마땅히 그래야 할 게 아니냐는 식이었다. 그런 가운데서 언론들은 '민간 주도 경제로의 전환이 실질적으로 이뤄져야 하며, 형평과 분배에 초점이 맞춰져야 한다'는 주장에 일제히 목소리를 높였다.

정부는 즉각적인 반응을 나타냈다. 7월 2일 정인용 부총리 주재로 열린 경제장관회의는 '민간경제의 자율화를 가속화시켜 나간다'는 점을 재삼 강조해서 발표하는가 하면, 곧바로 전국경제인연합회전경련 간담회에 부총리가 참석해 이 같은 정부방침을 거듭 밝혔다. 주가도 큰 폭으로 뜀박질을 계속했다.

'일방적으로 시켜서 하는 경제'가 아니라 '서로 의논해서 하는 경제'로 탈바꿈하는 데 대한 기대감은 수세에 몰린 정부를 제외하고는 기업이나 월급쟁이나 모두가 대단했다.

그러나 6·29선언을 계기로 드러난 가장 두드러진 변화는 노동운동 쪽이었다. 전두환 독재정권하에서 내내 억눌렸던 노동문제는 경기가 호황 국면에 접어들면서 그렇지 않아도 언제 터져 나올지 모르는 시한폭탄 같은 이슈였다. 그러던 차에 세상이 달라진 것이다.

7월에 접어들면서 노사분규는 종전과는 전혀 다른 차원으로 확산되어 나갔다. 기업들로서는 여간 충격이 아니었다. 이런 분위기를 반영해서 구자경 전경련 회장이 "이런 식으로 매도당하는 상황에서는 기업을 못하겠다. 차라리 태국에나 가서 사업을 해야겠다"고 기자간담회에서 말한 것이 한동안 세상을 떠들썩하게 만들었다. 원래 가식 없는 성품에 정치적 제스처 같은 것은 모르는 인물인지라 기자들의 유도 질문에 그만 속내를 털어놓아 버린 것이다.

언론들은 일제히 '구 회장의 발언이 경솔했다'며 공격했다. 아무리 노사분규로 골치가 아프기로서니, 전경련 회장이요 대표적 재벌총수인 그가 어떻게 그런 비애국적인 발언을 할 수 있느냐는 것이었다 그러나 그 이후 급증 현상을 보였던 이른바 '해외투자 러시'는 구 회장의 발언을 그대로 실현시킨 것이었다. 민간기업들이 제 발로 해외에 나간 것은 물론이고 정부도 앞장서서 동남아 등지로의 해외투자 확대를 장려했다.

87년 여름 내내 국내 신문들은 연일 노사분규사태를 보도하는 데 가장 많은 지면을 할애했다. 이것 자체가 과거에 비하면 커다란 변화였다. 5공 시대에는 노사분규가 이처럼 격렬하게 일어나지도 않았을뿐더러, 일어났다고 해도 정부 통제 때문에 제대로 보도할 수도 없었다.

6·29선언을 계기로 민간주도 경제를 주장하며 "정부는 제발 뒤로 물러나 달라" 하던 기업들은 노사분규라는 새로운 시련에 휘말리면서 오히려 "정부가 강력히 개입해 달라"고 요청할 수밖에 없었다. 정부가 나서지 않고서는 분규 해소가 불가능한 상태로 빠져들고 있었기 때문이다.

그러나 이제 정부도 옛날 정부가 아니었다. 경제에 관한 한 모든 것을 직접 나서서 챙겨 왔던 전두환 대통령도 6·29선언 이후로는 일절 침묵으로 일관했다. 비록 6·29선언이 현직 대통령 전두환의 주도로 만들어졌다 해도 권력의 차기 승계자로 결정된 노태우의 입으로 발표된 것인 만큼, 정국의 주도권은 어디까지나 노태우에게 넘어갈 수밖에 없었다.

여론은 "정부와 기업은 공동의 가해자요, 노동자와 서민은 피해자"라는 쪽이었다. 따라서 민주화시대의 개막을 맞아 누적된 피해자 측의 보상요구는 당연한 것이라는 논리가 하늘을 찔렀다.

노태우 민정당 대표가 분규가 가열되는 상황에서 한 말을 보면 당시에 그가 취한 입장을 간단히 알 수 있다.

"현재의 노사분규는 경제를 파괴해서 기업 자체를 없애자는 것이 아니라 더 발전시키자는 것으로 생각한다…."(87년 8월 11일)

노동조합을 다분히 두둔하는 발언이었다. 이어서 정인용 부총리는 더 구체적으로 정부의 입장 전환을 밝혔다.

"정부는 당사자들이 노사분규를 자율적으로 해결하도록 한다는 원칙을 고수할 생각입니다. 앞으로도 공권력 발동을 위주로 한 미봉책은 안 쓰겠습니다."(87년 8월 15일)

경제부총리 스스로 정부의 공권력 발동을 미봉책이라 불렀다. 이처럼 전두환정권이 채 끝나기도 전에 세상은 하루아침에 달라지기 시작한다. 정치적으로 뒷전에 물러나 앉게 된 전두환 대통령은 경제정책에 대해서는 여전히 주도권을 행사하는 것처럼 보였지만 변화의 대세는 어쩌질 못했다.

  그럼에도 불구하고 한국경제의 전체 모습은 이 모든 변화들을 모두 끌어안고도 남을 만큼 끄떡없는 것으로 여겨졌다. 물가는 여전히 안정세를 구가하고, 성장률과 국제수지 흑자는 아무리 눌러도 초과달성이 예상되고 있던 터였다. 따라서 정부 안에서도 정치적인 대변혁이 몰고 올 경제적 변화가 한국경제를 한 차원 높게 발전시킬 바람직한 계기가 될 수 있다는 기대감이 지배적이었다. 그러나 하루하루 눈앞에서 벌어지고 있는 현상은 심상치 않은 조짐을 내포하고 있었다.

전두환정권이 넘겨준 짐

5공정부 말기의 사회 분위기를 좀 더 구체적으로 되짚어 보자. 1987년 들어 8개월 사이에 일어난 노사분규만 해도 3천 건을 넘었다. 전년 같은 기간에 비해 무려 15배에 달하는 숫자였다.

격화되는 노사분규를 두고 정치적·사회적으로는 '정상화'로 가는 당연한 진통 과정이라는 분위기가 우세했다. 경제적 측면에서 걱정하는 소리가 나오기는 했으나 그것은 모기 소리에 불과했다.

그해 9월 21일, 한국개발연구원KDI은 '경제전망 및 정책대응 방향'이라는 연구보고서를 통해 처음으로 "위기관리적 대응이 필요하다"는 주장을 폈지만 아무도 귀를 기울이려 하지 않았.

전에 없이 격렬한 노사분규를 겪게 된 기업들 입장에서는 "큰일 났다"고 하소연을 해댔으나 전혀 설득력을 발휘하지 못했다. 노조 없이 해오던 과거의 습성에서 나오는 엄살로만 치부되었다.

무섭게 확산되어 가던 노사분규가 주춤해진 것은 농성 중이던 현대중공업 근로자들이 울산시청에 난입해서 불을 지른 사건이 터지면서부터였다. 아무리 민주화 세상이 왔다지만 방화사건까지 경찰이 팔짱끼고 나 몰라라 할 수는 없었다. 급기야 공권력이 발동되었고, 여론도 '폭력은 곤란하다'는 쪽으로 돌아섰다. 심지어 야당조차 노조의 자제를 촉구하고 나섰다.

10월에 접어들면서 정국은 완전히 대통령선거체제로 돌입했다. 이때부터 정부의 경제정책은 사실상 올 스톱 상태로 빠져들었다. 6·29선언으로 세상이 바뀌었고, 거기에다 대통령선거를 앞두고 상황이 어떻게 될지 모르는 상황이었으므로 누구 하나 골치 아픈 일에 앞장서려 하지 않았다. 당시 경제수석 박영철은 이렇게 회고했다.

"경제는 완전히 뒷전이었습니다. 경제장관들조차 정책보다는 여당후보를 당선시키는 일에 총력을 기울였습니다. 득표에 유리하다 싶은 사안

선거공약에 대한 노 대통령의 집착은 남다른 데가 있었다. 대부분 경제 관련 공약이고, '98% 달성됐다'는 공식 발표에도 불구하고 집권 5년간의 객관적인 경제 상황은 더 악화되었다.

이면 경쟁적으로 대통령한테 직접 들고 들어갔으니까요. 전 대통령은 처음에는 경제운용에 어긋난다 싶은 것에 대해 제동을 걸었으나, 선거가 임박할수록 역시 선거에 이기고 보자는 쪽으로 돌아섰습니다."

여당에 대한 행정부의 총력 지원은 얼마든지 그 예를 찾아볼 수 있다. 선거 직전에 건설부가 발표한 '지역경제 권역별 종합개발계획'이 그런 예의 하나였다.

원래 건설부의 용역 의뢰로 국토개발연구원이 87년 여름에 일찌감치 연구작업을 끝내 놓았던 것인데, 미루고 미루다가 선거를 1주일 앞둔 12월 8일에야 정부의 공식 계획으로 발표했던 것이다. 그동안 철저한 보안 속에 감춰 두었던 것은 곶감 빼 먹듯 여당이 하나하나 선거공약으로 활용토록 하기 위해서였다. 발표내용에는 다른 부처들이 강력하게 반대하는 사항들도 있었는데, 마치 모두 합의를 본 양 포함시킨 것도 적지 않았다.

엄밀히 말해서 6·29선언 이후 87년 하반기는 정책이 마비된 시기였다. 정치적 혼란 속에 격화되는 노사분규, 헌법 개정, 선거전으로 이어지면서 정책의 결정 메커니즘 자체가 정상적으로 작동될 수 없었던 것이다.

선거가 막판에 이르자 정부의 정책 지원도 훨씬 노골적으로 변해 갔다. 대표적인 것이 증시정책이었다. 주가가 떨어지면 여당의 표가 떨어진다고 여겨져 왔던 만큼, 어떻게 해서라도 주가를 떠받치는 것이 재무장관의 소임이었다. 열흘이 멀다 하고 주가부양책을 쏟아냈다. 11월 9일에 취했던 조치로 부족하니까 같은 달 18일에 보다 강도 높은 내용을 내놓았고, 이어서 12월 2일에는 급기야 '국민주 보급계획'을 급조해서 발표했다.

청와대가 경제를 보는 시각은 어떠했을까. 당시 청와대 경제비서관이었던 이석채는 이렇게 말한다.

"전 대통령은 정치적 대변혁에도 불구하고 자신이 이룬 경제가 그대로 계승, 발전될 것으로 생각했지요. 그러나 그것이 얼마나 어처구니없는 착각이었는지 금방 나타났습니다. 청와대가 제시한 경제 관련 공약에 대해 여당인 민정당부터 아예 외면해 버렸으니까요."

사실 '경제대통령'을 자부했던 전두환 대통령이었던 만큼 친구한테 정권을 넘기면서 그냥 팔짱 끼고 구경만 하고 있었을 리 만무했다. 그는 다음 정부 역시 자신이 다져 놓은 정책들의 연장선에서 경제를 끌어가야 한다고 확신했기에, 아무리 민주화로 세상이 바뀐다 해도 경제운용의 기본 틀이 달라져서는 안 된다고 생각했다. 또한 그렇게 되리라 확신했다.

전두환은 차기 대통령 노태우에게 이 점을 누누이 강조했고, 경제분야 사람을 고르는 데도 자신의 생각이 꼭 받아들여지기를 바랐다. 이석채의 말을 다시 인용한다.

"당시 청와대 경제수석실에서는 정권이 바뀜에 따라 정책의 기조가 복지·형평·분배 쪽으로 크게 선회하리라는 판단을 하고 있었으나, 그것이 급격하거나 지나쳐서는 안 된다는 생각이었습니다. 그래서 나름대로 차기 정권에 제시할 대안을 만드는 작업을 1987년 4월께부터 시작했더랬습니다. 그러나 6·29선언이 나오고 노사분규가 격렬해지면서 모든 게 수포로 돌아갈 수밖에 없었지요. 돌이켜보면, 누구인들 당시의 상황이 그처럼 달라질 것으로 예상했겠습니까."

청와대의 힘은 하루가 다르게 약화되어 갔다. 내각은 시류를 저울질하며 청와대와의 간격을 유지하기 시작했다. 경제수석이 불러도 장관들은 선거운동을 위한 지방출장을 핑계로 꽁무니를 빼기 일쑤였다. 생각도 못할 변화였다.

여당인 민정당은 한술 더 떴다. 원래 민정당은 청와대의 경제팀에 불만이 많았다. 전 대통령이 당의 생각이나 입장을 무시하고 청와대 측근들에 둘러싸여 경제정책에만 치중하느라 자기들의 정치적 입지를 약화시켰다고 생각했기 때문이었다. 다시 말해 세상이 이렇게 뒤집어지게 된 것은 5공정부가 정치적 융통성을 무시한 채 지나치게 '경제제일주의'를 고집해온 탓이라고 여기는 분위기가 당 내에 팽배했던 것이다.

민정당 총재 노태우의 생각도 경제논리에 너무 치중하는 것은 곤란하다는 쪽이었다. 사생결단을 해서라도 선거에서 이겨야 하는 상황에서 그의 관심사는 오로지 득표에 도움이 되는 전략뿐이었다. 더구나 전 대통령과 다른 이미지를 부각시키기 위해서라도 기존의 경제정책들을 뒤엎어야 한다는 것이 측근들의 판단이었다.

득표전이 치열해지면서 여야를 가릴 것 없이 선심공약을 남발했다.
"서울과 설악산을 잇는 동서고속전철을 96년에 완공시키며, 속초와 강릉 사이에 국제공항을 건설하고…."(노태우 후보)

"농업재해보험을 통해 피해의 70%까지 보상토록 하고…."(김영삼 후보)

"영주~안동을 통과하는 새 동서고속도로를 건설하고, 3조 원의 농어촌부채를 탕감해 주며…."(김대중 후보)

다른 것은 몰라도 각 후보들이 지방유세를 돌면서 발표하는 지역개발 공약은 즉각 땅값에 불을 질렀다. 후보자들이 지나갔다 하면 부동산 매물이 동이 나는 현상이 여기저기서 벌어졌다. 동서고속전철 공약이 나오면서 평당 50만 원 하던 관련 지역 땅값이 100만 원으로 뛰어올랐고, 서해안종합개발계획은 평당 8천 원짜리 녹지를 1만 5천 원으로 끌어올렸다.

결국 정권이 바뀌기도 전부터 심각한 이상 현상이 나타나기 시작한 것이다. 예상을 훨씬 초과하는 국제수지 흑자는 정상적인 통화관리를 불가능하게 만들었고, 급속히 격화되는 노사분규는 그동안 경제를 이끌어온 기존의 규범이나 관계를 송두리째 뒤흔들기 시작했다. 무분별한 선거공약과 선심정책의 양산은 그러잖아도 위험수위에 육박해 있던 주식열풍과 부동산투기를 본격적으로 부채질했다.

 이처럼 5공시대의 경제는 그야말로 '단군 이래 최대의 호황'을 구가하는 시점에서 막을 내렸지만, 막상 6공으로 들어서는 길목에서 벌어진 새로운 변수들은 다음 정권에 엄청난 짐을 떠넘기고 있었다. 그러나 6공정권의 주역들은 이것이 얼마나 심각한 부담이 될 것인지를 미처 깨닫지 못했다. 선거에 급급한 나머지 신경 쓸 겨를조차 없었다.

친구끼리 주고받은 대통령 권좌

87년 12월 15일 대선에서 노태우 민정당후보가 당선됨으로써 사실상 전두환시대가 끝나고 노태우시대가 열렸다. 새 정권의 출범식까지 대통령과 대통령 당선자가 함께 존재하는 2개월가량의 기간은 모두가 처음 겪어 보는 상황이었다. 이른바 평화적 정권교체 작업이 실질적으로 진행되는 준비기간이었던 것이다.

두 사람은 개인적으로는 육사 동기생 친구 사이였을 뿐 아니라, 함께 목숨 걸고 집권을 도모했던 동지였다. 또한 정치적으로도 동일한 정당을 모체로 하는 승계관계였으므로 정권교체 작업 자체는 별 문제될 것이 없어야 당연한 일이었다.

그러나 당시의 사정은 달랐다. 5공의 핵심에서 열을 올렸던 인물들마저도 "내가 왜 5공 사람이냐"며 하루아침에 시치미를 떼는 분위기였다. 대통령 당선자 노태우부터 그랬다. 그 자신이 대통령에 당선되기 위해 가장 강조했던 점이 "권위주의의 청산으로 민주화시대를 열겠다"는 것

87년 12월 15일 대선에서 노태우 민정당후보가 당선됨으로써 전두환시대가 끝나고 노태우시대가 열렸다. 사진은 노 대통령이 대통령 취임선서를 하고 나서 전두환 전 대통령과 포옹하는 모습.

이었으며, 이는 바로 전두환시대에 대한 반성과 비판을 의미하는 것이었기 때문이다.

전·후임 대통령 사이가 결코 원만할 수 없는 요인들은 처음부터 곳곳에 도사리고 있었다. 전두환 대통령의 한 측근은 이렇게 말했다.

"선거가 끝나고 하루는 노 당선자 부부가 처음으로 청와대에 들어와 전 대통령 부부와 축하만찬을 했습니다. 그날 두 사람은 밤이 늦도록 술잔을 기울이면서 많은 이야기를 주고받으며 회포를 풀었던 것이지요. 하도 술을 많이 마셔서 전 대통령은 다음 날 오후 늦게야 집무실에 출근했을 정도였습니다. 마침 급한 결재를 받을 일이 있어서 들어갔더니 대통령의 안색이 무척 안 좋아 보였습니다. 아무튼 서둘러 결재를 받아 나오는데 대통령이 '글쎄 자기가 잘해서 대통령에 당선된 줄 알고 있으니, 내 참 기가 막혀서…'라며 혼잣말로 중얼거리는 것이었습니다."

전날 밤 늦게까지 술자리를 함께했던 노태우 당선자를 두고 하는 말이었다.

두 사람 사이의 대화가 구체적으로 어떤 것이었는지는 확인할 길이 없다. 다만 전두환 대통령으로서는 달라진 노태우 당선자의 태도에 서운한 감정을 느끼지 않을 수 없었을 것이다. 그러나 이때만 해도, 그 이후에 벌어진 5공에 대한 단죄 과정에서 다른 사람도 아닌 친구 노태우의 손에 의해 귀양살이까지 해야 하는 기구한 운명이 될 줄을 전두환은 꿈에도 생각지 못했다.

처음부터 노태우가 전두환체제를 통째로 둘러엎을 것이라고는 아무도 생각지 않았다. 정치적으로야 표를 의식해서 5공체제를 전면 부정해야 하는 입장이었겠으나 경제정책 면에서는 그렇지도 않았다. 당시의 경제상황이 좋았을 뿐 아니라, 아무리 정권이 바뀐다 해도 경제정책은 여전히 테크노크래트를 중심으로 하는 전문가집단에 의해 주도될 것이며, 정책기조 역시 기존의 흐름에서 크게 벗어나지 않으리라는 것이 일반의 예상이었다. 특히 경제정책을 이끌어 온 경제관료들은 코앞에 닥쳐 올 대혼란을 전혀 예상치 못했다. 흔히 말하는 레임덕 현상 같은 것은 거론조차 되지 않았다. 국민 모두가 워낙 오랜 독재체제에 잘 길들여져 있던 탓이었을까.

대통령선거가 끝나고 정권이양 작업을 벌이는 과정에서도 경제정책에 관한 한 전두환 대통령은 계속 주도권을 행사했다. 2개월가량의 정권교체기간 동안 보고채널은 자연히 이원화될 수밖에 없었다. 행정부의 실무자는 현직 대통령에게 결재를 받는 것은 물론이고 차기 대통령이 될 당선자에게도 보고해야 했던 것이다. 경제기획원의 한 당국자는 당시의 상황을 이렇게 설명했다.

"대통령선거가 끝나고 나서부터는 행정부의 실무자들도 차기 대통령 주변에 촉각을 곤두세우기 시작했습니다. 그러나 경제정책에 관한 한 여전히 전두환 대통령에게 올라가는 보고가 우선이었습니다. 보고자료는 두 가지로 만들었는데, 전 대통령에게 가는 것에 더 구체적인 내용을 담았고, 노 당선자에게 가는 것은 기본 방향만을 제시한 것이었습니다. 후자의 경우, 그쪽으로 간 자료들은 곧바로 언론에 발표되는 바람에 보안이 되지 않기 때문이었습니다."

사실 그 반대로 되는 것이 맞다. 권좌의 새 주인에게 하는 보고가 더 중요하지, 곧 물러날 사람한테 하는 보고가 더 우선이었다는 것은 말이 안 된다. 그럼에도 불구하고 그것이 당시의 현실이었다. 노태우가 새 대통령에 당선되었음에도 불구하고, 이유가 어떻든 간에 제법 오랫동안 전두환 대통령의 권세는 별로 위축됨이 없었다.

전 대통령이 물러나는 순간까지 사사건건 챙긴 것은 아니었다. 이 무렵 그는 자신의 치적을 총정리하는 일에 관심을 쏟고 있었다. 사방에서 들끓고 있는 정치 비판에 괴로워하면서도 위기상황에 빠졌던 한국경제를 크게 끌어올린 것에 대해서만은 스스로를 대견스럽게 생각했다. 경제기획원이 《우리의 땀과 결실》이라는 이름으로 펴낸 책자의 내용이야말로 전 대통령이 가장 자랑하고 싶은 '업적'이었다.

드디어 세상이 바뀌기 시작했다. 88년 1월 11일 대통령취임준비위원회가 가동되기 시작하면서부터는 힘의 중심이 완전히 노태우 쪽으로 이동했다. 주요 보고사항도 비로소 '노 당선자 먼저'로 순서가 바뀌었다.

새 정권의 준비팀이 가장 먼저 결정지어야 할 사항은 조각작업이었다. 세간의 관심도 새 정권이 과연 어떤 인물들로 조각할 것인가에 쏠렸다. 첫 작업은 국무총리를 고르는 일이었다. 여기에 참여했던 김용갑 당시 청와대 민정수석의 설명을 들어보자.

"총리 뽑는 일은 나와 안무혁 안기부장, 그리고 이춘구 대통령취임준비위원장 등 세 사람이 참여했습니다. 셋이 합의해서 올리면 당선자가 결심을 하도록 되어 있었지요. 물망에 오른 유력한 후보는 이용희 전 통일원장관과 이현재 전 서울대총장, 현승종 한림대학장, 신두영 전 감사원장 등이었습니다. 한참 논의 중에 '총리에 이용희 유력'이라는 보도가 나오면서 이용희 씨가 1차로 탈락했습니다. 가장 유력한 후보였는데 공연히 신문에 먼저 추측보도가 나는 바람에 유탄을 맞았던 셈이지요. 그렇지 않았더라면 그가 노태우정부의 첫 총리가 되었을 겁니다. 그러고 나서 이현재 씨와 현승종 씨를 놓고 다시 논의에 들어갔는데, 결국 이현재 씨로 낙점이 되었습니다. 특별한 이유가 있었던 것은 아니었어요. 두 사람 다 학자인데, 이왕이면 서울대총장으로 하는 것이 어떻겠느냐는 이야기가 그대로 받아들여진 것입니다."

이현재는 서울대총장 시절 학생 징계에 관한 정부 지침을 거부했다는 이유로 총장직에서 물러나 평교수로 있을 때였다. 김용갑의 말을 더 들어보자.

"우리 세 사람은 이현재 씨나 현승종 씨를 개인적으로 잘 아는 처지가 아니었습니다. 다만 내가 학부형 자격으로 이 교수를 한 번 만나 식사를 한 일이 있었는데, 그때 인자하고 학자적인 기품에 호감을 느꼈을 뿐입니다. 아무튼 이 씨로 의견을 모으고 나서 노 당선자에게 가서 결과를 설명했지요. 당선자는 나름대로 서울대 출신 인맥을 통해 그에 대한 반응을 확인하는 절차를 거쳤습니다. 좋다는 것이었습니다. 그러나 전두환 현직 대통령이 하자가 있다고 해서 서울대총장직에서 몰아냈던 인물을 새 정권의 첫 총리에 기용한다는 점이 걸렸습니다. 그래서 측근을 통해 전 대통령의 의중을 살폈고, '이의 없다'는 통보를 받고 나서야 총리로 최종 결정한 겁니다."

 이처럼 초장에는 전·후임자 사이의 인수인계 작업에 아무 문제도 없어 보였다. 두 당사자가 평생을 같이해 온 동지이자 절친한 친구 사이였으니, 이보다 더 좋은 관계가 또 어디 있겠는가. 그러나 두 사람의 관계는 이미 정부가 출범하기도 전, 첫 조각 과정에서부터 금이 가기 시작했다. 여기서는 경제장관들의 인선 과정만 돌이켜 보자.

그 밥에 그 나물

노태우정부의 인사는 시작부터가 과거에 경험해 보지 못했던 양식으로 출발했다. 평화적 정권교체라는 것 자체가 처음 있는 일이었으니, 새 정권을 꾸려나갈 인물들을 어떻게 뽑느냐 하는 것부터가 관심거리였다.

1988년 1월 18일, 대통령취임준비위원회가 발족되면서 노태우 대통령당선자를 비롯해 이현재 총리 내정자, 홍성철 비서실장 내정자, 그리고 이춘구 준비위원장 등 네 사람이 와이셔츠 바람에 어깨를 맞대고 조각작업을 하는 모습이 신문에 보도되는 것 자체가 신선하게 느껴졌다.

이른바 민주화시대를 여는 새 정부는 인선작업부터 뭔가 다른 모양을 국민들에게 보여 주려고 했다. 밀실에서 후닥닥 해치우기 일쑤였던 과거와는 반대로, 오히려 물망에 오른 인물을 슬쩍슬쩍 언론에 흘려 가며 여론을 떠보는 작전을 쓰기도 했다.

논란거리가 있는 인물은 네 사람이 여러모로 토의를 거쳤다. 서로 의견이 엇갈릴 때는 대상 인물을 전화로 연결해 놓고 공개적으로 인터뷰하는

고위층 인사들이 와이셔츠 바람으로 회의하는 광경이 신문에 보도되는 것 자체가 시대의 변화를 실감케 하는 것이었다. 88년 1월 16일 노태우 대통령 당선자가 삼청동 집무실에서 이현재 총리 내정자(왼쪽), 홍성철 비서실장 내정자 등과 밤늦도록 조각에 대해 논의하고 있는 모습.

방법까지 동원되었다.

　노 당선자는 장관 인선뿐 아니라 다가올 총선의 국회의원후보 공천에도 대통령의 입김을 배제하겠다고 할 정도로 인사의 엄정성을 장담했다. 당의 공천심사위원회에서 결정을 하고 이를 중앙집행위원회에서 의결하면 대통령은 수정 없이 그대로 받아들이겠다는 것이었다. 심지어는 조각할 때 야당이 좋은 인물을 추천해 주면 기꺼이 기용하겠다고 말하기도 했다.

　이처럼 요란한 제스처로 시작한 노태우정권의 인사정책은 과연 어떻게 진행되었는가. 전반적인 특징에 관한 논의는 뒤로 하고, 우선 집권 초기의 경제 쪽 인사에 초점을 맞춰보자.

　새 정권은 경제장관 인선에 특별한 기준이나 방향을 미리 정해 놓은 것이 아니었다. 앞서 살폈듯이 당선자를 비롯한 4인위원회에는 경제전문가가 한 사람도 포함되어 있지 않았을 뿐 아니라 당시의 분위기 자체가 경제문제에 대해 기본적으로 큰 비중을 두지 않았다.

노태우정부의 경제팀은 어떻게 짜여졌을까. 당시로서는 자타가 인정하는 경제참모였던 김종인을 새 경제팀의 중심인물로 지목했다. 뒤에서 좀 더 자세히 언급하겠지만, 그는 1985년 노태우 당선자가 민정당 대표로 있을 때부터 경제 가정교사 역할을 했고, 그 후로도 두터운 신임을 받아 왔다. 더구나 대통령취임준비위원회의 경제분야를 담당해서 새 정부의 정책을 설계하도록 되어 있었다. 그러나 그는 처음부터 소외당하고 만다. 그는 '국회의원 지역구 공천'이라는 형식을 통해 사실상 정권 구성의 핵심으로부터 밀려나고 말았다.

애당초 노 당선자는 당연히 김종인을 첫 경제수석에 앉힐 생각이었다. 그러나 여기저기서 비토세력의 저항에 부딪혔다. 박철언, 이원조 등 대통령 당선자를 둘러싸기 시작한 새 측근그룹들로서는 김종인이 불편한 존재였다. 또한 전두환 쪽에서도 그를 별로 달가워하지 않았던 것으로 알려졌다. 전두환의 비토권 행사가 개인별로 어떻게 작용했는지 구체적인 사항은 알 수 없다. 그러나 당시의 정황을 감안할 때 물러갈 대통령 전두환은 마치 상왕 같은 존재로 자리 잡을 차비를 하고 있었으니 말이다.

박철언도 자신의 저서에서 전임자 전두환의 개입이 사실이었음을 뒷받침하는 말을 하고 있다.

"이춘구 대통령취임준비위원장이 안현태 경호실장을 통해 새 정부의 조각 및 청와대 수석 명단을 전두환 대통령에게 보내는 등 사전 상의 절차를 거쳤다."

이처럼 주도적인 역할을 할 것으로 기대되었던 인물이 조각 초기단계에서부터 거세됨에 따라 경제팀을 짜는 과정은 특별한 구심점 없이 엉거주춤한 상태에서 진행될 수밖에 없었다. 결과는 김종인 대신 일면식도 없던 대학교수 박승을 경제수석에 앉혔고, 다른 경제장관 자리에도 5공의 장관들을 대폭 유임시켰다. 경제팀장에 해당되는 부총리 겸 경제기획원장관에는 나웅배 상공부장관이 올라앉았고, 사공일 재무장관과 최동섭 건설장관, 그리고 오명 체신장관은 그대로 유임되었으며, 동력자원부장관에는 이봉서 차관이 승진했고, 상공부장관에는 안병화 한국중공업 사장이, 농림수산부장관에는 윤근환 농협회장이 임명되었다.

옳고 그르고를 떠나 경제팀의 이 같은 구성은 변화의 소용돌이가 휘몰아쳤던 당시의 상황으로서는 의외였다. 전두환시대에 재무장관과 상공장관을 지냈던 인물을 세상이 달라진 새 정권의 경제팀장에 앉힌 것은 정말 뜻밖이었다. 정권교체의 날이 임박함에 따라 상공장관실에서 보따리를 싸던 나웅배 장관 스스로도 자신이 새 정권의 경제팀장으로 기용된다는 통보에 깜짝 놀랐다.

5공 장관들의 대폭 유임은 다시 말해 경제는 종래의 정책기조를 별 수정 없이 그대로 계승해 나가겠다는 것을 의미했다. 특히 사공일 재무장관의 유임에 주목할 필요가 있다. 그는 5공시대에 경제수석으로서 막강한 영향력을 발휘했을 뿐 아니라 뒤이어 재무장관으로서도 전두환경제의 후반기 내내 경제팀을 리드해 온 인물이었기 때문이다.

정치적 대변혁에도 불구하고 요직 중의 요직인 재무장관에 그가 유임되었다는 사실은 새 정권이 적어도 경제적 측면에서는 '과거로부터의 단절'이 아니라 오히려 연속성과 일관성을 중시하겠다는 입장이었음을 뜻하는 것이었다. 한편으로는 친구요 전우였던 전두환과 노태우가 정권을 인수인계하는 과정에서 양쪽이 모두 신뢰하고 속내를 터놓을 수 있는 가교 역할을 사공일에게 부여한 것이라고 할 수도 있었다.

물론 장관을 선정하는 과정 하나하나를 들여다보면 다 그럴 만한 이유들이 있었다. 당초에는 조순 서울대교수도 부총리후보 물망에 올랐으나 이현재 총리가 같은 서울대 경제학교수 출신이라는 점에 걸렸고, 장덕진 씨의 경우는 노동부장관을 제의받았으나 본인은 부총리나 재무장관 자리를 원해 무산되기도 했다. 오명 체신장관이나 최동섭 건설장관은 5공 말기에 입각, 재임기간이 얼마 안 되었다는 이유도 있었다.

어떻든 간에 세상이 확 바뀌었음에도 불구하고 다수의 경제장관들이 그대로 유임되었다는 점은 모든 면에서 과감한 개혁과 변화를 강조했던 새 정권으로서는 앞뒤가 안 맞는 것이었다.

한국은행총재의 경우도 마찬가지였다. 임기도 안 끝난 박성상 총재를 경질하고 새로 앉히려고 했던 인물은 신병현이었다. 그는 박정희시대에 이미 한은총재를 지냈을 뿐 아니라 전두환시대에 접어드는 과정에서 상공장관을, 그리고 부총리 겸 경제기획원장관 자리에 두 번씩이나 앉았던 사람이다. 그러한 그를 또다시 중앙은행총재에 앉히려 했던 것이다. 이 인사는 노 대통령도 결심을 굳혔던 것이었으나 마지막에 이현재 총리의 뜻에 따라 김건으로 바뀌게 되었다.

이처럼 여러 가지 상황으로 볼 때 노태우정권의 첫 경제팀 구성은 특별한 정책의지나 새로운 방향 설정에 의한 것이라기보다는 구 정권의 연장선에서 무난한 사람들로 짜 맞췄던 것이다. 노태우를 최측근에서 보좌했던 김종인의 분석은 보다 신랄하다. 정권이 바뀌었음에도 불구하고 첫 경제팀의 구성이 전혀 새롭지 못할 뿐 아니라 전 정권의 장관들이 대폭 유임된 것은 단순한 인사정책의 미숙함 차원이 아니라는 것이다.

"노태우경제가 시작부터 고전을 면치 못했던 근본 원인을 민주화 열풍에서만 찾는 건 옳지 않습니다. 돌이켜 보면 노태우 대통령이 '정권교체'라는 것, 다시 말해서 새로운 정권의 탄생이 갖는 의미를 충분히 깨닫지 못했던 겁니다. 한마디로 새 정권이 구현해 나갈 나름대로의 청사진이 없었습니다. 새로운 청사진이 없으니 쓰는 사람도 새로워질 수 없지요. 그러니 전두환 대통령이 하던 것을 그냥 따라할 수밖에 없었던 겁니다."

결국 노태우정부는 새 정부로서의 비전 제시도 없이 전 정권의 기본 틀 안에서 정권 내내 우왕좌왕할 수밖에 없었다는 것이 김종인의 진단이다.

올림픽 성공과 그 이후

노사분규의 소용돌이 속에서도 노태우정부 초기의 경제정책은 어디까지나 낙관론을 깔고 있었다. 민주화의 흥분된 분위기와 곧이어 벌어진 서울올림픽의 축제 속에 모두들 '선진경제 진입'을 믿어 의심치 않았다.

당시 경제부총리였던 나웅배는 이렇게 말했다.

"대통령으로부터 경제운용 방향에 대해 특별한 주문을 받지도 않았고, 경제현안을 가지고 대통령이 부르는 일도 거의 없었습니다. 경제는 부총리가 알아서 운용하라는 것이었지요."

노 대통령 자신부터가 경제는 경제관료들이 알아서 하라는 식이었고, 취임 초기부터 당면한 민주화정책과 올림픽의 성공적인 개최가 주요 관심사였다. 6·29선언 1주년을 맞아 천명한 대통령의 '경제민주화선언'은 당시 경제정책이 지향하는 바가 무엇인지를 단적으로 보여주었다.

"성장의 과실을 분배받는 데서 소외된 농어민과 도시 서민들의 문제를 방치하는 한, 민주주의의 진전을 이야기할 수 없습니다. 이들을 위해 성

장과 흑자의 여력을 과감히 투자하는 정책을 추진해야 합니다."(청와대 당정 연석회의)

경제기획원 한 실무자의 회고도 같은 맥락이다.

"경제부처들 사이에서도 형평과 복지가 빠지면 이야기가 안 되었어요. 아무튼 경제정책은 경제 자체의 문제를 다루기보다는 권위주의시대에 누적돼온 사회적 갈등을 무마하는 치유책으로서의 의미가 더 컸습니다."

제6공화국이 어느 정도 자리를 잡기 시작하는 88년 여름부터는 민주화도 민주화지만 무엇보다 국가적 대사인 올림픽을 성공적으로 치러내는 일에 온통 관심이 쏠렸다.

사실 올림픽이야말로 3저 호황_{저유가·저금리·저달러로 80년대에 한국경제가 맞이}했던 유례없는 호경기의 클라이맥스이자 6공 출범의 하이라이트였다. 대내적으로는 경제력의 신장을 확인하는 자축연이었고, 대외적으로는 국제적인 위신을 높이는 데 다시없는 호기였다.

노태우정부로서는 올림픽을 통해 정권의 정통성을 대내외적으로 공인받는 기회이기도 했다. 당연히 대통령의 관심은 각별했다. 비록 전두환 정부 때 유치한 올림픽이지만 자신이 조직위원장을 맡기도 했고 초대 체육장관까지 지낸 만큼 올림픽에 쏟는 정성이 남다를 수밖에 없었다.

노태우 대통령은 취임하자마자 "서울올림픽의 성공적인 완수가 당면한 최대의 지상과제"임을 강조하고 그 후 열린 청와대 국무회의 석상에서는 "역사상 최대·최고·최선의 올림픽을 치를 수 있도록 내각은 모든 행정력을 동원해 완벽한 준비를 하라"고 지시했다.

내각은 올림픽 준비로 다른 데 신경을 쓸 겨를이 없었다. 다행히 88서울올림픽은 사상 최대의 참가국을 기록하면서 성공적으로 막을 내렸다. 종합성적 4위도 아무리 안방잔치라고는 하지만 국민적 자부심을 느끼기에 충분했다. 올림픽 개최에 따른 경제적 평가도 대단히 자랑스러운 것이었다.

"국력 신장에 대한 자긍심과 국민화합 분위기가 조성돼 선진경제에 진입할 수 있다는 자신감을 고취시켰고, 우리 상품의 국제적인 신인도를 높여 수출의 계속적인 신장이 예상…"

경제기획원이 《올림픽 개최가 우리 경제에 미친 영향》이라는 책자 발간을 통해 자평한 한 대목이다. 누가 뭐라고 해도 올림픽 개최는 성공적이었다. 세계가 놀랐고, 한국 스스로도 그처럼 잘해낼지 몰랐을 정도였다. 무엇보다도 한국의 국제적 위상을 높이는 데 서울올림픽은 결정적 역할을 했다.

그러나 세상에 공짜는 없었다. 올림픽이라는 거대한 잔치가 끝나자 경제가 나아지기는커녕 인플레와 부동산투기 등 불안요인들이 서서히 드러나기 시작했다. 연속적인 고성장의 여파로 부동산값이 꿈틀거렸고, 누적된 국제수지 흑자로 해외부문에서 뭉칫돈이 들어오면서 통화 인플레의 우려가 높아져 갔다. 미국의 통상압력도 심상치 않은 조짐을 보였다.

그러나 경제에 대한 어떠한 우려도 설득력을 발휘할 수 없는 분위기였다. 우선 여러 통계수치들이 장밋빛 일색이었다. 성장률은 3년째 12%를 넘었는가 하면 올림픽 특수까지 겹쳐 실업률은 사상 최저였다. 과도한 국제수지 흑자와 임금상승 등이 부담이기는 했으나 그건 행복한 고민이었다.

정작 올림픽 이후의 한국경제에 대한 걱정은 일본 쪽에서 먼저 나왔다. 88년 초부터 일본의 경제 저널리스트들 사이에서는 64년 동경올림픽 이후 일본의 경기침체를 예로 들며 한국도 올림픽을 치르고 나면 상당한 어려움을 겪을 것이라는 얘기가 심심치 않게 거론되었다.

국내에서도 조심스럽게 비슷한 지적이 제기되었다. 정부 안에서는 여전히 낙관론을 펴고 있었던 데 반해 민간 쪽에서 먼저 우려의 소리가 나오기 시작했다. 삼성경제연구소는 마침 올림픽 개막식이 있던 날 "20%가 넘는 임금상승과 13%에 이르는 환율절상으로 올림픽 이후의 기업 경영환경이 급격히 악화될 것"이라는 경고성 전망을 내놓았다.

그러나 이 같은 우려는 별다른 주목을 끌지 못했다. 오히려 경제기획원과 한국은행은 올림픽 개최 당시의 일본과 우리나라의 경제상황을 조목조목 비교해 가며 올림픽 이후에도 경기침체가 없을 것이라는 점을 강조한 보고서를 만들어 비관론을 공박했다. 일본에서 나온 침체 주장은 이웃집 잔치에 대한 질시쯤으로 받아들여졌고, 업계의 부정적 목소리는 늘 해오던 엄살로 치부되었다.

경제에 대한 자신감과 올림픽의 성공에 고무된 노 대통령은 엉뚱하게도 올림픽에 버금가는 새로운 전시용 사업을 궁리하고 있었다. 대통령은 나웅배 부총리를 청와대로 불렀다.

"올림픽이 끝나고 얼마 안 있어 대통령이 부르더니 불쑥 엑스포를 한번 해보는 것이 어떻겠느냐고 물어 왔어요. 사실 엑스포는 전두환 대통령 때도 열자고 했으나 올림픽이 있으니 미루자고 설득해서 덮어놓은 것이었습니다. 할 수 없이 검토해 보겠다고 대답하고 나왔지만 난감했어요. 실은 5공 때 검토해 본 결과 공인 엑스포는 2000년까지 일정이 꽉 차 있었고, 비공인으로 할 바에는 차라리 열지 않는 것이 낫다고 이미 결론을 내린 상태였지요."

올림픽이 끝나고도 대통령부터가 3저 호황의 잔치 분위기에서 헤어나지 못한 것이다. 노 대통령은 내각의 반대에도 불구하고 89년 초 결국 엑스포 개최를 결정하게 된다.

경제낙관론은 올림픽 직후 나웅배-박승 경제팀이 올림픽 이후를 대비해서 내놓은 이른바 '선진화합경제 추진대책'에도 이어졌다.

"올림픽 이후에도 경기는 큰 문제가 없을 것으로 판단했습니다. 다만 여기에는 물가안정과 흑자관리가 관건이었습니다. 또 흑자가 나는 동안 개혁조치와 제도개선을 서둘러야 한다는 생각도 있었지요."(나웅배 당시 부총리)

그러나 이도저도 안 되었다. 6공의 첫 경제팀은 재임기간 내내 민주화와 올림픽의 뒤치다꺼리를 하느라 세월을 다 보내고, 정작 본격적인 경제정책은 해볼 틈도 없이 9개월 만에 경질되고 만 것이다.

"기본적으로 고통이 따르는 정책을 펴기가 어려운 분위기였습니다. 근본적인 한계였지요."(사공일 당시 재무장관)

이 같은 한계 속에서 형평과 복지 등 당장 생색이 나는 정책은 일사천리로 추진된 반면, 제도개선이나 구조조정과 같이 부담이 되는 정책은 이런저런 이유로 늦어지거나 아예 해볼 엄두를 내지 못한 것이다. 그러는 사이 올림픽의 열기가 사그라지면서 3저 호황의 좋은 시절도 끝나갔고, 물가상승과 흑자관리의 부담만 고스란히 조순 경제팀으로 넘어갔다.

노 대통령의 경제관

경제전문가를 자처했던 5공의 전두환 대통령을 '경제대통령'이라 한다면 6공의 노태우 대통령은 어떻게 불러야 할까.

누가 뭐라고 해도 전두환은 경제문제를 중점적으로 파고들었다. 자신이 경제문제에 대해서 열심히 공부도 했고, 정책도 항상 경제제일주의였다. 일이 꼬이면 자신이 직접 나서서 챙겼다. 때로는 너무 지나쳐서 탈일 정도였다. 어찌 보면 경제문제처럼 실질적인 분야가 그의 적성에 들어맞았다고도 할 수 있다.

이에 비해 노태우 대통령은 아주 대조적이었다. 그는 경제보다는 정치나 외교 쪽이 주된 관심분야였다. 정책의 우선순위도 민주화나 북방문제가 앞자리를 차지했던 반면 경제는 뒷전이었다. 본인 스스로도 복잡하게 숫자를 따지는 것을 즐겨하지 않는 편이었다.

그러나 이 두 사람을 개인적으로 비교하기에 앞서 이들이 처했던 정치·경제적 여건의 차이부터 염두에 두어야 할 것이다. 5공은 최악의 경

노태우 대통령은 취임 초기부터 정치문제에 매달려 경제 쪽은 아무래도 소홀할 수밖에 없었다. 사진은 국무회의를 주재하는 모습.

제 상황에서 시작했다. 극도의 정치적 불안은 물론이고, 제2차 오일쇼크와 누적된 구조적인 문제들이 한꺼번에 터져 나오면서 국내 경제가 심각한 불황의 늪으로 빠져 들어가는 국면에서 출발했던 것이다.

따라서 새 정권은 눈앞에 닥친 경제문제 해결에 전적으로 매달릴 수밖에 없었던 데다가 허약한 정치적 정통성을 커버하기 위해서라도 경제적 난관 돌파에 승부를 걸어야 했다.

그러나 노태우정권은 정반대의 상황에서 출발했다. '정치 우선'의 시대가 개막된 것이다. 국민들의 관심 자체가 5공 비리 척결과 민주화의 열기에 집중되었다. 다시 말해 6공정권은 전두환시대에 빚어졌던 정치적 부채를 정리해 나가는 게 최대의 당면과제였던 만큼 대통령의 주된 관심사 역시 이런 분야에 치우칠 수밖에 없었다.

당시의 경제상황이 '단군 이래 최대의 호황'이라고 할 정도로 좋았다는 점을 간과할 수 없다. 외채망국론이 횡행하는 가운데 대흉작으로 먹을 쌀을 걱정하고 석유비축이 1주일분밖에 안 되는 상황에서 5공이 출발했던 데 비하면, 12%의 경제성장에다 국제수지 흑자가 오히려 지나쳐서 걱정이던 6공의 출발은 경제적인 측면에서는 하늘과 땅의 차이였다.

그러니 노 대통령으로서는 경제문제에 대해 애당초 신경을 쓸 필요조차 느끼지 않았던 것이다. 그에게 경제정책이란 오로지 '어떻게 나누느냐'하는 것이었다. 탄탄대로에 들어선 것으로 보였던 한국경제는 이제 가만히 내버려 둬도 저절로 굴러가는 것으로 여겨졌기에 '어떻게 키우느냐'는 고민은 더 이상 필요 없는 것으로 단정했다.

대통령만이 아니었다. 경제관료도 언론도 마찬가지였다. 대통령의 취임사를 봐도 확연하게 드러난다. 전 대통령의 경우는 경제난국의 극복이 최대 이슈였던 반면, 노 대통령의 취임사는 정치적 과제들에 밀려 경제는 상대적으로 간단히 짚고 넘어간다. 오로지 "그동안 이룩한 고도성장의 열매가 골고루 미치는, 정직하고 정의로운 분배를 실현하기 위해 정부와 모든 계층의 국민이 합심할 때"라는 대목만이 노 대통령이 경제분야와 관련해서 강조한 부분이었다.

첫 경제팀장 나웅배 부총리 겸 경제기획원장관의 취임사도 그랬다. "경제운용의 공정성과 도덕성의 회복에 주력하며 소외계층의 갈등을 해소하고 상응하는 대가를 지불받는 사회를 이룩해…."

어떻든 6공 초기의 경제적 관심사는 분배문제만 해결하면 되는 것으로 여겨졌으며 그것 또한 정치 쪽과의 이해관계에 직결된 문제였다. 한 측근은 노 대통령의 경제관에 대해 이렇게 변호했다.

"한 나라의 최고통치자가 된 입장에서 어찌 경제관이 없을 수 있겠습니까. 다만 그는 당시의 한국경제를 너무 과대평가했던 것입니다. 더구나 선진국 진입의 문턱에 와 있는 상황에서 어떻게 해서라도 성장의 과실을 나눠 갖도록 해야 사회적인 갈등도 해소되고 자신의 정치적 입지도 강화된다고 생각했던 것이지요."

하지만 비판적인 의견이 다수였다. 경제비서관을 지낸 한 측근의 평가는 훨씬 인색했다.

"애당초 노태우 대통령은 경제에는 관심이 없었습니다. '36.6%짜리 대통령'이라는 정치적 부담감이 항상 그를 잡아당기고 있었고, 더구나 총선 결과가 여소야대로 나타남에 따라 어떻게 해서라도 자신의 정치적 입지를 강화하는 일이 가장 시급한 과제였으니까요. 노사분규를 수습하는 태도를 봐도 그랬습니다. 노사분규에 따른 경제적 파급효과가 아무리 심각하다 해도 언론과 정치권이 시비를 걸 만한 대책은 피했습니다. 겪을 건 겪어야 한다는 정면돌파보다는 정치적으로 부담이 가는 정책은 가급적 안 쓰겠다는 쪽이었지요."

집권 초기에는 사실 노 대통령의 이 같은 태도가 이른바 민주화시대에 걸맞은 것으로 여겨지기도 했다. 전두환정권이 하도 틀어쥐고 억눌렀던 것에 대한 정치·사회적인 자연스런 반동작용이었다고도 할 수 있을 것이다.

어쨌든 노 대통령 자신이 경제문제에 대해 잘 모르고 소홀했던 점은 부인할 수 없다. 물론 대통령이 꼭 경제전문가일 필요는 없다. 다만 큰 방향을 잡아주고 정책 간에 갈등이 발생할 때는 최소한의 교통정리는 해주는 것이 대통령의 역할인데, 그 역할도 못한 것이다.

노 대통령은 경제를 몰랐고, 굳이 알려고도 하지 않았다. 그가 대통령이 되는 과정 또한 경제는 전혀 절실한 과제가 아니었다. 그는 여간해서 경제정책에 관한 한 직접적인 지시를 하지 않았다. 전임 대통령이 하도

미주알고주알 챙기는 바람에 곤욕을 치렀던 실무관료들로서는 한결 편한 대통령이기도 했다.

그러나 너무 반대인 것도 탈이었다. 부처 간에 주장이 엇갈려 혼선을 거듭하는 경우에도 "잘 협조해서 말썽이 없도록 최선을 다하라"는 원칙론만을 되풀이하곤 했다. 일의 내용을 잘 모르는 그로서는 구체적인 지시를 할 수 없었던 측면도 있었을 것이다. 노태우정권 출범 이후 얼마 동안은 대통령의 이 같은 태도에 대해 일부에서는 "이제야 진짜 민주화된 세상을 실감하네. 대통령은 저렇게 해야지"라는 칭찬도 없지 않았다.

청와대 보고라면 항상 긴장해야 했던 관료들도 한결 느긋해졌다. 보고하는 것으로 충분했고, 지시를 받아 오는 경우는 드물었다는 것이 경제관료들의 공통적인 이야기였다. 경제비서관을 오래 했던 박운서는 노태우 대통령의 경제에 대한 태도를 이렇게 설명했다.

"학창시절에 누구나 잘하는 과목과 못하는 과목이 있지 않습니까. 그런 식으로 노 대통령의 경우 외교나 정치과목은 재미도 느끼고 시험점수도 좋았던 반면 경제과목은 그렇지 못했던 셈이지요. 아랫사람들이 연설문을 써 주거나 지시사항에 관한 보고서를 소화해 내는 것을 봐도 그런 점을 알 수 있습니다. 외교나 정치 쪽은 정말 깜짝 놀랄 정도로 짧은 시간 안에 자기 것으로 척척 소화해 내는 반면에 경제 이야기에 들어가면 부담스러워하고 소화력이 현저하게 떨어져 보였으니까요."

대통령이 이러면 제일 애를 먹게 되는 자리가 경제수석이다. 집권기간 동안 최장수 경제수석2년이었던 김종인의 이야기를 들어보자.

"언론이나 외부인사와 경제 이야기를 할 때면 솔직히 말해 실수를 하지 않을까 여간 불안하질 않습니다. 물론 미리 다 써 드리지요. 허나 제대로 소화를 못하고 무작정 외우려고 한들 제대로 외워지겠습니까. 여러

가지 상관관계가 복잡하게 얽혀 있으니 당연히 어려웠겠지요. 그래서 대통령에게 보고하는 경제관계 서류는 될수록 간단하게 만들었고, 최소한의 기본 원리만을 이해하도록 해드렸지요."

경제수석 중에서 노태우 대통령으로부터 가장 심한 좌절을 겪고 애를 먹었던 인물을 꼽으라면 문희갑이었을 것이다. 박승에 이어 경제수석 자리에 앉은 그는 대통령의 강력한 의지를 믿고 금융실명제와 토지공개념을 비롯한 일련의 개혁정책을 밀고 나갔으나, 대통령의 '변심'으로 하루아침에 '실정 모르는 돈키호테' 신세로 전락하게 된 케이스다.

문희갑은 "6공화국의 경제정책은 경제정의 실현에 있다"고 스스로 강조했듯이 전두환시대에 빛을 발했던 특유의 돌파력을 과시해 나갔다. 설마 하니 1년 3개월 만에 목이 날아가고, 자신이 추진해 왔던 주요 개혁정책들이 단숨에 물거품이 될 줄은 미처 몰랐다. 세상이 바뀌고 대통령이 바뀌었다는 사실을 너무 과소평가했던 것이다.

노 대통령의 경제에 대한 인식이 달라지기 시작한 것은 역시 경제가 눈에 띄게 나빠지기 시작하면서부터였다. 1988년 집권 첫해는 민주화의 열기 속에 성대하게 치러낸 서울올림픽으로 너나 할 것 없이 정신없이 지나갔다. 그러나 그 열기가 식으며 이듬해인 1989년부터는 사회·경제적으로 여기저기서 불길한 증세를 나타내기 시작했다. 가장 심각한 것은 노사분규였다. 현대중공업 파업이 장기화되는가 하면, 부산 동의대생의 방화로 경찰관 6명이 사망하는 사태가 벌어졌다.

"경제가 중대한 갈림길에 서 있다. 이대로 가다간 내년부터 정말 큰 문제가 생길 것이다. 경제가 무너지면 민주화도 안 된다."

집권한 지 1년 반이 다 돼서야 비로소 노 대통령은 경제의 중요성을 깨닫고 한국경제의 장래가 매우 걱정스럽다는 점을 국무회의 석상에서 처음 공식적으로 밝혔다. 그렇다고 해서 무슨 뾰족한 대응책을 준비하기 시작했다는 뜻은 아니고, 그쯤부터는 그 이전의 '완전 무관심' 상태에서는 벗어나기 시작했다는 이야기다.

경제가 더 나빠지는 것에 비례해서 대통령의 경제에 대한 관심도 더 커져 갔다. 사람도 바꾸고 정책도 바꾸고 여러 방법을 시도했다. 그러나 경제에 관한 노 대통령의 한계는, 펼쳤던 정책도 정책이지만 사람을 어떻게 썼는가를 돌이켜 보면 쉽게 드러난다. 박승-문희갑-김종인-이진설로 이어진 경제수석들의 면면을 봐도 그렇고, 나웅배-조순-이승윤-최각규로 이어지는 경제부총리의 역할을 봐도 그랬다. 대통령 자신의 경제관이 내놓을 만하지 못했으면 자신이 기용한 핵심인물들로부터라도 생각을 빌리고 역할을 맡겼어야 했을 텐데 그렇지 못했다. 수시로 갈아 치우는 경제장관이나 경제수석보다는 어찌 보면 임기가 없는 친인척이나 사돈들의 입김에 따라 정책과 사람을 바꾸는 일이 더 자주 있었다고 해야 할 것이다. 전두환시대에는 그렇지 않았다.

노태우시대에 주요 프로젝트 팀장과 예산실장을 역임했던 이석채는 보다 더 근본적인 문제를 지적했다.

"노태우정권도 훗날 칭찬받을 만한 경제정책이 없었던 게 아닙니다. 그러나 큰 흐름 속에서 볼 때 노태우 대통령은 급작스러운 민주화가 한국경제에 어떤 악영향을 미칠 것인지를 몰랐다는 점이 중요합니다. 이런 근본적인 문제의식이 있었더라면 정책이고 인사고 그런 식으로 하진 않았겠지요."

대통령의 가정교사

전두환 대통령한테 경제정책 면에서 가장 큰 영향을 끼쳤던 인물로 경제수석 김재익을 꼽는다면, 노태우 대통령에게 가장 큰 영향력을 행사했던 인물로는 누구를 꼽을 수 있을까. 보건사회부장관과 경제수석을 지냈던 김종인이 가장 근접할 것이다. 시대적 배경이 전혀 다르고 대통령의 통치 스타일도 매우 상이하기 때문에 김재익과 김종인 두 사람을 수평 비교하는 것은 무리다. 그러나 두 사람 모두 전두환과 노태우가 대통령이 되기 전부터 각기 경제 가정교사 역할을 했다는 점에서 공통점을 지니고 있다. 김재익이 군인 전두환에게 국가 운영의 기본적인 틀을 짜는 것에서부터 시작해서 인플레가 왜 그토록 나쁜 것인지를 일일이 도표를 그려가면서 가르쳤듯이, 김종인도 노태우가 민정당 대표시절 차기 대통령 준비를 시작하면서부터 그의 경제 가정교사로서 특별한 관계를 맺기 시작했다.

85년 어느 날 노태우 민정당 대표는 여의도 63빌딩으로 같은 당 의원인 김종인을 조용히 불렀다.

"내가 무얼 해야 할지에 대해 확신을 가질 수 있도록 도와주시오."

두 사람은 1982년 실명제 실시를 반대하는 과정에서 이미 같은 배를 탔던 사이였다. 전두환 대통령이 금융실명제를 강력히 밀어붙일 때 민정당 안에서 가장 노골적으로 반대논리를 전개했던 인물이 김종인이었고, 노태우 또한 반대 입장에 섰다. 당시 민정당 내에서는 금융실명제 실시는 정치적 이유로 불가하다는 막연한 우려와 주장만 나왔지, 반대논리를 조리 있게 펴는 사람은 없었다. 그런 가운데 독일에서 경제학을 전공하고 박정희시대에 부가가치세 도입 과정에서도 정부 자문 경험을 쌓았던 김종인이 나름대로의 논리를 전개하며 반대에 앞장섰던 것이다. 이때부터 노태우 눈에 김종인이 들게 된다.

차기 대통령은 내 몫이라 여겼던 노태우는 이 자리에서 김종인에게 "대통령이 되면 당신을 경제참모로 기용할 테니 지금부터 그 준비를 해달라"고 당부했다. 이즈음부터 김종인은 노태우의 경제 가정교사 역할을 맡게 된다.

1987년 6월 10일 노태우 민정당 대표가 정식으로 대통령후보가 되면서부터 본격화되기 시작한 김종인의 가정교사 역할은 대통령취임준비위원회가 가동되면서 한층 중요해졌다. 김종인 스스로도 경제정책에 관한 한 새 정권의 시나리오를 짜는 일에 자신이 중심에 있다고 믿었고, 또한 정권 출범부터 당연히 요직을 맡을 것으로 여겼다. 그러나 막상 정권 출범 날짜가 다가오면서 그는 권력의 중심부에서 완전히 소외당하고 만다. 대통령 당선자 노태우를 만나는 것조차 어려웠다. 조각 명단의 어디에도 그의 이름은 들어 있지 않았다. 김종인의 회고는 이렇다.

"당선자가 민정당 대표시절부터 나한테 한 이야기가 있었고, 대통령 당선 이후에도 나에게 맡겨졌던 일이 있었기에 새 정부의 경제정책을 꾸려 나가는 역할이 당연히 주어질 줄 알았지요. 그래서 노태우정부의 경제정책의 골간을 짜고 구체적인 실천 스케줄을 만들었습니다. 그러나 전혀 엉뚱한 사람을 경제수석에 앉히더군요. 지속적인 성장정책이 필요한데 김종인은 안정론자여서 안 된다고 했다는데, 그건 핑계였습니다. 대통령을 둘러싸기 시작한 새로운 권력 핵심부의 거부권 행사에 걸렸던 겁니다."

이렇듯 김종인은 전두환시대의 김재익과는 달리 정권 출범 때부터 배제당했다. 김재익이 경제 가정교사로서뿐 아니라 정권 출범부터 대통령의 최측근으로서 막강한 영향력을 구사하면서 전두환정부가 추구했던 경제정책의 기틀을 마련했던 것에 비하면, 김종인의 역할은 대통령이 되기 전 '입시용' 가정교사에 불과했던 셈이다. 따라서 제5공화국 경제정책의 기틀을 짜는 데 결정적 역할을 했던 김재익에 비해 제6공화국에서 김종인의 역할은 훨씬 미약했다고 할 수 있다.

그럼에도 불구하고 김종인을 김재익에 맞먹는 인물로 꼽는 이유는 경제정책에 관한 한 그가 초기 가정교사로서의 역할뿐 아니라 정권 중반부에 경제수석에 앉으면서부터 '노태우경제'에 가장 큰 영향력을 행사했기 때문이다.

김종인은 개인적인 성격이나 일하는 스타일 면에서 노태우에게는 결코 만만한 인물이 아니었다. 자기주장이 강했고 노선이 분명했다. 20대부터 할아버지 김병로 초대 대법원장를 도와 정치판을 체험했기에 정치적 판단도 빨랐다. 이런 점에서 경제정책에 백지나 다름없는 노태우의 머릿속을 일찌감치 장악하고 있었다.

하지만 그러한 급부상이 오히려 대통령 측근세력들의 강한 견제를 불렸다. 경제 가정교사로서 깊은 인연을 쌓았음에도 불구하고 노 대통령 집권 이후 두 번째 개각 때야 정부에 들어갔다. 그것도 전혀 뜻밖의 자리인 보건사회부장관이었다. 정권이 출범한 지 1년 반이 지나서였다.

정권 출범 시기의 경제팀 구성을 보면 '노태우 경제학'의 수준을 가늠케 한다. 비록 가정교사 김종인으로부터 경제를 배웠지만 막상 대통령 자리에 앉게 되면서 생각이 달라졌다. 첫 경제수석 자리에 당연시되었던 김종인을 빼고 일면식도 없던 박승을 앉혔는가 하면, 한편으로는 전두환 정권 때 요직에 있었던 나웅배와 사공일 등을 중용했다. 두 번째 경제수석 문희갑은 분당신도시 건설을 주도하는 등 굵직굵직한 정책들을 거침없이 밀고 나갔으나 금융실명제 등의 과감한 개혁 드라이브가 오히려 대통령을 부담스럽게 만들었다. 경제부총리 자리 역시 첫 번째 나웅배를 물리고 앉혔던 조순에게 큰 기대를 걸었으나 행정능력이 미흡해 정부 안에서조차 리더십을 발휘해 보이지 못했다.

걱정할 게 없다고 생각했던 낙관론은 온데간데없고, 88올림픽의 흥분이 가시면서 이내 '경제위기론'이 휘몰아치기 시작했다. 정치민주화의 소용돌이 속에 노동계의 세력이 커지고 노사관계가 상당한 혼란을 겪을 것이라는 점 등은 어느 정도 예상된 일이었다. 그러나 눈앞에 벌어지는 매일매일의 경제상황 악화는 예상을 훨씬 뛰어넘는 것이었다. 믿었던 수출이 꺾이기 시작했고, 부동산투기가 극성을 부리는 가운데 주식시장이 폭락했다. 경제에 대한 나름대로의 식견이 분명했던 전임 대통령과는 달리 그렇지 못했던 노 대통령으로서는 갈팡질팡하지 않을 수 없었다.

본인은 잘 모르니 믿고 맡길 수 있는 '사람'이 중요했다. 노 대통령은 그 답을 TK대구·경북지역 후배한테서 찾았다. 개인적으로 아무런 연고가 없었던 첫 번째 경제수석 박승을 건설부장관으로 내보내고 문희갑을 불러들인 것이다. 두 번째 경제수석 문희갑은 전임자 박승보다 한층 강력한 영향력을 발휘했다. 대통령과 사사롭게 통하는 참모와 그렇지 못한 참모와의 차이를 여실히 보여주었다.

초기의 문희갑 경제수석은 막강했다. 원래 추진력이 강한 편인 데다가 마찰과 충돌을 마다하지 않는 강골의 성품이어서 뒤에서 조용히 대통령을 보좌하는 스타일이 아니었다. 어떤 때는 경제사령탑인 조순 부총리 겸 경제기획원장관을 무색하게 할 정도로 강력한 소신을 피력하는가 하면 언론의 인터뷰 요청에도 주저 없이 나섰다.

문희갑은 자신이 노태우경제의 새로운 간판이자 대변자임을 자처했다. 분당과 일산신도시 건설로 부동산투기 진화를 지휘했고, 토지공개념과 금융실명제 도입에 앞장섰다. 하지만 그의 이 같은 강력한 투지는 사방에서 정치적 저항을 불러일으켰고, 급기야는 노 대통령 스스로가 부담스러워하기 시작했다. 무엇보다 정부 내의 불협화음이 대통령의 마음을 불안하게 만들었다.

결국 대통령은 주변의 비토를 물리치고 원래 가정교사였던 김종인을 불러들일 수밖에 없었다. 90년 2월초에 청와대에서 관계장관회의를 마치고 대통령은 김종인 보사부장관을 따로 불렀다.

"당신이 내 옆으로 와야겠어."

"장관하고 있는 사람한테 왜 비서로 오라 하십니까. 지금 와서 제가 할 일이 뭐 있겠습니까."

노태우 대통령은 김종인의 뻐딱한 반응에 "나라가 어려워서 도와달라는 건데 무슨 말대답이냐"고 호통을 치면서 새 경제팀의 구성안을 서둘러 가져오도록 지시했다. 김종인은 1주일 후에 자신이 경제수석으로 추진할 주요 과제들을 정리한 보고서와 함께 일할 새 경제장관 명단을 제시했으나 한 달이 지나도록 감감 무소식이었다. 대통령으로서는 보고서 내용이야 문제될 게 없었으나, 김종인이 새 경제장관 자리에 천거한 사람들이 마땅치 않았던 것이다.

우여곡절 끝에 90년 3월 18일, 이승윤 경제부총리와 정영의 재무장관을 골간으로 하는 새로운 경제팀이 짜였다. 물론 그 산파는 김종인이었다. 일개 경제수석비서관이 대통령을 상대로 개각하는 장관들 자리를 놓고 된다 안 된다 하며 실랑이를 벌였다는 것 자체가 전례 없는 일이었다.

김종인이 경제수석 자리에 들어서면서부터 정책이 잘되었든 잘못되었든 경제정책의 흐름은 분명해져 갔다. 앞에 나선 공식 경제사령탑이야 이승윤 부총리였으나 경제를 실제로 끌어가고 밀어주는 역할은 대통령의 절대 신임을 받고 있는 경제수석 김종인이라는 사실이 명확하게 드러났기 때문이다.

"골치 아픈 토지초과이득세 같은 것들을 없던 일로 할 수 없겠나?"

"국회가 법으로 만든 세금을 어떻게 하루아침에 없앨 수 있겠습니까."

대통령 노태우가 경제수석으로 출근한 김종인에게 던진 첫 주문이었고, 그에 대한 경제수석의 대답이었다. 당시 대통령의 경제에 대한 관심도나 관점이 어떠했는지를 상징적으로 말해 주는 대목이다.

아무튼 김종인은 대통령에게 "이건 꼭 지켜 주셔야 합니다"라며 다음 4가지 사항에 대한 다짐을 받아낸다.

첫째, 화급한 현안인 부동산투기 억제에 총력을 기울이게 해 달라.

둘째, 대통령이 주식시세에 대해서 너무 관심을 갖지 말아 달라.

셋째, 물류비용 해결을 위해 사회간접자본 투자를 대폭 늘리도록 해 달라.

넷째, 재벌에 대한 구조조정 추진을 적극 지원해 달라.

첫 업무보고라기보다는 대통령에 대한 경제수석의 요구사항이었다. 중책을 맡기셨으니 소신대로 할 수 있도록 이 정도 사항은 꼭 약속해 달라는 다짐을 둔 것이었다. 한편으로는 과거에 맺었던 '가정교사' 관계의 복원을 뜻하기도 했다.

노태우정권에서 김종인은 유별난 존재였다. 전두환 대통령에 대한 김재익 경제수석의 영향력이 막강했다고 하지만, 김재익은 어디까지나 참모이자 보좌관이었다. 반면에 김종인은 노태우 대통령에게 단순한 아랫사람이나 경제참모의 선을 종종 넘어섰다. 경제뿐 아니라 정치외교 전반에 걸쳐 대놓고 상의에 응하고 코칭하는 입장이었으며, 또한 대통령의 군 출신 핵심측근인 이춘구나 안무혁 등과도 가까운 사이였다. 또한 대통령의 친인척 및 특수관계자들과 직접 각을 세우고 '맞짱'을 뜨는 일도 불사했다. 대통령의 동서이자 상공장관까지 지낸 금진호가 무역협회장으로 가는 것을 끝까지 막았으며, 숨은 실력자 이원조나 사돈인 최종현, 신명수와 부딪치는 일도 마다하지 않았다. 북방정책을 추진하는 과정에서는 대통령의 이름으로 총지휘를 하는 바람에 김종휘 외교안보수석과 외무부로부터 심한 반발을 불러일으키기도 했다. 심지어는 노태우 대통령이 다음 정권을 김영삼에게 넘겨주기로 결심하는 과정에서 가장 줄기차게 반대한 인물이 김종인이었다. 어느 모로 보나 그는 단순한 경제수석이 아니었다.

김종인이 처음 경제수석 자리에 앉았을 때 재계의 반응은 결코 나쁘지 않았다. 취임 일성이 "기업의 투자의욕을 북돋는 정책과 사회간접자본 확충이 시급하다"는 점을 강조했는가 하면, 부임 직후 전임자들이 추진했던 금융실명제 실시를 완전히 무산시켜 버렸기 때문이다. 당장 실명제를 유보시키자 재계는 앓던 이가 빠진 것처럼 후련해했고, 당연히 신임 경제수석이 자기네 편인 것으로 여겼다. 그러나 그것은 착각이었다. 취임한 지 얼마 되지 않아 '반反재벌정책의 본산'이 바로 김종인이라는 쪽으로 재계 분위기는 획 돌아서 버린다.

김종인의 재벌과의 충돌은 정책 차원의 문제이기도 했으나 더 첨예한 갈등은 노태우 대통령과 재벌총수 사이의 관계에서 빚어졌다. 우선 정책 차원에서 김종인은 업종전문화라는 명분을 내세워서 재벌들의 문어발식 사업영역 확장에 제동을 걸었다. 삼성이 자동차사업을 새로 벌이겠다는 것을 막았고, 현대의 카프로락탐사업 진출을 허용치 않았다. 특히 재벌들이 수출해서 번 돈으로 부동산을 사들이는 바람에 투기가 더 기승을 부린다는 판단에 따라 재벌 소유 부동산의 강제매각 조치를 밀어붙였다. 금리는 내리고 주가를 올리는 정책 또한 앞장서서 반대했다.

재벌들이 미워할 만도 했다. 그러나 재벌총수들이 김종인을 미워했던 구체적인 이유는 좀 더 감정적인 동기에서 찾을 수 있다. 여태까지는 기업 입장에서 문제가 안 풀릴 때 총수가 비공개로 청와대를 찾아서 어려움을 호소해 왔다. 전두환 대통령 때나 노태우 대통령 때나 마찬가지였다. 물론 빈손으로 가지 않았고, 대부분의 경우 그것이 효력을 발휘해서 꼬였던 문제가 풀리곤 했다. 그러나 재벌들은 대통령하고는 이야기가 잘 되었는데 실무부처에서는 전혀 딴청을 부리는 황당한 경우를 노태우정부 들어서 왕왕 겪게 되었다. 예전 같으면 있을 수 없는 일이었는데, 그 배경에는 경제수석 김종인이 있었다. 애당초 노태우와 김종인 사이에는 일종의 묵계가 있었다.

"각하, 재벌총수들이 개인면담을 청하는 것은 의도가 뻔한 것이니까 가급적 피하시는 게 좋습니다. 그러나 불가피하게 만나실 일도 있을 텐데, 그때는 저도 모른 척할 터이니 각하께서도 모른 척하시지요."

대통령은 재벌총수와의 개인면담을 삼가되, 어쩔 수 없이 만난다 하더라도 업무와 관련해서는 경제수석한테는 부담을 주지 말아달라는 요지였다. 설령 누가 청와대 본관에 왔다 갔다고 해도 서로 모른 척하자는 것이었다.

그러나 이런 관계가 오래 지속될 수는 없었다. 재벌들로서는 대통령한테 아무리 공을 들여 봤자 소용이 없으니 속이 탈 수밖에. 답답한 나머지 정주영 현대회장은 직접 경제수석을 찾아가서 회유책을 구사했는가 하면, 사돈이자 재벌총수인 최종현, 신명수 등이 금진호, 이원조와 합세해서 김종인을 압박해 나갔다. 대통령이 승낙한 사안을 경제수석이 뭔데 중간에서 제동을 거느냐는 볼멘소리가 여기저기서 터져 나왔다. 정치적으로도 몰리기 시작한 김종인은 시간이 흐를수록 더 이상 견뎌내기 힘든 상태가 되어 버렸다. 대통령은 결국 불편을 견디지 못하고 김종인을 내보낸다. 그가 청와대를 떠나자, 삼성의 자동차사업 허가를 비롯해 그가 그동안 깔고 앉아 있던 문제들이 줄줄이 풀려나가기 시작했다.

후일 김종인은 자신이 대통령으로 모셨던 노태우에 대해 이렇게 종합 평가했다.

"6공화국 정부가 초기부터 갈피를 잡지 못하고 경제정책이 우왕좌왕했던 것은 민주화에 따른 혼란 때문이기도 했으나, 노 대통령 스스로가 새 정권이 해야 할 확실한 청사진이 없었던 것이 가장 큰 원인이었다고 생각합니다. 사람 쓰는 것도 그래서 우왕좌왕했던 것이지요. 그래도 내가 경제수석을 하면서 대통령에게 요구했던 것들은 거의 다 들어준 셈입니다. 지내놓고 보면 별것 아닌 것으로 여길 수 있겠지만, 주가가 폭락하는데 대통령이 계속 모른 척해 준 것이나, 장관들의 반대에도 불구하고 사회간접자본 확충 예산의 획기적인 증액을 실현시킨 것 등은 높이 평가받아야 한다고 생각합니다. 영종도에 지금의 국제공항을 건설한 것을 비롯해 고속도로와 항만 확충 등 물류문제를 해결하기 위한 SOC투자는 노태우 대통령의 결심이 아니었으면 못했을 국가적 사업이었습니다. 더구나 북방정책에 대한 그의 외교적 업적은 경제적 측면에서도 재평가되어야 합니다. 지금 한국경제가 중국에 얼마나 크게 의존하고 있습니까. 만약 그때 소련과 중국과의 수교를 서두르지 않았다면 어떻게 되었겠습니까."

측근이었던 입장에서 "돌이켜 보면 노태우 대통령이 잘못도 있었으나 잘한 일도 있다"는 점을 강조하는 말이었다.

마지막 경제수석에는 관료 출신 이진설이 임명되었다. 그러나 그때는 이미 레임덕이 진행되는 상황이었으니 경제수석 본연의 역할은 이미 김종인으로 막을 내린 셈이었다고 해야 할 것이다.

김종인 다음으로 노태우 대통령의 신임을 받으면서 실제로 큰 영향력을 행사했던 인물을 찾는다면 비록 계급은 낮았어도 이석채를 꼽아야 할 것이다. 그는 원래 전 정권에서 경제수석실의 비서관으로 맹활약했던 '전두환 사람'이었다. 경제기획원 출신으로 행정능력이 뛰어나고 소신이 뚜렷한 강골로서 전두환 대통령의 각별한 신임을 받았다. 일부에서는 전두환 경제정책의 연속성을 염두에 두고 이석채를 경제수석에 천거하는 움직임도 있었으나 6공 출범과 함께 그는 한동안 찬밥 신세를 면치 못했다. 그러다가 김종인이 경제수석에 앉으면서 그를 다시 발탁, SOC기획단장을 비롯해 주요 프로젝트를 맡겼다. 이석채는 예산실장 자리에까지 오르면서 재정개혁의 핵심 역할을 해냈다. 정책의 큰 가닥은 경제수석 김종인이 잡아나가고 구체적인 아이디어나 행정적인 실행계획은 거의 이석채의 손으로 만들어지고 추진되었다 해도 과언이 아니었다.

제2장

여소야대(與小野大)시대

국회, 권력의 중심에 서다

88년 4월 26일, 노태우정권이 출범한 지 두 달 만에 치러진 13대 총선은 집권여당의 참패였다. 과반의석인 150석에서 25석이나 모자랐다. 여당의 패배는 경제적으로도 엄청난 충격을 몰고 왔다. 당장 그날로 증시는 폭락했다. 여소야대與小野大의 새로운 국면이 일단 경제적으로는 큰 악재임을 알리는 신호탄으로 해석되었던 것이다. 과천의 경제부처들은 선거에서 패배한 민정당 못지않게 낭패스러워했다. 앞으로의 경제운용이 걱정이었다. 정치 활성화로 가뜩이나 정책의 결정권이 국회로 넘어가게 되어 있는 마당에 야당연합이 다수당 행세를 하게 되었으니, 난감한 일이었던 것이다.

드디어 엄청난 변화의 물결이 일기 시작했다. 평민·민주·공화 야 3당은 국회가 개원되자마자 당장 16개의 상임위원장 중에서 9개를 차지하는가 하면, 국정감사 부활과 5공특위 구성 등을 관철시키며 막강한 힘을 과시하기 시작했다.

7월 2일의 대법원장 임명동의안 부결은 국회의 힘, 더 구체적으로는 '야대野大'의 위세가 어떤지를 여실히 보여준 첫 번째 사례였다.

행정부처들은 난감해했다. 여당의 보호막이 없어져 버렸으니 종래의 국회대책으로는 어림도 없어졌기 때문이다. 특히 대통령의 결재만 받으면 여당의 자동적인 지지를 업고 무수정으로 정책법안들을 통과시키는 데 익숙했던 경제부처들로서는 여간 낭패가 아니었다.

정부부처들은 생각다 못해 부내 간부들의 지역 연고를 중심으로 야당의원들과의 연줄을 만들었다. 호남 출신은 평민당, 영남 출신은 민주당, 충청 출신은 공화당으로 나눠서 전에 없던 대 야당 로비를 벌였다. 그러다 보니 여당 쪽에서 우리는 뭐냐며 볼멘소리가 터져 나오기도 했다. 정부가 여당은 우습게 알고 야당 로비에만 정신을 팔고 있으니 여당 국회의원들로서 기분 좋을 리 없었다.

그러나 아무리 관료들이 야당을 상대로 로비를 해 봤자 별 효력이 없었다. 야당의원들을 찾아가서 설명하고 부탁할 때는 고개를 끄덕이다가도 마이크만 잡으면 전혀 딴소리를 해대는 데는 당해낼 재간이 없다고 관료들은 하소연했다. 어떤 논리를 갖다 대도 야당의원들은 자신들이 정한 대로 밀어붙였다. 세상이 통째로 달라졌는데, 이를 깨닫지 못한 채 옛날 식으로 애를 쓰던 행정부로서는 일종의 문화적 충격 속에 한참을 헤맬 수밖에 없었다.

옛날 국회가 아니었다. 더구나 '5공 청산'이라는 명분은 특위활동이나 청문회 등을 통해 국회의 권능을 한층 더 강화시켰다. 이 같은 국회의 권능 강화는 자연히 야3당 중심으로 진행될 수밖에 없었다. 직업관료들은 이제 국회의 동의 없이는 아무 일도 할 수 없게 되었다고 푸념했고, 실제로 그렇게 돌아갔다. 행정부의 독주가 국회의 독주로 바뀐 것이다.

경제정책을 결정하는 중심축은 하루아침에 국회로 옮겨졌다. 여당과의 당정협의는 이제 아무런 의미가 없어져 버렸다. 당시 여당인 민정당의 정책위의장 이승윤은 이렇게 설명했다.

"정부, 여당이 합의를 하면 뭐합니까. 막상 4당 대표들이 만나 협의에 들어가면 여당은 소수의견으로 전락해 버리니 말입니다. 여당이 끝까지 반대하면 야당대표들은 '당신들은 빠지시오. 우리들끼리 하겠으니'라며 그대로 밀어붙였으니까요."

이렇게 해서 국회 운영은 완전히 야 3당의 주도하에 들어갔다. 민정당은 말이 여당이었지 자기들 뜻대로 되는 것이 거의 없었다. 그전 같으면 꿈도 꿀 수 없는 일이었다.

국회 로비도 야당 중심으로 이뤄졌다. 중앙은행의 독립문제와 관련된 한은법 개정문제를 놓고 한국은행 임직원들이 야당 총재 집을 찾아가서 응원을 청하는 해프닝이 벌어졌을 정도였다. 한은은 여당이 한은법 개정에 소극적인 데다가 어차피 국회 운영권을 야당이 쥐고 있었으므로 중앙은행의 체면을 무릅쓰고서라도 야당한테 잘 보여야 한다고 판단한 것이다.

어떻든 간에 여소야대를 계기로 행정부와 국회 사이의 관계는 크게 달라지지 않을 수 없었다. 그러나 긍정적인 측면도 없지 않았다. 당장 국회 답변자료의 내용이 종래에 비해 한결 충실해졌다. 정치권의 판도 변화에 과천의 경제부처들은 대단히 곤혹스러워했다. 여당의 방패막이가 없어짐에 따라 행정부 스스로 홀로서기로 맞서나갈 수밖에 없었고, 국회가 요구하는 자료 역시 그전처럼 여당의 지원을 믿고서 어물쩍 넘어가는 식은 더 이상 통하지 않게 되어 버린 것이다.

정부 안에서도 비밀이 잘 지켜지지 않았다. '이문옥 감사관 양심선언

사건' 등이 바로 그러한 분위기를 대변해 주는 극단적인 사례였다. 국정감사가 16년 만에 부활되자 국회의원들의 서슬은 더욱 퍼래진 반면 관료들은 잔뜩 주눅이 들었다.

"세상이 달라졌습니다. 물론 국회가 요구하는 것에 무리가 많지만 우리한테도 잘못이 있었다는 점을 인정해야 합니다. 이젠 정부도 피해 가려고만 할 게 아니라 정면돌파해야지요. 그러기 위해서는 공개할 수 있는 자료는 최대한 공개할 수밖에 없습니다…."

사공일 재무장관이 국정감사를 준비하는 직원들에게 지시했던 말이다. 백원구 당시 차관보의 말도 같은 맥락이었다.

"국회의원들의 억지에 애를 먹기도 했지만 느낀 점도 많았습니다. 청문회든 국정감사든 간에 이런 감시장치가 활성화되는 상황에서는 정부도 그전같이 적당히 넘어갈 수 없다는 점을 절실히 깨달았어요. 예컨대 부실기업 정리가 아무리 절박한 당위성을 지녔다고 해도 그 절차와 방법상 시비의 여지가 있었기 때문에 이처럼 심한 닦달을 당했던 것 아닙니까."

그러나 긍정적 변화만 있었던 것은 아니다. 우선 당시의 국회 분위기 자체가 현안들을 차분히 논리적으로 따져 나가는 것과는 거리가 멀었기에, 그에 따른 부정적인 측면도 적지 않았던 것이다.

이를테면 정부의 한 해 씀씀이를 따지는 예산결산위원회가 열린 자리에서, 마이크를 잡은 모 의원은 1시간이 넘도록 의제와는 전혀 상관없이 엉뚱하게도 '광주사태5·18광주민주화운동'에 대한 분노를 터뜨리고 있었고, 그 자리에 불려 나온 장관들은 그저 눈만 끔벅거리며 앉아 있어야 했다. 그전 같으면 정부와 여당이 당정협의만 거치면 예결위에서는 따질 겨를도 없이 일사천리로 방망이를 땅땅 쳐대는 것으로 끝냈는데, 이제는 세상이 바뀌어도 너무 바뀌어서 국회 논의 과정이 지나치게 낭비적이고 비효율적으로 변해 버린 것이다.

　이런 일도 있었다. 재무부 국정감사가 과천청사에서 열렸다. 야당의 증권통으로 소문난 이 모 의원이 고래고래 고함을 지르면서 재무부장관을 몰아세웠다. 이날 따라 유난히 기세가 대단했다. 그러던 그가 휴식시간에 재무부의 증권정책과장을 따로 부르더니 "예정된 자본시장 개방에 관한 내용을 알려주면 더 이상 재무부를 공격하지 않겠다"며 협상 아닌 협상을 제안해 왔다. 국회의원이 직업관료를 상대로 흥정을 하자는 것이었다. 실무과장으로서는 참으로 기가 막힐 노릇이었다.

　이 같은 에피소드들은 여소야대 국회시절의 분위기를 전해 주는 사소한 사례에 불과하다. 자세히 추적해서 따지고 들자면 별의별 일들을 수 없이 열거할 수 있을 것이다. 제1공화국의 이승만정권 초기를 제외하고는 처음 당해 보는 여소야대 정국이 그만큼 충격적이고 광범위한 변화를 몰고 왔던 것이다.

　한편으로 생각하면 지나치게 대통령 중심이었던 의사결정 과정이 오히려 올바른 방향으로 수정되어 가는 바람직한 진화 과정이기도 했다. 힘의 중심이 대통령으로부터 의회 쪽으로 움직이는, 의미심장한 변화의 시작이었다.

야당이 주도한 경제 입법

"세상에 어찌 이런 일이…."

13대 국회가 개원되면서 여소야대시대가 현실로 나타났다. 그전 같으면 감히 꿈도 못 꿀 야당의 구상들이 속속 법으로 만들어지기 시작했다.

1988년 한 해 동안 국회에 제출된 법안은 396건. 12대 국회 4년 동안의 제출 법안을 모두 합친 379건보다도 많았다. 이 중에 의원들이 발의한 안건만도 322건으로 전체의 81.3%를 차지해, 12대 국회의 전체 의원발의 법안 211건을 훨씬 웃돌았다.

13대 국회 4년 동안 처리된 447건의 의원발의 법률 중 약 70%가 여소야대시절의 것이었으니 당시의 분위기가 어떠했는지를 짐작케 한다. 노동조합법·노동쟁의조정법 개정을 비롯, 추곡수매 국회동의제, 농어촌부채경감 특별조치법, 토지공개념 관련 3법택지소유상한제, 개발부담금제, 토지초과이득세제 등도 모두 이 시절의 작품이다. 행정부가 할 수 있는 일이라고는 고작 야당을 찾아가서 로비를 벌이거나 아니면 대통령이 거부권을 행사하는 것뿐이었다.

그러나 말이 거부권이지 정작 그것을 행사한다는 것이 쉬운 일인가. 대통령부터가 노동자·농민 등의 요구는 가급적 들어주자는 입장인 데다, 청와대와 행정부의 비非경제팀과 여당의 관심은 오로지 정치현안에 쏠려 있었기에 경제문제는 가급적 조용히 넘어가자는 분위기였다. 여소야대시절 만들어진 수백 개의 법률 중 대통령이 거부권을 행사한 것은 노동조합법, 국민의료보험법 등 7건뿐이었다.

88년 4월 26일 총선으로 등장한 여소야대의 국회는 과거엔 어림없었던 토지공개념 관련 법률 등 개혁입법을 가능하게 했다.

1989년 3월 임시국회 때의 일이다. 국회가 노동쟁의조정법, 국민의료보험법, 지방자치법, 그리고 노동조합법 개정안 등 수십 개의 법률을 한꺼번에 통과시켜 버리자 정부는 비상이 걸렸다.

특히 공무원노조 설립 허용을 내용으로 하는 노동조합법 개정에 대해 김용갑 총무처장관은 "공무원의 노조 설립을 허용하면 국가 기강이 흔들린다"며 강하게 반발했다. 이를 계기로 국무회의는 4개 법안에 대한 대통령 거부권 행사를 건의하기로 결정했다.

문희갑 경제수석을 필두로 한 경제팀은 노동시간을 줄이자는 근로기준법 등도 함께 거부해야 한다고 주장하고 나섰다. 당시로선 상당한 용기였다.

"대통령에게 근로기준법에 대해서는 꼭 거부권을 행사해야 한다고 미리 다짐을 해놓았습니다. 그러나 총리를 비롯해 관계 장관들이 이를 알고는 '도대체 어떻게 뒷감당을 하려고 이러느냐. 이미 거론된 4개 법들만 비토해도 야당이 난리인데, 더 늘리면 이것도 저것도 안 된다. 제발 가만히 있어 달라'고 신신당부하는 것이었습니다. 그런 데다가 대통령 역시 거부권 행사에 소극적이어서 결국 물러설 수밖에 없었습니다."

문희갑의 증언이다.

야당은 거부권이 행사된 법률에 대해 못마땅했지만 더 이상 어쩔 수는 없었다. 다시 뒤집기 위해서는 재적의원 3분의 2 이상의 동의가 필요했기 때문이었다. 이때의 무더기 입법들이 후일 두고두고 나라 전체의 경제 흐름에 큰 영향을 끼치게 된다. 하지만 국회의원들의 머릿속에는 정치적 이해타산뿐이었다. 야당들이 연합전선을 펴면서 밀어붙이는 가운데 여당이 소극적 반대로 맞서기도 했으나 대세의 흐름에는 아무런 영향을 주지 못했다.

여소야대의 막바지인 1989년 말에 만들어진 '농어촌 부채경감에 관한 특별조치법'은 또 하나의 소용돌이를 몰고 왔다. 물론 이전에도 1987년의 사채대체자금 1조 원 공급을 비롯, 86년 이후 몇 차례에 걸쳐 농어민의 빚 부담을 덜어주는 조치가 있었다. 그러나 이때처럼 특별법까지 만들어 농민의 빚 부담을 획일적으로 깎아 준 것은 처음이었다. 그 시말을 살펴보자.

1988년 여소야대의 첫 정기국회가 열리자 야권은 대선·총선 때 자신들이 내걸었던 공약의 실천을 요구하고 나섰다. 민주당·공화당은 공동으로 '농어가 부채정리에 대한 임시조치법안'을, 평민당은 '농어촌 부채정리 특별조치법안'을 각각 제출했다. 특히 평민당이 내놓은 것은 국영기업 주식매각, 부정축재자 환수재산 등을 재원으로 삼아서 4조~5조 원에 이르는 농어민의 빚을 일시에 탕감해 주자는 파격적 요구였다.

그해 11월 말, 이 문제를 다루기 위한 국회 5인소위가 여야합동으로 구성돼 협상이 시작되었지만 쉽사리 타협점을 찾지 못했다. 정부·여당의 반대도 반대였지만 야권 내에서부터 평민당과 민주·공화당 간에 의견이 엇갈렸던 것이다.

민주당도 처음에는 탕감 쪽이었다. 그러나 도중에 입장이 바뀌게 된다. "처음에는 김영삼 총재도 탕감을 주장했으나 우리가 집권할 때를 대비해야 한다고 설득해 경감 쪽으로 방향을 돌렸다"는 것이 당시 민주당 정책위위원장 황병태의 증언이다.

소위가 타협점을 찾지 못하고 구체적인 심의를 이듬해로 넘기자 89년 4월 정부는 영농자금 금리인하 및 빈농에 대한 부채상환기간 연장을 주요 골자로 하는 '농어가 부채경감대책'으로 선수를 치고 나왔다. 야당이 분열하는 틈을 이용해서 부채의 완전 탕감 대신 이자부담 축소 쪽으로 분위기를 반전시키자는 의도였다. 모처럼 여당의 협조도 적극적이었다.

그러나 이러한 시도가 오히려 야권을 자극했다. 야 3당은 공화당에게 단일안을 만들도록 위임했고, 김용환 공화당 정책위의장이 중심이 되어 만든 야당 단일안이 나왔다. 각 당의 당초 요구에 비해서는 후퇴한 것이었지만 여전히 정부로서는 받아들이기 힘든 수준이었다. 정부는 민정당에 대해 좀 더 버텨줄 것을 요구했지만 소용이 없었다. 민정당도 이제는 그만 결론을 내고 넘어가자는 입장이었다.

"정치자금법, 선거법, 노동법 등 수많은 현안을 타개하기 위해서는 양

보가 불가피했습니다."(당시 민정당 정책위의장 이승윤 위원)

정도의 차이는 있었지만 민정당도 농민의 표를 의식하지 않을 수 없었던 것이다. 결국 정부·여당은 백기를 들고, 부채경감에 관한 특별조치법은 1년 반여 만에 국회를 통과하게 된다.

이런 상황이 정부로서는 불편했지만 나름대로 편한 측면도 있었다. 그전 같았으면 어림없었을 파격적인 입법작업이 역설적으로 야당이 앞장서서 지지해 주는 바람에 가능해지기도 했던 것이다. 이때만 해도 관료들이 마음먹고 개혁적인 정책을 시도할 경우 여당의 반대로 번번이 무산되는 경우가 적지 않았다. 그런데 노태우정권에 와서는 정부관료들과 거대 야당이 이른바 '개혁'이라는 기치 아래 한 목소리를 내게 되는 경우가 종종 발생했던 것이다. 대표적인 것이 토지공개념 관련 3법이었다.

1989년 9월, 민정당은 정부의 토지공개념 관련 법안의 완화를 요구하고 나섰다. '한꺼번에 실시하면 충격이 너무 크다'는 논리였고 재계도 대폭 수정을 주장했다.

그러나 평민당은 오히려 기존 법안보다도 강화할 것을 요구했고 민주당·공화당도 완화해서는 안 된다는 입장이었으니 민정당의 요구가 관철될 리 만무였다. 토지공개념 관련법은 정부관료와 야당연합이 합작으로 만들어 낸 것이었다. 정부 안에서 이를 주도했던 문희갑 경제수석도 "여소야대가 아니었더라면 토지공개념 관련법이 만들어지기 어려웠을 것"이라고 말했을 정도다.

아무튼 여소야대 국회의 입법 과정에서 빚어졌던 갖가지 부작용들은 예상치 못했던 곳으로 파급효과를 미쳤다. 야권 일부에서조차 '이대로는 안 되겠다'는 생각이 싹트기 시작했고 결과적으로 '3당 통합'을 가속화하는 계기가 되었다.

"이대로 가다가는 경제가 망하든지 아니면 다시 군대가 나오는 최악의 사태가 벌어지겠다는 위기감이 고조되었습니다. 민주당이 민정당의 통합 제의를 긍정적으로 받아들이는 계기가 되기도 했고요…."

황병태의 회고다.

포퓰리즘의 향연

⋮

 국회는 여소야대라서 그렇다 치고, 행정부는 당시 어떤 형편이었을까. 앞서 언급했던 농어촌 부채탕감정책에 대한 정부의 태도가 어떠했는지를 살펴보면 쉽게 짐작이 간다. 사실 농어촌 부채경감의 움직임은 여소야대 정국이 형성되기 전부터 이미 청와대를 중심으로 싹트고 있었다.
 1987년 대선운동 과정에서 노태우 대통령 자신이 부채경감을 공약으로 내놓은 데다가 취임 후 이를 꼼꼼히 챙겼고, 청와대의 정치참모들도 이 같은 조치가 필요하다고 판단하고 있었기 때문이다. 농림수산부 관계자의 증언부터 들어보자.
 "노태우정권 출범 직후부터 청와대에서 농어민 부채부담을 줄일 수 있는 방안을 보고하라는 지시가 있었습니다. 이에 대해 농림수산부는 실무적으로 어려움이 많다는 입장을 취했지요. 그랬더니 청와대 관계자가 '정치적 센스가 그렇게도 없느냐'며 면박을 주고 화를 내지 않겠습니까. 결국 영농자금 규모 확대 등을 내용으로 하는 대책을 마련해 보고했습니다."

첫 경제수석이었던 박승 씨의 말도 맥을 같이한다.

"부채경감 방침은 청와대 내부에서 일찍부터 결정되었습니다. 경제팀 쪽에서는 문제가 많다는 입장이었으나 민정수석실을 중심으로 한 비非경제팀이 '이는 대통령의 공약'이라며 밀어붙였기 때문에 어쩔 수 없었습니다."

농림수산부가 이 문제를 놓고 첫 공청회를 가진 것이 1988년 6월이었고, 야권이 부채탕감을 공식적으로 제기하고 나선 것은 그해 7월 임시국회부터였다는 점을 감안하면 시작은 정부·여당 쪽이었던 셈이다.

물론 청와대 내에서도 이견이 있었다. 경제수석실은 부채경감에는 원칙적으로 반대였다. 6공 첫 경제수석이던 박승은 이 문제에 적극 개입하지 않았지만 후임 수석으로 들어선 문희갑은 달랐다. 청와대 수석회의에서도 여러 차례 문제점을 지적했다. 나중의 일이지만 89년 말 민정당이 야당 측과 최종안에 합의한 후 대통령의 재가를 받기 위해 박준규 국회의장이 먼저 경제수석을 만나 설득해야 할 정도로 문희갑의 입장은 완강했다.

정부 내부에서 다소 이견이 있기는 했지만 경제부처들은 대체로 반대였다. 경제기획원은 당연히 반대였고, 재무부도 마찬가지였다. 이미 수차에 걸친 부채경감대책이 별 효과가 없다는 경험을 갖고 있었던 터라, 이런 식의 지원보다는 농공지구 조성을 포함한 농외소득 증대 등 구조개선 쪽에 돈을 쓰자는 게 경제관료들의 공통된 주장이었다. 청와대 경제팀도 한 목소리를 냈다. 어려운 농민들을 돕기 위해서는 돈을 주는 것보다는 일자리를 만들어 주는 것이 근본적인 해결책이라는 논리였다.

하지만 사회적 분위기는 이런 경제논리가 먹혀들 형편이 아니었다. 정치논리가 경제논리를 압도하기는 야권뿐 아니라 정부·여당 측도 별로 다르지 않았다.

"청와대 안에서 정무·행정비서실 등이 주장하는 일에 대해 경제비서실이 반대하는 데는 한계가 있었습니다. 노태우 대통령부터가 설령 부담이 되더라도 대중의 욕구를 가급적 많이 수용해 주자는 입장이었습니다. 때문에 경제팀이 할 수 있었던 최선의 길은 어떻게 하면 부담을 최소화하느냐는 정도였습니다."(이환균 당시 경제비서관)

시간이 갈수록 정부 안에서도 일사불란했던 종래의 경제우선 논리가 눈에 띄게 힘을 잃어갔다. 주무부처인 농림수산부는 굿이나 보고 떡이나 먹자는 입장이었다. 어차피 농민에게 도움이 되는 일인데 굳이 앞장서서 반대할 필요는 없지 않느냐는 것이 농림수산부의 기본 태도였다. 따라서 정치적으로 민감한 이슈가 발등에 떨어지면 고위 간부들은 뒤로 빠져 앉은 채 실무진이 알아서 하라는 식의 업무 처리가 보통이었다.

이 때문에 부처 간 협의에서 농림수산부는 장·차관 등이 빠지는 경우가 잦았다. 부채탕감 논의의 막바지인 89년 말, 이 문제에 대해 최종 입장을 정리하기 위한 당정회의가 수차에 걸쳐 열렸다. 행정부 쪽에서는 조순 부총리, 이규성 재무, 김식 농림수산부장관과 문희갑 경제수석 등이, 당 쪽에서는 이승윤 정책위의장과 김종기 농림수산위위원장 등이 주로 자리를 같이했는데, 으레 부총리-재무장관-경제수석이 강한 톤이었고 당과 농림수산부는 마지못해 끌려가는 형편이었다.

문희갑 수석은 "안 할 수는 없으니 가급적 돈은 적게 들이고 생색이나 낼 수 있는 방안을 찾아보자"는 주장이었고 조순 부총리도 같은 입장이었다. 이규성 재무장관은 "10년간에 걸쳐 이차利差를 보전해 주느니 차라리 한꺼번에 탕감해 주자. 그게 차라리 싸게 먹힌다"며 힘을 보탰다.

그러나 앞에서도 살펴봤듯이 여당은 "이제 그만 절충점을 찾자"는 입장이었고, 농림수산부는 불가피하지 않으냐며 한발을 뺐다. 이런 상황에서 막강한 힘을 가진 야당이 더욱 강하게 밀어붙였으니 부채경감 조치는 당시의 상황에서는 필연적인 결과였던 셈이다.

문희갑은 "반대했지만 역부족이었습니다. 야당 위세가 워낙 강해 힘을 합쳐도 어려운 판에 청와대나 여당, 그리고 정부 내에서 서로 생각이 달랐으니 무슨 수로 거대 야당을 상대할 수 있었겠습니까. 나중에는 모르는 척하는 수밖에 없었습니다"라고 불만을 토로했다. 경제사령탑에서 물러난 조순도 "정도의 차이는 있었지만 기본적으로 여야가 모두 인기영합 경쟁을 벌이는 상황이었다"고 회고했다.

아무튼 이 조치의 파급효과는 매우 컸다. 1989년 농어민의 이차 보전에 들어간 정부의 부담은 610억 원이었다. 그러나 특별법이 시행된 90년의 이차보전 규모는 3천 290억 원, 91년 3천 515억 원으로 눈덩이처럼 불어났으며 92년부터 2000년까지는 매년 4천억 원 이상이 들어가게 되어 있었다. 어림잡아 이 대책으로 인해 이차 보전에 들어가는 돈은 약 4조 원 규모에 달할 것으로 추정되었다.

정부가 떠안을 문제는 재정부담만이 아니었다. 빚을 깎아 주고 돈이 많이 풀리자 심지어 빚을 진 농민들이 빚 갚을 돈으로 주식투자에 열을 올리는 일도 여기저기서 벌어졌다. 농민 사이에는 '빚은 많이 얻을수록 이익'이라는 인식이 번져나갔다.

직업 정치인 출신들만 경제논리를 소홀히 했던 게 아니었다. 민주당의 황병태나 공화당의 김용환은 박정희시대를 주름잡던 대표적인 엘리트 경제관료 출신이었으나 이런 인물들조차 다를 바 없었다.

"당시로서는 농어민과 근로자에 관한 문제는 야당의 존재가치와 직결

된다는 생각이 들 정도로 부담을 많이 받았습니다. 타당성을 따질 계제가 아니었습니다. 선명성 경쟁이었지요."

민주당에서 이를 주도했던 황병태의 솔직한 고백이다.

또 다른 야당인 공화당의 경제정책을 결정하는 김용환도 마찬가지였다. 박정희시대에 재무장관으로서 절대적 신임을 받았을 뿐 아니라 매사에 경제밖에 모르던 인물이었던 까닭에 재무부 후배 관료들은 김용환의 정치적 변신에 대해 설마설마 했다. 어느 날 후배 관료들은 집단으로 김용환을 찾아가서 "어쩌면 이러실 수 있습니까"라고 따지고 들었지만 "자네들 말이 모두 맞지만 현재 상황으로서는 나도 어쩔 수 없다"는 대답만 듣고 돌아왔다. 과거 재무관료시절에는 경제논리에서 한 치도 물러나지 않았던 그였으나 표로 직결되는 문제에 관한 한 다른 정치인이나 마찬가지였던 것이다. 정책의 옳고 그름을 떠나서 이를 주도했던 인물들조차 자신들의 처사가 정치적 타협이었다는 점을 고백한 셈이다.

그러나 이것은 시작에 불과했다. 사사건건 경제논리는 뒤로 처지는 반면, 정치적 고려와 판단이 힘을 발휘했다. 박정희·전두환시대에는 상상도 못했던 일들이 연이어 벌어졌다. 결국 여야를 막론하고 정부관료들에 이르기까지 무슨 문제든 정치논리가 압도했다. 일찍이 이처럼 풍성한 '포퓰리즘의 향연'은 겪어 본 일이 없었다.

쌀값도 국회가 정한다

여소야대의 등장은 쌀값정책에도 큰 변화를 가져왔다. '추곡수매가 국회동의제'의 부활이 그것이었다. 그전까지 추곡수매가는 물가당국인 경제기획원과 주무부서인 농림수산부가 협의해서 1차 안을 결정하고, 여당과 대통령이 정치적 형편을 감안해서 1~2% 얹어주는 방식이었다. 국회가 공식적으로 쌀값 결정에 개입할 수는 없도록 되어 있었다. 그러나 노태우시대에 들어와서는 사정이 달라졌다. 이제는 반드시 국회의 동의를 거쳐야 하게 된 것이다. 그것도 야당의원들이 지배하는 여소야대의 구도에서 말이다.

88년 6월 임시국회가 열리자 야당 측에 의해 농어민과 관련된 갖가지 요구가 봇물 터지듯 터져 나왔다. 농어민 부채탕감, 농수축협회장 직선제, 추곡수매가 국회동의제 등이 그러한 예들이다. 하나하나가 농정에 막대한 영향을 줄 민감한 사항들이었고, 앞에서도 살펴봤듯이 부채탕감 문제는 정부·여당이 2년 가까이 안간힘을 써가며 버틴 문제이기도 했다.

하지만 추곡수매가 국회동의제는 정부가 힘도 한 번 못 써보고 일방적으로 밀린 경우였다. 미처 대응방안을 강구해 볼 새도 없이 여당인 민정당이 속절없이 백기를 들어 버리고 말았기 때문이다. 그 전말을 정리해 보자.

새 정권이 출범하던 88년 7월 7일, 대정부 질문에 나선 평민당의 이상옥 의원은 "추곡 및 하곡 수매가격 결정은 국회심의를 거치도록 하라"고 요구하고 나섰다. 추곡수매가 국회동의제 발의의 신호탄이었다. 이어 야 3당은 김봉호평민·황병태민주·윤재기공화 등 163명의 공동명의로 양곡관리법 개정 법률안을 국회에 제출했다.

"지난 20여 년간 정부의 저곡가정책으로 인해 1천만 농민은 희생을 감수해 왔고, 그 결과로 막대한 부채를 지게 되었다. 농촌을 회생시키기 위해 양곡의 수급계획과 매입가격 결정은 1972년 유신 이전처럼 국민을 대표하는 국회의 동의를 받도록 할 필요가…."

공동제안서는 이렇게 적고 있었다. 추곡수매가뿐이 아니었다. 양곡의 수급과 수입 계획 등 쌀문제에 관한 한 모든 정책에 국회의 사전동의를 받도록 하라는 것이 야 3당의 요구였다.

이런 주장이 나올 만도 했다. 5공 경제정책의 최대 역점은 물가안정이었고, 집권 기간 내내 대표적인 물가안정 타깃이 추곡수매가였다. 82~86년 5년간의 추곡수매가 인상률은 약 4.3%로, 70~79년 10년간 평균인상률 22%의 5분의 1에도 못 미쳤다. 83년에는 아예 동결이었다. 야당의 강경한 주장도 이 같은 통계숫자를 배경으로 한 것이었다.

결과적으로 맥없이 무너지긴 했지만 여당인 민정당도 내부 진통이 적지 않았다.

"도시 출신 의원들은 추곡수매값 결정에 국회가 동의토록 하는 건 아무래도 무리라는 반응이었으나 농촌 출신 의원들의 주장이 너무 강했어요. 지역구에서 당신은 뭐하고 있느냐는 원성이 높아 더 이상 못 견디겠다는 얘기였습니다. 농촌이 지역구인 국회의원들의 수는 적었지만 목소리가 워낙 컸던 데다, 당시에는 정치자금법 등 정치 관련 쟁점에다 예산안과 노동법 등 다른 쟁점이 많이 걸려 있어 이것까지 반대할 수가 없었습니다."(당시 이승윤 민정당 정책위의장)

정부·여당이 똘똘 뭉쳐도 야당을 당하기 힘든 판에 여당까지 이처럼 등을 돌렸으니 더 이상 논란이 있을 수 없었다.

"하루는 장관실에 모여 대응책을 협의하고 있는데 보고가 들어오더군요. 민정당이 양보하기로 했다는 것이었습니다. 이제 상황은 끝났구나 싶었습니다."(당시 김한곤 양정糧政국장)

농어촌 부채경감 조치도 그랬듯이 추곡수매가 국회동의제 역시 여당도 내심 동조하는 분위기에서 처리되었거나 아니면 정치협상에서 양보를 받아내기 위한 카드로 활용된 것이었다. 이리하여 양곡관리법 개정안은 '수입동의' 조항만 삭제된 채 불과 며칠 만에 통과되고 만다.

쌀값의 국회동의제에 대한 행정부의 태도는 어떤 것이었을까. 경제정책 총괄과 물가관리의 주무부처인 경제기획원은 당연히 심하게 반발했다. 쌀값의 안정이 전체 물가를 안정시키는 데 중요한 역할을 하고 있는 판에 농민들한테서 정부가 사들이는 수매가격 결정권을 정치인들에게 맡길 경우 그 결과는 뻔할 것이라는 입장이었다. 대선을 앞둔 87년, 여당의 압력 때문에 86년 6%였던 수매가 인상률을 단번에 14%로 올린 기억이 생생했다.

하지만 농림수산부는 좀 달랐다. 번번이 경제기획원의 물가안정 논리에 주눅이 들어 제대로 말을 못해 왔던 터라 기존의 추매가 결정방식에 대해 그렇지 않아도 못마땅해하는 입장이었다. 전두환정권 때에도 정부가 수매가격 인상 요구를 계속 눌러온 데 대해 농민의 비난이 비등하자 농림수산부 일각에서는 "차라리 우리가 국회동의제 부활을 제기해 국회에 책임을 분산시키는 게 어떠냐"는 주장이 제기된 일까지 있었다.

이 때문에 농림수산부는 이미 나름대로 자신들의 입지를 강화할 수 있는 방안을 마련해 놓고 있었다. 생산자·소비자·학계·언론계 등 각계 인사 20명으로 구성된 양곡유통위원회의 발족이 그것이었다.

대선운동 과정에서 노태우 후보는 "일본처럼 추곡수매가를 결정하는 과정에 농민 등 각계의 의견이 충분히 반영되도록 하겠다"는 공약을 내놓았고, 농림수산부는 이를 뒷받침한다는 명분으로 적정인상률과 수매량을 정부에 건의하는 기능을 가진 양곡유통위원회를 서둘러 구성했던 것이다.

비록 실제 운용 과정에서 기대에 미치지는 못했지만, 당시로서는 이 위원회로 하여금 자신들의 목소리를 대신하도록 하겠다는 게 농림수산부의 속셈이었다. 이러던 차에 국회동의제가 나왔으니 농림수산부로서는 걱정되는 바가 없지 않았으나 적극적인 반대는 결코 아니었다.

하지만 우려는 당장 첫해부터 현실로 나타났다. 법 통과 2개월 후에 시작된 88년 추곡수매가의 경우 국회를 통과한 최종 인상폭은 16%, 물량은 '농가 희망 전량'이었다. 그 다음 해인 89년에도 전해보다는 다소 줄기는 했지만 14% 인상에, 수매물량 1천 200만 석으로 여전히 높았다

어쨌든 동의제가 부활된 후 계속된 정부의 대량·고액 수매는 민간유통 기능을 마비시켜 쌀 수급구조를 왜곡시켰을 뿐 아니라 엄청난 재정부담을 초래했다. 늘어나는 수매·보관 비용을 양곡증권 발행을 통해 조달하다 보니 92년의 경우 하루 이자만도 12억 원 정도였고 그 후에도 계속

늘어났다.

　행정부가 치른 시간과 힘의 낭비는 더했다. 경제기획원과 농림수산부 관계자들은 정기국회가 되면 무수한 날들을 추곡수매가의 국회동의에 매달려야 했다. 3당 통합 이후에 상황이 다소 달라지긴 했지만, 정부가 농민으로부터 수매를 시작하는 11월 1일 이전에 정부안이 국회의 동의를 받은 적이 없었다. 항상 회기 막바지 순간 기습처리 아니면 힘으로 밀어붙이기 식이었다.

　견디다 못한 최각규 당시 부총리는 "국회의 요구대로 할 테니까 재원조달 방안도 함께 마련해 달라"고 버텨 보기까지 했다. 추곡을 농민들로부터 수매하는 돈은 결국 국민 세금으로 충당하는 것인 만큼, 정 국회가 수매가격을 올리려거든 세금까지 국회가 올려 줘야 할 것 아니냐는 것이었다.

　아무튼 추곡수매가격 결정에 국회의 동의를 받도록 한 것은 민주화가 만들어 낸 매우 상징적인 일이었다. 관료집단이 경제적 효율만 생각하며 여당의 비호 아래 일사천리로 수매가격을 결정해 왔던 과거 행태에 제동이 걸렸다는 점에서 그렇다. 또한 대통령의 결심이 중심이 되었던 수매가격의 결정 구조가 국회동의 과정을 통해 '정치인'들이 좌지우지하는 구조로 바뀌었다는 것은 대단히 중요한 변화였다. 대통령의 영향력이 쇠퇴하고 의회의 힘이 강해졌음을 말해 주는 대표적인 '사건'이었다추곡수매가 국회동의제는 결국 정권이 바뀌고 나서 폐지되었다.

농협회장도 직선제로 뽑아라

"1차투표 결과 한호선 후보가 투표에 참석한 조합장 1465명 중 59.2%인 867표를 얻어 회장으로 당선되었습니다."

90년 4월 18일 낮 농협강당. 수많은 관계자들이 초조하게 지켜보는 가운데 선거관리위원장은 투표결과를 이같이 발표했다. 농협 역사 29년 만에 최초의 직선 중앙회장이 탄생하는 순간이었다.

6·29선언과 함께 사회 곳곳에 직선제의 열풍이 몰아쳤다. 200여만 명의 농민 조합원으로 구성된 농협도 예외는 아니었다. 대통령도 우리 손으로 뽑는데 왜 농협 조합장은 직접 뽑지 못하느냐는 게 그들의 주장이었다.

제조업을 중심으로 모든 산업의 현장에서 민주화·자유화의 바람이 휘몰아치고 있는 판에 농민들의 생산활동과 금융 지원을 한손에 움켜쥐어 왔던 농협엔들 어찌 변화의 바람이 일지 않았겠는가. 이제 새 시대를 맞아 본격적으로 허물을 벗어야 하는 상황에서 첫 번째로 제기된 문제가 관선회장시대에 종지부를 찍고 가짜 선거가 아닌, 진짜 선거를 통해 뽑자는 것이었다.

농협법 개정문제가 정치권에 의해 공식적으로 제기된 것은 여소야대 구조의 사실상 첫 임시국회가 열린 88년 7월이었다. 여야를 가릴 것 없이 국회의원들은 한 목소리였다.

"농수축협 조합장 선출을 직선제로 하고…."(신경식 민정당 의원)

"농수축협도 민주화와 자율화가 이루어져야 한다"(박경수 민주당 의원)

이현재 국무총리의 답변내용도 이에 반대하지 않았다.

"농수축협 등을 명실상부한 농어민의 대변단체로 만들기 위해 조합장 선출을 임명제에서 선거제로 바꾸고 정부 간섭을 배제하겠습니다.…"

속사정이야 어쨌든 정부도 직선제 주장이 대세인 국회 분위기에 부정적인 태도를 보일 형편이 아니었다. 더구나 직선제는 노태우 대통령까지 선거공약을 통해 약속했던 사안인 데다, 이미 정부·여당 간에 합의가 이루어진 상태였다. 한 달여가 지난 8월 중순 야 3당은 공동으로, 민정당은 단독으로 직선제 등을 골자로 하는 '농수축협법 및 임원 임면에 관한 임시조치법 폐지법안'을 각각 내놓았고, 이로부터 4개월여간의 우여곡절 끝에 농협법을 비롯해 수·축협법이 개정되었다(88년 12월 31일).

이 결과에 대한 평가는 엇갈린다. 하지만 이것이 농수축협에서는 역사적인 전환점이었고, 사회적으로는 민주화 과정의 진통을 보여 주는 대표적 '사건'의 하나였음에 틀림없다. 궁금한 것은 당시 정부와 정치권, 그리고 각 이해당사자의 입장이 어떠했느냐는 점이다.

일반조합원과는 달리 중앙회 간부, 조합장 등 농협지도부의 의견은 처음에는 직선제가 아니었다. 대의원회를 통한 간접선거였다.

"87년 8월께부터 내부에 농협법 개정위를 구성, 검토작업에 들어갔습니다. 조합장 등으로부터 의견을 들어 보니 경제단체인 점을 고려할 때 간선제가 합리적이라는 의견과 직선제가 민주적이라는 주장이 맞섰습니다. 하지만 60~70% 정도가 간선제를 선호해 우리는 간선제를 농협의 공식 방침으로 정했습니다."

당시 이 작업에 참여했던 농협 이사의 증언이다.

그러나 지도부의 이런 목소리가 먹혀들 분위기가 아니었다. 일반조합원의 의견은 압도적으로 직선제였기 때문이다. 이 이사는 그때 상황을 이렇게 설명했다.

"처음에는 간선제를 주장하던 단위 조합장들도 시간이 지나면서 하나씩 입장이 달라지더군요. 조합원들의 눈치를 봐야 했던 거지요."

그리하여 농협은 직선제를 최종안으로 택해 정부와 정치권을 대상으로 설득작업에 나섰고, 88년 8월 민정당과 야 3당이 각각 내놓은 개정안도 사실상 농협의 의견을 그대로 반영한 것이었다. 주무부서인 농림수산부로서는 못마땅하기는 했지만 반대할 수 없었다.

"직선제가 무리라고 생각은 했으나 그때는 반대할 분위기가 아니었습니다."

당시 농림수산부 농정국장이었던 박상우의 회고다. 대통령의 공약인데다 당시 윤근환 농림수산부장관도 자신이 전임 농협회장으로서 노태우 후보에게 직선제를 강력히 권유했던 장본인이었기 때문이다.

다만 국회심의 과정에서 주목을 끌었던 점은 농협법이 국회 농림수산위가 아닌 '민주 발전을 위한 법률개폐특위'에서 다루어졌다는 사실이다. 농협문제를 다루는 시각 자체가 기본적으로 정치문제로 접근하고 있었다.

특위는 다시 홍영기 의원평민을 위원장으로 하는 5인 소위를 구성, 이 문제를 다루도록 했다. 그런데 이미 합의가 이루어진 농협법개정안이 국회에서 몇 달씩 진통을 겪은 것은 무엇 때문이었을까. 이때의 쟁점은 다른 것이었다.

하나는 농협사업에 대한 정부의 승인권을 둘러싼 정부와 농협 간의 갈등이었고, 다른 하나는 현직 조합장의 잔여임기 보장문제로 인한 여야 간의 의견 대립이었다.

우선 정부-농협 간의 쟁점을 살펴보자. 정부는 '적어도 재정지원으로 추진되는 정책사업은 사전승인을 받아야 한다'는 주장인 반면, 농협은 '모든 사업은 우리가 알아서 하겠다'는 것이었다.

이 문제를 놓고 윤근환 장관과 한호선 회장은 홍영기 소위의장 방에서 서로 얼굴을 붉혀가며 언성을 높이는 등 팽팽하게 맞섰고, 일부 과격한 농민 대표들이 죽창을 들고 여의도 의사당 정문 앞에 와서 대규모 시위를 벌이기도 했다. 그래도 이 문제는 소위의 홍영기 위원장이 정부의 손을 들어주는 바람에 의외로 싱겁게 끝났다.

더 큰 쟁점은 1천 500여 명에 달하는 현직 조합장의 잔여임기를 어떻게 하느냐였다. 정부·농협·여당은 한 목소리였다. '중앙회장은 당장 직선으로 선출하되 조합장선거는 임기가 끝나는 대로 하자'는 것이었고, 논란 끝에 나온 소위의 결정도 같았다.

하지만 이 결정이 특위로 넘어가면서 상황은 달라졌다. 평민당이 '잔여임기를 보장하면 사실상 민주화가 3년여 늦어지는 것'이라며 반대하고 나섰고, 민주·공화당도 이에 동조했다. 결국 이 결정은 특위에 올라가서 '1년 이내 전원 선거'로 뒤집어지고 말았다.

이렇게 되자 현직 조합장들이 강력히 반발하고 나섰다. 현직 조합장들이 일시에 자리를 잃게 되었기 때문이다.

정부는 민정당에 강한 불만을 제기했고 여당은 특위 결정을 번복시키기 위한 수정안 제출을 시도했지만, 결국 6개월 정도 유보기간을 두자는 공화당의 절충안으로 마무리되고 말았다.

이처럼 우여곡절 끝에 직선제가 도입되었으나 그 이후에도 잡음은 끊이지 않았다. 국회의원 선거를 뺨치는 혼탁선거가 펼쳐졌던 것이다.

중앙회장선거 직후 금품제공 혐의로 한호선 농협회장이 구설에 오르는가 하면 초대 수협회장으로 선출된 홍종문 씨가 구속되었고, 이어 실시된 보궐선거에서 당선된 이방호 회장 역시 당선무효소송의 대상이 되는 등 끊임없이 파문이 일었다. 이에 앞서 89년 3월부터 1년간 치러진 단위조합장선거 역시 혼란의 연속이었다.

물론 이 같은 부작용들은 과도기적 현상으로 볼 수도 있다. 하지만 분명한 것은, 워낙 민감한 문제라 드러내 놓고 말은 못하지만 농림수산부와 농협 내부의 많은 사람들이 선출제도를 간선제로 바꾸는 게 합리적이라고 생각하고 있었다는 점이다. 농협이란 어디까지나 경영단체이므로 경영단체의 장을 직접선거로 뽑는 것은 잘못이라는 것이었다.

아무튼 세상이 바뀌면서 농림수산부와 농수축협과의 관계도 크게 달라졌다. 농림수산부로서는 가장 편리하고 고분고분하던 농협이 이제는 아주 골치 아픈 존재로 변해 버린 것이었다.

노도와 같은 민주화 열기 속에서 직선제로 뽑힌 회장들이 농협 스스로의 비리가 드러나는 바람에 쇠고랑을 차고 여론의 혹독한 비판을 받게 되리라고는 당시로서는 꿈에도 생각지 못했다.

제3장

소모품 장관들

27번의 개각

　　　　●
　　　●
　　●

　인사가 만사라고 했는데, 정권이 바뀌었으니 마땅히 최대 관심사는 인사였다. 아무리 친구 사이에 정권을 넘겨주고 넘겨받았다 해도 사람들이 얼마나 어떻게 바뀔 것인가, 새 정권의 인사구도가 과연 어떻게 짜여질 것인가를 능가하는 관심사는 있을 수 없었다. 아무리 전두환정권이 경제정책에 성공했다 해도, 군사독재 종식을 의미하는 민주화 열풍이 정신없이 몰아치기 시작하던 때였으므로 새 정권의 인사 포석에 더욱 관심이 집중될 수밖에 없었다.

　노태우 대통령은 선거운동 과정에서 '인사쇄신'을 누누이 강조했다. 구시대를 청산하고 새 시대에 부응하는 인물들을 대폭 기용할 것을 여러 차례 약속했다. 그러나 첫 조각부터 약속과는 거리가 멀었다. 앞에서 잠깐 살펴보았듯이 여러 요직에 전두환시대의 각료들을 그냥 유임시켰을 뿐 아니라, 다른 장관들도 '그 밥에 그 나물'이라는 평가를 면하기 어려웠다. 설상가상으로 국회가 여소야대로 바뀌는 바람에 그나마의 소신도 발휘하기 어려웠다. 정기승 대법원장의 임명동의안이 국회에서 부결돼 결국 이일규가 재임명된 것이 단적인 예다. 대통령의 인사권에 야대野大 국회가 시작부터 보기 좋게 한방을 먹인 꼴이었다. 세상이 바뀌었다는 상징적 증표이기도 했다.

여론도 매우 비판적이었다. 뭔가 달라질 것을 기대했는데, 사람 쓰는 것을 보니 전혀 그런 조짐을 찾아볼 수 없다는 반응이 지배적이었다. 결국 노태우정권은 구태의연한 인사로 말미암아 정권 벽두부터 좋은 점수를 얻는 데 실패했다.

그러나 아무리 친구한테서 물려받은 정권이기로서니 새로워지고자 하는 노력이 어찌 전혀 없었겠는가. 실제로 그러한 시도의 흔적은 군데군데서 찾아볼 수 있다. 그중에서도 가장 주목을 끄는 것이 국세청장 인사였다. 줄곧 군 출신의 심복을 앉혀 왔던 이 자리에 국세청이 생기고 나서 최초로 국세청 출신이자 재무부차관보였던 서영택을 기용했던 것이다. 과거에 비하면 주목할 만한 변화였다.

당시 재무장관이었던 사공일은 그 인사의 배경을 이렇게 설명했다.

"노 대통령이 누가 신임 국세청장에 적임이겠느냐고 묻기에 서영택 차관보를 천거했지요. 그리고 나서 얼마 지나 부총리실에서 나웅배 부총리와 이야기를 나누고 있는데 대통령으로부터 전화가 걸려 왔습니다. 정말 서영택을 국세청장에 앉혀도 괜찮겠느냐는 다짐 전화였지요. 그래 다시 한 번 강조해서 그가 최적임자라고 설명했습니다. 노 대통령으로서도 막상 전례를 깨고 군 출신 심복이 아닌 전문관료 출신을 국세청장 자리에 앉히는 것이 끝내 부담스러웠던 모양이었습니다."

외형적인 계급으로야 국세청장은 차관급에 불과한 자리다. 그러나 실제로는 어느 장관보다도 막강한 요직이요, 따라서 언제나 정치적 이해관계를 우선해서 인선을 해왔다. 이런 사정을 감안하면 6공 들어 처음으로 전문관료를 국세청장에 기용했다는 것은 대단한 변화였다.

만약 이 정도의 참신성이 다른 인사에서도 계속 발휘되었다면 사정은 많이 달라졌을 것이다. 하지만 시간이 흐를수록 노태우정부의 인사정책은 거듭되는 정치·사회적 혼란과 경제 악화 속에서 이리저리 비틀거리게 된다.

노 정권 출범의 첫 조각은 불과 10개월도 못 가서 깨졌다. 첫 인사가 잘못되니까 얼마 못 가 바꾸고 또 바꾸고 하는 식의 악순환이 시작부터 계속되었다. 첫 단추가 잘못 끼워진 과정에는 전두환 전임 대통령의 입김도 적지 않게 작용했다. 앞에서도 언급했듯이 첫 조각 때부터 임명할 장관 명단 초안을 전임 대통령 사저로 보내서 사전결재 받듯 해야 했다. 물론 근본 원인은 전임자 탓으로 돌릴 게 아니라, 신임 대통령인 노태우 스스로에게 있었다. 최고통치자로서 주견을 가지고 나라 경영의 틀을 독자적으로 짜지 못했던 것이 문제의 출발이었다.

비록 친구인 전임 대통령의 절대적 지지와 야당의 분열 속에 운 좋게 대통령이 되었다 해도, 되고 나서 잘만 했으면 선출 과정의 정통성 시비는 얼마든지 잠재울 수 있었다. 하지만 그의 기본적인 국가경영 철학이나 사람 쓰는 원칙은 여전히 구태에서 벗어나지 못했고, 그가 극복해 나가야 할 정치 상황은 전임자에 비해 비교도 할 수 없을 만큼 어렵고 복잡했다.

잘 모르거나 확신이 안 서면 여론의 향배에 크게 좌우되기 마련이다. 언론이 한번 개각의 필요성을 제기하면 십중팔구 그렇게 되었다. 실제 통계가 그 실상을 뒷받침해 준다. 노태우정권 5년 동안 크고 작은 개각을 무려 27번이나 했고, 그 과정에서 장관을 통틀어 124명이나 양산했다.

평균 재임기간은 13개월 정도. 전두환시대의 평균 재임기간은 17.5개월이었다.

　노태우 대통령은 문제가 생기면 그때마다 장관들에게 책임을 물어 사람을 교체하는 식으로 대처했다. 문책인사를 통해 여론의 공격을 모면하는 데 급급했다. 여론에 별로 구애됨이 없이 소신이라는 명분 아래 탱크처럼 밀어붙였던 전두환 스타일과 크게 대비되는 대목이기도 했다.

　경제부처 쪽에서는 5년 동안에 부총리 겸 경제기획원장관이 4명, 재무장관이 4명, 상공장관이 4명, 건설장관이 6명, 농림수산장관이 5명, 동자부장관이 3명, 그리고 청와대 경제수석이 4명 탄생했다.

　대통령은 동네북이었다. 일만 터지면 언론이 책임추궁을 하고 나섰고, 그래서 사람을 바꾸면 또 시행착오가 되풀이되는 악순환에 빠져들었다. 여론에 귀가 얇은 노태우의 인사정책은 정책의 일관성을 크게 무너뜨렸다. 수시로 장관이 바뀌는 바람에 실무자들로서는 이·취임식과 브리핑 준비가 가장 큰 일이었다.

　잦은 개각의 부작용이 차츰 구체적으로 드러나자 아이러니하게도 집권 후반기에 들어서는 정작 문제가 있는 장관도 웬만하면 유임시키는 쪽으로 반전되는 경향을 보이기도 했다. 91년 이후부터 장관의 수명이 길어지고 개각이 한결 뜸해진 것이 바로 그런 결과였다.

　노 대통령의 인사 스타일은 자신의 주장을 앞세우기보다는 여러 주변 인물들의 의견을 많이 참고하는 쪽이었다. 그러나 여러 사람한테 의견을 들었다고 해서 인사가 공정해지는 것은 아니었다. 많은 사람을 만났다고 해도 막상 결정적으로 영향력을 행사하는 것은 역시 대통령 자신이 평소에 가까이 하는 주변 사람들이었다.

　노태우 대통령은 기본적으로 인재 풀이 작았다. 부인 김옥숙이 청와대의 한 수석비서관에게 남편의 속마음을 이렇게 대변했다고 한다.

"인사를 잘못한다고 언론이 자주 비판을 하는데, 속이 상해요. 대통령도 최선을 다해 인선을 하려고 하지요. 그러나 주위로부터 유능한 사람이라고 해서 기용하면 이런 문제가 생기고, 그래서 다른 사람 말을 듣고 딴 사람을 쓰면 또 저런 문제가 생기니 어떻게 합니까. 기본적으로 우리는 사람들을 많이 알지 못해요. 대통령만 해도 평생을 군인으로 지내왔고, 정치에 뛰어들고서도 극히 제한된 사람들 속에서 살았으니 사람을 알아야 얼마나 알겠습니까."

아내로서 남편의 속내를 잘 파악하고 있을 대통령의 영부인이 매우 그럴듯한 말을 한 것이다. 아무튼 노 대통령의 초기 인사는 여러모로 공정하게 보이도록 노력했음에도 불구하고 결코 좋은 점수를 받을 수는 없었다. 시간이 갈수록 평가는 더 나쁜 쪽으로 기울었다. 주요 인사 때마다 대통령이 공적인 채널보다는 사돈이나 개인적으로 신뢰하는 사람으로부터 조언을 받는 경우가 노골화되어 갔고, 정권 출범 당시에 강조해 마지않았던 인사의 공정성은 크게 퇴색되기에 이르렀다. 총무처장관이었던 김용갑의 증언은 이렇다.

"집권 초기에는 대통령의 친인척이나 주변 인물들이 인사에 개입하는 경우가 많지 않았습니다. 1988년 12월, 그러니까 6공 들어 첫 번째 개각을 하던 때의 전날 일입니다. 박철언 씨가 내게 전화를 걸어 '아무개는 몸이 아프다던데 다른 사람이 어떻겠느냐'고 말을 하기에 그렇지 않다면서 전화를 끊었어요. 그랬더니 얼마 안 있어 대통령이 전화를 해 똑같은 이야기를 하는 것이었습니다. 박 씨가 나한테 인사 압력을 넣어도 안 통하니까 직접 대통령에게 지원을 요청했던 것이지요. 당시 금진호 씨도 비서관을 통해 인사에 개입하려고 했으나 일체 거부했던 기억이 납니다."
 그러나 시간이 흐를수록 사정은 달라져 갔다. 노태우정권의 인사는 시간이 갈수록 전두환시대를 뺨칠 정도로 엉망이 되고 만다.

6공 개각내용

부 처	입각자 및 입각일자					계
총리	이현재 88.2.25	강영훈 88.12.5	노재봉 90.12.17	정원식 91.5.26	현승종 92.10.9	5
부총리 (기획원)	나웅배 88.2.25	조순 88.12.5	이승윤 90.3.17	최각규 91.2.18		4
부총리 (통일원)	이홍구 88.2.25	홍성철 90.3.17	최호중 90.12.27	최영철 92.6.25		4
외무	최광수 88.2.25	최호중 88.12.5	이상옥 90.12.27			3
내무	이상희 88.2.25	이춘구 88.5.7	이한동 88.12.5	김태호 89.7.20		8
	안응모 90.3.17	이상연 91.4.27	이동호 92.3.30	백광현 92.10.9		
재무	사공일 88.2.25	이규성 88.12.5	정영의 90.3.17	이용만 91.5.26		4
법무	정해창 88.2.25	허형구 88.12.5	이종남 90.3.17	김기춘 91.5.26	이정우 90.10.9	5
국방	오자복 88.2.25	이상훈 88.12.5	이종구 90.10.9	최세창 91.12.19		4
교육	김영식 88.2.25	정원식 88.12.5	윤형섭 90.12.27	조완규 92.1.22		4
문화 (문공)	정한모 88.2.25	최병렬 88.12.5	이어령 90.1.1	이수정 92.12.19		4
체육 청소년	조상호 88.2.25	김집 88.12.5	정동성 90.3.17	박철언 90.12.27	이진삼 91.12.19	5
농림 수산	윤근환 88.2.25	김식 88.12.5	강보성 90.3.17	조경식 90.9.19	강현욱 92.3.30	5
상공	안병화 88.2.25	한승수 88.12.5	박필수 90.3.17	이봉서 90.12.27	한봉수 91.12.19	5
동자	이봉서 88.2.25	이희일 90.3.17	진념 91.5.26			3
건설	최동섭 88.2.25	박승 88.12.5	권영각 89.7.20			6
	이상희 90.9.19	이진설 91.2.18	서영택 91.12.19			
보사	권이혁 88.2.25	문태준 88.12.5	김종인 89.7.20	이정수 90.3.17	안필준 91.5.16	5
노동	최명헌 88.2.25	장영철 88.12.5	최영철 89.7.20	최병렬 90.12.17	이연택 92.6.25	5
교통	이범준 88.2.25	김창근 88.12.5	김창식 90.3.17	임인택 90.12.27	노건일 92.3.30	5
체신	오명 88.2.25	최영철 88.12.5	이우재 89.7.20	송언종 90.12.27		4
총무처	김용갑 88.2.25	김용래 89.3.16	이연택 90.3.17	이상배 90.12.19	이문석 92.6.25	5
과기처	이관 88.2.25	이상희 88.12.5	정근모 90.3.17	김진현 90.11.9		4
환경처	조경식 90.1.1	허남훈 90.9.10	권이혁 91.4	이재창 92.6.25		4
공보처	최승렬 90.1.1	최창윤 90.12.17	손주환 92.6.8	유혁인 92.10.9		4
정무1	김윤환 88.3.7	이종찬 88.5.23	정종택 88.12.5	박철언 89.7.20	김윤환 90.9.18	10
	김동영 90.12.17	최형우 91.4.27	김용채 92.3.30	김종호 92.7.22	김동익 92.10.9	
정무2	조경희 88.2.25	김영정 88.12.5	이계순 90.3.17	김갑현 91.12.19		4

키친 캐비닛

　대통령이 나라를 통치하는데 자신의 친인척들이 얼마나 골치 아픈 존재였는가는 전두환정권에서 충분히 경험했다. 친인척 자신들의 비리와 부정뿐 아니라, 그들이 끼어들어 국정을 어지럽힌 경우가 너무도 많았기 때문이다. 지내놓고 보면 대통령 친인척 비리는 군인 출신이냐 아니냐와는 상관관계가 별로 크지 않음을 알 수 있다. 박정희는 군 출신이었지만 친인척문제에 대해 매우 엄격하게 대처함으로써 별다른 문제를 야기시키지 않았다. 뒤이은 전두환·노태우와는 매우 대조적이었다. 거꾸로 민주화의 주역으로 독재타도에 앞장섰던 김영삼·김대중 대통령 모두 친인척문제로 군 출신 못지않게 여론으로부터 뭇매를 맞았다.
　어쨌든 노태우 대통령으로서는 전임자 전두환 대통령의 친인척 관리 실패로부터 귀중한 교훈을 얻었으므로 자신은 절대 전임자의 불행한 전철을 밟지 않기 위해 조심에 조심을 다짐했다. 우선 부인이 자주 공식 석상에 나서는 것을 삼가도록 했고 자신의 친인척이 주요 공직에 앉는 것도 허락하지 않았다.

그는 행동으로 보여줘야 했다. 88년 4월 13대 국회의원선거가 첫 관문이었다. 당장 대통령의 처남인 김복동과 동서인 금진호가 지역구를 통해 출마하겠다는 것이었다. 노 대통령은 고민 끝에 이들을 말렸다. 처남과 동서에게 무슨 허물이 있는 것도 아니요, 더구나 두 사람 모두 이미 정치적으로 거물급 인사가 되어 있었음에도 불구하고, 행여나 또 무슨 말썽이 일어나지 않을까 하는 걱정에 대통령이 직접 나서서 출마를 만류했던 것이다. 당사자들서는 불만이 없을 수 없었다. 금진호는 당시 이렇게 불만을 털어놓았다.

"국회의원을 유권자들이 뽑는 것이지 대통령이 시켜주는 겁니까. 그런데 대통령이 동서지간이라는 이유를 들어 왜 날 출마도 못하게 하는 겁니까. 대통령의 친인척이라고 해서 특혜를 누려도 안 되겠지만 손해를 봐야 한다는 법도 없는 것 아니오."

금진호는 그때만이 아니었다. 그 뒤에 또 한 차례 좌절을 겪어야 했다. 그는 전두환정권에서 상공부장관까지 지냈던 인물이었으니 국회의원이 못 되었다고 해서 마냥 아무것도 하지 않고 있을 사람이 아니었다. 마침 남덕우 무역협회장이 91년 2월 임기가 끝나도록 되어 있어 그 자리가 딱 안성맞춤이라 생각했다. 당연히 대통령의 허락이 떨어져 후임에 내정되었다. 그랬던 것이 막판에 '친인척'이라는 이유로 다시 뒤집혔던 것이다. 직업관료 출신으로 상공장관까지 지낸 자신이 무역협회장에 앉는 것이 뭐가 잘못이냐는 게 그의 항변이었다.

이처럼 노태우 대통령은 자신의 친인척 관리 면에서는 전임 대통령에 비해 상대적으로 엄격했다. 그러나 노 대통령의 집권 5년을 결산할 때 인사에서 과연 친인척들의 입김을 철저히 배제했다고 할 수 있을까. 결론부터 말하면 그렇지 못했다. 전 정권에 비해서 상대적으로 조심하고 애를 썼던 것은 분명하지만, 노태우정권 역시 부인 김옥숙 여사를 비롯한 주변 사람들의 입김이 알게 모르게 결정적으로 작용했다.

친인척들의 인사 개입은 대체로 3가지 유형으로 나눠 볼 수 있을 것이다. 첫 번째 유형은 대통령이 먼저 어떤 자리에 누구를 앉혔으면 좋겠는가 하고 믿을 만한 주변 친인척에게 자문을 구하는 경우, 두 번째는 친인척 쪽에서 먼저 이러이러한 이유로 누구는 꼭 바꿔야겠다고 적극적으로 간언을 하는 경우, 세 번째는 개각에 임해 자연스럽게 주변 인물을 천거하는 경우 등으로 나눠 볼 수 있을 것이다. 결국은 3가지 유형이 다 포함된 종합세트였다고 할 수 있다.

이렇든 저렇든 간에 주요 직책을 둘러싸고 인사권자에게 영향력을 행사했던 여러 부류의 인물들이 권좌 주변에 늘 포진하고 있었다. 누구였을까. 노태우시대를 통틀어서 대통령의 인사권에 가장 큰 영향력을 발휘했던 친인척 겸 측근 인물은 역시 박철언이었다. 노 대통령의 처고종사촌으로 87년 대선 때는 월계수회라는 사조직을 동원해 결정적인 킹메이커 역할을 한 인물이었던 만큼 정권 출범 때부터 권력의 핵심부에 들어앉게 된다. 안기부장 특별보좌관으로 있던 그는 청와대 정책담당보좌관을 시작으로 정무1장관·체육청소년부장관 등을 거치는 동안 직책에 상관없이 노 대통령의 인사정책에 가장 직접적으로 간여했다. 정권 출범 이후 한동안 박 씨는 그야말로 막강한 파워를 행사했고, 그러한 사실은 공공연한 비밀이었다. 90년 12월의 개각 때는 총리를 비롯해 거의 그의 구상대로 판이 짜였다는 말까지 나돌았다.

그는 국회의원 공천을 실질적으로 좌지우지했을 뿐 아니라 경제부처 인사에까지 영향을 미쳤다. 이런 일도 있었다. 어느 날 진념 재무차관이 박철언 체육부장관과 가까운 모 씨와 함께 저녁자리를 같이할 기회가 있었다. 그는 진념을 위한답시고 이런 조언을 했다.

"박철언 장관이 경제에도 관심이 많으니 당신이 한번 가서 경제 현안에 관한 브리핑을 하는 게 어떻겠느냐. 그러면 당신도 박철언 장관의 머릿속에 입력되는 좋은 기회로 삼을 수 있을 것 아니냐."

장관이 되려면 실력자인 박철언을 통해야 하며, 따라서 당신도 한번 찾아가 보라는 뜻이었다. 경제관료 사회에서 늘 선두를 달려온 진념으로서는 기가 찰 노릇이었다.

대통령의 처고종사촌인 박철언 씨는 노태우시대를 통틀어 직책에 상관없이 인사정책에 막강한 영향력을 행사했다. 그러나 노 대통령의 두 사돈과 금진호 씨 등 이른바 '키친 캐비닛'이 등장하면서 박 씨의 영향력은 상대적으로 쇠퇴했다.

아무리 출세가 중요하고 박철언이 막강한 실력자라 해도 그렇지, 체육부장관에게 재무차관이 브리핑한다는 것은 도저히 있을 수 없는 일이었다. 진념은 정중히 그 제의를 거절했다(박철언은 2005년 8월에 펴낸 자서전《바른 역사를 위한 증언》이라는 책에서 자신이 얼마나 막강한 영향력을 발휘했는지를 여기저기서 스스로 강조하고 있다.

뿐만 아니었다. 당장 부도날 회사도 그와 줄만 닿으면 즉각 해결된다는 것이 당시 금융계의 중론이었다. 그의 전화 한 통 받아 보지 않은 은행장은 없을 것이라는 이야기가 공공연히 은행 주변에 나돌았다.

한편 실력행사를 꾸준히 해온 노태우 주변 인물로 금진호를 빼놓을 수 없다. 그는 특히 경제계 인사에는 여러 차례 결정적인 영향력을 발휘하곤 했다. 안병화 한국중공업 사장을 새 정권 첫 상공부장관에 앉힌 것도 금진호의 선택이었다. 상공부와 그 산하단체의 인사에 관한 한 그의 힘은 누구도 넘보지 못할 정도였다. 상공부 관련 인사는 마치 그에게 할당된 쿼터인 것처럼 여겨졌을 정도다. 그의 사무실인 무역협회 고문실은 회장실보다 더 큰 영향력을 행사하던 곳이었다.

친인척은 아니지만 노 대통령과는 오랜 친구관계인 이원조도 빼놓을 수 없다. 원래 그는 5공 때에도 전두환 대통령의 각별한 신임 속에 '금융계의 황제'라는 별명을 가졌을 정도로 끗발이 센 인물이다. 5공을 단죄하는 청문회가 그처럼 요란했던 만큼 그가 다시 손바람을 일으킨다는 것은 상상도 하기 어려운 일이었지만, 6공 초기 얼마 동안은 죽은 듯이 조용히 있더니 중반 이후부터 다시 실력 발휘를 하게 된다.

민자당의 일개 의원 신분임에도 그는 청와대 본관을 수시로 출입하며 대통령과 귀엣말을 주고받는 관계를 유지했다. 국회의원이라고 다 같은 국회의원이 아니었다. 활동을 재개한 그는 인사에 관한 조언은 물론이고 왕년에 휘어잡던 금융계의 인사에까지 다시 영향력을 발휘했다.

청와대 내실까지 꿰찬 이원조는 장관 인사에까지 손을 뻗쳤다. 김종인 경제수석의 천거로 재무부장관이 되어서 한창 열심히 정책을 펴고 있던 정영의를 '장수장관' 1년 2개월 재임이라는 이유를 붙여 하루아침에 목을 날렸던 것도 이원조였다. 당시로서는 김종인의 힘도 막강했다. 단순한 경제참모로서뿐 아니라 주요 정치문제에까지 두루 노태우의 두터운 신임을 받고 있던 터였다. 하지만 아무리 그래봐야 다시 부활하는 이원조의 힘에는 역부족이었다. 정영의 재무장관의 경질을 미리 알아차리고 막아보려 했지만, 당해 내지 못했다. 김종인의 회고다.

"내 힘으로 도저히 안 되었습니다. 수시로 청와대 본관을 출입하며 대통령과 직거래를 하는 이원조의 영향력을 당해 낼 수가 없었단 말입니다. 정영의 재무장관은 내가 추천했고 일도 잘하고 있었으나 이원조의 눈 밖에 난 이상 버텨 낼 수 없었던 겁니다. 정 장관도 자신의 해임통보를 받았을 때 누구한테 미움을 사서 목이 달아나는지를 즉각 알아챘을 겁니다."

정영의와 이원조 사이가 특별히 나쁠 이유는 없었다. 문제는 이원조의 보이지 않는 손을 제대로 파악하지 못한 것이었다.

재무장관 정영의는 취임 1년이 지나면서 정책 면에서 새로운 여러 구상을 펼치는 한편, 금융계의 사람들도 물갈이가 필요하다고 생각했다. 그리하여 한국은행총재를 포함해 금융계 주요 포스트의 인사안을 청와대에 올렸다. 이것이 이원조의 스크린에 걸린 것이다.

이원조로서는 마침 자신의 행보를 본격적으로 재개하면서 이런저런 시중은행 인사를 재무장관한테 부탁했으나, 제대로 반영되지 않고 있던 차였다.

정영의도 깐깐한 정통 재무관료 출신으로 호락호락 외부 청탁이나 압력에 쉽게 물러서는 인물이 아니었다. 그는 이원조의 부탁을 그다지 심각하게 생각하지 않았다. 은행 경영을 제대로 하려면 가급적 외부 인사 청탁부터 배제해야 한다는 평소의 소신대로 했고, 설마 하니 그런 일로 재무장관인 자신의 목이 달아날 줄은 꿈에도 생각지 못했다.

한편 대통령 사돈들의 운신도 주목거리였다. 특히 두 사돈인 최종현 선경그룹 회장이나 신명수 동방유량 회장 모두가 재계의 비중 높은 인물이었으므로 이들의 영향력 또한 적지 않았기 때문이다. 청와대의 한 비서관은 이렇게 설명했다.

"재계의 지도급 인물이었으므로 대통령이 이들과 개인적으로 만날 경우 경제문제를 의논하는 자리가 자연스럽게 마련되었지요. 그러나 경제가 여러 면에서 어려움을 겪고 있을 때였으므로 사돈들의 이야기는 비판적으로 흘렀고, 그러다 보니 이들의 영향력이 자동적으로 확산되기 시작한 것이지요. 또 어떤 경우에는 이미 내정된 인사가 막판에 뒤집어지는 경우가 있었는데, 알고 봤더니 사돈이 청와대를 다녀간 뒤에 일어난 일이었습니다."

시기적으로 봐서는 박철언 씨의 힘이 쇠퇴하는 것과 사돈들의 등장이 같이 맞물린다. 노 대통령이 청와대로 들어가고 나서 두 아들딸의 혼사를 치렀고, 이로써 사돈들과의 관계가 직업관료 사회에서까지 촉각을 곤두세워야 하는 새로운 일거리로 대두된 것이다.

이름하여 '키친 캐비닛'. 이 키친 캐비닛의 고정 멤버는 두 사돈과 동서인 금진호 씨, 그리고 친인척은 아니지만 이원조 씨가 단골로 끼었다.

이들 사이에 과연 무슨 이야기가 오갔는가를 정확히 알 수는 없으나 아무튼 과천의 경제관료들은 여느 장관회의가 열릴 때보다 이들의 회동내용을 더 궁금해했던 게 부인할 수 없는 현실이었다.

124명의 장관들

　6공의 첫 경제수석을 거쳐 건설부장관을 잠깐 하다가 물러난 박승은 환경처장관에서 물러난 지 며칠 안 되는 허남훈을 우연히 골프장 목욕탕에서 마주쳤다.

　"허 장관, 너무 상심 마세요. 나도 겪어 봤지만 이 나라 장관이라는 게 한마디로 말해 소모품입니다. 허 장관도 그렇게 마음먹으면 속이 편할 겁니다."

　"괜찮습니다. 가시방석에 앉아 있느니 차라리 물러난 것이 홀가분합니다."

　경위야 어찌 되었든 간에 두 사람 모두 6~7개월 만에 물러난 대표적인 단명 장관들이다. 이렇게 해서 노 대통령은 재임기간에 무려 124명의 장관을 기용하게 된다. 한마디로 장관을 대량생산하여 그만큼 장관의 가치를 떨어뜨린 셈이다.

　1년이 멀다 하고 장관을 소모품처럼 갈아치워야 했던 6공의 인사는 이유를 불문하고 좋은 점수를 받기 어려웠다. 특히 정책의 일관성 유지가 중요한 경제 쪽에는 치명적이었다.

　노태우와 전두환은 서로의 성격 차이만큼이나 대통령으로서의 인사 스타일도 무척 달랐다. 전두환은 철저하게 자기 판단을 앞세워 사람을 골랐고, 한 번 선택한 사람은 좀처럼 바꾸려 하지 않았다. 자신의 인사가 설혹 잘못되었다 하더라도 그냥 밀고 나갔으며, 그에 대한 비판도 용납하지 않았다. 그는 인사에 있어서도 독단적이요 비민주적이었으나, 소신은 분명했다. 간혹 장관의 사생활을 폭로하는 투서가 날아들어도 일만 잘하면 눈감아 주었다.

　이에 비해 노 대통령은 자기 판단을 내세우기에 앞서 주변의 추천을 먼저 듣는 타입이었다. 대부분의 경우 밑에서 만들어 온 후보 명단 중에서

노태우 대통령이 과천 정부종합청사의 경제기획원 물가국을 방문해 실무과장으로부터 직접 브리핑을 받고 있다. 매우 이례적인 일이었다.

골랐으며, 이미 마음을 정했다 하더라도 말썽의 소지가 생기면 최종결재 과정에서 번복 수정하는 일도 자주 있었다. 그의 개인적 성격 탓이었을까, 아니면 민주적 사전협의 과정을 중시해서였을까. 또는 단순히 여론의 비판을 두려워해서였을까.

경제장관들의 인선 면에서는 두 사람의 차이가 더욱 두드러졌다. 전 대통령은 자신의 구상에 따라 각부 장관의 업무 성격을 규정했고, 그것을 기준 삼아 장관들을 골랐다. 심지어 상공부장관은 영어를 잘해야 한다는 생각 하나로 경제에 전혀 문외한인 외무관료 김동휘를 상공장관에 앉혔다. 물가안정을 위해 재계가 뭐라고 하건 황소 고집의 한은총재 출신 신병현을 부총리 겸 경제기획원장관에 두 차례나 기용했던 것도 그러한 예였다.

노 대통령은 달랐다. 그는 일보다는 모양새를 중시했으며 경제장관들의 경우도 마찬가지였다. 임명된 경제장관들에 대해서 특정한 정책과제를 부여하는 게 아니라 원만하게 알아서 잘해 나가길 기대하는 스타일이었다. 긍정적으로 보면 전두환에 비해 훨씬 민주적이고 절차를 중시하는 편이었다. 그러나 경제는 갈수록 꼬였고, 문제가 생길 때마다 책임을 물어 교체를 하다 보니 결과적으로 수많은 장관들을 양산하게 되었다.

주요 개각내용을 돌이켜 보면 쉽게 가닥이 잡힌다. 정권 출범 때로 되돌아가 보자. 88년 2월 조각 때 구성되었던 첫 경제팀부터가 특별한 문제의식을 바탕으로 한 것이 아니었다. 5공 장관들의 유임이 조각의 주축을 이루었다는 점에서도 알 수 있듯이 새로운 모습을 선보이기보다는, 굳이 의미 부여를 한다면 경제정책의 일관성에 더 비중을 두었다.

따라서 첫 경제팀을 짜는 데서 노 대통령이 취한 태도는 '경제민주화를 통한 형평과 균배'라는 막연한 캐치프레이즈만을 강조했을 뿐, 과연 그것들을 어떻게 실질적으로 감당해 나갈 것인가에 대한 구체적인 복안은 갖추지 못했다. 그랬던 것이 9개월여 만인 그해 12월의 첫 개각을 계기로 달라진다. 민주화가 중요하지만 그렇다고 경제를 이대로 끌고 가서는 안 되겠다 싶어지면서 적극적인 자세를 취하기 시작한 것이다.

문희갑 경제기획원차관을 경제수석에 기용한 것이 첫 번째 터닝포인트였다. 그를 자신의 측근에 앉힌 것은 곧 노 대통령 자신이 비로소 경제문제가 심상치 않음을 깨닫기 시작했다는 신호였다. 저절로 굴러갈 줄 알았던 경제가 여기저기서 덜컹거리는 소리를 내자, 경제운용 방식에서도 장관들이 알아서 하는 식으로 방치해서는 안 되겠다고 깨닫게 되었다.

조순 서울대교수를 부총리 겸 경제기획원장관에 기용한 것도 경제분야에 대한 비중을 더 높이겠다는 뜻이 담긴 것이었다. 조순은 육사시절 노 대통령과 사제지간이었을뿐더러 국내 경제학계에서 두루 존경받는 인물이었다.

어쨌든 측근인 경제수석에도, 경제팀장인 부총리 겸 경제기획원장관에도 모두 노 대통령 자신이 잘 아는 사람을 앉혔다. 더구나 문 수석은 이미 소문난 개혁론자요, 조 부총리 또한 때 묻지 않은 이미지를 지녀온 인물이었던 만큼 일단 노 대통령 자신의 뜻이 담긴 경제팀의 구성은 이때가 처음이었다.

그러나 뜻대로 되지 않았다. 허구한 날 경제위기론이 여기저기서 제기되면서 경제팀은 또다시 흔들리기 시작했다. 부동산투기와 노사분규, 기업투자 위축과 성장률 둔화 등의 현상이 나타나면서 새 경제팀은 뿌리를 내리기도 전부터 티격태격하는 양상을 노출시켰다.

헝클어진 팀워크는 쉽게 복원되지 않았다. 경제부처마다 따로 놀았다. 팀플레이는커녕 부처의 입장이나 이해관계에 따라 저마다 뿔뿔이 움직

노 대통령이 조순 부총리 겸 경제기획원 장관에게 임명장을 수여하고 있다. 조 부총리는 대통령과의 정기적인 독대를 마련하는 등 경제팀장으로서의 입지 구축에 애를 썼으나 여의치 못했다.

였다. 금융실명제와 토지공개념 등 개혁정책을 둘러싸고는 여당까지 끼어들어서 갈등을 증폭시켜 나갔다. 명성 높은 조순을 새 경제팀장 자리에 앉힘으로써 이 같은 부처 간의 갈등을 잠재우고 원만한 조정 역할을 해줄 것을 기대했지만, 역시 그는 학자였다. 난마처럼 얽힌 관료사회의 이해관계를 조정해 주리라 그에게 기대했던 것 자체가 순진한 생각이었다.

결국 노 대통령은 1년 3개월 만에 다시 경제팀을 전면 개편한다. 이번에는 전혀 스타일을 달리했다. 자신에게 오래전부터 경제를 가르쳐 온 김종인 보사장관을 경제수석에 내정해 놓고서 아예 그로 하여금 경제팀 전체를 짜도록 전권을 위임했다. 경제부처 간에 빚어진 부조화에 대한 반동이었다.

정책노선도 바꿨다. 이승윤 경제팀은 당장 전임 경제팀이 계속해 온 금융실명제 추진을 원점으로 돌리는 것을 비롯, 거시정책 면에서도 종래의 안정기조보다는 제조업 투자를 중심으로 하는 성장정책 쪽으로 선회했다.

한편으로는 재벌들에 대한 부동산 강제매각 조치와 업종전문화 등 청와대를 중심으로 한 강도 높은 정책을 펴 나갔다. 그럴 수 있었던 배경에는 경제수석 김종인에 대한 대통령의 개인적인 신임도 한몫했다. 김종인은 92년 3월 물러나기 전까지 그간 부총리를 비롯해 여러 경제장관들이 교체되었음에도 불구하고 계속 측근의 자리를 지킬 수 있었다.

그러나 그런 그마저도 인사에 관한 한 한계에 부딪힐 수밖에 없었다. 경제분야 인사에 관한 한 대통령이 한동안은 경제수석의 자문과 천거에 크게 의존했으나 그것도 잠시였다. 얼마 안 가 전혀 다른 채널을 통해 천거된 엉뚱한 인물들이 주요 경제장관에 기용되는 경우가 수시로 생겨났던 것이다.

아무튼 노 대통령의 경우 그가 의도했던 경제정책과 인사정책 사이에서 어떤 연관관계를 추출해 내기가 매우 어렵다. 기용된 사람들과 펼쳐진 정책내용들을 아무리 따져 봐도 관심을 끌 만한 어떠한 연관성을 양자 사이에서 찾아보기 어렵기 때문이다.

무엇보다도 장관의 재임기간이 워낙 짧았던 탓에 충분한 시간적 여유가 없었다. 대부분의 장관들은 시행착오만 계속하면서 바뀌고 바뀌고를 거듭했던 것이다. 결국 이들은 청와대 눈치 보랴 언론 신경 쓰랴, 장관 역할을 제대로 할 겨를이 없었다.

노 대통령은 집권 중반기를 넘기면서 비로소 경제팀의 운용에 대해 생각을 달리하기 시작했다. 그러나 단명 장관들이 겪었던 애로처럼 그 역시 자신의 시행착오를 충분히 바로잡기에는 5년 단임이라는 기간이 너무나 짧았다.

아무튼 사람을 쓰는 법에서 전임 전두환과 후임 노태우는 매우 대조적이었다. 이에 대해 사람들의 평가는 대체로 전두환에게는 후한 점수를, 노태우에게는 박한 점수를 준다. 전두환은 인사를 소신껏 잘했는데 반해 노태우는 우유부단해서 인사를 제대로 못했다는 것이다.

과연 그처럼 쉽게 잘라 말할 수 있을까. 단순 비교가 명쾌하긴 해도, 감안해야 할 점이 너무 많다. 전두환은 비판과 반대를 용납지 않는 독재시대의 대통령이었고, 노태우는 여론의 십자포화 속에서 쩔쩔매던 민주화 시대의 대통령이었다는 시대적 상황 차이 하나만으로도 복잡해진다.

물론 전두환이 노태우에 비해서 특출한 리더십을 발휘한 인물이었고 용병술에도 각별한 재능을 지녔다는 평판을 얻은 게 사실이다. 반면에 노태우는 같은 군 출신이요 친구였던 전두환에 비해서 리더로서의 덕목이 뒤졌고, 따르는 사람도 많지 않았다고 알려진다. 그럼에도 불구하고 시대적·환경적·정치적 차이를 두루 감안하지 않고 전두환을 치켜세우고 노태우를 깎아내리는 식의 단순 비교는 무리가 따른다. 되풀이되는 이야기이지만, 독재권력이 나라를 지배했던 시대와 민주화 열기가 불을 뿜던 시대의 차이를 무시하고 두 사람의 리더십을 비교할 수는 없기 때문이다.

다만 이런저런 상황과 여건을 모두 감안하더라도 대통령 노태우의 리더십에 대한 평가는 결코 좋은 점수를 얻을 수 없을 것이다. 재임기간에 양산한 124명의 장관 숫자가 바로 그 증거의 하나다.

누가 경제사령탑인가

6공경제, 다시 말해 노태우경제를 주도해 나간 구심점은 누구였을까. 또 어느 자리였을까. 이 점 역시 과거와 극명한 차이를 드러낸다. 권위주의시대였던 박정희·전두환시대에는 경제정책의 구심점이 궁극적으로 대통령 자신이었다. 물론 박정희와 전두환 사이에도 다른 점은 있었다.

박 대통령이 18년의 장기집권 과정에서 구사한 전략은 훨씬 다양하고 복잡했다. 본인이 직접 나서서 진두지휘를 하는가 하면, 사람과 상황에 따라 경제기획원장관이나 재무장관에게 막강한 권한을 위임했고, 후반기에는 경제통인 김정렴 비서실장을 장기간 9년 2개월 기용함으로써 자신의 역할을 대행케 했다. KDI나 한국은행도 적절히 섞어 가며 활용했다.

그에 비해 전두환 대통령의 통제 채널은 한결 단순했다. 박정희를 많이 본떴으나 청와대 경제수석의 활용을 극대화했다. 전두환은 경제수석을 통해 모든 정책의 방향을 설정하고 점검해 나갔다. 경제부처들은 대부분의 경우 대통령한테서 직접 지시를 받거나, 아니면 경제수석을 경유해서 정책을 펴 나갔다. 장관의 힘이 전반적으로 박정희 때만 못했다고 할 수 있다.

노태우 대통령은 이런 방법은 옳지 않다고 생각했다. 어쩌면 노태우 대통령 자신이 이 문제에 대해 확고한 신념이나 판단을 가졌다기보다는 주변 인물들의 판단이나 세간의 여론이 종래 방식에 대해 반대했기 때문이었을 것이다.

모든 것은 '민주적이냐 아니냐'로부터 시작되었다. 대통령이 장관들을 제쳐 놓고 측근인 경제수석을 더 중용하는 것은 독재시대의 유물로 치부하는 분위기였다. 장관 중심이 아니라 청와대 중심의 국가운영은 일단 비민주적인 것으로 세간에는 이미 결론이 나 있었다.

"경제정책은 부총리인 경제기획원 장관을 중심으로 해나가라"거나 "경제수석은 행정부의 일에 간여하지 말라"는 등의 노 대통령의 지시들은 바로 이런 맥락에서 나온 것이었다. 결국 노 대통령 개인의 철학이나 성향보다는 시대적 흐름이나 요구 자체가 그러했고, 그러한 분위기가 곧바로 새 정부 첫 조각에 그대로 반영되었다.

첫 경제수석 박승은 노태우 대통령과 일면식도 없었다. 다른 자리라면 몰라도 대통령이 얼굴도 모르는 사람을 경제수석에 앉혔다는 것은 참으로 생각하기 어려운 일이었고 당시로서는 충격이었다. 첫 경제수석의 인사 하나만으로도 노태우 대통령의 경제에 대한 기본 인식이 어떠했는지, 또한 국가운영 스타일이 어떨지를 대충 가늠할 수 있었던 셈이다. 경제수석은 더 이상 '왕년의 실력자'가 아님을 말해 주는 것이었다. 대통령은 경제수석에게 과거와 달리 각 부처의 행정과 정책에 깊이 간여하지 않기를 원했고, 박승 경제수석 자신도 가급적 간섭을 삼가는 것이 옳다고 생각했다.

그러나 이 같은 시도는 그리 오래가지 못 했다. 노 대통령은 9개월 남짓 만에 당초의 신선한 구상을 포기하고 만다. 박승이 물러나고 정반대 스타일의 인물 문희갑이 경제수석 자리를 차고앉았다. 문희갑은 워낙 개성이 강하고 직선적인 경제관료였으므로 그런 그가 선비 출신 박승을 밀어내고 그 자리에 앉았다는 것은 앞으로의 일을 충분히 짐작케 했다.

예상대로 대통령 주변의 분위기는 눈에 띄게 달라져 갔다. 문희갑 개인의 성향 탓만이 아니었다. 노 대통령 자신이 그런 인물을 골랐으므로 대통령의 판단부터가 그런 쪽으로 바뀌었다고 해야 할 것이다. 역시 해보니까 얽히고설킨 경제정책을 끌어나가는 데는 개인적으로 믿고 맡길 수 있는 인물을 측근에 앉혀야겠다고 마음을 정한 것이다.

그렇다고 노 대통령이 전임자 전두환 같은 스타일로 경제수석을 중용하겠다는 것은 아니었다. 당시의 개각에서 부총리 겸 경제기획원장관에 대통령이 개인적으로 존경하는 인물이었던 조순 서울대교수를 기용했던 것을 봐도 "경제팀의 구심점은 부총리로 한다"는 종래의 원칙에는 변함이 없었다고 봐야 할 것이다.

다만 걱정 없다고 여겼던 경제문제가 의외로 심각하게 제기됨에 따라 경제수석의 기능 강화를 통해 대통령 자신도 가만히 있어서는 안 되겠다는 정도로 부분적 궤도 수정을 한 것이었다. 경제수석이나 부총리가 바뀐다고 해서 경제정책의 기조가 어떻게 달라지고 그것이 어떤 파급을 몰고 올지 등의 고민은 대통령의 머릿속에 없었다.

그러나 결코 단순한 궤도 수정에 그칠 수는 없었다. 경제 자체가 어려움이 가중됨에 따라 정부의 경제정책은 더욱 거센 비판에 시달려야 했고, 부총리를 구심점으로 한 경제팀의 위상은 경제상황에 비례해서 더욱 어려운 지경으로 빠져들어 갈 수밖에 없었다. 시간이 갈수록 여론의 화살은 대통령에게로 돌려졌다. 경제가 이처럼 나빠지고 있는데 도대체 대통령은 무얼 하고 있느냐는 식의 비판이 비등해 갔다.

이런 과정에서 청와대 경제수석의 비중은 하루가 다르게 과거 권위주의시대로 되돌아가기 시작했다. 경제문제에 대한 여론의 화살이 대통령에게 직접 겨눠지고 있는 마당에 경제수석의 역할은 당연히 강화될 수밖에 없었다. 그러나 이 같은 변화는 즉각적으로 청와대와 경제부처 사이에 불화를 초래했다.

경제운용이 원만하려면 팀장인 부총리 겸 경제기획원장관과 대통령의 측근인 경제수석, 그리고 정책수단을 장악하고 있는 재무장관, 이 세 사람의 원만한 삼각관계가 긴요했다. 그런데 이 삼각관계가 심하게 비틀어지기 시작했던 것이다.

우선 조순 부총리와 문희갑 경제수석 사이가 좋지 않았다. 조 부총리에 대한 일반의 기대는 자못 컸다. 노 대통령과의 개인적인 인연과는 별개로 경제학자로서 명성이 높았으므로 민주화시대의 경제운용을 끌어나갈 적임자로 기대를 모았다. 조 부총리 스스로도 한국경제의 근본적인 체질개선을 강조하며 민주화시대의 새로운 경제운용을 펼쳐 보이겠다는 의욕이 강했다.

그러나 행정 경험이 부족한 그는 난마처럼 얽힌 현실문제들에 둘러싸여 수많은 고초를 겪어야 했다. 학자와 행정가 사이의 한계를 끝내 극복하지 못했다. 특히 그는 경제팀을 장악하는 데 기본 전제가 되어야 할 '대통령의 힘'을 충분히 이양받지 못했다.

단적인 예가 인사문제였다. 조 부총리는 경제팀장으로서 두 차례에 걸쳐 대통령에게 직접 인사 건의를 했으나 모두 좌절당했다. 한 번은 경제부처 장관 한 사람과 산하 연구원장 한 자리를 교체해 달라는 것이었고,

또 한 번은 기획원 차관을 포함한 내부 인사를 자신의 생각대로 하게 해 달라는 것이었다.

조 부총리는 대통령과의 독대를 요청, 이 문제를 꼭 해결해 달라고 간청했다. 그러나 노태우 대통령은 그 자리에서는 아무 소리 않고 있다가, 경제수석을 부총리 집무실에 보내 부총리의 뜻을 들어줄 수 없음을 통고했다. 명색이 경제사령탑인 부총리로서는 함께 일할 멤버를 구성하는 일에 아무런 영향력을 행사하지 못했으니 맥이 빠질 수밖에 없는 노릇이었다. 결국 두 차례에 걸친 사표 소동으로까지 이어졌다.

한편 문희갑 경제수석은 전두환시대의 예산동결 등 그의 과거 경력이 말해 주듯 적극적인 개혁론자요 행동파 경제관료였다. 경제부처 간에 서로 미루고 있거나 의견 대립을 보이고 있는 경우 결코 막후에서 가만히 뒷짐이나 지고 있을 그가 아니었다. 마침 경제수석으로 기용되는 시점이 새 정권의 개혁의지가 의심받고 있는 상황이었으므로 그의 개혁성향은 즉각 발휘되기 시작했다.

조 부총리나 문 수석이나 개혁이라는 단어를 강력히 주장하기는 마찬가지였다. 그러나 그 내용이나 방법론은 사뭇 달랐다. 조 부총리는 한국 경제의 체질 변화의 필요성을 경제학자답게 이론적으로 설파하는 데 주력하는 타입이었다면, 문 수석은 잘못된 법을 당장 뜯어고치고 비효율적인 제도 등을 과감하게 둘러엎어 실천해 보이려는 타입이었다. 이런 두 사람이 서로 머리를 맞대고 의논하면서 상호 보완해 나갔다면 오죽 좋았을까마는, 현실은 그렇지 못했다.

그러나 이 정도의 성향 차이나 정책적 대립관계는 대통령의 강력한 리더십이 발휘되었다면 문제될 게 없는 일이다. 그러나 불행스럽게도 노태우 대통령은 그런 역할을 해내지 못했다. 오히려 참모들 사이의 갈등 탓에 대통령 자신이 심한 스트레스를 겪어야 했다. 문 수석으로부터는 정치적으로 감당하기 어려운 강력한 개혁의지를 요구당했기 때문에 그랬고, 조 부총리로부터는 사표를 불사하는 학자적 고집 때문에 여러 차례 당황해야 했다. 결국 두 사람 모두 금융실명제의 좌초와 함께 1년 4개월 만에 도중하차하고 만다.

박승

노 대통령은 그제야 경제팀은 팀워크가 중요하다는 점에 새삼 눈을 돌리게 된다. 90년 3월 개각이 그것이다. 대통령은 집권 초기에 기용하려 했다가 못했던 김종인 보사부장관을 경제수석에 앉힐 것을 결심하고 개각하기 한 달 전에 통보했다. 내부 불화에 혼이 난 나머지 이번에는 김종인에게 아예 함께 일할 팀을 짜도록 했다. 이렇게 해서 출범한 새 경제팀은 구성 자체를 경제수석이 주도했듯이 실질적인 경제 운용 역시 부총리 겸 경제기획원장관보다는 경제수석이 더 영향력을 발휘하게 된다. 이로써 '경제사령탑이 누구인가' 하는 의문은 일단 풀리게 되었다.

문희갑

김종인

그런데 노태우정권의 세 번째 경제수석 김종인 또한 결코 막 뒤에 조용히 앉아 있는 인물이 아니었다. 기자들과의 첫 간담회에서 그는 이렇게 말했다.

"어떻게 해서 부총리가 경제정책의 사령탑입니까. 대통령 중심제인 나라에서 경제정책의 책임은 대통령이 지는 것이니만큼, 주요 경제정책을 대통령이 직접 챙기는 것은 당연한 것입니다. 부총리는 실무적인

이진설

제3장_소모품 장관들 133

코디네이터 역할을 하는 자리입니다."

그가 평소에 소신처럼 했던 이야기이긴 하나 이젠 경제수석 자리에 앉아서 이 같은 말을 하는 이상, 예사로운 말이 아니었다. 경제부총리는 부처 간 조정자이며, 실질적인 경제사령탑은 대통령의 뜻을 대변하는 청와대 경제수석, 다시 말해 바로 김종인 자신임을 시사한 것이었다.

예상대로 노 대통령은 경제수석에 대한 의존도를 어느 때보다 높였고, 권한도 주었다. 91년 2월 개각에서 이승윤 부총리를 경질하고 그 자리에 최각규 민자당 정책위의장을 앉히면서도 경제수석은 바꾸지 않았다.

그러나 김 수석 역시 다른 경제수석에 비해 상대적으로 강한 영향력을 발휘했을 뿐, 시간이 갈수록 한계를 드러내고 말았다. 경제가 어려워짐에 따라 대통령의 신임이 점차 약화되어 갔고, 심지어는 대통령 사돈들을 중심으로 하는 측근들의 집단 공세에 휘청거리는 지경에 이르기까지 했다.

92년 3월 개각에서 김종인 수석이 물러나고 그 자리에 이진설 전 건설부장관이 앉으면서 경제수석의 역할은 대폭 약화되고 만다. 이진설은 정치적 위험부담을 꺼리는 직업관료 출신인 데다 정권 말기의 레임덕 현상까지 본격화되는 시점이었으므로, 청와대 경제수석으로서 앞장서서 일을 벌일 처지도 아니었다.

오히려 막판에 정책의 중심은 최각규 부총리 쪽으로 옮겨 갔다. 퇴임을 앞두고 노 대통령은 여러 차례 "지금부터는 내가 직접 경제를 챙기겠다"는 식으로 큰소리를 쳤지만 그건 말뿐이었다. 그의 말을 믿는 사람도 없었다. 역시 실질적인 경제운용은 직업관료들을 중심으로 꾸려갈 수밖에 없었다. 그러나 최 부총리조차 경제운용의 차원이라기보다는 정권 말기에 어지럽게 벌어졌던 갖가지 해프닝 속에서 아슬아슬하게 최장수 부총리의 자리를 유지해 나갔다고 해야 할 것이다.

그래도 6공경제의 속내를 들여다보는 데는 역시 경제수석을 중심으로 한 청와대의 역할이 어떠했는가를 점검해 보는 것이 지름길이다. 뭐니 뭐니 해도 '경제민주화'라는 대전제 속에 대통령의 역할 변화가 가장 민감한 사안이고, 비록 청와대의 기능이 위축되고 대통령의 리더십이 갈팡질팡했다 하더라도 대통령과 경제수석의 관계는 6공경제의 특징을 이해하는 데 가장 유효한 대목이다. 노태우 대통령과 4명의 경제수석들의 관계가 어떠했는지를 좀 더 구체적으로 들여다보자.

경제수석들의 고전

⋮

1990년 3월 청와대에서는 전에 없던 일이 벌어졌다. 홍성철 씨 후임인 노재봉 신임 비서실장이 취임한 지 며칠 안 돼서 청와대 비서관 40여 명을 모아 놓고 4시간 가까이 대토론회를 개최한 것이다. 청와대 비서들이 모여 앉아 토론을 벌이다니, 상상도 못하던 일이었다. 토론 주제는 '6공의 위상과 청와대 비서실의 역할'이었다.

노 실장은 "오늘 이 자리에서는 누가 어떤 이야기를 하더라도 문제 삼지 않겠다. 청와대 비서실에 관한 문제점을 기탄없이 비판해 달라"며 말머리를 꺼냈다. 비서관들은 좀처럼 입을 떼려 하지 않았으나 토론은 차츰 활기를 띠어 갔다. 여러 가지 의견이 나오는 가운데 공통적인 지적은 "비서실 운영이 이런 식으로 되어서는 대통령의 통치철학을 뒷받침해야 하는 비서실 본연의 기능을 수행할 수 없다"는 것이었다.

전두환시대와 비교하여 상대적인 자아비판이 주류를 이루었다. 5공의 전두환정부 때는 청와대 비서실이 그야말로 막강한 힘을 발휘했던 데 비해 노태우의 6공에 들어와서는 비서실의 기능이 현저히 위축된 데 대한 소속원들의 개인적인 반발이기도 했다. 그러나 이날 토론을 통해 각자가 확인한 점은 세상이 달라지는 과정에서 통치자의 최측근 막료집단인 비서실 자체가 새로운 좌표를 설정하기는커녕, 표류를 거듭하고 있다는 사실이었다. 돌이켜 보면 충분히 그럴 만한 이유가 있었기에 빚어진 현상이었다.

노 대통령은 대통령 취임준비 과정에서부터 청와대의 기구와 기능을 축소시키겠다고 약속했다. 민주화시대를 여는 마당에 각 해당부처가 알아서 하도록 해야지 더 이상 청와대가 나서서 간섭해서는 안 된다는 논리를 강조했다. 반독재에 대한 국민정서가 극에 달해 있던 당시의 분위기에도 들어맞는 이야기였다.

노 대통령의 이 같은 청와대 운영은 경제 쪽에도 큰 변화를 가져왔다. 전 대통령이 청와대 비서실에 막강한 힘을 실어주면서도 가장 중시했던 것이 경제분야였던 만큼, 힘을 빼버리는 정책의 전환으로 빚어지는 충격 또한 경제 쪽이 더 심할 수밖에 없었던 것이다. 이러한 현상은 집권 초기에 한층 두드러졌다. 노 대통령의 의중이 그러했음은 물론 첫 경제수석인 박승의 생각도 청와대에서 지나치게 챙기는 것은 옳지 않다는 쪽이었다.

한국은행 조사부 출신으로 중앙대학교에서 경제학을 가르치던 박 수석은 평소부터 '정부 간섭의 축소'가 소신이었다. 그는 자신의 소신을 그대로 실천에 옮겨 나갔다. 청와대의 경제수석은 대통령을 보필하며 경제 운용의 큰 그림을 그리는 일을 해야지, 행정부의 정책을 일일이 간섭해서는 안 된다는 생각이었다.

그는 비서관들로 하여금 필요 없이 경제부처 실무자들을 불러들이거나 보고를 받는 일을 삼가라고 지시했다. 민주화시대에 부응하는 변화된 모습이기도 했지만 박 수석의 개인적인 성향 또한 그런 쪽이었다.

당장 각 부처가 청와대를 대하는 태도가 달라졌다. 5공시대에는 무슨 일을 하건 우선 청와대 눈치부터 살피고 시작했는데, 이젠 각 부처가 알아서 하는 식으로 세상이 바뀐 것이다. 그동안 청와대 보고에 시달려 온 경제부처 실무자들조차 '민주화라는 것이 이런 것인가'라며 당황해하기도 했다.

이런 과정에서 청와대 내의 경제수석이 차지하는 영향력이 현저하게 감소했다. 비서실에 근무했던 사람들은 당시 분위기를 이렇게 전한다.

"경제수석이 본관에 올라가는 횟수가 우선 많지 않았습니다. 박승 수석의 경우 보고를 할 땐 주로 전체 경제 상황에 관한 이야기를 했고, 대통령은 그냥 고개를 끄덕이는 정도였습니다. 그러다가 다른 수석들과 의견이 상충되는 경우가 생겨나는 것이 문제였는데, 그때는 정무수석이나 행정수석 등이 중심이 되어 문제를 풀어 나가곤 했습니다. '정치우선' 시대이니 당연한 노릇이기도 했지요. 특히 노사문제가 가장 심각한 고민거리였는데, 여기서도 경제수석의 주장이 제대로 먹혀들지 못했으니까요."

박 수석의 회고는 이렇다.

"민주화의 함성 속에서 대세는 어쩔 수 없었습니다. 무엇이든 정치논리가 앞서는 상황이었으므로 경제논리로 설득시켜 나가기가 여간 힘들지 않았습니다. 당시로서는 국민여론 자체가 그렇게 돌아가지 않았습니까."

노사분규뿐 아니라 격변하는 정치·사회적 상황이 경제를 가만 놓아둘 리 만무했다. 아무 걱정 없을 것으로 여겼던 경제는 정치적 혼란을 뒷막음하느라 여기저기서 흠집이 생겨나기 시작했다. 물가불안과 부동산투기 조짐, 그리고 노사분규는 갈수록 격화되어 갔다. 상황은 정부 간섭의 축소가 아니라 확대를 요구하는 쪽으로 흘러갔고, 따라서 팔짱을 끼고 있던 청와대로서도 직접 개입 쪽으로 선회하기에 이른다.

결국 박승 수석은 물러나고 후임에 문희갑 수석이 들어섰다. 당장 분위기가 달라졌다. 전임자가 분권주의자였다면 후임자는 중앙집권주의자였다. 박 수석이 풀어 놓았던 업무들을 문 수석은 전부 끌어모았다. 청와대 경제수석실의 힘이 하루아침에 강해진 것은 물론이다.

경제수석에 대한 노 대통령의 생각부터 변했다. 당시 기획원차관으로 있던 문희갑은 개각 발표가 있기 전날 전화로 통지를 받았다.

"홍성철 비서실장한테서 경제수석에 내정되었다는 전화를 받았지요. 그러나 수석비서관이라는 자리가 내 성격에도 잘 맞지 않는 것 같고, 아무튼 여러 가지 이유로 마음이 내키지 않아 못 하겠다고 했지요. 그랬더니 얼마 안 있어 노 대통령이 직접 전화를 걸어 무슨 소리냐고 강한 어조로 역정을 내더라구요. 말씀인즉 경제가 어려워 곁에 와서 도와달라는 것인데 혼자만 편하게 지내겠다는 거냐며 나무랐습니다."

문 수석은 청와대에 들어간 이후 노 대통령에게 직언을 서슴지 않았다. 전임 박 수석은 생각도 온건했을 뿐 아니라 대통령과 전혀 개인적인 친분이 없었던 터였으므로 자신의 주장을 강력히 관철시킬 수 있는 입장이 아니었던 반면, 문 수석은 달랐다. 자신의 소신에 안 맞으면 위아래를 가리지 않고 얼굴을 붉히며 언성을 높였다. 그래서 붙은 별명이 '문핏대'였다. 본래부터 추진력이 강한 데다가 노 대통령과의 개인적인 관계, 즉 이른바 TK 선후배로 5공시대부터 잘 아는 사이였기에 가능한 일이었다.

그러나 이 같은 문 수석의 적극성은 전임자와는 정반대의 이유로 노 대통령에게 부담을 주게 된다. 그가 청와대에서 주도하는 개혁노선이 심각한 정치적 반발을 불러일으켰기 때문이다. 노 대통령으로서는 경제장관들은 둘째 치고 당장 자신의 측근인 경제수석 자리를 놓고 고민에 빠졌다. 전임자는 너무 약해서 불만이었는데, 후임자는 너무 강해서 탈이었다.

그 후임으로 들어선 김종인 수석은 또 다른 인물이었다. 앞에서도 살폈듯이 그 또한 문희갑 못지않게 개성이 강하고 소신을 굽히지 않는 스타일이었지만, 전임자와 달리 경제학자이면서도 정치적 감각이 뛰어난 인물이었다. 더구나 대통령과는 오랜 정치적 동지 같은 신뢰관계를 유지해 왔다는 점이 다른 경제수석들과 다른 점이었다.

김 수석이 들어서면서 대통령과 경제수석 사이는 비교적 안정을 찾게 된다. 그는 재임기간이 2년 남짓일 만큼 예외적으로 장수했던 점에서도 알 수 있듯이 대통령과 격의 없는 관계를 꾸려 나갔다. 본관에 보고하러 올라갈 때도 그는 아무 서류도 들지 않고 맨손으로 들어가서 주요 사안에 관한 대통령의 결심을 얻어내는 경우가 대부분이었다. 그는 이코노미스트로서 노 대통령의 첫 경제 가정교사이기도 했지만, 국정 전반에 걸친 정치적 조언자이기도 했다.

그런 그도 시간이 흐르면서 청와대 내 비경제 측근들의 숱한 성토와 압력으로 고충을 겪어야 했다. 5·8부동산매각 조치를 계기로 재벌들로부터 집중적인 비난을 들어야 했던 것은 물론이고 친인척들과의 불편한 관계와 TK세력으로부터의 견제, 나중에는 YS 진영으로부터의 압력까지 가세되어 고전을 면치 못했다.

결국 이 같은 복잡한 변수 속에서 경제수석의 행동반경은 시간이 갈수록 축소될 수밖에 없었다. 이를테면 정무수석이나 민정수석들과의 마찰이 빚어질 때마다 경제수석의 주장이 번번이 좌절되는 경우가 늘어났다. 복잡한 이해관계가 발생해서 이견이 상충될 때, 대통령이 경제수석을 편들어 주는 경우가 시간이 갈수록 줄어들었다.

이런 현상은 집권 중반기에 접어들면서 다소 개선되는 듯했으나 말기로 넘어오면서 다시 심해졌다. 여당인 민자당의 집권 연장을 겨냥한 정치공약이 남발되기 시작하면서 경제수석의 영향력은 또다시 쇠퇴할 수밖에 없었다.

선거를 앞둔 지방순시가 잦아지면서 그 정도가 부쩍 심해졌다. 갖가지 선심공약 중에 돈 안 들이고 되는 일이 어디 있겠는가. 대통령은 그런데도 경제수석과는 한마디 사전협의도 없이 정치 관련 측근들이 써주는 대로 공약을 양산했던 것이다.

전·후임 대통령의 경제수석에 대한 비교를 또 다른 측면에서도 살펴볼 수 있다. 당시 청와대 경제수석실 비서관으로 근무했던 구본영은 이렇게 회고했다.

"원래 경제수석이라는 자리는 사방에서 중상모략이 많이 들어오는 자리 아닙니까. 그런데 전두환 대통령은 정보기관으로부터 경제수석에 관한 좋지 않은 보고를 받았을 경우 직접 불러 해당 사항을 쫙 찢어주면서 '뭐 이런 이야기가 나오나. 쓸데없는 보고가 다시 올라오지 않도록 조심하도록 해' 하는 식이었습니다. 좋지 않은 보고가 올라왔지만 내가 너를 믿고 무시하겠으니 더 열심히 하라는 뜻이지요. 그에 비해 노 대통령은 그런 보고가 올라오면 아무 말도 안 하는 스타일이었어요. 보고가 올라간 사실은 확인이 되는데, 막상 대통령이 이렇다 저렇다 통 말이 없으니 당사자들은 더 불안할 수밖에 없지요. 아무튼 노 대통령은 결코 자기 속마음을 아랫사람에게 내보이지 않는 스타일이었기 때문에 경제수석뿐 아니라 다른 측근들도 모시기가 힘든 분이었습니다."

한마디로 노태우시대의 경제수석은 사람에 따라 차이가 있긴 했으나 대체로 대통령으로부터 깊은 신임과 강력한 지원을 받지 못했다는 이야기다. 결과적으로 5년간 4명이 앉았던 경제수석 자리는 그때그때마다 위상이 바뀌곤 했으나 전체적인 영향력이나 역할 면에서는 5공의 그것과는 현저한 차이를 보였던 것이다. 그 이유는 무엇일까.

첫째 이유는 우선 노태우 개인에게서 찾을 수 있다. 경제문제에 대한 그의 기본 인식이 미진했거나 소극적이었기에 청와대 경제수석의 활용도가 근본적으로 높을 수 없었다. 오히려 외형상으로는 경제수석의 비중을 5공 때보다 높인 경우도 없지 않았다. 문희갑 수석을 차관급에서 장관급으로 제자리 승진시킨 것을 시작으로 해서 그 후임인 김종인·이진설 수석 모두 장관급으로 경제수석에 앉혔다. 노 대통령으로서는 차관급에서 장관급으로 임명했으니 경제수석을 종전에 비해 격상시켰던 셈이었다. 그러나 실상은 그렇지 못했다. 경제수석의 실제 끗발과 장관급이냐 차관급이냐는 아무 상관도 없는 일이었다.

경제수석의 위상 변화를 가져온 보다 근본적인 또 다른 이유는 '세상이 달라졌다'는 점에서 찾아야 할 것이다. 대통령의 힘이 근본적으로 그전만 못해졌으니 그 측근들의 힘 또한 그에 따라 약해진 것은 오히려 당연한 일이었다. 시스템상으로도 그럴 수밖에 없었다. 비록 5공시대의 경제운용 방식이 더 효율적이었다고 해도 그러한 중앙집권적 체제가 더 이상 용납되기 어려운 세상으로 변했으니, 청와대인들 경제운용 방식에서 과거의 권위주의적 패턴을 되풀이할 수 없었던 것이다.

제4장

용두사미 개혁정책

회장 전두환, 사장 노태우

'안정 속의 개혁'

노태우정권이 내걸었던 캐치프레이즈다. 말 자체로만 따진다면 안정과 개혁은 전혀 상반되는 단어들인데, 이것을 함께 짝지어 새 정권의 지향점으로 삼았던 것은 당시의 시대적 상황이 어떠했는지를 간접적으로 설명해 준다. 세상이 크게 바뀌었으니 많은 것을 뜯어 고치자는 것은 당연한 분위기였다. 그러나 혼란과 부작용은 최소화해야겠다는 뜻으로 '안정'이라는 말을 전제로 깔았고, 한편으로는 전임 대통령과의 관계를 생각해서라도 모든 것을 한꺼번에 둘러엎을 수 없는 한계를 드러낸 표현이기도 했다. 아무튼 현실은 말처럼 쉽지 않았다.

개혁의 첫걸음은 정부 스스로 먼저 변해야겠다는, 이른바 행정개혁 작업이었다. 민주화시대를 맞아 정부도 비민주적인 구석들을 과감하게 털어내야 하며, 또한 기능 면에서도 정부의 기존 직제를 대폭 손질해 보이겠다는 것이었다. 이른바 '작은 정부'를 시현하겠다는 것이었고, 언론도 여기에 박수를 쳤다.

그러나 전두환정권의 시작 때 있었던 행정개혁과는 분위기부터 사뭇 달랐다. 그때는 국보위의 주도 아래 살벌한 상황에서 진행되었다. 사회정화라는 칼을 휘두르면서 멀쩡한 사람들도 다반사로 목을 쳤다. 노태우정부에 들어와서는 개혁도 민주적 절차를 거쳐야 한다는 것이 국민적 합의였다. 속전속결로 밀어붙이는 개혁이란 상상도 할 수 없는 분위기였다.

행정개혁 작업 역시 이런 식으로 시작되었다. '행정개혁위원회행개위'라는 기구를 통해 각계각층의 의견을 충분히 수렴해서 하자는 것이었다. 행개위는 형식적으로는 민주화합추진위원회의 건의에 따라 대통령 직속 자문기구로 탄생했으나 실제 산파는 김용갑 총무처장관이었다. 조직을 구성하고 위원을 선정하고 필요한 예산을 배정하는 등 모든 일을 그가 도맡아 했다.

위원장 후보에는 이한빈과 신현확이 물망에 올랐으나 노 대통령은 정권 출범 시에 여러모로 자문 역할을 해주었던 신현확을 선택했으며, 각계로부터 20명의 위원을 위촉했다.

이렇게 해서 1988년 5월 13일 첫 회의로 시작한 행개위는 1년 2개월 동안 19번의 전체회의와 72번의 운영협의회, 그리고 분과위원회별로 많게는 60번의 모임을 가졌다.

행개위의 운영은 각 분과별로 공청회와 세미나 등을 통해 시안을 내고 이것을 각 분과위원장들로 구성된 운영협의회의 조정을 거쳐 전체회의에서 최종적으로 채택하는 형식을 취했다. 그야말로 밟아야 할 절차는 빠짐없이 다 밟으며 각계의 의견을 충분히 수렴하려는 자세로 임했다.

이러한 행정개혁 작업 절차는 대한민국정부가 수립된 이후 처음 시도해 보는 것이었으므로 잘만 되면 좋은 선례를 구축하는 일이기도 했다. 출발은 매우 의욕적이었다. 밖에서 모셔온 신현확 위원장도 의욕적으로 나섰고, 그의 힘으로 안 되는 어려움들은 내부의 실력자였던 김용갑 총무처장관이 나서서 해결했다.

행개위가 처음 손을 댄 것은 새로 만들기로 한 국가원로자문회의를 없애는 일이었다. 원래 국가원로자문회의는 발상 자체가 순수하지 못했다. 5공 말기에 전두환 대통령이 자신의 퇴임 후 수렴청정을 염두에 두고 구상했던 것으로 이를 두고 세간에서는 '전두환 회장-노태우 사장' 체제로 가려는 것 아니냐는 비아냥이 일기도 했다. 내용을 들여다보면 그런 이야기가 충분히 나올 법했다.

국가원로자문회의는 단순한 자문기구가 아니었다. 장·차관급 3명을 포함해 사무요원만 무려 48명을 두는 것으로 되어 있을 뿐 아니라 일반 행정에도 간여할 수 있는 권한까지 보유하고 있어, 또 하나의 소정부나 다름없는 조직이었다.

세상이 바뀌고 이른바 개혁을 외쳐대는 가운데서도 이 같은 내용을 담은 국가원로자문회의 법안이 막판에 민정당 단독으로 국회에서 통과되었다. 이에 여론은 물론이고 정부 안에서조차 어불성설이라는 비판의 목소리가 높았다.

새 정부가 들어선 후 김용갑 총무처장관의 주도로 국무회의에서 이 기구의 규모를 당초 안보다 9명 줄이는 쪽으로 시행령을 고치게 되는데, 이 정도의 제동을 거는 데도 상당한 진통을 겪어야 했다. 노 대통령은 전임 대통령에 대한 예우를 소홀히 해서는 안 된다며 매우 못마땅해했으나 김용갑의 고집으로 마지못해 물러섰다. 이 과정에서 원로회의 사무총장으로 내정되었던 안현태 전 경호실장과 김용갑 장관은 전화로 심한 언쟁을 벌이기도 했다.

"당신도 전 대통령 밑에서 수석비서관을 지낸 사람이면서 어찌 이럴 수가 있소."(안현태)

"전 대통령을 위해서도 원로자문회의는 원안대로 돼서는 곤란합니다. 내가 전 대통령을 직접 만나서 해명할 테니 만나게 해주시오."(김용갑)

무리하게 탄생했던 기구였던 만큼 행개위가 출범해서 이것을 없애기로 결론을 내린 것은 지극히 당연한 일이었다 88년 6월. 신현확 위원장은 행개위의 결론을 가지고 청와대에 들어가 그대로 건의했다.

그런데 노 대통령과 홍성철 비서실장 모두가 "조금 수정하더라도 존속시켜야 한다"며 반대하는 것이 아닌가. 아무리 행정개혁이 중요하기로서니 전직 대통령이 원해서 만들어 놓은 기구를 당장 없앨 수는 없지 않느냐는 것이었다. 처음부터 벽에 부닥친 신현확 위원장은 하는 수 없이 이현재 총리를 찾아가 응원을 청했으나 적극적인 반응을 얻는 데는 실패했다.

이 소식을 전해들은 김용갑 장관은 신 위원장을 만나 국가원로자문회의의 폐지를 자신이 직접 대통령을 만나 다시 건의하겠다고 약속했다. 김용갑은 자신이 큰소리친 대로 청와대 비서실장을 곧바로 만났다.

"홍성철 비서실장을 찾아가, 이걸 안 없애면 노 대통령이 쓸데없는 의혹을 사게 되니 내가 직접 설득을 하겠다고 말했지요. 그제야 홍 실장이 노 대통령에게 이야기를 다시 해서 마음을 돌리게 된 것입니다."

국가원로자문회의는 이렇게 해서 없어졌다. 말썽 많던 사회정화위원회와 함께. 그러나 이 정도의 기구쯤은 행개위가 거창하게 나설 것도 없이 당연히 없어져야 할 것들이었다.

사정이 이렇다 보니 행정개혁위원회가 진짜 본격적으로 다뤄야 할 문제들은 처음부터 갈피를 잡지 못했다. 중앙정부의 직제개편은 뒤로 하더라도 비교적 진도가 빨랐던 행정단위의 조정문제를 두고 엄청난 반발에 부딪히기 시작한 것이다.

행개위는 6월 15일 제4차 전체회의를 열고 군郡의 행정단위를 없애는 대신 도道 중심의 행정체계를 20~30개로 늘릴 것을 검토하기로 하고, 그 작업을 서울대 김안제 교수에게 맡겼다.

다음달 4일 김 교수는 '행정구역 개편방향'을 발표하면서 "군을 없애고 기존의 9개 도를 22개로 쪼개자"는 파격적인 주장을 폈다. 군 중심의 행정체계에 낭비적인 요인들이 많을 뿐 아니라 영호남 간의 지역 구분을 없애기 위해서도 경상도와 전라도의 중간지역을 여러 개로 다시 나눌 필요가 있다는 이야기였다.

이 같은 방안은 당장 거센 반발을 불러일으켰다. 총무처에는 "일 똑바로 하라"는 식의 항의 전화가 빗발쳤다. 영호남 가릴 것 없이 반대였다. 정부 내에서도 미온적인 반응이었다. 관련 부처인 내무부와 총무처의 실무자들조차 "실정 모르는 교수들이 결국 일을 내는군"이라며 노골적으로 비아냥거렸다.

정부 내의 분위기까지 이렇게 돌아가자 의욕적으로 일을 벌여 나가던 행정구역 개편문제는 더 이상 추진될 수가 없었다. 결국 일과성 아이디어로 그치고 만 셈이다.

행개위로서는 몇 발자국도 못 떼고서 딜레마에 빠져들게 되었다. 새 시대를 맞아 모두가 개혁의 필요성을 강조하면서도 정작 개혁을 실천해 나가는 과정에서는 지지는 고사하고 반대하는 세력들이 더 강한 힘을 발휘한다는 현실적인 한계를 비로소 깨닫게 된 것이다.

따지고 보면 행정개혁위원회는 자신들이 하고자 했던 일이 얼마나 어려운 일이었는지를 제대로 모르고 통 크게 판을 벌렸던 셈이다. 독재권력하에서도 성공을 속단하기 힘들었을 일이었다. 하물며 민주화의 열기가 하늘을 찌르고 지역이기주의가 판을 치기 시작한 '정치우선시대'에 경제적 효율을 앞세워 기존의 행정직제를 완전히 뜯어 고치려 했으니.

'작은 정부' 한다더니…

　행정개혁위원회가 작은 정부의 구현을 위해 무슨 활동을 했는지 좀 더 구체적으로 살펴보자. 지방 행정단위를 고치려다가 초장에 호된 반발을 겪어야 했던 행개위는 중앙정부 부처의 직제개편에 총력을 기울였다. 사실 중앙정부의 직제를 뜯어고치는 것이야말로 행정개혁의 핵심과제이기도 했다. 이것만 제대로 된다면 지금까지의 좌절은 별게 아니었다.

　일반의 기대도 컸다. 특히 독재정치의 종식이라는 시대적 변화에 부응해 안기부나 내무부, 경찰 등 과거 권력기관의 기구개편이나 체질개선 등이 꼭 이뤄져야 한다는 공감대가 널리 형성되어 있던 터였다.

　그러나 이러한 기대는 처음부터 빗나갔다. 직제개편 작업이 구체화되기도 전에 관련 부처나 기관들은 자신들의 '안보'를 위해 온갖 수단과 방법을 동원했으며, 강력한 리더십을 발휘해야 할 청와대의 태도 또한 미온적이기 짝이 없었다.

　권력기관에 대해 메스를 가하는 시도는 처음부터 엄두도 내지 못했다.

세상이 아무리 바뀌었다 해도 안기부나 국방부에 관련된 문제는 거론 자체가 금기였다. 자연히 만만한 경제부처 쪽으로 초점이 맞춰졌다. 대표적으로 도마에 오른 것이 경제기획원과 동력자원부였다.

행개위는 갑론을박을 거쳐 기획원의 위상을 현행대로 두어서는 안 된다는 데 합의하고 예산실의 기능을 대통령이나 총리실 직속, 또는 재무부로 넘기는 한편 그 밖에 공정거래위원회와 통계국을 확대 독립시키는 쪽으로 의견을 모아 갔다. 이렇게 되면 기존의 기획원은 사실상 해체되는 것이나 다름없게 되는 셈이었다.

동자부의 경우 당초에는 상공부에 국 단위로 흡수합병하는 것으로 추진되었으나 동자부의 반발에 부닥쳐 산업통상부라는 제3의 이름 아래 합치는 쪽으로 타협점을 찾아 나갔다.

이쯤 되자 해당 부처에서 가만히 있을 리 없었다. 이들은 행개위 멤버들뿐 아니라 언론 등을 상대로 결사적으로 로비를 벌였다. 여기에 참여했던 한 위원의 말을 들어보자.

"한밤중에 모 부처의 차관이 집으로 찾아와 통사정을 했습니다. 자기네 부처 입장을 두둔해 주지 못한다면 제발 가만히만 있어 달라는 것이었습니다. 논리적으로 옳고 그르고를 떠나 자기가 차관으로 있을 때 다른 부처에 통폐합당해서는 안 된다며 막무가내였지요."

해당 부처들은 장·차관을 비롯해 총력전으로 로비를 펼쳤다. 휴일에는 골프 초대로, 저녁에는 술자리를 마련해 가며 자기네 부처가 없어져서는 안 된다는 당위성을 역설했다.

심지어 어느 장관은 몇몇 행개위 위원들이 어울려서 제주도로 여름휴가를 떠났다는 정보를 입수하고는 자신도 휴가차 제주도로 내려가 호텔 로비에서 우연히 만난 것처럼 꾸며 식사 초대를 하기도 했다.

로비는 관료들만 한 것이 아니었다. 대통령까지도 끼어드는 웃지 못할 일이 벌어졌다. 당시 행개위 안에서는 하도 사방에서 말이 많은 터라, 이럴 바에는 아예 대통령이 장관으로 몸담았던 체육부부터 폐지함으로써

행개위의 직제개편안

부처	주요 개편내용		
통일원	▲장관을 부총리급으로 격상		▲공정거래위원회를 독립시키고 공정거래실을 위원회사무국으로 전환
산업통상부 (통합)	▲상공부와 동자부를 통합		
	▲동력자원담당 차관보 신설	농림수산부	▲산림청을 폐지하고 산림국으로 편입
	▲상공부 중소기업국을 중소기업정책실로 확대		▲농업기술연구소를 생물환경기초연구 중심기관으로 개편
	▲전력·광무·석유국 신설		▲국립수산진흥원장(2~3급) 직급 상향 조정
문화체육부 (통합)	▲문공부 문화행정분야와 체육부 통합		
	▲청소년 행정담당	건설주택부	▲건설부를 건설주택부로 명칭 변경
공보처 (신설)	▲문공부의 공보행정 기능 전담		▲주택국을 주택정책국·주택건설진흥국으로 확대
환경처	▲환경청(차관급)을 처단위(장관급)로 승격		▲주택공사는 임대주택 건설 및 도시재개발사업 등 특수정책사업에 중점
통계청	▲기획원 조사통계국을 확대 개편		▲수자원국의 공업항 관련 업무를 항만관리기관으로 이관
경찰청	▲내무부 치안본부를 격상		
경찰위원회 (신설)	▲경찰의 예산·인사 등 주요 업무에 대한 필수 심의기관으로 신설	노동부	▲노사정책·조정기능 담당차관보 신설
			▲지방자치단체가 지방노동위원회를 관장
기상청	▲중앙기상대를 청 단위로 승격		
교통부	▲해운항만청을 폐지, 교통부에 편입		▲전문기술의 점검·검사 등은 한국산업안전공단 등 전문기관이 대행
교육부	▲문교부에 학교체육·급식업무를 맡기고 명칭 변경	무역위원회	▲덤핑 등 불공정무역 및 수입급증 품목에 대한 조사신청 접수 및 구제 결정
기획원	▲경제정책에 관한 종합기획·조정기능 전담		▲산업피해 구제 심사대상에 서비스 및 지적소유권 포함
	▲투자심사·통상교섭 등 집행기능을 해당 부처로 이관		▲산업피해 조사 및 구제조치를 효과적으로 수행키 위해 무역조사실 신설
	▲심사평가국을 폐지하고 25개 정부투자기관 감독업무를 소관부처에 이관	폐지기구	▲국가원로자문회의
			▲사회정화위원회

본때를 보이자는 데 의견이 모아지기도 했다. 만약 이대로만 되었어도 이야기는 상당히 달라졌을 것이다.

그러나 코너에 몰린 체육부는 청와대에 SOS를 쳤고, 이에 노 대통령은 올림픽을 준비해야 한다는 점을 들어 체육부를 건드리지 말도록 지시했다. 최고통치자의 행정개혁에 대한 철학이나 관심도가 어떤 수준이었는지를 단적으로 보여준 일이었다. 원칙에 입각해서 엄정중립을 지켰어야 할 대통령이 이런 식이었으니 무슨 개혁이 제대로 될 수 있었겠는가.

이 같은 로비 전쟁에서 언론도 확실한 방향 제시는 못한 채 그저 로비 그 자체만 비난했다. 신현확 행개위 위원장도 이래서는 안 되겠다고 여겼던지 공식 회의석상에서 "골프장 부킹은 내가 얼마든지 해줄 테니 제발 장관들과 어울려서 골프 치는 일은 삼가라"고 위원들에게 당부하기도 했다.

전문위원으로 참여했던 사람들 대부분은 관료들의 집요한 저항과 로비에 학을 뗐다. 장·차관들까지 나서서 학연·지연을 통해 전문위원들에게 압박을 가해 왔다. 무엇이든 한 가닥이라도 걸리는 것이 있으면 물고 늘어졌고, 그러다 보니 결국 처음 의도했던 개혁과는 거리가 먼 쪽으로 분위기가 흘러갔다. 불안에 떨던 부처들은 차츰 자신들의 로비가 먹혀든다는 느낌이 들자 더 목청을 높였다. 막판에는 "실정 모르는 백면서생들이 하는 이야기에 신경 쓸 것 없다"는 식으로 행개위를 아예 무시하기까지 했다.

이렇게 1년 2개월의 활동을 마무리할 때쯤 행개위는 이미 관심의 대상에서 벗어난 신세로 전락해 버렸다. 결국 이들의 활동이 거둔 결실은 통일원장관이 부총리급으로 격상, 환경청이 환경처로 승격, 공보처 신설, 기획원 통계국이 통계청으로, 치안본부가 경찰청으로, 중앙기상대가 기상청으로 각각 확대·승격된 것 등이었다. '작은 정부'를 추구했던 행정개혁 작업은 늘리는 일만 했을 뿐 줄이는 작업에는 실패했던 것이다. 행정개혁에 시동을 걸었던 의도는 온데간데없이 사라지고 정부의 팽창 관성만 그대로 살아남은 격이었다.

기구만 늘어난 게 아니라 공무원 수도 지속적인 증가 추세를 보였다. 6공 출범 당시 711,845명이었던 공무원 수는 매년 4%씩 계속 늘어나 92년 말에는 860,097명에 이르렀다. 정부출연기관도 종래의 40개에서 53개로 늘어났다.

행정개혁이 용두사미로 끝난 이유는 여러 면에서 지적된다. 애당초 행정개혁 작업은 민주화의 열기에 가려 절실한 관심거리가 아니었다. 더구나 대통령 자신부터 별 관심이 없었다. 이 작업에 참여했던 한 언론인 출신 인사는 이렇게 당시를 돌이켰다.

"대통령이 두 팔을 걷어붙여도 힘든 일일 텐데, 노 대통령의 태도는 처음부터 그럴 의사가 없어 보였습니다. 행개위 멤버들을 초청해 다과회를 열었는데, 그런 자리에서도 노 대통령으로부터 어떤 문제의식 같은 것을 찾아보기 어려웠으니까요. 더구나 직제개편 작업이 막상 시작되고 나서도 대부분의 멤버들이 무얼 어떻게 손대야 할지도 모르는 형편이었습니다."

이런 분위기 속에서 최고의 기득권층인 관료집단의 출혈을 전제로 하는 대수술이 성공적으로 치러지기를 기대하는 것 자체가 무리였다. 민주적인 합의 절차를 명분으로 행정개혁위원회를 만들 때부터 행정개혁은 이미 물 건너간 것이나 다름없었다.

여기에 참여했던 한 학자는 이렇게 회고했다.

"정말 행정개혁을 할 생각이 있었다면 정권 출범과 동시에 단숨에 해치웠어야 했습니다. 그러지 않고 1년이 넘도록 이해당사자들에 둘러싸인 가운데 토론에 부쳐졌으니 제대로 될 리가 있었겠습니까. 더구나 행개위의 진행 과정은 행정경험도 전혀 없는 사람들이 모여 앉아 백화점식으로 잡다한 분야를 모두 붙들고 씨름을 했던 것도 문제였습니다. 중요한 것 몇 가지만 집중적으로 매달려 결론을 내고, 이것을 대통령의 결심을 통해 즉각 밀어붙였더라면 결과는 한결 나았을 겁니다."

'경제 CIA' 국세청

　노태우정권이 출범하면서 또 하나의 관심거리는 국세청이 어떻게 변해 갈 것인가였다. 국세청이라는 곳이 단순히 세금 걷는 징세당국으로서의 본연의 역할뿐 아니라 최고 권부의 중요한 통치수단으로 활용되어 왔기 때문이다. 재벌의 호주머니 사정을 비롯해서 기업 활동에 대한 모든 정보와 약점을 꿰차고 있는 국세청이니 만큼, 대통령의 권력 유지에 필수적 역할을 담당해 왔다. 괘씸한 기업들에 대해 세무사찰의 칼을 빼어 들어 하루아침에 숨통을 끊어 버린다든지, 심지어 정치인들까지 탈세를 빌미로 파렴치한을 만들어 버리는 일도 손바닥 뒤집듯이 해치웠다.

　한마디로 말해 한국의 국세청은 '경제 CIA'라는 별명을 붙일 만했다. 따라서 이러한 독재시대의 역사를 지녀 왔던 국세청이 민주화시대를 맞아 어떤 모습으로 변해 갈지는 당연히 큰 관심사가 될 수밖에 없었다.

　첫째 관심은 국세청이 정치적 권부로서의 구태를 어떻게 청산할 것인가 하는 점이었고, 둘째는 세정稅政의 만성적 부패문제를 얼마나 개선할 수 있을까 하는 것이었다.

국세청장이란 자리가 안기부장지금의 국정원장이나 경호실장과 함께 대통령의 가장 비밀스러운 핵심참모라는 점은 전혀 새로운 이야기가 아니다. 국세청장은 누가 되었든지 간에 대통령 집무실을 수시로 출입할 수 있는 극소수 측근의 하나라는 점만으로도 그 위상과 역할을 짐작할 수 있는 일이었다.

국세청장이 대통령과 얼마나 가까운 자리인지부터 살펴보자. 부총리인 경제기획원장관이 대통령을 독대할 때도 말이 독대지 경제수석이 항상 배석하는 게 관례다. 그러나 국세청장만은 경제수석의 배석 없이 진짜 독대를 하도록 되어 있었다. 5공시절에 마지막 경제수석을 지냈던 박영철 교수는 이런 에피소드를 털어놓았다.

"경제장관들이 대통령을 만나려 할 때는 경제수석실을 통해서 면담시간이 결정되었고, 만날 때는 예외 없이 경제수석이 배석했지요. 그런데 딱 한 가지 예외가 국세청장이었어요. 면담내용은 고사하고 국세청장이 언제 대통령을 만나고 갔는지조차 모르는 일도 적지 않았습니다. 하루는 국세청장이 대통령을 만난다는 사실을 알고 무턱대고 수첩을 들고 따라 들어갔지요. 도대체 무슨 이야기가 보고되는지가 궁금했거든요."

이 같은 박 수석의 뜻밖의 적극성에 전두환 대통령이나 성용욱 당시 국세청장 모두 적잖이 당황하는 기색이었다. 그러나 명색이 경제수석인데 처음부터 나가라고 할 수는 없는 일이 아닌가. 처음 얼마 동안 국세청장의 형식적인 보고가 있고 나자 "박 수석은 별일 없으면 그만 나가 보지"라는 전두환 대통령의 말에 결국 경제수석은 국세청장의 독대 자리에서 쫓겨나고(?) 말았다.

국세청장이 경제수석을 제치고 대통령을 단독으로 만났던 것은 당연히 그럴 만한 이유가 있었다. 대부분의 경우 기업들의 기밀사항이나 정치적인 판단이 필요한 사안들로서 국세청장의 보고사항이나 대통령의 지시내용 모두가 은밀하게 주고받아야 하는 것들이었다. 행정직제상으로는 국세청이 재무부 산하의 청에 불과하지만 재무장관조차 국세청장이 하는 일에는 일체 아는 척도 않는 것이 오랜 관례였다.

그런 차원에서 국세청은 정보기관이나 다를 바 없었다. 기업들에 관한 한 국세청이 지니고 있는 정보수집 능력이나 제재의 힘이 당시의 어떤 권력기관 못지않게 막강했다. 게다가 역대 국세청장 자리에 줄줄이 군 출신인 동시에 대통령의 절대적인 신임을 받는 강성 인물들을 앉혀 왔던 만큼 기업들로서는 국세청장이 가장 무서운 존재일 수밖에 없었다.

이런 국세청이 과연 시대의 변화에 발맞추어 얼마나 변할 것인가. 6공에 들어서면서 국세청에도 과연 변화의 조짐이 일기 시작한다.

뭐니 뭐니 해도 국세청장에 군 출신이 아니라 직업관료 출신을 처음으로 앉힌 것 자체가 큰 변화였다. 많은 사람들이 민주화시대를 실감했다. 이제야 국세청이 본연의 모습으로 돌아가나 싶었다. 사실 노태우 대통령으로서도 서영택 재무부차관보를 국세청장에 앉힐 때 특별한 결심이 필요했다. 과연 직업관료 출신을 국세청장에 앉혀서 청와대와의 관계를 제대로 꾸려갈 수 있을지 걱정하지 않을 수 없었다.

일상적인 세정업무 면에서 국세청은 6공 들어 괄목할 만한 변화를 보였다. 특히 부동산투기를 단속하는 과정에서는 과거에 없던 꾸준한 단속으로 투기를 진정시키는 데 큰 역할을 하기도 했고, 세제 강화와 함께 상속세·증여세 등의 징수행정 등에서도 과거에 비해 괄목할 만한 실적을 올린 것도 평가될 만한 일이었다.

그러나 본질적인 국세청의 한계, 다시 말해 대통령 직속의 정치적 권력

국세청장에 처음으로 직업관료 출신을 앉힘으로써 세정개혁에 큰 기대를 모았으나 권력기관으로서의 막강한 위상에는 별다른 변화가 없었다. 사진은 서영택 국세청장이 국정감사에서 현대그룹의 세무조사가 진행 중임을 밝히는 모습.

기관으로서의 역할은 6공 들어서도 별다른 변화가 없었다. 우선 6공에 들어와서도 국세청장의 대통령 독대 관례는 종전과 마찬가지였다. 노 대통령의 신임이 두터웠던 김종인 경제수석도 국세청장과 대통령 사이의 특수관계에 관한 한 모르는 일이 많았다. 그의 말을 들어보자.

"6공 들어 국세청장의 활동범위는 과거에 비해 훨씬 공개적이었다고 해야 할 것입니다. 투기단속이나 재벌문제 등을 다루는 공식 회의석상에도 자주 출석해야 했고, 서로 격의 없는 토론도 함께 나눴으니까요. 그러나 국세청장이라는 자리의 성격상 대통령과의 독대는 별개의 것이었습니다. 그건 어떤 수석비서관도 개입할 수 없는 경우이겠지요. 물론 나도 모르게 국세청장이 대통령과 독대하는 경우가 더러 있었습니다."

국세청이 하는 일은 은밀할 수밖에 없다. 그러나 은밀하게 일을 한다고 해서 꼭 몹쓸 음모만 꾸미는 것은 아니다. 정부가 국세청 같은 '보이지 않는 손'을 유용하게 활용해서 정책목표를 달성하는 경우도 적지 않다. 한국적 특수 상황 또는 현실적 한계를 감안할 때 매사를 투명하게 공론에 부쳐 처리할 수만은 없었다. 일일이 열거할 수는 없어도 개혁이라는 이름이 붙은 정책을 힘들게 추진하는 과정에서 국세청의 숨은 역할을 과소평가할 수는 없다. 이를테면 5·8부동산매각 조치만 해도 국세청의 막후 압력이 아니었으면 대기업들의 반발을 감당할 수 없는 일이었다.

그러나 늘 그렇듯이 비밀스럽게 진행되는 일에는 문제가 생기는 법이다. 6공 들어 정부와 재벌 간에 빚어진 일련의 갈등을 다루었던 한 당국자는 이렇게 설명했다.

"모든 것을 공정하게만 하면 국세청장의 대통령 독대인들 뭐가 문제이겠습니까. 한마디로 국세청을 경제분야의 CIA라고 생각하면 됩니다. 5공 때에 비해서는 그러한 면이 다소 덜해지긴 했으나 기본적으로는 마찬가지였습니다. 기업들의 약점을 비밀리에 파악하고 있으니 이를 어떻게 활용하느냐 하는 것은 최고통치자의 의중에 달려 있었고, 이것은 정책토론의 대상에서 제외되었던 것이지요. 결국 이러한 비밀스런 관계 속에서 정치자금의 왕래도 적지 않게 이뤄졌다고 보면 됩니다."

그럼에도 불구하고 국세청에 관련된 비리는 여간해서 드러나지 않았다. 국세청의 성역은 정치권력과의 유착관계뿐만이 아니다. 일반 징세행정상의 뿌리 깊은 부패 또한 철저하게 은폐되어 있었다. 당시 국세청 차장까지 지내고 은퇴한 모 씨는 국세청의 비리에 대해 이렇게 에둘러 고백했다.

"박봉에 시달리는 직원들이 생활을 꾸려 나가기 위해 몇 푼 얻어 쓰는 것이야 한국의 납세 풍토를 감안할 때 어쩌겠습니까. 그러나 문제는 아직도 엄청난 규모의 축재형 세무공무원들이 적지 않다는 것입니다."

결국 국세청의 정치와의 유착관계나 구조적인 부패문제 등은 군사독재가 물러나고 세상이 바뀌었는데도 불구하고 여전했다는 이야기이며, 그 근본 배경을 따지고 들어가면 세금을 무기로 한 국세청은 대통령의 권력을 창출하는 또 하나의 막강한 총구 역할을 하고 있었다는 것이다.

언론조차도 국세청은 마음대로 비판하지 못했다. 5공시절에는 국세청장이 마음에 안 드는 출입기자가 있으면 해당 언론사 사장한테 전화 한 통화로 갈아 치울 정도였다. 노태우정권에 와서는 물론 그 정도는 아니었다. 명색이 민주화시대이니 과거 독재시대에서나 일삼았던 노골적인 힘의 과시는 가급적 삼갔다. 그러나 세상이 바뀌었음에도 불구하고 언론은 국세청에 관한 기사는 스스로 알아서 조심했다. 언론사들 역시 세금 앞에서는 자유로울 수 없기 때문이었다.

따라서 신문이든 방송이든 언론사들은 국세청에 대한 보도는 마치 청와대나 안전기획부 또는 검찰과 같은 권력기관에 준해서 자제했다. 딱 떨어지는 기삿거리가 있다 해도 가급적 노골적 비판은 삼갔다.

국세청 또한 언론에 대해서는 여느 기업과는 달리 특별 대접을 했다. 노태우정권 때까지만 해도 세무당국이 언론사를 상대로 노골적인 세무사찰을 벌인다든지 하는 일은 거의 없었다. 적절한 긴장관계 속에서 서로 점잖게 대하는 관계를 유지한 것이다.

선거공약 달성률 98%

⋮

 "선거공약과 달걀은 깨지기 마련이라지만 나의 공약은 깨지지 않습니다. 지방에 갈 때마다 공약을 챙겨 왔습니다. 그동안 459건의 공약 중에 손을 못 댄 것은 8건밖에 안 되니까 이 정도면 국민들에 대한 약속을 제대로 지켰다고 생각합니다."

 임기를 한 달 보름가량 남겨둔 93년 1월 8일, 노태우 대통령은 기자들과 신년간담회를 가진 자리에서 시종 만족스러운 표정으로 자신의 공약사업에 관해 설명해 나갔다.

 그는 선거공약 이야기만 나오면 으레 통계숫자를 들고 나왔다. 그만큼 자신 있다는 이야기였다. 92년의 신년 기자회견에서도 소수점 이하의 숫자까지 밝혀가며 공약사업의 성공적인 달성을 강조하곤 했다. 수험생이 시험점수에 집착하는 모습을 연상케 할 정도로 그는 공약사업의 달성률을 높이는 데 강한 집념을 보였던 것이다.

 심지어 외국 정상들과 회담하는 자리에서도 선거공약 문제를 곧잘 화제에 올리곤 했다. 어느 정상회담에서 상대편 국가원수가 "공약은 30% 정도 지키면 잘하는 것 아닙니까. 공약 같은 것은 오히려 잊어버리는 편이 국정운영에 도움이 된다고 생각합니다"라고 하자, 노 대통령은 "나는 다릅니다. 국민들과의 약속은 반드시 지킵니다"라고 응수했다는 일화도 있다.

어쨌든 공약에 대한 노 대통령의 집념은 남다른 데가 있었다. 첫 경제수석이었던 박승도 그 때문에 적지 않은 곤란을 겪어야 했다.

"일부 공약사업에 대해서는 반대했습니다. 사업의 우선순위나 비용 면에서 이의를 제기한 것이지요. 그러나 대통령의 공약사업에 대한 집념이 워낙 강해 잘 먹혀들지 않았습니다. 아마도 민선 대통령으로서 선거 때 약속했던 사항은 꼭 이행해야 한다는 결심이 확고했던 것 같습니다."

아무튼 노 대통령의 공약사업에 대한 실천의지는 여러 면에서 드러난다. '98% 달성'이라는 정부의 공식 발표에 대한 평가나 분석은 따로 하더라도, 공약 달성률을 어떻게 해서라도 끌어올리려 애를 쓴 것은 분명한 사실이다.

공약사업의 총괄 지휘탑은 총리실이었다. 공약사업마다 고유번호를 매겨놓고서 어느 부서가 관련 공약사업을 얼마나 성실히 이행하고 있는지를 챙겼다. 예컨대 경부고속전철사업의 경우 '34(주무부처)-54(사업분류)-26(사업일련번호)' 식으로 고유번호를 매겨 놓고서 컴퓨터 키만 누르면 어느 부처가 어떻게 하고 있는지를 바로 파악할 수 있게 해놓고 사업 진행을 독려했다. 필요한 예산은 청와대가 뒤를 봐주었다. 경우에 따라서는 공약사업에 관한 올해 예산배정이 얼마였으니 내년에는 얼마를 더 늘려야겠다는 식의 지침을 청와대가 기획원 예산실에 미리 내려보내기도 했다.

노 대통령의 공약에 대한 집념은 대통령에 당선되고 나서부터 일관된 것이었다. 예컨대 대통령취임준비위원회가 88년 1월에 발족됨과 동시에 선거기간에 약속했던 공약들을 성격별로 분류해 취임 3개월 이내, 6개월 이내, 1년 이내, 임기 내 등으로 우선순위를 구체적으로 매겨 공표했던 것에서도 대통령의 의지를 읽을 수 있다.

뿐만 아니라 공약사업의 내용을 더 세분하고 추가했다. 그 결과 애당초 공약했던 364건이 459건으로 늘어났다. 노 대통령은 대부분의 경우 줄곧 보고를 듣는 태도를 견지했던 것과는 달리, 일단 공약사업이라는 꼬리표가 붙은 경우는 적극적으로 챙겼다.

그러나 경제부처 실무자들로서는 대통령의 이 같은 집착이 큰 부담이 아닐 수 없었다. 물론 공약사업 중에는 꼭 필요한 것으로 대통령의 강력한 의지가 잘 발휘돼서 성사된 경우도 있었으나, 대통령 의지와는 상관없이 덩달아 밀어붙여지는 경우도 적지 않았기 때문이다. 예산실 관계자의 이야기다.

"각 부처가 공약사업들을 경쟁적으로 부풀려 오는 바람에 난감했습니다. 어림도 없는 사업까지 청와대를 팔아가며 예산을 내놓으라니 죽을 지경이었지요. 공약사업을 핑계 삼아 부처이기주의가 판을 쳤습니다. 안 된다고 했다간 당장 높은 데서 전화가 걸려 오니 모른 척할 수도 없고…"

공약사업이 중간에 변질되는 경우도 있었다. 부산 해상인공도시의 건설계획이 그러한 예다. 원래 이것은 노 후보가 부산 유세에서 광안리 앞바다를 메워 해상도시를 건설하겠다고 약속했던 것. 그런데 새 정부가 출범한 후 타당성을 조사한 결과 '불능' 판정이 난 것이다. 이에 부산시는 광안리를 영도로 바꿔 4조 원짜리의 공약사업으로 추진하겠다고 로

비를 벌였다. 건설부의 반대에도 불구하고 내무부의 지원사격으로 공약사업 리스트에 올려놓는 데까지는 성공했으나 기대만 잔뜩 부풀려 놓은 채 결국 유야무야되고 말았다.

선거 당시 공약을 했지만 도저히 안 되겠다고 결론을 냈던 것이 다시 뒤집어진 경우도 있었다. 새만금 간척사업이 바로 그것이다. 예산실의 강력한 반대로 공약사업에서 제외되었던 것인데, 90년 정기국회 때 야당측이 예산심의 보이콧으로 으름장을 놓는 가운데 야당지도자 김대중이 노 대통령과의 담판을 통해 정치적으로 다시 집어넣은 것이다.

아무튼 노 대통령은 자신의 평가대로 선거공약을 지키기 위해 나름대로 열심히 노력했던, 어찌 보면 순진한 구석이 있는 대통령이었다. 특히 주택난 해소를 위한 200만호 건설은 4년 만에 목표를 초과 달성했을 정도로 공약 실천에 강력한 의지를 발휘했다.

공약을 몇 % 지켰느냐는 노 대통령에게 자신의 치적이 몇 점을 받느냐 하는 것이나 진배없는 일이었다. 이 같은 공약 달성률이 자신의 정치적 업적을 가장 집약적으로 계량화한 것이라고 여겼다. 마치 중고생이 학기말시험에 몇 점을 받았는가로 자신의 실력을 평가받으려는 것과 다를 바 없었다.

공약내용의 대부분이 경제 관련 정책이었으므로 경제 쪽 치적 또한 아주 잘된 것으로 자부했다. 더욱이 경제와 정치의 민주화를 동시에 이룩하고 발전시킨 훌륭한 대통령으로 역사가 기록할 것을 기대했다. 선거공약을 98%나 달성시켰다는 점이 바로 그런 성공의 통계적 증거라고 여겼던 것이다.

안 되면 언론 탓

경제가 계속 나빠지면서 경제장관들 사이에는 '옐로카드' 때문에 전전 긍긍하던 때가 있었다. 반칙을 범한 운동선수에게 주어지는 옐로카드가 아니라 소관업무가 언론에 좋지 않게 보도되면 당장 국무총리 이름으로 날아오는 경고장을 두고 하는 말이었다. 총리 이름으로 되어 있으나 실제로는 청와대로부터의 엄중한 경고였다.

이 옐로카드가 잦으면 레드카드로 바뀌어 쫓겨나게 되어 있었으니 장관들은 자신이 정책을 어떻게 하느냐보다 이것들이 어떻게 보도되느냐에 더 신경을 써야 했다.

이 같은 옐로카드제도가 도입된 과정을 이해하기 위해서는 우선 경제와 관련한 노 대통령의 생각이 어떻게 변해 왔는가를 따져 봐야 한다.

앞에서도 살펴보았듯이 노 대통령의 경제관은 대체로 3단계로 나뉜다. 처음에는 경제에 대해 전혀 관심이 없었다가 중간쯤에 와서는 이래서는 안 되겠다며 어느 정도 신경을 쓰기 시작했고, 그래도 여의치 않자 나중에는 민감하게 반응하며 화를 내곤 했던 것이다.

집권 후반기로 접어들수록 경제는 더욱 어려워졌으므로 언론의 비판은 더 심해질 수밖에 없었고, 따라서 청와대의 심기는 날로 불편해져 갔다. 그러니 경제부처 장관들은 연일 신문을 챙기며 직원들을 들볶았다. 특히 공보관들이 죽을 지경이었다. 모 부처의 공보관은 당시에 이렇게 불만을 털어놓았다.

"정책을 잘할 생각은 않고 무조건 비판적인 기사를 막으라니 될 일입니까. 장·차관이 저렇게 언론과 청와대의 눈치만 살피고 있으니 무슨 정책인들 소신 있게 추진하겠습니까."

에피소드 한 토막이 당시의 분위기를 생생하게 재생시켜 준다. 한봉수 상공장관이 92년 2월에 경고장을 받은 사연을 한 관계자는 이렇게 털어놓았다.

"청와대가 한창 경제홍보를 강화하라고 법석을 떨 때라서 여기에 부응하느라 상공부는 통상정책에 대한 여론조사를 실시했지요. 국내에 진출한 외국 기업인과 외교관들의 생각을 소개함으로써 통상정책의 어려움을 국민들에게 이해시키자는 것이었습니다. 그런데 뜻하지 않은 사태가 벌어졌습니다. 설문의 하나가 한국정부의 북방정책에 대한 반응을 묻는 것이었는데, 응답자의 52%가 '성급하다'고 응답했어요. 이 내용이 그대로 신문에 보도되자 난리가 났지요. 청와대로 달려가 설문의 취지를 설명하면서 무마시키려 했으나 소용이 없었습니다. 결국 장관에게 경고장이 날아 왔던 것입니다."

이용만 재무장관도 취임 3개월 만에 옐로카드를 받아야 했다. 실무국장의 건의대로 자동차보험료를 올렸는데, 이것이 언론의 비판을 받자 청와대가 즉각 경고장을 내려보냈던 것이다.

최각규 부총리 겸 경제기획원장관 역시 말 한 번 잘못했다가 취임 초기에 곤욕을 치를 뻔한 일도 있었다. 그는 노 대통령이 경제부문에서 최대 업적으로 자부하고 있던 신도시 건설에 대해 자재파동과 관련, 눈치 없이 '문제 있음'을 공개석상에서 인정했다가 홍역을 치른 것이다. 청와대 경제수석실 관계자의 증언이다.

"최 부총리가 그런 소리를 했다는 보고를 받은 노 대통령은 버럭 화를 내며 비서실장에게 경고 친서를 보내 다시는 그런 소리를 못하도록 하라고 지시했으나 중간에 김종인 경제수석이 말려서 무마시켰던 적도 있었습니다."

6공정부가 처음부터 이랬던 것은 아니다. 오히려 '경제교육'이라는 이름 아래 언론의 비판을 철저히 봉쇄했던 5공에 비하면 노 정권 초기의 홍보전략은 완전 방임상태였다고 해야 할 것이다. 민주화의 회오리 속에 터무니없는 요구와 비판이 쏟아져도 정부는 아무 소리 않고 그저 당하기만 했다. 무대책이 대책이었다.

이에 대해 문제를 제기하고 나선 사람은 조순 부총리였다. 89년 7월 경제기획원의 경제교육관실을 경제교육기획국으로 확대 개편시켰는가 하면, 여론의 비판에도 불구하고 국민경제제도연구원이라는 연구기관까지 설립했다. 정부의 정책 의도를 국민에게 정확히 알리고 국민의 뜻도 올바르게 수렴하는 제도적인 장치가 필요하다는 것이 조 부총리의 생각이었다.

그러나 물정 모르는 발상이었다. 정부의 경제운용 자체가 중심을 잃고 계속 뒤뚱거리는 판에 연구소를 만든다고 국민이 정부정책을 더 잘 이해할 것이라는 기대 자체가 문제였다. 국민경제제도연구원은 결국 경제학박사들의 취직자리를 늘려주는 데 잠시 기여했을 뿐, 얼마 못 가서 KDI

에 통폐합되고 만다.

안 되면 언론 탓인가. 경제가 악화될수록 노태우 대통령은 언론에 대한 불만과 함께 경제홍보의 중요성을 강조하기 시작했다. 그는 경제가 그리 심각하지 않은데도 공연히 언론이 부풀려 보도하고 있을 뿐 아니라, 야당이 이를 정치적으로 악용하는 바람에 정부가 궁지에 몰리게 된 것으로 생각했다. 정부는 잘하고 있는데 홍보가 신통찮아 경제가 잘못되고 있는 것처럼 비치는 것이며, 따라서 홍보를 강화해야겠다고 마음먹은 것이다. 전두환시대에 위세를 떨쳤던 '경제교육'이 노태우시대에 와서는 '경제홍보'로 대체된 것이다.

본격적으로 경제부처에 불똥이 튄 것은 14대 총선에서 여당이 대패하면서였다. 92년 3월 노 대통령은 비서실장과 경제수석을 비롯한 몇몇 비서관들을 본관으로 불러들여 버럭 화를 냈다.

"나한테는 줄곧 경제가 문제없다고 보고해 왔는데, 총선 결과가 어째서 이 모양이오. 국민들이 경제가 나쁘다고 느끼기에 민자당이 과반수도 못 얻고 국민당이 저처럼 기승을 부리게 된 것 아닙니까. 이래가지고 연말 대선을 치러낼 수 있겠어요? 제2경제수석실을 만들어서라도 경제홍보를 강화하시오."

사실 노 대통령으로서는 대선기간에 야당이 국제수지 적자와 인플레를 6공의 경제 실패라고 몰아붙이는가 하면, 특히 아파트 반값 공급 등의 달콤한 공약에 속수무책으로 당한 것이 결정적인 패인이라고 여기고 있었다.

당장 긴장감이 감돌기 시작했다. 경제수석실은 즉각 6공의 경제실적이 5공에 못지않다는 성적표를 만들어 언론사에 배포하는 한편, 홍보책자를 인쇄해 동사무소에까지 내려보내는 등 법석을 떨어야 했다.

국민당의 아이디어를 본받아 장관들의 이름으로 신문에다 정부정책을 광고하는 일도 마다하지 않았고, 경제팀장 최각규 부총리 겸 경제기획원 장관은 기자회견을 자청해 야당의 경제정책을 정면 공격했다. 청와대 내에는 경제조사비서관이라는 자리가 만들어졌는데, 여기서 각 부처의 경제홍보를 총괄토록 했다. 경제홍보대책회의라는 것이 정례화되었고, 각 부처는 공보관실 인원을 늘리도록 했다.

이진설 경제수석 자신부터 조간신문의 초판을 보고야 퇴근했고, 비서관들 역시 언론보도를 챙기는 것이 큰 일거리였다.

하지만 부질없는 일이었다. 기본적으로 경제 자체가 갈수록 나빠지고 있는 상황에서 아무리 홍보전략을 강화해 봐야 오히려 에너지 낭비일 뿐이었다. 마치 적자기업이 적자를 근본적으로 줄일 생각은 않고 광고전략에 치중하는 꼴이었다.

제5장

노동자시대

달라지는 노동정책

노태우경제의 가장 큰 특징 가운데 하나는 과거 어느 때보다 노동문제가 중요한 변수로 떠올랐다는 점이다. 전두환의 5공시대까지는 '누르기' 일변도의 노동정책을 펴왔고, 그것이 통했다. 그러나 6공에 들어와서는 노동문제를 해결하지 않고서는 모든 경제문제가 한 발자국도 전진할 수 없는 상황으로 바뀌어 버렸다.

노태우정부는 노동문제를 보는 자세를 근본적으로 손보기 시작했다. 청와대의 업무 관장부터 고쳤다. 5공 때는 달랑 과장급정무2수석실 한 명이 담당했던 노동문제를 경제수석실로 옮겨 국장급 노동담당 비서관에게 맡겼다. 6공정부는 분규에 가급적 개입하지 않기로 방침을 정했다. 민주화시대에 노사분규는 당연히 거쳐야 하는 현상으로 보았기 때문이다. 당시의 흑자경제를 감안할 때 임금인상도 충분히 견딜 만하다고 생각했다. 기업에는 속수무책의 시기였고, 노조에는 절호의 기회였다. 이에 따라 실질임금인상률은 87년 10.1%에서 88년 15.5%, 89년 21.2%

로 가파르게 상승했다. 그러나 공개적으로 나서서 임금인상을 문제 삼는 사람은 찾아보기 힘들었다.

일부 경제관료들 사이에서는 진작부터 임금인상을 걱정하는 이야기가 나오기 시작했다. 당시 경제기획원 기획국장 강봉균의 말을 들어보자.

"경제기획원은 노태우정권 출범 직후부터 올림픽 이후 경제가 어떻게 나갈 것이냐를 생각해 봤습니다. 그 가운데 특히 임금에서 위기의식을 느꼈습니다. 6·29 직후 터져 나온 노사분규로 임금이 높게 타결되었지만 그해에는 임금상승에 거의 영향을 주지 않았습니다. 그러다 88년 들어와 막상 오른 임금이 지급되기 시작하자 충격이 느껴지기 시작했습니다. 그래도 정부나 기업은 그 정도의 상승은 견딜 수 있다고 보았습니다. 노조활동의 전개 방향을 문제 삼았지, 임금인상으로 경쟁력이 떨어진다는 말은 나오지 않았습니다. 그러다 88년 말부터 임금 때문에 국제경쟁력이 떨어진다는 지적이 통계적으로 나오기 시작했습니다. 이대로 가면 정말 큰일 나겠다는 생각이 들었습니다. 그러나 상황을 되돌리기에는 늦었습니다."

89년에 들어서면서부터 비로소 임금이 핵심 이슈가 되었다. 돌이켜 보면 한국경제에서 과도한 임금인상이 경제에 심각한 짐이 된다는 점을 본격적으로 고민하기 시작한 것 자체가 처음이었다. 우수한 노동력과 함께 싼 임금이 경쟁력의 핵심 원천 역할을 해 왔음은 더 말할 나위 없는 일이다. 그러나 노동의 문제가 종래와는 달리 전혀 반대편에서 다뤄지기 시작하면서 비로소 경쟁력의 원천이 아니라 오히려 걱정하고 극복해야 할 대상으로 등장하게 된 것이다. 세상이 바뀌고 있었다.

정부와 기업이 노동문제를 대하는 태도나 관점이 하루아침에 달라질 수는 없었다. 임금의 급속한 상승은 당연히 국제경쟁력 하락의 심각한 원인으로 인식되었다. 실제로 섬유·신발 산업은 인건비의 상승을 감당하지 못해 눈에 띄게 급속히 몰락해 갔다.

노동계는 생각이 전혀 달랐다. 노동자 편에서 보면 지금까지 억울하게 짓눌려 왔던 것들이 이제야 겨우 회복되고 있는 '정상화' 과정에 불과한데, 이걸가지고 정부와 기업들이 또다시 옛날 버릇을 버리지 못하고 경제 잘못되는 것을 노동자들한테 뒤집어씌운다고 맞섰다. 좀 더 분석적으로 접근하는 쪽에서는 "매출원가 가운데 임금비중은 10% 정도이므로 임금이 10% 올라도 매출원가는 1% 오를 뿐"이라며 기업의 과도한 부채비중과 고금리를 경쟁력 약화의 요인으로 꼽았다.

억눌렸던 임금이 급상승한다고 해서 노동계 전체가 만족스러워하는 상황도 아니었다. 노동계 내부에서도 힘 있는 노조와 그렇지 못한 노조 사이에는 엄연한 차이가 있었다. 예컨대 대기업 노동자들이 막강한 영향력을 발휘해 듬뿍듬뿍 임금을 올려대는 반면에 중소기업 노동자들은 전혀 다른 상황에서 벗어나지 못했던 것이다. 한국노동연구원 이원덕 박사는 당시에 이런 분석을 내놓았다.

"노조도 세고 자금력도 강한 대기업들은 임금이나 복지수준을 많이 올렸습니다. 그러나 노조도 약하고 지급능력도 약한 중소기업은 반대였습니다. 더욱이 대기업은 임금상승으로 인한 비용을 하청단가에 반영시켜 중소기업을 더 어렵게 하는 원인으로 작용하기도 했습니다. 대기업 근로자들은 자기 몫을 찾을 수 있었지만 중소기업 근로자들은 아직도 저임금을 감수하고 있습니다. 노동계에서도 부익부 빈익빈 현상이 나타난 것이지요."

어쨌든 노태우정부는 임금인상으로 인한 충격을 줄이기 위해 89년부터 본격적인 대책을 강구하기 시작했다. '무노동무임금'으로 파업이 장기화되는 것을 막으려 했고, 총액임금제로 임금인상을 억제하려 했다. 또 여당의 정치적인 계산에 밀려 두 차례나 실패했지만, 노동법을 고쳐 노조에 대한 통제를 강화하려는 시도도 했다. 성공이냐 실패냐를 떠나서 무노동무임금 문제가 본격적으로 논의된 것이 이때부터였다.

 노태우정부 스스로의 자체 평가는 어떠했을까. 결론부터 말하자면 자기네 정책에 높은 점수를 주었다. 과거의 패러다임, 다시 말해서 독재시대의 노동탄압을 종식시켰을 뿐 아니라 노사관계 안정에 상당히 기여했다는 것이다. 92년 노사분규 건수가 235건으로 87년 6·29선언 이전 수준(86년 276건)으로 감소했는데, 이 같은 통계숫자 하나만 보아도 6공의 노동정책이 상당한 효과를 거두었음을 알 수 있다는 주장이다.

 그러나 이 같은 자화자찬의 평가는 상당 부분 에누리를 감수할 수밖에 없다. 이를테면 분규 건수가 감소한 것은 결코 노동정책의 성과가 아니라는 점이다. 분규가 줄어든 배경에는 경기침체가 더 큰 요인으로 작용했다. 불경기가 오면 일자리가 줄어들어 노동운동도 위축될 수밖에 없다.

 실제로 경기가 나빠지면서 극단적인 노동구호는 눈에 띄게 사라져 갔다. 임금인상 투쟁 구호는 쏙 들어가고 "주차장을 넓혀 달라" "체육시설을 만들어 달라"는 식으로 구호의 내용이 확연히 바뀌어 갔던 것이 단적인 예다. 어쩌면 노동운동의 성격 자체가 종래의 생계형에서 복지형으로 변화하기 시작했다고도 할 수 있다.

 한편 노조의 입지가 약화되면서 정부 입장에서는 이들에 대한 법적 조치도 훨씬 수월해졌다. 노동자들을 무더기로 구속함에 따라 노동운동의 주도세력들이 대거 제거되었다. 전국노동조합협의회(전노협) 집계에 따르면 6공 출범 이후 92년 4월까지 구속노동자 수는 1729명, 해고자 수는 4573명을 헤아렸다. 경기가 나빠진 데다가 공권력까지 강화된 결과였다.

따라서 노동부 안에서도 이 같은 상황을 두고 노사갈등이 근본적으로 해소되어 노사관계가 안정되었다고 말할 수는 없다는 견해가 많았다. 당시 노동부 K국장의 말이다.

"노사분규의 건수 통계로는 5공시절과 맞먹는 수준으로 내려간 것이 사실입니다. 하지만 이미 임금은 오를 만큼 올랐고, 반면에 생산성은 떨어지고 불량률만 높아졌습니다. 또 3D 기피 현상도 심해졌습니다. 자기 몫만 챙기는 분위기가 완연해졌습니다. 노조의 집단이기주의 문제가 해소되고 노사 간의 신뢰관계가 생겨나려면 앞으로도 요원한 이야기일 겁니다."

그러나 노태우시대의 노동정책이 아무리 어설프고 미흡했다고 비판한다 해도 과거 박정희·전두환 시대를 이어 왔던 탄압 일변도의 노동정책으로부터 일대 전환을 시작했다는 점을 부인할 수는 없다. 짧은 기간에 임금이 급격히 인상되어 기업 경쟁력의 하락을 초래했던 점은 있으나, 노조의 정치세력화나 불법시위의 상습화 문제는 이때까지만 해도 크게 심각한 수준이 아니었다. 다만 시작이었을 뿐이다. 떼를 쓰면 통했던 이른바 '떼법'이 생겨난 것도 이때다. 통제와 처벌은 독재시대 잔재와 동의어로 통했다. 아무리 불법을 저질러도 노조를 규제하거나 처벌하면 그것은 민주화를 거스르는 처사로 치부되었다.

노조에 대한 오랜 일방적 시각, 다시 말해서 지나친 기업 위주, 성장 위주의 정책 관행에 커다란 변화가 생겼다. 노동문제를 보는 시각이 정치적 탄압이라는 관점에서 벗어나 비로소 인력수급 차원에서 다루어지기 시작한 것도 노태우정권에 들어와서야 실천에 옮겨진 것이었다. 대통령직인수위원회 보고 때부터 이미 인력수급을 새 정부 노동정책의 핵심과제로 삼은 것에서도 같은 맥락을 찾아볼 수 있다.

어쨌든 당시로서는 노동문제가 그 이후의 정권들, 다시 말해 김영삼-김대중-노무현-이명박 정권으로 이어지면서 한국경제가 걸머지고 갈 가장 골치 아픈 난제가 될 것으로 예견하는 사람은 많지 않았다.

공권력 발동 시비

"산업현장이나 학원에서 설혹 일시적인 충돌로 법과 질서가 무너지더라도 공권력을 동원해 개입하지는 않겠습니다. 욕구 분출과 마찰은 그 조직 내의 자율적인 힘에 의해 해결돼야 합니다. 이것이야말로 6·29선언이 지향하는 민주화의 근본 취지가 아니겠습니까."

6·29선언 1주년 기념식을 하루 앞둔 88년 6월 28일 노태우 대통령은 청와대 출입기자들과의 간담회에서 시종 여유 있는 표정으로 6·29정신을 거듭 확인했다.

마침 그날, 평민당의 포항지구당 당사에서 농성 중이던 포항제철포스코의 전신 근로자들을 해산하기 위해 구사대가 당사 천장을 뚫고 들어가고, 인천의 한 전자제품공장에서 농성 근로자들과 구사대가 각목을 휘두르며 격돌하는 바람에 공장 바닥에 유혈이 낭자한 사건이 벌어졌다.

6·29 직후 폭발했던 노사분규가 1년이 지나도 여전히 기세를 떨치고 있었다. 88년 노사분규 발생 건수는 모두 1873건으로 87년의 3749건에

비해 절반 정도로 줄었으나 평균 분규 일수는 오히려 훨씬 늘어났다. 87년에 평균 5.4일이던 분규가 88년에는 10일로 늘어난 것이다. 노사분규가 일단 일어났다 하면 종전보다 2배가량 오래간 것이다. 특히 업종별로는 부품산업과 연관 효과가 큰 자동차와 조선업계의 분규가 일파만파로 번져 나갔다.

그런데도 노사문제에 관한 한 무정부상태가 계속되었다. 공장 안에서 치고받는 난투극이 일어나도 경찰은 돌부처처럼 움직일 줄 몰랐다. 분규 현장은 치외법권지대였다. 농성 근로자들이 회사 울타리 밖으로 나오지 않는 한 개입하지 않는다는 것이 경찰의 기본 입장이었다.

정부가 공권력 동원을 꺼린 이유에 대해 당시 정부당국자들은 한결같이 민주화 바람 때문이라고 설명한다. 6공 첫 경제수석 박승의 회고다.

"노사문제에 정부가 직접 개입하는 것은 바람직하지 않다고 생각했습니다. 물론 불법행위나 공공기관의 파업은 엄히 다스리려고 했지요. 그러나 실제로는 잘 안 되었습니다.

올림픽 직전 서울시 지하철 분규 때만 해도 그래요. 김용래 시장에게 원칙에 따라 공권력을 행사토록 하라고 지침을 내려주었으나 그는 머뭇거리기만 했습니다. 그 후 철도기관사들도 파업하고 한전도 들썩거렸지요. 그러다 보니 불법행위에 대한 일벌백계도 안 지켜지고 공공기관 파업에 대한 엄단주의도 느슨해졌습니다. 결국 정부의 권위만 형편없이 떨어졌던 셈이지요."

주무부처인 노동부는 처음부터 공권력 개입을 반대했고, 검찰과 경찰도 희생자가 나올까봐 개입을 꺼렸다. 누구도 악역을 맡으려 하지 않았다. 대통령이 공권력 투입을 자제하겠다고 나선 판에 긁어 부스럼을 만들 이유가 없었다. 6공의 초대 노동부장관 최명헌은 이렇게 말했다.

공권력을 자제하겠다고 선언한 노 대통령은 기업들의 불만이 거세지고 경제도 흔들릴 조짐을 보이자 6개월 만에 강경 입장으로 선회하여 풍산금속, 현대중공업 등 대형 분규 때마다 공권력을 투입했다. 사진은 현대중공업 파업근로자 및 재야인사 등 2천여 명이 경찰의 개입에 항의하는 모습.

"언제 겪어도 한 번은 겪어야 했습니다. 공권력으로 해결될 문제가 아니었습니다. 공권력 투입은 곧 근로자 탄압으로 비칠 것이 뻔했습니다. 공권력은 분규가 갈 데까지 간 다음에 쓰는 극약처방입니다. 개인적으로도 근로자를 희생시켜 욕을 먹고 싶지는 않았습니다. 검찰·경찰·안기부도 매일 대책회의만 열었지 구체적인 안을 내지는 못했습니다. 주무장관인 나더러 대책반장을 맡으라고 그 사람들이 요구해 오기에 '서로 뒷짐지면서 왜 나에게만 책임을 지우느냐'며 거절했지요. 결국 대책회의도 흐지부지되고 말았습니다."

물론 청와대나 정부의 정책담당자들이 모두 한마음은 아니었다. 특히 청와대 비서관이나 기획원의 실무진은 생각이 달랐다. 분위기에 눌려 반영되지는 못했지만 경제관료들은 진작부터 민주화의 부작용에 대해 걱정하기 시작했다. 전임 정권에 이어서 청와대 비서관을 거쳐 예산실장을 지냈던 이석채는 이렇게 회고했다.

"노사분규에 대해서는 정부 내에서도 의견이 엇갈렸습니다. 당시의 경제수석과 장관들은 소외계층의 불만이 터져 나온 것이므로 있을 수 있는 일이라고 보았습니다. 또 물가에 영향을 주더라도 임금을 올리고 처우를 개선해 해결하면 된다는 식이었습니다. 그러나 5공시대에 주도적 역할을 했던 사람들은 노사분규의 영향이 전체 경제운용에 크고 깊게 나타날 것이라고 걱정했습니다. 변화도 필요하지만 그 충격이 너무 커서 경제가 제대로 감당해 낼 수 있을까 의심했습니다. 이런 우려가 나오면 당시에는 부질없는 걱정으로 치부되고 말았지요. 대세는 역시 경제가 아니라 정치우선이었으니까요."

어쨌든 공권력 투입을 자제하겠다고 선언한 지 꼭 6개월 후인 12월 28일 노태우 대통령은 고위당정회의에서부터 태도를 달리하기 시작했다. 이른바 '12·28 민생치안 특별선언'이었다.

"불법적인 시위나 노사분규에는 공권력을 엄중히 행사하겠습니다. 이렇게 법질서가 어지러워지면 민주주의 자체가 위협받습니다. 필요하다면 화염병을 규제하는 특별법이라도 만드세요. 또 법 집행을 소홀히 하는 공직자는 엄히 문책하겠습니다."

다소 불법적인 요소가 있더라도 공권력을 투입하지 않겠다던 대통령의 관망 태도가 조금이라도 불법이 있으면 엄히 다스리겠다는 강경한 입장으로 바뀐 것이다. 불과 6개월 사이에 대통령의 태도가 달라진 이유는 무엇이었을까. 당시 노동문제를 담당했던 한 실무 관계자는 이렇게 증언하고 있다.

"초기에 공권력을 발동하지 않은 것은 나름대로 생각이 있었기 때문이었습니다. 한번은 대통령이 대충 이런 말씀을 하더군요.

'지금 공권력을 쓰면 일시적으로는 진정시킬 수 있지만 불씨를 완전히 끄지는 못한다. 여론도 등을 돌린다. 불순세력을 저항 없이 뿌리 뽑자면 좀 더 기다려야 한다. 정부가 내버려두면 저희들끼리 강온파로 갈려 싸울 것이다. 강성 노동운동에 대한 비판여론이 일면 그때 공권력을 써서 추려내면 된다. 명분도 서고 실익도 거둘 수 있지 않겠는가.'

그런데 상황은 생각대로 굴러가지 않더군요. 강온파끼리의 대립도 크지 않았고 핵심 멤버들도 꼬리를 잡히는 일을 하지 않았습니다. 결국 기업들의 불만이 거세지고 경제도 흔들릴 조짐을 보이니까 비로소 서둘러 공권력을 동원한 것이지요. 12·28선언 직후 대통령은 '진작 이렇게 했어야 하는 건데'라며 혼잣말로 중얼거리더군요. 처음 계산이 빗나갔다고 느낀 것이지요. 초기에 강하게 나가지 않은 것을 두고두고 후회하는 것 같았습니다."

대통령이 공권력 동원을 선언한 직후인 이듬해 1월 2일, 문희갑 신임 경제수석의 진두지휘로 파업 중이던 풍산금속에 전격적으로 공권력이 투입되었다. 농성 근로자 37명을 연행하고 7명을 구속한 이 작전은 자폭하겠다고 위협하는 근로자들을 상대로 일종의 전쟁 분위기 속에서 진행되었다. 그 후 서울시 지하철이나 현대중공업 등 대형 분규 때마다 공권력이 동원되었다.

정부의 공권력 동원에 힘을 실어준 결정적 계기는 89년 5월 3일 대학생들의 방화로 경찰관 6명이 사망한 부산 동의대사건이었다. 이 사건 하나만 놓고 보면 노동운동과 별 관계가 없지만, 이를 계기로 폭력시위에 대한 비판이 본격화되었다. 자기주장을 관철시키기 위해 폭력을 동원하는 것은 용납할 수 없다는 여론이 급속도로 확산됨에 따라 공권력 발동의 정당성이 더욱 강화되었다. 정부도 이때부터 공권력 투입에 자신감을 보이기 시작했다. 민주화 열기에 꽁꽁 묶여 있던 공권력이 이때를 계기로 조금씩 제 기능을 찾아나갔다.

무노동무임금의 진통

"농성기간의 임금은 왜 빼는 거요? 회사가 임금을 적게 줘서 파업이 일어난 것이니 회사가 책임을 져야 합니다. 임금을 주지 않는 한 노사대표 간의 합의는 인정할 수 없소."

1988년 4월 11일 오전, 경남 거제도 옥포조선소에서 열린 대우조선노조 조합원총회에서는 파업 중의 임금 지급을 둘러싸고 격론이 벌어졌다. 당시 노조위원장이던 양동생은 당혹스러운 표정을 짓고 있었다. 그는 전날 김우중 회장과의 담판에서 임금인상 폭에 대해 가까스로 타협을 보고 나서 이날 오전 중 조합원투표를 거쳐 11일간의 파업을 마무리 지을 생각이었다.

그러나 강경파 노조원들이 파업 중의 임금을 지급하라는 새로운 조건을 제시하며 투표를 거부하고 나선 것이다. 회사 측은 무노동무임금을 내세웠고 협상은 결렬되었다. 결국 회사 측은 직장폐쇄를 단행, 분규는 타결 직전에 또다시 수렁으로 빠져들었다.

무노동무임금 문제가 노사분규의 핫이슈로 등장하기 시작한 것이 바로 이때부터였다. 물론 그전에도 파업기간 중의 임금을 지급해 달라는 노조의 요구는 많이 있었다. 또 회사 측에서도 분규가 장기화되는 것을 피하기 위해 대부분 임금을 지급했다. 한동안 무노동유임금이 관행으로 통했던 것이다.

이를 지켜보던 노동부는 대우조선 분규로 무노동무임금이 이슈로 등장하자 비로소 이것을 문제시하고 나섰다. 2개월 후인 그해 6월 10일 파업기간의 임금을 지불하지 말라는 '무노동무임금'의 정부지침이 각 기업에 시달된다. 정식 명칭은 '쟁의기간의 근로조건 인정범위에 관한 지침'이었다. '파업이나 직장폐쇄 기간에 노조원인 근로자는 사업주에 대해 임금·상여금 지급을 요구할 수 없으며, 노조원이 아닌 근로자는 평균임금의 60%만 휴업수당으로 지급받을 수 있다'는 것이 그 골자였다.

당시 노동부 관계자의 설명이다.

"파업 중의 임금지불 문제는 87년부터 꾸준히 제기되었습니다. 분규가 타결될 막바지에 노조가 파업 중의 임금을 지급해 달라고 요구해 와 난감해하는 기업들이 많았습니다. 당시 노동부에는 이 임금을 줘야 하는지, 주지 않아도 되는지에 대해 기업들로부터 서면질의가 매일같이 쏟아져 들어왔습니다. 그때마다 무노동무임금 원칙을 들어 지급하지 않아도 된다고 회신해 주었습니다. 그래도 노조의 요구에 밀려 대부분 주고 말더군요.

노동부 내에서 이를 정책적으로 밀고 가야 한다는 주장이 나온 것은 대우조선 분규 때부터였습니다. 무노동무임금을 기업들에게 일일이 회신해 주기보다 아예 공식적인 지침으로 명문화하기로 한 것이지요. 최명헌 장관의 지시로 두 달간 준비를 거쳐 지침을 냈습니다."

당시 최명헌 노동부장관은 무노동무임금에 대해 강한 집착을 보였다. 무노동무임금의 목적이 무엇이었는지에 대해 최명헌은 이렇게 말했다.

"무노동무임금을 강행한 가장 큰 목적은 분규가 장기화되는 것을 막고 근로자들에게 분규에 대한 책임을 느끼도록 하기 위한 것이었습니다. 파업기간에도 임금이 나오면 누군들 파업을 안 하겠습니까. 파업으로 임금이 오르면 오른 대로 이익이고, 설령 안 오르더라도 피해는 보지 않습니다. 근로자들 사이에 '밑져야 본전'이라는 의식이 생기게 되지요. 파업해 놓고 책임을 지지 않는 것이 말이 됩니까. 이것만큼은 바로잡아야겠다는 것이 소신이었습니다."

무노동무임금 지침이 발표되자 노동계는 당장 거세게 반발했다. 외국처럼 노조의 파업기금이 충분치도 못한 데다 저임금으로 하루하루 생계를 연명하고 있는 근로자들에게 파업을 이유로 임금을 주지 않는 것은 파업권을 실질적으로 박탈하는 것이나 다름없다는 입장이었다.

아무튼 분규 때마다 무노동무임금 자체가 새로운 쟁의대상으로 떠올랐다. 노동자들의 기세에 눌려 대부분의 기업들은 어떤 형태로든 파업기간의 임금을 지급해 주었다. 노동부 역시 공식 입장은 강경했으나 철저하게 감독하는 분위기는 아니었다.

워낙 반발이 심했던 터라 노동부는 지침 발표 한 달 만인 7월 18일 백지화 방침을 밝히기도 했다. 공식적인 지침으로 백지화한 것은 아니지만 한 고위 관계자가 "현 시점에서 무노동무임금을 일반화해 적용하는 것은 문제가 있어 시행하지 않기로 했다"고 말한 것이다. 이 말은 또 한 차례 파장을 불러일으켰다. 난처해진 노동부는 "전혀 백지화한 일이 없었다. 언론의 완전한 오보다"라며 해명에 나섰다. 무엇이 진실이었는지는 차치하더라도 무노동무임금 문제에 대한 당시의 정부정책이 얼마나 심한 진통을 겪었는지를 말해 주는 대목이다.

어쨌든 올림픽 이후 노동부는 기업들에게 무노동무임금을 재차 독려했고 노조는 노조대로 계속 반발했다. 악순환이 계속되자 기업들은 중간에서 샌드위치 신세가 되었다. 이론적으로 따진다면야 기업들로서는 무노동무임금 정책을 무조건 찬성하고 지지해야 마땅한 일이었지만, 당장 겪어내야 할 노조의 반발을 감당하는 것 또한 만만찮은 일이었기 때문이다.

정부와 여당 간에도 손발이 맞지 않았다. 89년 4월 민정당은 "무노동무임금을 강요하지 말고 노사 자율에 맡기도록 하자"고 건의해 정부의 강행방침에 반대의견을 보였다.

이런 상황에서 무노동무임금이 제대로 지켜질 리 없었다. 분규가 발생한 기업 가운데 이를 지킨 기업은 34.2%에 불과했다. 89년 한 해 동안 무노동무임금은 그렇게 표류했다.

그러던 것이 90년 들어와서 틀이 잡히기 시작했다. 1989년 말 정부는 무노동무임금에 불응한 기업에 대해 중과세 등 각종 제재를 가하겠다고 발표한 데 이어 90년 1월에는 무노동무임금이 쟁의대상이 될 수 없다는 유권해석을 내렸다. 기업도 정부의 지원에 힘입어 무노동무임금을 강하게 밀고 나갔다. 이 같은 흐름 속에 현대자동차·아세아종금 등 무노동무임금을 수용하는 노조들이 속속 나타났다.

노총의 한 관계자는 당시 상황을 이렇게 말하고 있다.

"처음에는 무조건 반대했습니다. 파업하면 돈 안 준다는데 논리적으로 따지고들 여유가 없었습니다. 그러나 반대성명을 만들고 토론회를 갖는 과정에서 논리적으로 밀리는 것이 아니냐는 걱정이 들었습니다. 또 정부가 공권력을 투입하는 강도가 점점 높아져 무노동무임금만 붙잡고 있을 처지도 못되었습니다. 한마디로 당한 거죠."

무노동무임금이 자리를 잡게 된 결정적인 계기는 역시 법원의 판결이었다. 90년 12월 11일, 서울민사지법은 무노동무임금을 인정하는 판결을 냈다. 다음해 10월 25일에는 대법원도 무노동무임금의 효력을 인정하는 판례를 남겼다. 노동계도 법원의 판결에 대해서는 반발하지 못했다.

이로써 말도 많고 곡절도 많았던 무노동무임금은 약 40개월 만에 뿌리를 내리게 되었다. 분규기업 중 무노동무임금을 준수한 기업의 비율도 89년 34.2%에 불과하던 것이 90년 84.2%, 91년 87.2%, 92년 93.2%로 점점 높아졌다. 지침 발표 당시 끝까지 무노동무임금을 저지하겠다던 노조원들도 사실은 자신들의 주장이 논리적으로나 현실적으로 무리임을 시인하지 않을 수 없었다. 무노동무임금의 성과는 무엇일까. 이원덕 박사의 평가는 이렇다.

"무노동무임금의 가장 큰 성과는 노사분규에 하나의 룰을 정착시켰다는 점입니다. '일을 안 하면 임금도 없다'는 가장 기본적인 원칙이 지켜지게 된 것이지요. 사실 파업기간에는 임금을 안 받아야 노조도 떳떳해집니다. 아울러 힘에 의존한 노조의 교섭력이 상대적으로 약화된 측면도 있다고 봅니다."

연봉제의 탄생

오늘날의 연봉제가 노태우시대에 비로소 탄생했다는 사실을 기억하는 사람은 많지 않을 것이다.

"기자양반들 1년 동안 받는 돈이 모두 얼만지 아시오? 아마 대부분 모를 거요. 임금체계가 워낙 복잡하거든. 그래서 차제에 임금관리를 제대로 하고 근로자들도 일한 만큼 받을 수 있도록 연봉제를 실시할까 합니다."

91년 5월 8일, 최병렬 노동부장관은 출입기자들과의 간담회에서 불쑥 연봉제 도입을 검토 중이라고 말했다. 노태우정권 후기 노동정책의 핵심을 이루게 된 총액임금제는 이렇게 조용히 모습을 드러냈다.

사실 총액임금제는 처음 거론될 때만 해도 큰 관심을 끌지 못했다. 장관의 연봉제 발언도 일부 신문에만 간단히 보도되었을 뿐이다. 심지어 어떤 기자는 "월급쟁이를 프로야구 선수로 만들 일 있냐"며 시큰둥해하기도 했다. 최 장관이 언급한 연봉제의 개념이 모호한 데다 당시만 해도 월급이면 월급이지, 연봉이라는 말 자체가 생소하던 때였다. 따라서 프로선수나 일부 전문직 종사자들에 한해 적용되는 것으로 알았던 연봉제를 일반 월급쟁이들에게까지 확대하는 것은 다소 엉뚱한 발상으로 여겨졌다.

연봉제가 본격적으로 관심을 끌기 시작한 것은 한 달쯤 지난 그해 6월 29일 최 장관이 전경련 주최 조찬강연회에서 "복잡한 임금체계를 개선하기 위해 빠른 시일 내에 연봉제를 추진하겠다"며 정부방침을 공식화하면서부터였다.

이때부터 노·사·정은 연봉제를 놓고 뜨거운 공방을 펼치기 시작했다. 그러던 중 7월 22일 차관급으로 구성된 임금관계 대책위원회에서 연봉제는 총액임금제로 이름을 굳히게 된다.

총액임금이란 기본급·직책수당·직무수당 등 통상임금으로 분류되는 임금에다 고정상여금·근속수당·정근수당 등을 합산, 근로자가 사용자로부터 1년간 받는 임금총액을 뜻한다. 정부는 그때까지 통상임금을 임금가이드라인의 기준으로 삼아 왔다. 기업마다 사정이 다르지만 액수로 따지면 통상임금은 임금총액의 60~80%에 해당한다. 따라서 통상임금을 한자릿수만 올려도 상여금 등을 올리면 임금총액이 쉽게 두자릿수로 뛰어오르게 된다.

총액임금제의 산파인 최병렬의 말을 들어보자.

"당시 통상임금 기준으로 임금을 관리하다 보니 한자릿수 인상이 제대로 지켜지지 않았습니다. 임금구조가 너무 복잡해 실제로 얼마나 올리는지 알 수 없는 데다 기업들이 노조의 요구에 못 이겨 수당과 상여금을 변칙적으로 올려주었기 때문이지요. 노동부의 임금관리정책은 완전히 바지저고리였습니다. 이런 실태를 들여다보니 총액임금제가 유일한 해결방법으로 떠올랐습니다. 기본급·상여금·고정지급수당 등을 총액으로 묶은 후 인상폭을 제한하면 정부 의도대로 통제가 가능하다는 생각이었지요."

이처럼 총액임금제는 임금인상 폭이 정부의 가이드라인을 벗어나는 것을 차단하기 위한 정책이었다. 실제로 노동부에 보고되는 임금인상률과 실질 임금인상률과는 큰 차이가 있었다. 더구나 최 장관은 원래 언론인 출신으로 경제 쪽에는 문외한이었으나 한번 마음을 먹으면 끝까지 밀어붙이는 인물이었다. 사실 경제전문가 여부를 떠나서 타결된 임금인상률은 평균 9.0%였는데 실제 지급된 임금의 인상률은 2배가 넘는 18.8%나 되는 현상1990년의 경우은 누가 봐도 납득할 수 없는 것이었다.

노동부는 총액임금제의 틀을 잡은 후 92년부터 시행하기로 방침을 굳혔다. 그리고 12월께 92년 경제운용계획을 짜면서 경제기획원과 협의를 거쳐 임금가이드라인을 '총액기준 5%'로 정했다. 그러나 조용히 넘어갈 문제가 아니었다.

노동계는 5%라는 숫자에 격분했다. 사실 따지고 보면 각종 수당들을 죄다 포함한 총액기준 5% 인상은 과거 통상임금을 기준으로 치면 9.9%에 해당하는 것이었다. 다만 산정기준을 총액기준으로 하니까 자연히 공식적인 인상률 숫자가 달라지게 된 것이다. 그런데도 노동계는 5%라는 숫자가 주는 박탈감에 반대의 목소리를 높이지 않을 수 없었다. 당시 상황을 한 노총 간부는 이렇게 전했다.

"처음 총액임금제가 나올 때만 해도 반대하는 분위기는 별로 강하지 않았습니다. 정부가 하는 일이니 으레 한번쯤 걸고넘어지는 정도였지요. 또 총액임금제의 내용을 뜯어 보니 반대할 성질도 아니었습니다. 그러나 연말께 5% 인상방침이 발표되자 상황이 확 달라졌습니다. 매년 최소한 9.9% 인상이 이뤄져 왔는데, 갑자기 5%로 묶는다고 하니 단위노조에서 반발이 터져 나왔던 겁니다. 5%라는 숫자에 흥분한 것이지요. 지도부의 설명도 통하지 않았습니다. 결국 노총도 조건부 찬성으로 돌고 말았습니다. 즉 총액임금제 자체는 반대하지 않지만 5% 인상은 반대한다는 것이지요."

사실 노총은 정부의 방침에 동조할 참이었다. 박종근 위원장은 92년 3월 최병렬 장관과 만나 "9%로 잡힌 올해 물가상승률을 7%로 수정한다면 총액임금제에 찬성해 주겠다"고 제의한 바도 있었다. 최 장관도 이 제의를 받아들였고 두 사람은 합의사항을 문서화했다. 그러나 최 장관이 도중에 경질되는 바람에 합의는 불발로 끝나고 말았다.

그렇다면 5%라는 숫자는 어떻게 나왔을까. 총액임금제 기초작업에 참여했던 실무책임자는 이렇게 설명한다.

"5%의 논리적 근거요? 특별히 그런 것은 없었습니다. 92년 경제운용계획에 물가상승률이 9%였으니 임금인상률도 한자릿수가 돼야 한다는 원칙하에 구체적인 숫자를 골랐습니다. 처음에는 임금규모별로 기업을 3등분해 임금이 가장 높은 1군은 동결, 2군은 3%, 3군은 7%로 하려고 했습니다. 그러나 분류가 어렵고 정책이 너무 복잡해진다는 의견이 나와 일률적으로 5%로 끊었던 것이지요."

5% 인상과 함께 노조를 더욱 자극한 것은 적용 기업의 선정이었다. 노동부는 92년 3월 종업원 수 500명이 넘는 기업 1434개를 골라 본격적인 심사작업을 실시키로 했다. 그런데 1434개 기업의 명단이 언론에 새나가면서 적용 기업으로 확정된 것처럼 보도되었다. 명단에는 저임금기업도 끼어 있는 데다 노총산하 노조의 기업들도 다수 포함돼 있었다. 노총은 이를 계기로 비판의 강도를 더욱 높였다.

노동부도 갈팡질팡했다. 적용 기업 수를 1434개에서 894개로 줄이더

총액임금제는 임금인상 폭이 정부의 가이드라인을 벗어나는 것을 차단하기 위한 정책이었다. 사진은 이에 반발한 노총이 총액임금제 반대 가두캠페인을 벌이고 있는 모습.

니 결국에는 780개로 확정지었다. 이 점에 대해서는 노동부 당국자들도 "워낙 준비 없이 밀어붙이다 보니 실수가 있었다"며 시행착오를 시인했다.

준비작업이 끝나자 노동부는 본격적인 추진에 들어갔다. 노동부는 먼저 각 지역별로 팀을 구성, 전국을 돌며 근로자들을 설득했다. 이와 함께 총액기준 5% 인상을 준수하지 못한 기업에는 금융제재를 가하겠다고 경고하는 등 노사 양측을 동시에 압박했다.

노동계는 총액임금제가 위헌이라며 헌법소원을 내는가 하면 총액임금제를 이슈로 파업을 일으키기도 했다. 그러나 시간이 흐르면서 임금협상은 순조롭게 풀렸다. 연말께는 적용대상 기업의 97.7%인 762곳이 타결되었다. 기업에는 금융제재를, 노조에는 경제위기론을 각각 동원한 것이 주효한 것이다.

그렇다면 총액임금제가 드디어 성공했다는 말인가. 물론 아니다. 우선 실질인상률과 타결인상률의 격차를 줄이려던 계획이 실패했다. 92년 타결인상률은 6.5%인 데 반해 실질인상률은 2배가 넘는 17%나 되었다. 실질인상률은 아직도 노동부의 가이드라인 밖에서 놀고 있었던 것이다. 게다가 노동부는 임금을 잡는 데 몰두하느라 노사 자율의 폭을 크게 축소시켰다. 복잡한 임금구조를 개선한다는 본래 목적도 임금통제에 가려졌다.

이렇게 되자 노동계는 총액임금제가 정부에 의해 임금인상을 억제하는 도구로 사용되는 한 반대할 수밖에 없다는 입장을 굳히게 되었다. 총액임금제는 정부의 임금통제를 강화하는 술책이라고 결론 내린 것이다. 결국 총액임금제 도입의 당초 취지는 구태의연한 임금구조의 비합리성을 제거해 보자는 것이었는데, 오히려 추진 과정에서 노사분규의 새로운 불씨가 되어 골치를 썩이게 되었던 것이다.

원래 총액임금제가 제기될 때에는 사실 더 과감한 발상을 담고 있었다. 총액임금의 개념을 임금협상에만 적용시키는 것이 아니라 세금을 매길 때에도 적용하려 했던 것이다. 원칙을 따지자면 일리 있는 생각이었으나 현실적인 저항을 감안하면 어림도 없는 일이었다. 세금 이야기는 꺼내지도 않았는데도 그토록 심한 분란을 야기했으니 말이다.

불발탄으로 끝난 노동관계법 개정

91년으로 접어들면서 노사분규도 어느 정도 수그러들기 시작할 무렵, 노동부의 K국장은 갓 취임한 최병렬 장관 앞에서 한참 동안이나 노동법 개정의 필요성을 역설하고 있었다.

"노사관계에 룰을 세우는 것이 시급합니다. 노동부의 지침이나 정책만으로는 곤란합니다. 법으로 명문화시킨 후 일관성 있게 밀어붙여야 합니다."

최 장관도 K국장의 말에 고개를 크게 끄덕였다. 노동법을 손질하기로 마음먹은 것이다. 이때부터 노동부는 노동법 개정작업을 본격적으로 추진했다. K씨는 노동법 개정을 주장하게 된 배경을 이렇게 밝혔다.

"노동법을 손질하자고 나선 것은 당시 경제 위기감 때문이었습니다. 노사가 경제의 양 수레바퀴인데, 서로 자기들 입장과 권리만 주장하는 가운데 누구 하나 책임 있게 해결해 보려는 사람이 없었습니다. 사회 전체 분위기가 그랬었지요. 특히 89년 여소야대시절에 고쳐진 노동법 아래서는 아무런 해결책을 찾을 수 없다고 나는 생각했습니다. 그래서 90년 초부터 나름대로 연구를 해오다가 최병렬 씨가 장관으로 왔을 때 법 개정을 건의했습니다. 최 장관도 적극적으로 동의해 주더군요."

잠시 1989년의 노동법 개정을 돌이켜 볼 필요가 있다. 88년 다수 의석을 차지한 야 3당은 이듬해 3월 근로기준법·노동조합법·노동쟁의조정법 등 3개 노동관계법 개정안을 민정당의 반대 속에 표결로 통과시켰다. 이 가운데 가장 논란이 된 것은 6급 이하 일반공무원의 노조 설립을 허용하는 노동조합법의 규정이었다. 노태우 대통령은 민정당의 건의로 노동조합법과 노동쟁의조정법에 대해 거부권을 행사했으나 근로기준법은 원안대로 개정되었다.

개정된 근로기준법의 골자는 근로시간 단축과 임금 보전. 당시 48시간이던 주당근로시간이 44시간으로 줄어들었다. 연차유급휴가는 8일에서 10일로 늘어났고, 월 1회의 생리휴가는 청구하지 않고도 사용할 수 있게 되었다. 또 사용자의 귀책사유로 인한 휴업수당은 평균임금의 60%에서 70%로 상향조정되었다.

개정된 근로기준법이 적용되자 기업들이 불만을 터뜨렸다. 임금 부담이 지나치게 가중되었다는 것이다. 기업주들은 노동부와 민정당으로 찾아와 "근로기준법이 기업들에 일방적으로 가혹하게 만들어졌다. 법대로 하자는 노조의 요구에 당할 도리가 없다"고 주장했다.

이런 가운데 89년의 실질임금상승률은 노태우정권의 최고치인 21.2%를 기록했다. 물론 당시의 임금인상이 근로기준법 개정 탓만은 아니었으나 기업들이 불만을 터뜨리기에는 안성맞춤이었다. 그렇지 않아도 임금인상의 부담을 느껴온 기업들은 법의 재개정을 통해 임금인상 폭의 제한을 원했고 정부도 이에 동조했다.

90년 초, 노동법을 다시 고치는 쪽으로 입장을 정리한 경제부처의 실무자들은 한결같이 89년의 개정을 문제 삼았다. 요컨대 한국의 경제현실에 비춰 노동법이 너무 앞서간다는 지적이었다. 가장 적극적으로 목소리를 높였던 박운서 당시 청와대 경제비서관은 자리를 가리지 않고 재개정의 필요성을 역설하고 다녔다.

"우리나라는 다른 것은 후진국이지만 노동법만큼은 최선진국입니다. 주당근로시간만 봐도 그래요. 독일이 48시간, 일본이 46시간인데 우리나라가 44시간입니다. 또 연월차·생리 휴가가 있는 나라도 우리뿐입니다. 협상권을 위임받은 노조대표가 사측과 합의한 사항을 또다시 전체회의에서 찬반투표하는 것도 말이 안 됩니다. 정치적 후진성 때문에 경제적인 퇴보를 강요받고 있는 셈입니다."

박운서의 지적대로 근로기준법이 상당히 앞서 갔다는 점은 노동계도 인정하고 있었다. 전노협 홍보부장 L씨도 "노동법 가운데 특히 89년에 개정된 근로기준법만큼은 매우 진보돼 있다"고 말했을 정도였다. 아무튼 당시 노동부 실무자들은 89년의 노동관계법 개정이 지나치게 노조 편향이었음을 충분히 경험한 만큼 뒤늦게라도 다시 손질해야 한다고 판단하고 있었다.

9월 17일 발표된 노동부의 주요 개정안 내용은 총액임금제·토요격주휴무제·파트타임근로제 신설, 임금·단체협약 유효기간 3년으로 연장, 노조대표의 대표권 강화 등이었다.

노동계는 즉각 반발하고 나섰다. 노총과 전노협 등 노동단체들은 철야농성·규탄대회 등을 통해 여론 다지기에 나섰다. 또 박종근 노총위원장이 단식농성에 들어가는가 하면 노동부와 민자당에 항의사절단을 보내 세를 과시하기도 했다.

노동부는 노동계의 반발에 별 신경을 쓰지 않았으나 민자당이 문제였다. 이듬해 총선을 앞두고 몸조심을 하기 시작한 것이다. 당시 노동부와의 당정회의에 참석했던 민자당의 한 관계자는 당시 상황을 이렇게 설명하고 있다.

"노동부 개정안의 내용 자체는 별 문제가 없었습니다. 그런데 당 내에서 총선을 앞두고 무리하게 법을 개정할 필요가 있느냐는 반응이 나왔습니다. YS도 시큰둥했고 나웅배 정책위의장도 강력히 반대했습니다. 최병렬 장관이 설득하느라 애썼지만 역부족이었지요."

강력한 추진력을 트레이드마크로 삼던 최병렬도 당의 견제에 밀려 11월 초 국무회의석상에서 공개적으로 개정 철회를 선언했다. 91년 노동법 개정작업은 이렇게 불발로 끝났다. 사실 청와대가 최병렬을 노동부장관에 앉힐 때의 기대는 그의 추진력을 내세워 국회를 돌파해 보자는 것이었다.

92년으로 넘어온 노동법 개정은 대통령의 지시로 다시 살아나는 듯싶었다. 노 대통령이 2월 12일 노총회관에서 직접 회의를 주재하면서 "노사정 공동으로 위원회를 구성해 노동법을 전향적으로 고치라"고 지시한 것이다. 이에 따라 노동부는 4월 24일 노사대표, 법조계, 언론계, 학계 등 18명으로 구성된 노동관계법 연구위원회위원장 신흥를 설치했다. 그해 8월까지 위원회로부터 시안을 받아 정기국회 때 법 개정안을 상정할 계획이었다.

그러나 노동부의 계획은 또다시 빗나가고 말았다. 연구위원회는 "개정 내용이 방대한 데다 위원들 간에 의견이 엇갈려 단시일 안에 개정안을 마련하기 어렵다"며 개정시안 제출기한을 93년 2월로 연기해 달라고 요청했다. 노동법 개정은 또다시 93년으로 미뤄졌다.

정부의 공식 발표내용이 어떠했든 간에 법 개정을 다시 늦춘 이유는 뻔했다. 대통령선거를 앞두고 근로자들을 자극하지 않겠다는 정치적 판단이 앞선 것이었다. 김영삼 민자당 총재부터가 노동계 실력자들과 만난 자리에서 법 개정을 밀어붙이지 않겠다는 입장을 공개적으로 밝혔으니 어차피 물 건너 간 일이었다.

노동법 개정 추진에 관여했던 노동부의 한 관계자는 이렇게 말했다.

"정부로서는 당정회의 때 노동법 개정은 다음 정권으로 넘겨서는 안 된다고 누누이 주장했습니다. 하지만 아무리 목청을 높여 봐야 소용이 없었습니다. 이 나라의 정치 지도자들은 온통 신경이 선거에 가 있었으니까요. 91년에도 선거 때문에 밀리더니 이번에도 마찬가지였습니다. 두고 보십시오. 새로 출발하는 다음 정부에 노동법문제는 상당한 부담이 될 터이니."

그러나 당시의 여의도 국회에서는 아무도 이 같은 말에 귀 기울이지 않았다.

제6장

금융실명제 두 번 죽다

부활한 금융실명제

김영삼정부의 출범을 앞둔 1993년 1월 말, 서울 여의도 63빌딩의 한 음식점에서는 황인성 당시 민자당 정책위의장의 주재로 새 정부의 개혁 구상을 점검하는 자리가 마련되었다. 대선 승리의 축제 분위기 속에서 개혁의지 또한 충천했다.

그러나 이날 회의 분위기가 꼭 좋기만 한 것은 아니었다. 선거유세 때부터 다시 불씨를 지펴왔던 금융실명제 논의가 개혁의 제1과제로 떠오르면서 이견이 빚어지기 시작한 것이다.

이 자리에는 마침 전두환정권 때 재무장관으로 금융실명제를 직접 주도했던 강경식과, 노태우정권에 들어와서 부총리 겸 경제기획원장관으로 실시 직전의 금융실명제를 유보시킨 장본인인 이승윤이 함께 앉아 있었다.

실명제 이야기가 나오자 예상했던 대로 강경식은 즉각 실시를 주장하고 이승윤은 시기상조론을 폈다. 다른 참석자들 역시 양편으로 갈라졌다. 그 뒤 정식으로 새 정부가 출범하고 나서도 실명제를 둘러싼 혼선은 여전했다.

갖가지 우려와 논란에도 불구하고 금융실명제는 김영삼정부 출범 후 약 반년여가 지난 1993년 8월 전격 실시되었다. 여기서는 전두환시대에 처음 시도되었다가 좌절되었던 실명제가 노태우시대에 들어 어떻게 다시 등장했으며, 어떤 배경 속에서 다시금 도중하차하게 되었는지를 되짚어보자.

전두환정권의 실명제 거론은 우선 시작부터가 노태우정권 때와 달랐다. 전두환시대에는 1982년 이른바 이·장 사건82년 5월 4일, 사채시장의 큰손으로 불리던 장영자와 그의 남편 이철희가 검찰에 구속되면서 밝혀진 대규모 어음사기사건으로 인해 '정의사회 구현'을 캐치프레이즈로 내걸었던 정권의 체면이 땅에 떨어지자, 이에 대한 정치적 자구책으로 시작되었던 것이다. 당시 일반인들 대부분은 금융실명제가 뭔지도 제대로 몰랐고, 정부는 소수 주도세력을 중심으로 단숨에 해치우려고 했다. 시작부터가 일종의 '혁명적 조치'로 밀어붙여졌다. 자유로운 논의 자체가 허용되지 않았다.

그러나 노태우정부 들어서는 많은 사람들이 금융실명제 실시에 대해 지극히 당연하다고 여기는 분위기에서 출발했다. 6·29 이후 봇물처럼 터져 나오던 민주화 요구와 그에 따른 형평논리의 득세는 금융실명제를 누구도 거역할 수 없는 시대적 과제로 만들어 버렸고, 실명제를 반대한다는 것은 마치 민주화에 역행하는 시대착오적인 짓으로 치부되었다. 이 같은 상황에서 출범한 노태우정부는 민주화와 올림픽의 열기가 가시기 시작하자 민심을 추스르기 위한 대책의 일환으로 금융실명제와 토지공개념을 앞세운 일련의 경제개혁 조치를 제시했다. 1988년 10월 14일에 발표된 '선진·화합 경제종합대책'이 그것이다. 나웅배 당시 부총리 겸 경제기획원장관의 회고다.

"올림픽 이후에 국민의 마음을 한데 모아 경제발전의 원동력으로 결집시킬 계기가 필요했습니다. 우선 당시에 심상치 않은 조짐을 보이고 있었던 부동산투기를 잡기 위해 토지공개념을 도입하기로 했고, 금융실명제는 대통령 공약사업이기도 한 데다 공정한 경제관행을 정착시키는 데 필수적인 전제라고 판단했기 때문에 당연히 집어넣었습니다.

처음에는 대체적인 방향만 잡을 생각이었는데 문희갑 당시 차관이 구체적인 일정을 넣지 않으면 의미가 없다고 해서 1991년으로 실시 시기를 못 박았던 것이지요."

이렇게 해서 일단 실시 방침이 정해진 실명제는 마침 열렬한 개혁론자인 문희갑 차관이 청와대 경제수석으로 발탁되면서 더욱 가속이 붙게 된다.

5공의 실명제가 강경식 당시 재무장관과 김재익 경제수석의 작품이었다면, 6공에서는 단연 문희갑 경제수석이 실명제 추진의 핵심이었다. 문희갑은 기획원 차관 때부터 실명제 실시의 당위성을 역설해 오다가 경제수석 자리에 앉자마자 특유의 저돌적인 추진력으로 실명제를 밀어붙이기 시작했다. 그는 우선 전두환정부의 실명제 실패가 사전준비 미흡 때문이라고 보고, 정부 내에 실명제 실시를 전담할 특별기구를 두어 만반의 준비를 갖추기로 한다.

문희갑 경제수석은 처음에는 실명제준비단을 대통령 직속기구로 청와대에 두고 자신이 직접 진두지휘할 계획이었다. 통치권 차원의 사업임을 내세워 아예 시비의 소지를 없애자는 생각이었다. 하지만 그의 의도와는 달리 대통령 직속기구가 아니라 재무부 산하기구로 출발했다. 금융실명제는 궁극적으로 세금의 문제라는 이규성 재무장관의 논리가 설득력을 발휘했기 때문이다. 이리하여 1989년 4월 윤증현을 단장으로 하는 금융실명거래실시준비단실명단이 재무부 산하기구로 정식 발족되었고, 90년 6월까지 행정준비를 마치고 91년부터 전면 실시에 들어간다는 추진 일정이 잡혔다.

그해 7월에는 재무부차관을 위원장으로 하고 관계부처와 금융기관 관계자들이 참여하는 금융실명제추진 실무대책위원회가 구성되었고, 이어서 은행·증권·보험·단자 등 각 금융권별로 실명제추진대책위의 간판을 내걸고 준비작업에 들어갔다.

이때만 해도 정부의 실명제 추진 스케줄에 대해 의문을 제기하는 사람은 많지 않았다. 오히려 "전두환정권 때에는 주먹구구로 밀어붙이다가 도중하차했던 것을 교훈 삼아 노태우정부에 와서는 논의와 절차를 거쳐 제대로 해내려나 보다"는 반응이 대세였다.

그러나 말처럼 되지 않았다. 당초 문희갑의 우려처럼 실무적인 검토단계에서부터 시간이 걸리고 시비가 붙었다. 직업관료들 손에 넘어 온 이상 당연한 일이었다. 실명단의 한 관계자는 내부 분위기를 이렇게 설명했다.

"실명단이 만들어졌다고 해서 일사천리로 일이 진행될 순 없었지요. 일단 실명제를 한다는 원칙만 정해 놓은 채 아무런 사전지침 없이 백지상태에서 출발했습니다. 무엇을 어떻게 할 것이냐 하는 구체적인 실천방안은 모두 우리 스스로가 만들어 나가야 했습니다. 검토할 과제를 추리고 필요한 자료를 모으는 데만도 몇 달이 걸렸습니다."

막상 실명제를 실시하기로는 했으나 당장 실명제가 도대체 무엇을 의미하는지조차 개념이 분명치 않았다. 이 관계자의 얘기를 더 들어보자.

"사람에 따라 실명제에 대한 이해의 편차가 그렇게 클 수 있다는 것을 알고 솔직히 놀랐습니다. 일반에게는 실명제가 마치 금융거래 방식에 대한 일대 개혁조치로 알려져 있었습니다. 기존의 금융거래 관행을 일거에 뒤엎어 검은돈을 발본색원하는 혁명적인 발상으로 이해된 것이지요. 실명제 실시를 주장하는 일부 경제학자들도 구체적으로 들어가면 모두 제각각이었어요. 실명단 내부에서도 모르기는 마찬가지였습니다."

시간이 걸리고 추진일정이 지연되는 것은 당연했다. 실명단은 실명제가 무엇인가 하는 원론적인 문제부터 따져 나가야 했다. 다른 나라들의 실명제 실태를 조사 연구하고, 국내의 실시여건 등을 나름대로 치밀하게 점검해 나갔다.

하지만 금융실명단의 이 같은 실무작업 추진과는 별개로 정치·경제적 상황은 시간이 흐를수록 실명제 추진에 먹구름이 끼는 쪽으로 급속히 변화해 나갔다.

금융실명단의 발족

89년 4월 국민은행 과천지점 빌딩 2층에 금융실명거래실시준비단의 간판이 걸리던 날, 이규성 재무장관은 기자들에게 이렇게 말했다.

"지난번에 못했던 금융실명제를 이번에는 꼭 합니다. 그러나 지난번과 같은 전철을 밟지 않으려면 보다 신중한 접근방법이 필요합니다. 실명제의 명분이 아무리 좋아도 방법이나 시기 선택이 잘못되어 부작용이 크다면 안 하느니만 못합니다. 이번에는 부작용을 최소화하기 위한 준비작업부터 충분하게 할 겁니다."

시작부터 전두환정권이 금융실명제를 추진할 때와 사뭇 분위기가 달랐다. 82년의 7·3조치금융실명거래와 금융자산소득에 대한 종합과세제 실시 발표는 불과 1주일의 비밀작업으로 밀어붙였던 전격적인 작전이었다. 그런 까닭에 처음에는 일사천리로 진행되는 듯싶었으나 얼마 못 가서 정치권과 재계를 중심으로 한 반대에 부딪쳐 허무하게 좌절해 버리고 말았다. 그런 전철을 다시는 밟지 않도록 이번에는 이것저것 사전에 차근차근 따져 가며 진행시키겠다는 쪽으로 입장이 바뀐 것이다.

그러나 차츰 의구심이 일기 시작했다. 노태우정부가 실명제를 과연 해낼 수 있을까, 아니면 준비한답시고 시간이나 끌고 가자는 것은 아닐까 하는 의문이 조심스럽게 제기되기 시작했다. 물론 정부 측은 이번만은 틀림없다고 큰소리를 계속 쳤지만 다른 한편에선 과연 해낼 수 있을까 하는 의구심을 떨치지 못하고 있었던 것이다. 따라서 실명제를 위한 전담조직이 발족했는데도 일반의 시각은 여전히 반신반의하는 편이었다.

89년 4월 금융실명거래실시준비단이 공식 발족되면서 91년 금융실명제 실시를 위한 준비작업이 본격적으로 시작되었다. 사진은 4월 11일 이규성 재무장관(오른쪽)과 이동호 차관이 현판을 거는 모습.

우선 실명단이라는 곳에서 무엇을 했으며, 그곳의 실무자들은 당시 어떤 생각을 가졌는지부터 정리해 볼 필요가 있다. 당시 실무책임자였던 윤증현 단장의 말을 들어보자.

"실무자들의 태도는 극히 순수했습니다. 외부로부터 어떤 압력을 받은 일도 없었습니다. 5개의 실무작업반으로 나뉘어 실명제 실시에 관련된 모든 사안을 검토했고, 이를 토대로 3~4가지의 대안을 만들어 90년 초 공청회에 내놓을 계획이었어요. 일의 큰 가닥은 실명제를 시행하기 위한 방안을 마련하는 것과 그에 따른 부작용을 최소화하는 것으로 집약되었습니다…"

어쨌든 실명단은 89년 말 무렵에 실명제의 대체적인 윤곽을 잡아 놓았다. 실명단이 마련한 실명제 추진방안의 첫 번째 기본 방침은 '단계적·점진적으로 실시한다'는 극히 신중한 접근방식이었다.

먼저 금융자산소득에 대한 과세체계를 분리과세에서 종합과세로 가되 종합과세대상이 되는 금융자산의 범위를 단계적으로 넓혀 간다는 원칙을 세웠다. 5공의 실명제가 전면적이고 완전한 실명제를 단시간 내에 추진하려다 곧바로 좌초되었던 전철을 밟지 않기 위해서라도 전면실시보다는 단계실시 쪽을 택하는 것이 불가피했다. 실명단의 검토 결과도 금융기관과 국세청의 전산능력으로 볼 때 일시에 실시하기는 어렵다는 쪽이었다.

실명단이 의견을 모은 또 하나의 방침은 금융거래에 대한 비밀보장은 더욱 강화해야 한다는 것이었다. 금융기관이 받는 예금은 필히 돈의 주인 이름을 밝히도록 해야 하지만, 동시에 돈 주인이 누구인지가 함부로 드러나지 않도록 비밀보호 장치는 더 엄격해야 한다는 뜻이었다. 당시 재계가 실명제를 반대하는 진짜 이유도 바로 이것이었다. 사실 돈 많은 사람 입장에서는 실명제를 해서 세금 더 내는 것쯤은 별 문제가 아니다. 돈의 노출 자체를 꺼리는 것일 뿐이다. 전경련의 대변인 역할을 하던 전대주 상무의 말이다.

"실명제로 인해 세금 부담이 늘어나는 정도라면 재계로서도 반대할 명분이 없었습니다. 그러나 예금자의 비밀보장이 안 되는 상황에서 금융실명제는 받아들일 수 없다는 입장이었습니다. 기업의 오너들이 가장 겁냈던 것은 실명제를 통해 정부당국이나 권력기관이 금융거래 정보를 임의로 까발리는 상황이었습니다."

윤증현 단장은 특히 이 점에 대해 강한 소신을 가지고 있었다.

"실명제가 갖는 가장 큰 의미는 돈의 이동이 투명하게 드러난다는 점입니다. 이것은 당연히 불법거래나 지하경제를 규제하는 효과가 있습니다. 실명제가 구린 돈을 가진 사람들에게 위협이 되는 것도 이 때문이지요.

그런데 여기에는 하나의 전제가 필요합니다. 금융거래 정보를 정부가 장악하는데 대한 국민적인 합의가 필요한 것이지요. 그러기 위해서는 정부가 국민의 금융거래 정보를 정당한 목적에 사용한다는 점을 국민들에게 분명히 약속할 수 있어야 합니다. 그런 뜻에서 철저한 예금자 비밀보호제도가 전제되지 않는 실명제는 매우 위험하다고 판단했습니다."

이런 점에서 실명단은 금융거래의 비밀보장 장치를 대폭 강화할 계획이었다. 금융감독 당국이나 정보기관, 수사기관 등이 자기들이 필요하다고 해서 임의로 실명거래 정보를 요구할 수 없도록 법적 조치를 강구할 방침이었다. 이미 실명제를 성공적으로 실시하고 있는 선진국의 사례 연구를 통해서도 마땅히 그래야 한다는 점을 확인할 수 있었다.

예컨대 법관의 영장 발부, 금융기관 간 정보 제공, 세무조사 등 법으로 정한 사항 외에는 거래자료 제출을 금지하는 내용을 법에 명시하고, 이 규정에 의해 자료를 제공하는 경우에도 직접 관련이 있는 특정 거래자료에 한정하도록 명문규정을 두기로 했다. 또 과세자료도 이자·배당소득액만 제출하고 원본의 금융거래 내역은 밝히지 않으며 부당한 자료제출 요구에 대해서는 금융기관이 거부할 수 있는 근거도 마련할 생각이었다.

실명단 입장에서 또 한 가지 걸리는 것은 과거에 관한 문제였다. 비실명에서 실명으로 전환할 때 자금출처 조사를 면제하는 한도는 얼마로 할 것인가, 실명전환을 위한 경과기간은 얼마로 할 것인가 하는 문제였다. 실명전환을 유도하기 위해서는 어차피 어느 정도 과거의 재산형성 과정을 눈감아 줄 필요가 있지만, 그렇다고 해서 완전히 불문에 부칠 경우에는 정부가 그동안의 탈세를 인정하는 꼴이 되고, 거꾸로 자금추적 조사를 통해 철저하게 세금을 물릴 경우에는 소급입법에 의한 재산권 제한이라는 시비와 함께 사전인출과 투기자금화의 우려가 높았다.

지난 82년의 1차 실명제 추진 때 비실명자산의 실명화에 따른 이른바 '도강세渡江稅 잘못이 있어도 책임을 묻지 않기로 하고 물리는 세금을 비유한 말 시비'가 엄청난 파문을 일으켰던 점을 봐도 과거문제의 처리는 신중할 수밖에 없었다.

결국 실명단은 결론을 유보하고 금액별·기간별로 3가지 대안을 만들어 여론을 들어본 뒤 결정하는 쪽으로 가닥을 잡았다.

이와 함께 관심의 초점이 되었던 대목은 주식을 포함한 유가증권 양도차익에 대한 과세문제였다. 조세 형평상 양도차익이 생기면 세금을 물리는 것이 마땅하지만, 이 같은 논리에 따를 경우 손해를 봤을 때는 세금을 돌려줘야 하는 문제가 생기고 당장 증시에 충격을 주게 된다는 부담이 컸다. 이에 따라 실명단은 주식양도차익 과세문제도 실시 시기와 과세 방법을 두고 3~4가지 대안을 제시하되 가급적 실시 시기를 늦추기로 했다.

이밖에 논란이 되었던 자기앞수표제도는 발행과 지급단계에서 실명을 확인하거나 아예 없애자는 의견이 있었으나, 과세대상이 아니라는 점과 현금수요가 급증할 것이라는 우려 때문에 실명제가 상당한 수준으로 정착될 때까지 현행대로 유지하기로 했다.

이렇게 해서 대체적인 실명제 추진방안을 마련한 실명단은 90년부터 공청회를 통한 공론화 과정을 거치기로 하고 그해 3월 중에 KDI에서 실명제에 관한 종합대토론회를 가질 계획이었다. 그러나 실명단의 1년여에 걸친 작업 결과는 미처 빛을 보기도 전에 정부의 유보방침에 따라 땅에 묻히고 말았다.

"애써 마련한 추진방안이 사장될 때 실망이 컸던 게 사실입니다. 그러나 더 큰 아쉬움은 실명제가 기존 질서를 뒤엎는 거창한 개혁이 아니라 단계적으로 시행할 과제였다는 점을 일반 국민들에게 설명해 줄 기회마저 없었던 것이지요."(윤증현 실명단장)

이처럼 전두환·노태우 두 정권의 연이은 시도에도 불구하고 도중하차했던 금융실명제가 김영삼정권에 가서 전격적으로 실시(93년 8월 12일)될 줄을 누구인들 예상할 수 있었겠는가.

실명제의 표류

●
●
●

　정부 안에서의 움직임과는 별도로 정치권이나 재계 쪽에서는 실명제 추진에 대해 어떤 시각을 가지고 있었을까. 금융실명제의 정치적 약속은 집권 초기부터 언제 터질지 모르는 시한폭탄이었다.

　"89년 하반기 들어 경제가 가라앉기 시작하자 재계에서는 실명제를 재고해야 한다는 주장이 슬슬 나오기 시작했습니다. 토지공개념은 어물어물하다가 명분에 밀리고 말았지만 실명제만큼은 그래서는 안 되겠다는 인식을 갖게 된 것이지요."(김인호 당시 경제기획원차관보)

　재계의 대변인 격인 전경련은 물론 반대 입장이었다. 정권 출범 초기에는 잠자코 있으면서 눈치만 살피더니 경기가 나빠지는 것을 계기로 목소리를 내기 시작했다. 언론을 통해 노골적으로 실명제 연기 주장을 흘리기도 했다. 수출이 마이너스를 기록하고 경기가 바닥으로 치닫는데 실명제까지 들고 나와 경제에 충격을 줄 필요가 있겠느냐는 것이었다.

　그러나 전경련이 처음부터 실명제 저지를 위해 총력전을 펼친 것은 아니었다. 전경련 내부에서도 그룹별로 입장이 달랐기 때문이다. 정세영 현대 회장은 무슨 생각에서였는지 금융실명제를 해야 한다고 주장했고, 최종현 선경 회장은 실명제에 강한 거부감을 보였다.

"재계가 실명제를 시기상조라고 보았던 것은 사실입니다. 그러나 당시는 기업들이 대놓고 실명제를 반대할 분위기도 아니었고, 실제로 근거 없이 무작정 반대한 것도 아니었어요. 전경련 회장단회의에서 한 번 거론된 뒤 전경련 산하 한국경제연구원을 통해 간접적으로 실명제의 부작용을 우려하는 입장을 전달하는 정도였습니다."(전대주 당시 전경련 상무).

어쨌든 전경련은 당시 부회장 겸 부설 한국경제연구원장이었던 최종현 선경 회장의 주도로 실명제 반대논리를 다듬기 시작했다. 전경련의 실명제 보고서를 만들고 실명단과의 접촉창구 역할도 했던 민병균 박사의 말이다.

"설문조사 결과 의외로 대기업뿐만 아니라 중소기업과 영세상인, 개인사업자 등 많은 사람들이 심각한 우려를 나타냈습니다. 정부가 아무리 단계적으로 실시한다고 해도 일부 급격한 개혁론자들을 믿지 못하겠다는 분위기가 지배적이었지요. 그런데 실명단 사람들과 얘기를 해보면 이같은 우려를 지나치게 과소평가하고 있다는 느낌이 들었습니다."

전경련은 이 같은 자료를 토대로 금융실명제 실시를 연기하고 부동산 투기 억제나 조세체계의 조정 등 실명제 실시 여건을 마련하는 데 치중해야 한다는 주장을 폈다.

그러나 정작 실명제 추진에 브레이크가 걸린 것은 재계의 반대보다는 청와대와 정부, 민자당 등 집권당 상층부의 변화에서 비롯되었다.

배후에서 결정적인 역할을 한 인물은 김종인 보사부장관이었다. 그는 82년 전두환 대통령으로부터 미움을 사면서까지 실명제를 반대했던 장본인으로, 비록 보사부장관이라는 자리에 앉아 있긴 했으나 노 대통령의 실명제 추진을 그냥 팔짱 끼고 구경이나 하고 있을 인물이 아니었다.

그는 실명제가 본격적으로 추진되기 전부터 자리에 상관없이 '금융실명제 불가'를 노 대통령에게 강조해 왔다. 따지고 보면 실명제에 관한 반대 입장은 82년의 실명제 추진 당시 노 대통령이 내무장관으로서 실명제를 반대하는 과정에서부터 서로 교감해 온 사안이었다. 그의 회고를 들어보자.

"우리나라의 실명제 추진은 시작부터가 잘못되었기에 나는 반대 소신을 굽히지 않았고, 노태우 대통령한테도 기회 있을 때마다 반대의견을 말했습니다. 특히 말만 한다고 해놓고 못할 공산이 큰 문제이기 때문에 대통령이 실명제를 언제 어떻게 한다는 식의 책임지지 못할 발언은 절대 삼갈 것을 진언했지요. 그랬는데도 대통령이 직접 나섰다가 감당을 못하는 바람에 결과적으로 또다시 정부 체면만 구겼던 것입니다."

사실 초기에는 김종인의 실명제 반대 주장에 노 대통령은 별로 귀를 기울이지 않았다. 더구나 당시 대통령의 신임을 얻고 있던 문희갑 경제수석이 자리를 걸고 추진하는 정책의 하나가 바로 금융실명제의 과감한 실시였으니 반대논리 따위는 먹혀들 여지조차 없었던 것이다. 김종인이 아무리 노태우의 경제 가정교사를 지냈다 해도 당장 최측근에 앉아서 힘을 발휘하고 있는 문희갑을 당할 수는 없는 일이었다.

만약 이 상황에서 경제 전반이 잘 돌아갔더라면 경제수석 문희갑은 모든 경제정책에서 막강한 힘을 계속 발휘해 나갔을 것이다. 그러나 현실은 그렇질 못했다. 시간이 갈수록 문희갑의 '돌격 앞으로' 식의 개혁정책은 반발세력을 키워 나갔고, 경제여건 또한 현저하게 악화되는 쪽으로 전개되었던 것이다. 연일 언론에서 비판적인 기사가 쏟아지자 노 대통령은 마음이 흔들리기 시작했다. 아무래도 문희갑의 '밀어붙이기'가 불안하게 느껴졌다. 자신의 경제선생이었던 김종인을 따로 불러 경제정책에 관한 의견을 구하기 시작한 것도 이즈음부터였다. 문 수석으로서는 대통령이 자신을 제치고 다른 사람에게 경제자문을 받는다는 것이 여간 불쾌한 일이 아니었으나 개의치 않고 특유의 배짱으로 밀어붙여 나갔다. 결국 문 수석은 실명단을 다그치며 "어떠한 일이 있더라도 실명제는 꼭 추진해 내야 한다"는 쪽으로 분위기를 잡아 나가고 있었던 반면, 김 보사장관은 개인적인 채널로 실시 불가의 이유를 대통령에게 심어주고 있었다.

시간이 흐를수록 대통령의 마음은 실시 불가 쪽으로 기울고 있었다. 그런 조짐이 표면화된 것은 90년 1월이었다. 연초 업무보고를 앞두고 대통령의 관심사항이니 실명제 실시의 부작용에 관한 설명을 신경 써서 준비하라는 지시가 재무부에 떨어진 것이다. 두말할 것도 없이 실명제에 대한 대통령의 태도 변화를 짐작케 하는 일이었다.

이런 움직임을 알게 된 문희갑은 몹시 화가 났다. 자신의 진두지휘로 어렵사리 실시를 목전에 두게 된 마당에 반대세력의 막판 뒤집기에 의해 대통령의 마음이 흔들리고 있으니 큰 낭패였다. 아니나 다를까 대통령은 실명단 업무보고를 받는 자리에서 의중이 뻔한 질문을 던졌다.

"선진국에서는 실명제를 어떻게 실시하고 있느냐. 서독에서도 실명제 때문에 문제가 있었다던데 우리는 실명제를 하게 되면 어떤 부작용이 있느냐."

누가 들어도 다분히 실명제 실시에 대한 대통령의 생각이 바뀌고 있음을 짐작케 하는 질문이었다. 노 대통령이 이처럼 서독 얘기를 꺼냈던 것은 김종인 보사장관이 올린 경제현안에 관한 종합보고서의 일부인 '금융실명제와 세제개편'이라는 내용에서 나온 것이다. 김종인은 이 보고서에서 "금융실명제의 본질은 금융자산에 대한 종합과세인데, 이것은 세수확보 차원에서 원천징수에 비해 현실적으로 나을 것이 없을 뿐만 아니라 무리하게 추진할 경우 부작용만 심화시킬 뿐이며, 그런 사례를 서독에서 찾아볼 수 있다"고 설명했던 것이다. 아무튼 실명단의 답변에 관계없이 대통령의 생각은 이미 마음속으로 '불가' 쪽으로 기울어 가고 있었다.

3월에 접어들면서 대통령이 경제수석을 본관에 불러들이는 경우가 눈에 띄게 줄어들었다. 한때는 그렇게도 신임을 받았던 문희갑 경제수석이었건만 어느새 대통령이 그를 만나는 것 자체를 불편하게 여기게끔 분위기가 바뀌어 버린 것이다. 반면에 노 대통령은 김종인 보사장관을 불러들이는 경우가 잦아지게 된다.

조순-문희갑 팀이 이승윤-김종인 팀으로 교체되는 개각이 있기 1주일 전, 김인호 당시 기획원차관보와 재무부의 이수휴 차관보가 함께 KBS 심야토론에 나가 금융실명제에 관한 정부의 입장을 밝혔다. 토론의 주제는 '금융실명제를 정말 할 것인가'였다. 그런데 이날 토론에 정부대표로 나간 두 사람의 태도는 미묘한 차이를 보였다. 심상찮은 일이 정부 안에서 진행되고 있음을 말해 주는 신호였다.

기획원의 김인호 차관보는 "지금까지 정부의 어느 누구도 공식적으로 안 한다는 얘기를 한 적이 없다. 반드시 실시한다"고 말한 반면, 이수휴 재무부차관보의 말은 달랐다. 딱 부러지게 안 한다는 말은 없었지만 "여건이 어렵다"는 점을 계속 강조하는 것이 아닌가. 정부당국의 핵심인물 두 사람이 텔레비전에 나와서 이런 '촌극'을 벌이고 있었으니 실명제 추진은 이미 '게임 끝'임을 알려주는 셈이었다.

김인호인들 그런 상황 변화를 감지하지 못했을 리 없다. 이때는 이미 김종인-이승윤 팀이 내정된 사실이 알려져 있었고, 이들이 취임하면 실명제는 당연히 유보될 것임은 삼척동자도 아는 상황이었기 때문이다. 김인호의 회고다.

"그때는 이미 분위기가 안 하는 쪽으로 돌아서고 있다는 것을 난들 왜 몰랐겠습니까. 그러나 한편으론 정부의 정책을 그렇게 쉽게 뒤집을 수는 없을 것이라는 한 가닥 희망을 버릴 수 없었습니다. 그래서 막판까지 시치미 딱 떼고 밀어붙였던 것이지요."

실제로 이승윤은 부총리로 내정되었다는 연락을 받은 상태에서 이미 실명제 연기작업을 벌이고 있었다. 그는 실명제 실시를 주장하는 기획원의 김인호 차관보와 한이헌 기획국장을 제쳐놓고 당시 KDI에 파견나가 있던 강봉균을 집으로 불러 개각 후의 경제정책 방향을 정리해 오라는 지시를 내렸다. 강봉균의 당시 상황 설명을 들어보자.

"50페이지짜리 보고서를 준비해 갔는데 실명제 부분을 찾아보고는 이승윤 부총리 내정자가 대뜸 '안 되겠구먼' 하더군요. 참으로 난처했었습니다. 나는 실명제를 해야 하는 쪽으로 보고서를 만들었거든요. 그 양반이 실명제 부분을 완전히 빼자고 했으나 간신히 유보하자는 선에서 막았습니다. 내 입장에선 실명제 실시는 유보하되 실명단은 해체하지 말고 논의를 계속하자는 것이었으나 새로 들어서는 경제수석, 부총리, 재무장관 모두가 완전 해체를 이미 결정한 상태였습니다."

결국 실명제는 그 뒤에 발표된 4·4대책에서 '무기한 유보'로 결론이 나고 실명단도 해체되기에 이른다. 이 부총리는 그전에도 국회의원 자격으로 실명단 관계자들을 직접 불러 실명제 실시 불가론을 펼치기도 했다. 실명단장 윤증현도 이승윤에게 이미 불려 간 적이 있었다.

"89년 말과 90년 초 두 차례 국회의원회관으로 불려갔습니다. 실명단에서 실명제 실시가 어렵다는 결론을 내달라는 것이었지요. 그러나 실명

6공의 금융실명제는 5공 때와는 달리 상당한 사전 준비작업을 거쳤으나 실시 직전에 대통령이 실시불가론으로 기우는 바람에 무산되고 말았다. 사진은 89년 4월 이승윤 당시 부총리가 4·4경제활성화대책과 함께 금융실명제의 무기한 연기 방침을 밝히는 장면.

제를 실시하기로 하고 그 준비작업을 맡은 실명단이 새삼스럽게 실시 여부 자체를 언급할 입장은 아니었지요."

이승윤 부총리가 그처럼 실명제 실시를 반대한 이유는 무엇이었을까. 본인의 이야기다.

"실명제는 우리나라 현실에 비추어 너무 이르고, 무턱대고 집행할 경우 부작용이 크다고 확신했습니다. 한마디로 준비가 아직 덜 되었다는 것이지요. 또 당시는 노사분규가 극한을 달리고 기업의 의욕이 땅에 떨어진 시기였습니다. 수술이 필요하더라도 수술을 감당할 체력이 있어야 하는 것 아닙니까. 투자가 시급한 마당에 정부가 나서서 저축을 억누르는 정책을 펴서는 안 되지요. 부총리 취임 직후 3월 말에 곧바로 실명제 보류를 발표할 계획이었으나 당시 문희갑 씨가 국회의원에 출마 중이어서 부담이 된다는 이유로 발표 시기를 4월로 늦췄던 겁니다."

이승윤 부총리가 경기 상황과 여건 미비를 실명제 유보의 주된 이유로 꼽은 데 비해 김종인 경제수석은 보다 근본적인 문제를 제기했다. 반대 입장도 더욱 강경했다. 김종인의 주장이 담겨져 있는 보고서를 보자.

"실명제는 본질적으로 조세정책의 문제다. 조세정책의 가장 중요한 목표는 재정수입을 확보하는 데 있으며, 이 같은 1차 목표 외에 형평 및 소득재분배 등의 정책수단으로 활용될 경우 자본주의 기본 질서에 적지 않은 문제점을 야기한다. 또 결과적으로 조세 마찰로 인한 정치적 위험 부담과 경제에 미치는 부정적 효과가 크다.

실명제에 의한 금융자산소득에 대한 종합과세는 현행 분리과세에 비해 세수확보 면에서 유리하지 않고, 자금의 해외도피나 저축감소와 같은 부작용의 우려가 높다. 이와 함께 금융거래 정보를 정부가 갖는 것도 금융관행의 시정보다는 오히려 민주화에 역행할 소지가 크다." ('금융실명제와 세제개편')

요약하자면, 공평성을 높이자고 시작한 실명제가 당초 목적은 달성하지도 못하면서 경제의 효율성만 떨어뜨리는 결과를 빚는다는 주장이다. 김종인은 한마디로 '되지도 않을 일은 벌이지도 말자'는 것이었다.

여기다가 실명제의 주무부처인 재무부도 세제실 관계자를 빼놓고는 실명제에 대해서 기본적으로 소극적이었다.

"사실 실명제를 처음 거론한 것은 경제기획원이었고, 재무부는 시기상조라는 신중론이었습니다. 기획원에서 90년에 토지공개념과 동시에 단행하자는 걸, 준비하는 데 시간이 필요하다는 이유로 실시 시기를 91년으로 늦추었지요. 실명단이 재무부 산하이긴 했지만, 일단 실시 방침이 정해진 이상 청와대나 기획원 주도로 놔둘 수 없다는 것이었지 적극적으로 실명제를 추진하자는 것은 아니었습니다."(재무부 관계자)

실명제가 재추진되고 있을 때 부총리 조순은 어떤 입장이었을까. 조 부총리는 원칙적으로 실명제는 해야 된다는 생각이었으나 문희갑 경제수석의 과감한 개혁 드라이브가 영 불안했다. 부총리에서 물러난 뒤 그는 이렇게 회고했다.

"당위성은 있었지만 솔직히 확신이 서질 않았습니다. 실명단은 초기에는 구체적인 보고를 하지 않았고, 나중에 받아본 보고도 완전히 확신이 들 만한 것은 아니었습니다. 실명제를 한다고 사회정의가 이루어진다고 보지는 않았지요. 그러나 그때는 실명제가 사회정의에 대한 하나의 구호가 돼 있었습니다."

실명단장 윤증현의 증언도 조순 부총리의 말을 뒷받침해 준다.

"조 부총리는 당시 금융질서의 혼란을 가장 우려했습니다. 단계적인 실명제 추진방안을 보고하자 급격한 개혁이 아니라는 점에서 안도하면서도 '실명제가 금융시장에 불안요인이 되지 않도록 하라'고 재차 당부할 정도였지요."

이렇게 보면 정부 내에서도 문희갑 수석을 제외하고는 금융실명제를 선거공약대로 꼭 밀어붙여야 한다는 세력은 거의 찾아보기 어려웠던 셈이다.

전두환시대의 실패 경험을 참고해서 노태우시대에 와서는 거침없이 추진될 것 같았던 실명제도 내막을 들여다보면 그렇지 못했던 것이다. 표면화되지 않았을 뿐 비등하는 반대론 속에 시간이 갈수록 고립무원 상태에서 경제수석 문희갑이 필마단기로 분전하고 있었던 것이다.

대통령의 우유부단

90년 4월 4일, 이승윤 부총리는 금융실명제 유보방침을 발표하면서 그 이유를 이렇게 설명했다.

"경제 여건을 무시하고 실명제 실시를 밀어붙일 경우 지하경제를 양성화하는 효과를 거두기는커녕, 은행 저축이 빠져나가 부동산투기나 자극해서 경제 전체에 엄청난 부작용이 초래될 우려가 큽니다."

당시 경제 상황은 좋지 않았다. 3저 호황의 퇴조와 88올림픽 거품의 후유증 등으로 경제는 빠른 속도로 가라앉고 있었다. 급기야 국제수지가 적자로 돌아서자 총체적 위기론이 대두되었고, 부양책을 써서라도 경기를 되살려야 한다는 목소리가 업계와 정부·여당에서 높아졌다. 추락하는 주가가 가장 직접적인 바로미터였다. 우여곡절 끝에 한국은행의 발권력까지도 동원하는 12·12조치89년 12월 12일 발표된 증시부양대책. 한국은행이 3개 투신사(한국·대한·국민)에 자금을 지원, 주식을 무제한 매입케 함에도 불구하고 주가는 속절없이 무너지고 있었다. 3월 18일 경제팀이 바뀐 다음 새 팀이 만들어

낸 4·4경기활성화대책은 이 같은 경기침체에 대한 긴급 대응책이었다.

전두환정권에서 도중하차했던 실명제가 노태우시대에 들어와 다시 용두사미가 된 것도 '총체적 위기론'의 연장선상에 있었다. 그러나 노태우 정부가 실명제 추진 약속을 번복하게 된 이유가 당시의 경기침체 탓만이었을까.

결론부터 말하자면 실명제 유보의 가장 큰 원인은 노태우 대통령 자신한테서부터 찾아야 할 것이다. 실명제 실시의 마지막 키를 쥐고 있던 노 대통령은 실명제를 꼭 하겠다는 의지를 갖고 있지 않았다. 5공 때 추진되었던 실명제는 대통령 전두환이 적극적으로 앞장섰음에도 불구하고 정부와 여당 내의 역풍에 밀려 좌절된 데 비해, 6공 때의 실명제 추진은 대통령의 뒷심마저 부족한 상태에서 시작되었으니 처음부터 한계가 있을 수밖에 없었다. 청와대의 한 측근은 실명제에 대한 노 대통령의 태도를 이렇게 설명했다.

"대통령은 실명제에 대해 확고한 입장을 갖지 않았고, 상황에 따라 태도가 불분명했습니다. 전두환시대에 실명제가 추진되었을 때도 그는 매우 소극적인 입장을 취했었으니까요."

5공 때 내무장관이었던 노 대통령이 허화평 당시 정무수석과 함께 실명제 반대편에 섰다가 전두환 전 대통령과 불편한 관계로까지 갔던 사실을 아는 경제기획원 실무자들은, 과연 노 대통령이 진정으로 실명제 추진을 원했는가를 일찍이 의문시했다. 그럼에도 불구하고 노태우는 대통령이 되고 나서 주저 없이 실명제 실시에 도장을 찍었던 것이다.

그러다가 경제가 어려워지면서 여기저기서 실명제 연기 주장이 나왔다. 언론자유가 철저하게 억압되었던 전두환시대와는 달랐다. 잠시 눈치를 살피던 재계는 얼마 안 가서 노골적인 반대입장을 공개적으로 표명하고 나섰다. 한편에서는 일부 재벌그룹의 청와대 로비설과 함께 노 대통령과 사돈을 맺은 최종현 선경그룹 회장이 막후에서 상당한 역할을 했다는 소문도 무성했다.

여당인 민자당에서도 지역유지들로 구성된 지구당후원회의 불만이 소속의원들을 통해 터져 나왔다. 처음에 민주화의 대세에 눌려 아무 소리 못했던 의원들은 3당 합당1990년 1월 22일, 당시 여당이었던 민정당이 제2야당 민주당, 제3야당 공화당과 합당해 통합 민자당을 출범시킨 것을 말한다 이후 당의 목소리가 커지자 실명제에 대한 우려를 보다 적극적으로 제기했다.

대통령은 점점 불안에 빠져들었다. 결국 그는 분위기를 좇아 실명제를 실시하려 했는데, 시간이 흐르면서 문제점이 여기저기서 제기되자 언제 그랬느냐는 듯 슬그머니 등을 돌려 버린 행색이었다.

그 당시 실명제 실시에 끝까지 집념을 보였던 문희갑 경제수석은 실명제가 유보된 이유를 어떻게 보고 있을까. 그는 뒷날 자신의 저서《경제개혁이 나라를 살린다》에서 다음과 같이 적고 있다.

"정치인과 재벌 등 가진 자들이 실명제의 부작용을 지나치게 과장하며 다시 한 번 기득권 보호를 위해 총력전을 펼쳤다. 3당 합당 이후 기득권 옹호논리가 개혁논리를 압도했다. 정치인들은 실명제를 하겠다는 의지가 없었으며, 언론의 태도 역시 모호한 가운데 기득권층의 극렬한 반대로 실명제는 다시 연기된 것이다. 다만 더 체계적이고 조직적으로 국민을 이해시키고 국민여론으로 기득권층을 무마해 나가지 못했던가 하는 점이 뼈아프다."

기득권층의 반발에 부딪혀서 다시 실명제가 좌초되었다는 것이고, 정부로서는 정책의 당위성만으로 극복할 수 없는 현실적 저항을 간과했다는 것이 문희갑의 분석 요지다.

실명제 추진의 총사령탑이었던 그의 추진 과정을 봐도 그러한 점은 쉽게 드러난다. 그는 실명제를 어떻게 실시하느냐 하는 방법론상의 어려움에 대해서는 크게 걱정하지 않았다. 그는 어딜 가나 실명제 실시의 명분과 당위론을 주창하는 데 열을 올렸다. 시대가 실명제 실시를 절실하게 요구하고 있다고 굳게 믿었고, 대통령도 자신의 그러한 개혁정책을 시종일관 지지해 줄 것으로 확신했다. 부정부패와 지하경제 등 온갖 사회악을 척결하고 경제정의를 실현하기 위한 근본적인 해답이 금융실명제에 있다고 믿었고, 다소의 부작용이 있더라도 밀어붙여야 한다고 생각했다.

그러나 각론으로 들어가면서 형편은 달라져 갔다. 총론을 논할 때에는 대의명분에 밀려 숨을 죽이고 있던 반대론자들이 각론에 들어가자 여러 측면에서의 문제점들을 제기하고 나섰고, 실명제 실시론자들의 입지를 하루가 다르게 좁혀 나갔다.

실명제에 대한 문희갑 수석의 집념과 그의 과격한 개혁성향 자체가 도리어 실명제를 원점으로 되돌려 놓는 데 한몫했다고도 할 수 있다. 그의 개혁에 대한 열정은 동기의 순수성에도 불구하고 여전히 현실과의 괴리를 좁히지 못한 채 기득권층의 반발을 자초했다. 그의 트레이드마크인 개혁이미지는 자신을 과격한 급진론자로 비치게 했고, 이것이 오히려 의도했던 개혁 추진의 발목을 잡는 자충수로 작용한 셈이다.

"이미 '실명제 = 경제정의'라는 등식이 국민들의 뇌리에 꽉 차 있는 데다 문 수석의 개혁론이 가세되면서 실명제가 급격한 개혁조치라는 인상을 지우지 못한 게 결국 부담이 되었어요. 처음부터 실명제 논의를 종합과세문제에 국한하고 단계실시 방침을 분명히 했더라면 결과는 많이 달랐을 겁니다."

실명단 관계자의 사후평가다. 6공정부는 5공의 실패를 교훈 삼아 실명제 추진에 앞서 치밀하게 준비를 한다고는 했으나, 결과적으로 무산되는 과정은 비슷한 경로를 거쳤다. 마지막 순간에 재계와 여당의 반대를 극복하지 못한 것이다.

그렇다면 전두환과 노태우 두 정권이 잇달아 시도했던 금융실명제가 번번이 결실을 맺지 못하고 중도하차할 수밖에 없었던 근본 원인은 무엇이었을까.

돌이켜 보면 첫 번째 공통점은 '역전패'였다. 초기에는 명분론이 왕성하게 힘을 얻다가 시간이 지나면서 현실론에 역전당하는 양상을 두 번 모두 똑같이 보여 왔음을 알 수 있다. 은행에 돈 맡기는데 무엇이 떳떳하지 못해서 제 이름을 못 밝히느냐는 명분론이나, 검은돈의 뿌리를 뽑으려면 금융실명제를 해야 한다는 당위론이 늘 정권 초기에는 득세했다. 그러나 실명제 실시가 수반할 갖가지 비용과 이해관계가 구체적으로 노출되면서 얼마 못 가서 주저앉고 마는 일을 거듭해 온 것이다.

두 번째는 '토론 필패'였다. 금융실명제의 실시는 일종의 혁명에 비유할 수 있다. 실명제 실시 여부나 방법론을 토론에 붙이는 것은 마치 혁명을 토론을 통해서 하겠다는 것이나 마찬가지다. 전두환시대의 첫 번째 실명제 시도는 초반에는 전격적으로 시작되었으나 토론에 부쳐지면서 그만 현실론에 세를 잃고 말았다. 거기에 비하면 노태우정부는 처음부터 토론을 자청하고 나섰다. 세상도 민주화시대로 바뀌었고 대통령선거 때부터 실명제를 공약하고 나섰으니 그것을 추진하는 것은 지극히 당연한 일로 여겼다. 어차피 실시키로 한 것이니 처음부터 전담기구도 만들어 여론도 충분히 수렴하겠다는 것이었다. 하지만 시간이 갈수록 당초의 예상이 빗나갔다.

세 번째 공통점은 금융실명제 실시의 본질은 정치·사회적 현안으로 결판이 났지 결코 경제문제가 아니었다는 점이다. 정권이 바뀌어 삼세번 만에 드디어 금융실명제가 결실을 맺는 과정이 이를 단적으로 말해 준다. 이때는 청와대의 경제수석도 전혀 눈치조차 채지 못했을 정도로 소외당했다. 비밀리에 실명제 실시를 결심한 대통령 김영삼은 아예 자신의 경제참모를 구상단계부터 빼버렸던 것이다. 정치적 결단의 문제라고 여겼기 때문이다.

그러나 전두환·노태우 정권의 두 차례에 걸친 실명제 추진 실패가 과연 무모하기만 한 시도였을까. 두 대통령의 실패가 발판이 되었기에 그 다음 정권에서 비로소 실명제가 가능했다고 말할 수 있을 것이다. 김영삼 대통령 자신은 비록 경제전문가가 아니었고 실명제에 대해 특별한 조예도 없었지만, 전임자들의 실패를 통해 어떻게 해야 하는지를 확실히 파악할 수 있었던 것이다.

제7장

신도시 건설

정부가 불지른 부동산투기

노태우정권에서 부동산문제가 얼마나 심각했는지는 한두 가지 통계로 간단히 입증된다. 1980~87년 연평균 10.5%였던 전국의 땅값 상승률은 6공 출범 첫해인 1988년에 27.5%, 89년에 32.0%, 90년에 20.6%로 가파른 상승을 거듭했다. 초기 3년 동안 전국의 땅값이 꼭 2배 수준으로 뛰어오른 것이다. 땅값 상승으로 인한 이득을 계산해 보면 1987년 한 해만 해도 무려 35조 원으로 그해 GNP의 36%에 달하는 것이었다.

땅값과 집값이 오르자 전세금도 뛰었다. 이 와중에 정부는 세입자를 위한답시고 주택임대차보호법을 개정89년 12월해 전세 계약기간을 1년에서 2년으로 늘렸는데, 도리어 이것이 화근이 돼 전세금이 더 오르는 상황까지 벌어졌다. 전세기간을 법으로 늘려주면 세입자들이 전세살이를 1년마다 전전하는 어려움을 덜어줄 수 있을 것이라는 판단에서 계약기간을 늘린 것인데, 결과는 의도와 반대로 나타났다. 전세의무기간이 1년에서 2년으로 늘어나자 칼자루를 쥐고 있는 집주인이 당장 전세금을 올려버린 것이다. 어처구니없는 정책실패였다.

경제가 단군 이래 최대 호황을 구가한다는 판에 무주택 서민들의 어려움은 갈수록 더해 갔다. 전세금을 올려달라는 집주인의 성화에 못 이겨 세입자들은 변두리로, 달동네로 내몰렸다. 전세금을 마련하지 못해 일가족이 죽음을 택하는 등 이른바 '달동네 고산족'의 비화가 신문 사회면의 머리를 차지하는 경우가 늘어났다.

상대적으로 여유자금을 가진 사람들은 부동산투기에 열을 올렸다. 언제나 그러했듯이 부동산문제는 경제뿐 아니라 사회 전체적인 문제로 확산되어 갔다.

민주화의 소용돌이 속에 사방에서 '형평'이 강조되는 마당에 이처럼 부동산투기가 불붙기 시작했으니 계층 간의 위화감은 극도로 심화될 수밖에. 노조가 아무리 임금인상을 요구한다 해도 주거비 상승이 천정부지인 마당에 정부도 기업도 입을 다물 수밖에 없는 처지였다.

이 같은 부동산투기 열풍은 충분히 예고된 것이었다. 처음부터 모든 집값, 땅값이 폭등한 것이 아니라 대형 아파트에서부터 불길이 일기 시작했는데, 이는 지극히 당연한 일이었다. 3저 호황을 거치면서 소득은 크게 올라 큰 집으로 이사 가려는 사람들은 부쩍 늘었으나 집이 턱없이 모자랐다. 지난 전두환정권 동안에 주택 공급이 부족했기 때문이었.

전용면적 25.7평(85제곱미터) 이상 중대형 아파트의 분양가를 물가안정 차원에서 평당 134만 원으로 계속 묶어 놓았던 탓에 주택업자들이 아파트 건설을 꺼려 왔던 결과였다. 분양가 억제 탓만도 아니었다. 정부도 작은 아파트 늘리는 데만 신경 썼지, 중대형 아파트 늘리는 데는 관심이 없었다. 이러한 수급 불균형이 나중에 얼마나 심각한 사태를 초래할지를 몰랐다. 좀 더 자세히 되돌아보자.

건설부에 따르면, 1980년대 중반 우리나라 가구의 자연증가율과 주택 멸실률을 감안할 때 주택건설 필요 물량은 최소한 연간 35만호였다. 그러나 83년부터 주택경기가 침체되면서 84~87년 사이 지어진 집은 연간 22만호에 불과했다. 부족 물량이 매년 13만호씩 쌓여온 셈이다. 게다가 집 지을 땅도 태부족이었다. 서울의 경우 80년대 중반 개발이 끝난 목동과 상계동, 그리고 87년에 분양된 삼풍아파트와 올림픽아파트를 끝으로 대규모 아파트의 신규 공급은 중단된 상태였다.

반면에 소득이 늘면서 집에 대한 수요는 높아졌다. 86년만 해도 부동산 경기침체로 전국에 3만호 이상의 집이 미분양된 채 남아돌았다. 그러던 것이 87년부터 미분양 물량이 동나면서 집값이 눈에 띄게 오르기 시작했다. 게다가 넘쳐나는 달러와 3년 연속 연 12%를 웃돈 경제성장률은 부동산경기 급등에 결정적인 역할을 했다. 국내자금은 물론 해외교포들까지 국내 아파트를 사들였다. 투기 에너지가 터질 듯 부풀었다.

이런 환경 속에서 집값 폭등에 직접 불을 지핀 것은 정부당국인 건설부였다. 88년 5월 3일 건설부는 주민의 동의가 있으면 20년이 안 된 아파트도 재건축을 허용한다고 발표했다. 이로써 4, 5층 이하의 저층 아파트는 대부분 고층 아파트로 재건축할 수 있는 길이 열렸다.

이것이 화근이었다. 발표가 나오자마자 서울의 저층 아파트값이 일제히 뛰기 시작했다. 서울 강남과 강동지역의 5층짜리 주공아파트 13·15평형는 1주일 새 값이 평균 1천만~1천 500만 원씩 치솟았다. 예상치 못한 상황이 벌어지자 건설부는 17일 만에 황급히 방침을 취소했다. 그러나 일단 오른 집값은 떨어질 줄 몰랐다.

이렇게 발동이 걸린 집값은 88년 12월 박승 건설부장관의 아파트분양가 자율화 발언이 나오자 본격적인 폭등세로 이어졌다. 박 장관은 취임

한 지 얼마 되지 않아 기자들을 만난 자리에서 "아파트 공급을 촉진하기 위해 분양가 자율화로 건설업자들에게 집 지을 유인을 제공해야 한다"는 말을 꺼냈다. 그가 무심코 내뱉은 이 말 한마디가 일파만파가 될 줄이야. 장관의 말은 곧바로 건설부의 공식 입장으로 보도돼 파장을 일으켰다.

여론은 박승 장관을 향해 십자포화를 퍼부었다. 불을 꺼야 할 입장에 있는 주무장관이 오히려 기름을 끼얹었다며 몰아붙였다. 행정을 모르는 순진한 학자 출신이어서 그렇다는 비난도 뒤따랐다. 박승의 말을 들어보자.

"건설부로 가 보니 공급은 막아 놓은 채 가수요만 높이고 있었습니다. 집을 많이 짓게 하려면 결국 가격을 현실화해야 한다고 생각했습니다. 1단계로 분양가를 평당 170만~180만 원으로 올리고, 2단계로 완전 자율화하려 했던 겁니다."

일리 있는 얘기였다. 분양가가 자율화돼 건설업자들의 수지가 보장되면 공급은 늘게 마련이고, 그렇게 되면 시장원리에 의해서 집값이 더 이상 터무니없이 뛰어오르는 일이 수그러들 것 아니겠느냐는 이야기였다. 그러나 현실은 교과서의 이론대로 움직이지 않았다. 신규 아파트값 상승에 대한 기대감으로 기존 아파트값부터 다락같이 오르기 시작했다. 주무장관의 말 한마디가 본인의 의도와는 정반대로, 이미 달아오르기 시작한 투기 불씨에 기름을 끼얹은 격이었다.

1991년 초까지 3년 동안 서울지역의 아파트값은 평균 2.6배나 뛰었다. 88년에는 1억 원으로 40평짜리 대형 아파트를 살 수 있었으나 3년 후에는 15평짜리 소형 아파트도 사기 힘들어진 셈이다. 특히 강남의 중대형 아파트가 폭등세를 주도했는데, 1991년 초 압구정동의 80평형 현대아파트는 평당 2천만 원을 호가했다. 이 지역 주민들은 "하룻밤 자고 나니 천만 원 벌었다"는 말을 인사말처럼 주고받았다.

집값이 뛰자 투기꾼이 몰리고 가수요가 늘어나는 등 주택문제가 악화일로로 내달았다. 가뜩이나 물량이 부족한데 값이 오르니 걷잡을 수가 없었다. 결국 박승은 분양가 자율화도 성사시키지 못한 채 집값 폭등의 책임을 지고 장관직에서 물러나야 했다. 그로서는 언론의 비판이나 여론이 안타깝고 야속하기 짝이 없었다.

"분양가 자율화 시도는 특히 청와대 반대가 심했습니다. 조순 부총리와 상의할 때만 해도 별 문제가 없었습니다. 그러나 문희갑 수석이 반대하는 바람에 실패했지요. 내가 경제수석 자리에 있을 때 생각만 하고 '내 책임하에 추진하면 되겠지' 했으나 그게 잘못된 생각이었습니다. 건설부장관 자리는 그렇게 소신을 발휘해서 밀어붙일 수 있는 자리가 아니었어요. 야속한 것은 언론과 국민이었습니다. 집값은 어차피 오를 수밖에 없는 상황이었는데도 마치 나 때문에 오르는 것으로 뒤집어쓰고 말았습니다."

과연 박승 건설장관의 말 실수 탓에 그토록 부동산이 급등했던 것일까. 당시 주택시장의 수급상황을 지켜봤던 대부분의 사람들은 고개를 내젓는다. 집값은 장관의 발언과는 무관하게 오를 수밖에 없는 상황이었다는 것이다. 당시 청와대 비서관이던 홍철의 말이다.

"누가 장관을 하든 간에 집값은 뛰게 돼 있었습니다. 정부 내에서는 '집값문제는 건드릴수록 커진다'는 인식이 퍼져 아무도 손을 대지 않으려 했습니다. 그런데 박승 장관이 순진하게도 부처 간 협의도 거치지 않은 채 분양가 자율화 계획을 터뜨리는 바람에 화살을 맞게 된 것이지요."

박승은 본인의 의도와 상관없이 희생양이 되었다. 집값 폭등세가 멈추지 않자 정부는 수요 억제와 공급 확대라는 2가지 정책을 동시에 동원했다. 그리고 전자는 토지공개념으로, 후자는 신도시 건설로 각각 구체화되기에 이르렀다.

분당은 문희갑, 일산은 박승

노태우정권이 한국 주택정책에 남긴 가장 큰 족적은 역시 수도권 신도시 건설일 것이다.

89년 4월 27일, 박승 건설부장관은 분당과 일산에 대규모 아파트단지를 조성한다는 '신도시 건설계획'을 전격 발표했다. 경기도 성남시 분당동 일대 540만 평과 고양군 일산읍 460만 평에 각각 10만 5천 가구수용인구 42만 명와 7만 5천 가구수용인구 30만 명가 살 수 있는 신도시를 건설한다는 내용이었다. 전에 없던 일이다.

노태우 대통령 스스로가 선거공약에서부터 "신도시로도 부동산투기가 근절되지 않으면 긴급명령권을 발동해서라도 투기를 잡겠다"며 이미 신도시 카드를 천명하긴 했으나, 설마 하니 신도시 카드를 이처럼 과감하게 쓸 것으론 기대하지 않았다.

결론부터 말해 신도시 건설은 6공정권의 두 번째 경제수석인 문희갑이 앞장서서 이끌고 박승 건설부장관이 밀어 굴러간 거대한 수레바퀴라고 할 수 있다. 따라서 신도시 건설계획의 배경을 이해하려면 두 사람의 속생각이 무엇이었는지를 짚어 볼 필요가 있다.

박승은 경제수석시절인 88년 초 집값이 들먹거리고 투기 조짐이 나타나자 주택문제를 해결하는 유일한 방법은 공급 확대뿐이라는 점을 누누이 강조했다. 경제학자답게 가격의 문제를 수요와 공급의 시장 메커니즘으로 해결하려 했던 것이다.

그는 주택문제가 거론될 때마다 "집은 산을 까뭉개서라도 지어야 한다"는 말을 되뇌곤 했다. 학자 출신이면서도 '까뭉갠다'는 격한 표현을 쓴 것을 보면 그가 당시 공급 측면에서의 해결책에 대해 얼마나 확고한 소신을 갖고 있었는지를 알 수 있다. 훗날의 회고도 마찬가지였다.

"당시 공급 확대가 주택문제의 유일한 해결책이라는 것이 내 소신이었습니다. 수요가 늘고 공급이 달려 값이 오르는 상황이었으니 공급을 늘리는 것이 당연하지 않습니까. 일부에서 수도권 인구집중을 어떻게 막겠느냐는 반론도 있었지만, 이는 다른 방법으로 막아야지 집을 안 지어서 막을 수는 없다고 주장했습니다. 노태우 대통령도 나를 경제수석 자리에서 건설부장관으로 발령낼 때 '내 공약의 60~70%가 건설부 소관이니 박수석이 가서 수고해 줘야겠다'며 격려해 주기까지 했으니까요."

박승의 뒤를 이은 문희갑 경제수석도 공급론자이기는 마찬가지였다. 그의 노선 또한 분명했다. 문제에 대한 해결책이 일단 머릿속에 정리되기만 하면 좌우를 보지 않고 밀어붙이는 스타일이었다. 문희갑의 회고다.

"값이 오르는 것을 막으려면 공급을 늘리는 게 기본 아닙니까. 지난 정권에서 집을 적게 지어서 값이 오르는 것이니 뒤늦게라도 서둘러 집을 늘리는 것 말고 무슨 대안이 있었겠습니까. 더구나 3저 호황으로 소득이 부쩍 늘면서 대형 아파트 위주로 불붙기 시작한 투기 열기는 정말 무서울 정도였습니다. 청와대 내부에선 이대로 가다간 부동산투기 때문에 정권이 무너질지도 모른다는 위기감이 감돌 정도였으니까요. 이 때문에 주택 200만호 건설을 서두르는 한편 신도시를 물색한 것이지요."

그렇다면 신도시의 입지 선정은 어떻게 이뤄졌을까. 간단히 말해 분당은 문 수석이, 일산은 박 장관이 각각 골랐다. 우선 200만호를 지으려면 땅이 있어야 하는데, 서울 주변에는 그럴 만한 곳이 없었다. 결국 서울을 에워싸고 있는 그린벨트를 뛰어넘어 더 외곽지역으로 나가서 신도시를 건설해야 한다는 결론이 났다.

문 수석은 처음에 분당에만 신도시를 건설하려 했다. 분당은 일제 말의 부자 박흥식이 신도시로 개발하려 했던 일화가 있는 곳이며, 특히 박정희시대부터 알게 모르게 특별히 주목을 받아왔던 요지였다. 한참 전인 1974년 5월 4일, 헬리콥터로 성남 상공을 지나던 박 대통령은 넓은 녹지에 건설현장이 있는 것을 목격하고 수행원들에게 "그린벨트 같은데, 어떻게 집을 짓고 있느냐"고 물었다. 그린벨트가 아니라는 수행원의 설명에 박 대통령은 "그래도 언젠가 긴요하게 쓰일 땅이니 집을 못 짓게 하라"고 지시했다.

그날부터 판교 일대는 '남단녹지'라는 이름으로 불리며 개발이 금지되었다. 그린벨트지역도 아닌 곳이 졸지에 개발제한지역으로 묶여버린 것이다. 그러다가 박 대통령이 죽고 세월이 흘러 89년에야 문희갑이라는 임자를 만나 신도시 건설을 위한 대규모 택지로 효자 노릇을 하게 된 것이다.

일산은 사정이 조금 달랐다. 우선 휴전선이 가까운 전방지역인 데다 군사시설이 많아 개발할 엄두를 못 내던 곳이었다. 그러나 박승 건설장관이 지역균형개발을 명분으로 "강북도 개발하자"고 나서면서 일이 커졌다. 박 장관의 주장이 나오기 전에 일산은 전혀 거론조차 되지 않았다. 박승은 당시 일산을 후보지로 주장했던 이유를 이렇게 설명했다.

"우선 강남북의 균형을 맞춰야 한다고 생각했습니다. 또 개인적으로는 집이 일산과 가까운 서오능 쪽이라서 이 지역을 잘 알기에 평소 택지로 쓸 만하다고 생각하고 있었습니다. 대통령 앞에서는 대북관계를 고려해 남한의 평화의지를 보일 필요가 있다는 점을 강조했지요. 마침 대통령도 군시절 일산 부근의 9사단장을 지냈던 터라 지역 사정을 소상히 알고 있었습니다. 그래서 일산 개발안에 흔쾌히 동의해 주더군요.

그런데 생각지도 않게 건설부 직원들이 반대했습니다. 휴전선 가까이 이사 가려는 사람이 어디 있겠느냐는 주장이었습니다. 주무과장 한 사람은 장관인 나와 의견이 맞지 않아 일을 못하겠다고 해 보직을 바꿔 주기도 했습니다."

일산을 놓고 건설부 내에서 논란이 계속되자 문 수석은 분당만 먼저 발표하려고 했다. 그러다 박 장관이 "기밀이 새면 곤란하다"며 제동을 걸어 서둘러 분당과 함께 발표하게 된 것이다.

신도시 건설계획이 발표되자 각계로부터 즉각 반발이 나왔다. "문전옥답에 어떻게 집을 짓느냐" "정보가 새나가 투기꾼들이 이미 쓸고 지나갔다" "재벌 땅을 제외시켜 주느라 도시의 모양이 이상하게 되었다"는 등의 비난이 한꺼번에 쏟아졌다.

입지로 선정된 지역의 주민들로부터는 보상요구가 터져 나왔다. 주민들은 보상비 인상과 개발 철회를 주장하며 데모를 벌였고, 심한 경우에는 자살하는 사례까지 있었다. 반대여론이 들끓자 국회는 국회대로 '신도시 건설계획 재검토 촉구결의안'을 여야 만장일치로 통과시키는 등 비판적인 태도로 일관했다. 문희갑은 당시의 악전고투를 이렇게 회고했다.

신도시는 집값 안정에 기여했다는 긍정적인 평가에도 불구하고 수도권의 인구 집중을 심화시키고 엄청난 교통난을 유발하는 등 부작용도 야기했다. 사진은 일산신도시.

"언론이 정말 야속했습니다. 일부 언론에서는 신도시가 밀실에서 극비로 결정되었다고 비판하는가 하면, 발표 전에 미리 투기를 한 사람도 있다고 하는 등 비난과 매도 일변도로 나갔습니다. 이 때문에 신도시 건설 작업에 참여한 사람들 중 일부가 애꿎게 검찰에 불려 들어가 조사를 받기도 했습니다. 신도시 건설은 사전에 공개적으로 검토될 만한 사안이 아니었습니다. 처음부터 다소 무리가 따를 것을 알면서도 추진하는 길 외에는 달리 방법이 없었지요."

어쨌든 신도시 건설은 착착 진행되었다. 건설부는 설계변경·시차개발 등 각종 수정안을 잇달아 발표하면서 밀고 나갔다. 청와대에서도 문희갑 경제수석이 진두지휘하면서 최우선 순위로 지원을 아끼지 않았다.

200만 가구를 짓다

●
●
●

　90년 여름 청와대 대통령집무실에서는 이승윤 부총리와 권영각 건설부장관이 노태우 대통령 앞에서 얼굴을 붉히며 입씨름을 벌이고 있었다.

　이 부총리: 주택건설 속도가 너무 빠릅니다. 건설부가 다른 부서와 상의도 안 하고 너무 앞서 나가는 것 아니오. 이대로 가다가는 자재파동이 나기 십상입니다.
　권 장관: 주택 200만호는 예정대로 지어야 합니다. 지금 와서 중단하면 결국 짓지 못하고 맙니다.
　이 부총리: 짓지 말자는 게 아니라 기간을 연장하자는 겁니다. 건축 물량을 줄여 물가와 임금을 잡아야 합니다.
　권 장관: 각하의 위신도 있는데, 공약은 지켜야 하는 것 아닙니까.
　이 부총리: 약속 지키는 것은 좋지만 무리하면서까지 할 수는 없지 않겠소.

배석하고 있던 김종인 경제수석은 조심스럽게 이 부총리를 거들었다.

김 수석 : 부총리 말씀이 일리 있습니다. 너무 서둘다가는 부작용만 커집니다.
권 장관 : 그래도 각하의 공약사항인데….

두 사람 사이에 언성이 높아질 기미가 보이자 묵묵히 듣고만 있던 노 대통령이 "그래, 한다고 했으면 해야지"라며 권 장관의 손을 들어주었다. 권영각 건설장관은 의기양양하게 자리를 떴고, 이승윤 부총리와 김종인 경제수석은 난감한 표정을 감추지 못했다.

이 부총리와 권 장관의 논쟁은 주택 200만호 건설의 속도에 관한 것이었다. 이 부총리는 물가와 임금을 자극하지 않는 범위 내에서 추진하자는 주장인 반면, 권 장관은 내친김에 하루빨리 공약사업을 완수하자는 입장이었다. 당시 기획원과 상공부는 과열경기의 부작용을 우려해 건축 물량을 제한하려 했고, 주무부처인 건설부는 주어진 과제를 조기 달성하는 업적을 남기고 싶어했다

그러나 이날 모임에서 대통령이 건설부를 옹호해 줌으로써 주택 200만호 건설은 더욱 가속도가 붙게 되었다. 주택 200만호 건설이 정부 내에서는 일종의 '성역사업'처럼 인식될 정도였다. 특히 신도시 건설은 입안 단계에서부터 청와대와 건설부가 타 부서를 제쳐둔 채 주도했기 때문에 뒤늦게 기획원과 상공부의 견제가 먹혀들 분위기도 아니었다. 당시 기획원과 상공부 관료 가운데는 "주택 200만호 건설 때문에 한국경제가 망한다"고 수군거리는 사람들이 많았으나 공식 석상에서 아무도 목소리를 높이지는 못했다. 신중론을 폈던 부총리 이승윤은 당시의 상황을 이렇게

기억했다.

"정책 자체가 공급능력을 제대로 알아보고 추진했는지 의심스러웠습니다. 주택문제가 워낙 심각하다 보니 앞뒤 안 가리고 밀어붙였던 것이지요. 특히 권영각 건설부장관은 공약사업이라는 점을 너무 의식했던 것 같아요. 경제에 대해 조금이라도 상식을 지녔다면 자재난이나 인력난이 곧 닥칠 것이라고 내다볼 수 있었을 텐데 막무가내였습니다. 권 장관은 당시 계획보다 20% 정도 조기달성했다고 자랑하고 다니기까지 했습니다. 그 때문에 싸우기도 많이 싸웠으나 말끝마다 공약을 내세우는 바람에 허사였습니다. 지금 생각하면 그때 대통령을 더 강력하게 말리지 못한 것이 후회됩니다. 잘만 했으면 자재파동이나 물가불안을 안 일으키고도 주택문제를 해결할 수 있었는데 참 아쉽습니다."

반면 당시 청와대 경제수석실에서 신도시 건설에 참가했던 담당비서관 홍철의 회고는 좀 다르다.

"자기 땅에 자기 돈 들여 집 지어 파는데 자본주의체제에서 인위적으로 브레이크를 걸 수는 없지 않습니까. 경기가 과열된다고 힘으로 공급을 억제하는 것은 결국 주택문제를 해결하려는 정부의 의지를 스스로 뒤집는 셈이 돼서 달리 묘수가 없었지요. 또 공급을 억제한다고 발표하면 집값이 더욱 오를 우려도 있었습니다."

어쨌든 이 여세에 힘입어 80~87년 연평균 22만호에 지나지 않던 주택건설 물량은 88년 32만호, 89년 46만호로 급증한 데 이어 90년에는 사상 최대 규모인 75만호를 기록했다. 주택은행의 조사에 따르면, 당시 한국 경제에 부담을 주지 않고 한 해에 지을 수 있는 물량은 최고 45만호였다. 그런데 90년의 경우 적정 물량보다 무려 30만호를 초과한 것이다. 각 지방자치단체들도 이런 분위기에 편승, 택지개발지구를 경쟁적으로 지정해 댔다. 이것이 민간부문의 건설 속도를 더욱 재촉했다.

이 때문에 주택 200만호 건설계획은 예정보다 1년 이상 앞당겨진 91년 8월 말 조기달성되었다. 그 후에도 주택건설은 계속돼 92년 말까지 4년 동안 모두 264만호가 지어졌다. 87년 당시 우리나라 총주택 645만호의 40%에 달하는 물량이었다.

그러나 단기간에 많은 집을 지으려니 무리가 따른 것은 당연한 결과였다. 자원이 주택 200만호 건설에 모두 집중되다 보니 각종 부작용이 생긴 것이다.

86~88년 연 12%대의 고도성장에다 88년 144억 달러의 국제수지 흑자에 힘입어 당시 내수경기는 유례없는 호황을 누리고 있었다. 안정화정책이 필요한 시기였음에도 불구하고 건설경기가 달아오르는 바람에 오히려 경기과열을 부채질한 셈이 되었다.

3년간 주택 200만호를 짓는 데 들어간 돈은 28조 5천억 원을 웃돌았다. 연평균 9조 5천억 원이 쏟아부어진 것이다. 80년대 연평균 3조 3천억 원이던 주택부문 투자금액의 3배 가까운 규모였다. 특히 90년 주택부문 투자증가율이 62%에 이른 것은 건설경기의 과열 현상을 단적으로 보여주었다.

그 결과로 나타난 대표적인 부작용은 급격한 임금상승이었다. 건설현장의 일손이 달리다 보니 노임은 천정부지로 올랐다. 90년 한 해 동안 건설노임은 평균 40% 이상 올라 전체 임금상승을 주도했다. 이 당시의 건설부문 노임상승은 후일 서비스산업 임금을 급속히 끌어올리는 데 결정적 계기가 되었다.

한편 공단의 제조업 근로자들이 고임금을 좇아 대거 건설현장으로 옮겨가기 시작했던 것도 이때부터였다. 90년 건설부문 취업인력은 19만 9

천 명이나 늘었다. 건설부문이 상대적으로 임금이 낮은 제조업 인력을 빨아들이니 가뜩이나 심각한 제조업 인력난은 더욱 심각해졌다. 제조업은 인력난과 고임금이라는 이중고를 당해야 했다.

뒤이어 자재난이 닥쳤다. 철근·위생도기·시멘트·골재 등 아파트를 짓는 데 필수적인 건자재들이 턱없이 부족했다. 안 짓던 집을 갑자기, 그것도 대량으로 짓다 보니 기존의 공급 물량으로는 도저히 감당을 못하게 된 것이다. 건설업자들은 시멘트를 구하려고 새벽부터 시멘트대리점 앞에 줄을 서야 했다. 레미콘업자들은 건설현장마다 상전 대우를 받으며 웃돈을 챙겼다. 과거의 하도급관계가 완전히 역전되는 기현상이 벌어진 것이다.

또 많은 건설업체들이 국산 위생도기를 구하지 못해 남미로부터 수입한 싸구려 자재를 사용했다. 당시 서울 중계동 H아파트의 경우 브라질제 수세식변기에서 오물이 넘쳐흘러 일부 입주자들이 자기 돈을 들여가며 국산용기로 바꾸는 사례도 있었다.

이래저래 공사단가가 크게 올랐다. 건설업자들로서는 정해진 분양가로 수지를 맞추자니 날림공사를 하는 수밖에 없었다. 벽을 얇게 만들고, 철근과 콘크리트를 덜 쓰고, 값싼 바닷모래를 섞는 등 각종 편법이 동원된 것이다. 건자재의 수급을 고려하지 않은 채 일시에 무리하게 많은 집을 지어 댔으니 부실시공은 이미 예견된 결과였다.

바닷모래와 중국산 시멘트

　1991년 5월 23일 광주고속 건설사업부 평촌신도시아파트 현장 소장은 1주일 전에 쳐놓은 콘크리트의 강도를 시험하고 있었다. 측정기가 없어 해머로 내리칠 때 손끝에 와 닿는 감과 샘플의 파손 정도로 강도를 재야 했다. 그런데 현장 소장이 해머로 내리치자 콘크리트 샘플은 연탄재처럼 맥없이 부서졌다. 기준강도에 훨씬 못 미치는 불량레미콘이 사용되었기 때문이었다. 여간 심각한 일이 아니었다.
　현장 소장이 이 사실을 본사에 보고할 때쯤 공급업체인 진성레미콘이 "컴퓨터조작 실수로 불량품을 보내게 되었다"고 통보해 왔다. 광주고속은 불량레미콘이 들어간 아파트를 헐고 새로 지을 것이냐, 아니면 기술적인 보완을 거쳐 그대로 올릴 것이냐를 두고 열흘 동안이나 고심하다가 결국 공기 연장을 감수하고 철거에 들어갔다. 그 후 불량레미콘을 공급받은 우성·선경·동아건설 등 상당수의 건설사들도 멀쩡하게 올라가던 아파트를 헐어내는 소동을 치러야 했다. 91년 여름 신도시 입주를 기다리던 사람들을 경악시켰던 불량레미콘사건은 이렇게 모습을 드러냈다.

외면적으로 보면 불량레미콘사건은 단순히 레미콘업체의 실수로 일어난 해프닝에 불과했지만, 그 속을 들여다보면 무리한 200만호 건설에 따른 구조적인 건자재 수급난이 도사리고 있었다. 특히 건설부의 자재수급 예측이 얼마나 현실과 동떨어져 있었는가를 극명하게 보여주었다.

우선 불량레미콘을 처음 발견한 현장 소장의 말을 들어보자.

"당시 레미콘업체마다 바닷모래와 중국산 시멘트를 안 쓰는 곳이 없었습니다. 골재가 워낙 달렸기 때문이지요. 그래도 골재의 함량만 제대로 지켰다면 강도에는 큰 무리가 없었을 겁니다. 물량이 절대적으로 부족하다 보니 기준이 잘 지켜지지 않았습니다. 진성레미콘은 실수였다고 해명하고 막대한 손실을 감수해야 했으나, 레미콘회사의 단순 실수로 넘어갈 일이 아니었다고 생각합니다. 구조적인 수급난이 근본 원인이었지요."

당시 건설업체들은 레미콘의 품질검사는 뒷전이고 물량 확보가 급선무였다. 신도시가 착공된 90년 3월부터 레미콘에 웃돈이 붙기 시작했다. 불량레미콘사건이 한창이던 91년 6월에만 해도 대형 건설사들은 공시가격보다 20~30% 비싼, 트럭 1대당 33만~36만 원을 줘야 레미콘을 공급받을 수 있었다.

그나마 중소 건설사들은 단골이 아니라는 이유로 공시가격의 2배를 줘도 구하기 어려웠다. 게다가 남보다 먼저 레미콘을 공급받으려고 웃돈을 집어주는 것이 예사였다. 레미콘회사 간부는 물론 배차담당 직원이나 운전기사에게도 고정적인 사례비를 찔러줘야 제때 콘크리트를 칠 수 있을 정도였다.

이 때문에 건설업자들은 1991년 초부터 건설부에 자재수급과 품질안정 대책을 세워달라고 건의하기도 했다. 또 정부 내에서도 기획원과 상공부를 중심으로 자재수급대책이 필요하다는 말이 나왔다.

공급은 가만히 있는데 수요가 급격히 늘면 파동이 나는 것은 자명한 이치였다. 건설부는 아랑곳하지 않고 건설을 밀어붙였다. 주택 200만호 건설은 대통령의 공약사업인 만큼 반드시 조기달성해야 한다는 목표에 건설부 관료들은 매진했다. 대통령의 핵심 공약사업이라는 점에 누구도 감히 토를 달지 못했다. 경제부총리 이승윤도 취임하고 나서 이렇게 실토했다.

"주택 200만호 건설은 건설부가 도맡아 추진하는 바람에 얼마나 속도가 빠르게 진척되고 있는지 기획원은 전혀 모르고 있더라고요. 건설부로부터 보고를 받은 후에는 이미 때가 늦어 자재난·인력난·물가고 등을 수습할 수 없었습니다. 게다가 토초세 등 세제개혁이 건설경기에 어떤 영향을 미치는지를 전혀 예상하지 못해 부작용을 더욱 키우게 되었지요."

세금정책까지 잘못되면서 자재수급은 더욱 꼬여 갔다. 당시 토지초과이득세토초세. 특정 지역의 지가상승률이 전국 평균의 1.5배를 초과할 경우 무겁게 매기는 세금가 입법화되는 바람에 땅주인들은 세금을 피하기 위한 방책으로 노는 땅에 한꺼번에 건물을 지어댔다. 대도시에서는 빌딩 건축이, 신도시에서는 아파트 건축이 동시에 진행되었으니, 이 또한 자재난을 더욱 심화시켰던 것이다. 모든 자재를 신도시에 쓸어 넣어도 모자랄 지경인데 곳곳에 때 아닌 건축붐까지 일어났으니, 가뜩이나 부족한 건축자재는 더더욱 품귀현상을 빚게 되었다.

자재만 모자란 것이 아니라 사람도 모자랐다. 건설업계는 1991년 당시 건설현장의 총 소요인력을 130만 명으로 잡았으나 실제로 동원된 인력은 118만 명에 그쳤다. 특히 신도시 건설에만 10만 명이 필요했으나 건설사들이 확보한 인력은 70~80%에 그쳤다. 일시에 많은 건설현장이 늘어나 숙련공이 부족했던 것이다.

건설사들은 부족 인원의 절반 이상을 뜨내기 인부들로 채웠다. 이들은 건설현장의 인근 마을이나 서울 신촌·영등포 등 인력시장 출신들로 기술이나 경험이 부족했다. 이 때문에 부실시공의 위험은 더욱 높아졌다. 분당신도시 아파트 건설사의 한 현장 소장은 당시 상황을 이렇게 전했다.

"기능공이라면 적어도 3년 이상의 경력이 필요한데, 신도시 현장 인부들은 대부분 두세 달 정도의 경험밖에 없었습니다. 벽돌공의 경우 하루에 1천 500장을 쌓지만 일반 인부들은 1천 장도 못 쌓았습니다. 미장공은 하루 3평 정도를 미장해야 하는데 뜨내기들은 2평 갖고도 허덕거렸고, 그나마 표면이 고르지 못해 몇 번이나 다시 하기도 했습니다. 작업의 질이 예상 외로 낮았지만, 일손이 워낙 달리다 보니 어쩔 수 없이 쓰게 되었지요."

불량레미콘사건으로 촉발된 부실시공 문제가 언론에 집중 부각되자 건설부는 부랴부랴 관계자를 처벌한다, 정밀진단을 실시한다, 안전대책을 세운다, 건설 속도와 분양 시기를 늦춘다는 등의 사후대책을 세웠다. 건설부는 특히 신도시 건설 물량 30만호의 분양을 연기시킨 데 이어 시·도별로 건축 물량을 할당하는 '쿼터제'까지 동원했다. 노태우정권의 초기 주택건설정책은 무슨 군사작전하듯이 밀어붙여졌던 것이다.

그러나 불량레미콘사건으로 부실시공의 원흉으로 몰린 건설업체들은 재시공에 따르는 물질적인 손해는 물론 돈으로 헤아릴 수 없는 심각한 이미지 훼손을 겪어야 했다. 이들은 레미콘업체로부터 직접적인 피해액을 배상받았으나 공기 연장이나 이미지 실추 등으로 인한 간접비용에 대해서는 보상을 받지 못했다. 또 일부 상장건설사들은 부실시공으로 곧 부도가 난다는 소문이 돌아 주가가 급락하기도 했다.

반면 불량레미콘사건은 아파트 안전관리에 대한 관심을 환기시키는 결정적인 계기를 제공했다는 점에서 긍정적인 효과도 적지 않았다. 우선 현장마다 콘크리트 강도를 측정하는 장비가 보급되었고 아파트 시공을 감시하는 감리자의 권한과 의무가 무거워졌다. 건설부·공업진흥청 등 감독당국의 점검이 강화되었음은 물론이다.

졸속과 신속의 차이

노태우 정권 5년 가운데 1991년 9월은 건설부로서는 가장 인상 깊은 달이었다. 노태우 대통령의 가장 중요한 공약이었던 주택 200만호 건설이 무려 1년 3개월이나 앞당겨 달성된 데다, 부실공사로 얼룩졌던 신도시에 드디어 첫 입주가 시작되었기 때문이다.

그러나 이런 외형적 성과의 이면에는 여러 가지 문제점이 있었다. 신도시의 문제점은 91년 6월 말 국토개발연구원의 '신도시 건설에 따른 파급효과 분석'이라는 보고서에서도 이미 예고된 것이었다.

"신도시 공사비 15조 원은 승수효과로 31조 400억 원의 생산유발효과를 냄으로써 경기를 과열시키고 있다. 수도권 인구집중 억제대책에도 불구하고 신도시 건설로 22만 7천 명의 지방 사람들이 수도권으로 신규 유입된다. 또 자족기능이 부족해 최소한 17만 명이 서울로 출퇴근하게 돼 하루 종일 체증에 시달리게 될 것이다."

국토개발연구원의 우려는 바로 현실로 나타났다. 대표적인 부작용으로 꼽힌 교통난은 입주가 시작되자마자 터져 나왔다. 분당에서 서울 중심가로 출근하려면 빨라야 2시간이 걸렸다. 이 때문에 처음부터 국토개발연구원은 직장을 신도시로 옮기는 직장 이주자들에게 아파트의 절반을 분양하자는 안을 내놓았다. 교통량을 약 3분의 2까지 줄일 수 있다는 계산에서였다. 그러나 건설부는 청약저축을 넣고 몇 년을 기다리고 있는 수요자가 줄줄이 있는 데다 특혜분양이라는 반발이 나올 수 있다는 이유를 들어 반대했다.

준비나 대책이 소홀한 상태에서 서둘러 물량 공급 일변도로 밀어붙였으니 어느 정도의 부작용은 당연한 것이었다. 짧은 기간에 벌어진 신도시 건설특수는 인건비·자재값 등을 순식간에 천정부지로 끌어올렸다. 교통체증에다 주거편의시설 미비로 겪어야 했던 불편 등도 당시로서 어쩔 수 없는 부작용이었다. 대통령의 주요 공약사항인 200만호 주택 건설의 핵심사업인데 '그 정도 부작용쯤이야' 하는 분위기였다.

사전준비가 부족하다 보니 건설 일정과 계획도 변경에 변경을 거듭했다. 건설부는 미달사태를 우려해 청약경쟁률을 봐가며 분양계획을 의도적으로 찔끔찔끔 발표했다. 한꺼번에 신규 아파트 공급을 늘린다고 하면 청약미달사태가 일어날까봐 일부러 분양계획을 줄여서 발표하는 일도 벌어졌다. 정부가 아파트값을 진정시키기는커녕 오히려 끌어올렸다는 비난까지 받아야 했다. 실제로 당시의 정부 입장에서는 신도시 아파트값을 얼마나 안정시키느냐 하는 문제보다는 미분양사태가 일어나지 않도록 하는 것이 더 중요했다.

신도시의 성격에 대해서도 논란이 많았다. 신도시가 베드타운이냐 자족도시냐를 두고 건설부와 학계에서 의견이 분분했다. 분당과 일산에 대규모로 아파트를 짓기로 한 것 자체가 체계적인 신도시 건설계획을 사전에 치밀하게 검토하는 데서 출발한 것이 아니었기 때문이다.

건설부는 신도시 건설계획을 발표하면서 '자족기능을 갖춘 새 주택도시'라는 애매한 용어를 처음 사용했다. 사실 자족기능과 주택도시는 앞뒤가 안 맞는 말이다. 신도시가 베드타운으로 인식되는 것을 건설부가 꺼렸음을 말해주는 대목이다.

학계에서는 신도시가 베드타운화하면서 극심한 교통난을 유발할 것으로 우려했다. 이에 대해 건설부는 "신도시를 결코 베드타운으로 만들지는 않겠다"고 거듭 천명했으나 입주 후의 상황은 정반대였다. 영락없는 베드타운이었다. 여러 요인들이 복합적으로 작용했다. 자족도시로서의 기반시설을 적극적으로 하고 싶어도 불가능했다. 당시의 수도권정비계획에 걸려 꼼짝할 수 없는 측면도 없지 않았다.

건설규모나 용적률을 놓고서도 시비가 많았다. 국토개발연구원은 신도시가 너무 고밀도라고 비판했던 반면, 건설부는 될수록 많은 아파트를 짓도록 밀어붙였다. 정부당국으로서는 신도시 건설로 주택 200만호 공약을 앞당겨 달성하려는 의지가 강했기 때문이다. 결국 분당은 인구 39만 명에 주택 97500호, 일산은 인구 27만 명에 주택 69500호로 당초보다 7% 정도 줄이는 절충안이 나왔다.

용적률도 연구소 측은 150% 이하로 주장했으나 건설부는 강남의 아파트단지처럼 200%를 고집했다. 절충안으로 분당은 180%, 일산은 160%로 낙착되었으나 평촌·산본·중동 등 나머지 신도시는 210~220%의 고밀도 도시로 결말이 났다.

언론에서는 분당을 필두로 수도권의 신도시 건설이 계속되는 내내 부작용들을 파헤치며 정부를 비판했다. 이에 대해 당시 청와대 경제수석실 비서관을 거쳐 건설부 기획관리실장으로 일했던 홍철은 이렇게 회고했다.

"부작용이 있었던 건 사실이지요. 그러나 부동산투기 현상이나 주택난에 비하면 교통난이나 인구집중 문제는 상대적으로 덜 심각했지 않습니까. 정책은 결국 선택의 문제인데, 전부가 아니면 전무로 갈 수야 없지요. 신도시 건설이 어쨌든 집값 안정에는 크게 기여하지 않았습니까."

그의 말대로 신도시가 집값 안정에 기여한 측면을 결코 과소평가할 수 없다. 통계숫자가 이를 뒷받침한다. 85년 이후 계속 낮아졌던 주택보급률은 89년 70.9%에서부터 상승세로 돌아서 90년 72.1%, 91년 74.2%, 92년 75.7%로 꾸준히 높아졌다. 이렇게 공급이 늘자 값도 떨어졌다. 천정부지로 뛰던 집값은 91년 4월을 고비로 내림세로 반전되었다. 90년 12월의 집값을 100으로 놓았을 때 91년 4월까지 105.7로 오름세가 계속되었으나 연말에는 99.7, 92년 말에는 95.2로 떨어졌다.

내림폭이 오름폭보다는 작았지만 당시로서는 집값이 떨어졌다는 사실 자체만으로도 대단한 일이었다. 부작용이 있었지만 집값 안정이라는 목표는 달성된 셈이었다.

신도시 건설의 두 주역이었던 박승과 문희갑은 이후 자신들이 주도했던 일을 어떻게 평가했을까.

"서두른 것은 사실이지만 한국의 현실에서는 그것이 최선이었다고 생각합니다. 자본주의 역사가 짧은 우리나라에서는 서구에서 서서히 나타났던 문제들이 압축돼 폭발적으로 나타나게 됩니다. 그러다 보니 대응책도 압축될 수밖에 없지요. 그 압축을 좋게 보면 신속이고 나쁘게 보면 졸속이 되는 겁니다."(박승)

"신도시 외에는 다른 대안이 없었습니다. 당시 상황을 이해하지 못하고 6공이 작품 하나 남기려고 무리하게 추진했다고들 하는데, 신도시는 집값 안정을 위해 정말 순수한 동기로 시작한 겁니다. 실제로 신도시 때문에 집값이 안정되지 않았습니까. 뒤이어 나타난 경제난의 원인을 신도시로 전가하는 것은 부당합니다."(문희갑)

지난 일이라서 잊혀져서 그렇지 돌이켜 보면 1980년대 중반에 찾아온 이른바 '단군 이래의 최대 호황' 끝에 불어닥친 집값폭등 현상은 정말 끔찍했다. 돈은 흘러넘치는데 집은 모자라고, 민주화 열기 속에 각종 규제는 맥을 못 쓰고…. 자고 나면 다락같이 오르는 집값에 속수무책이었던 게 사실이다. 특히 급격한 소득증대로 대형 주택의 수요가 폭발적으로 늘어나는 판에 수년 동안 공급을 꽁꽁 묶어 놓는 정책을 써 왔으니 대형 아파트값이 집중적으로 폭등할 수밖에 없었던 것이다. 이것을 수습한 것이 분당과 일산 신도시 건설이었다. 그런 점에서 볼 때 문희갑과 박승이 주도한 신도시 건설은 주택정책 역사에 큰 획을 그었다고 할 수 있다.

부작용에 대해서는 여러 비판이 있었으나 정작 결정적인 문제는 빠졌다. 중대한 정책실패는 다른 데 있었다. 교통난이나 베드타운 차원의 문제가 아니다. 신도시 건설정책의 가장 큰 부작용은 토지보상금 전액을 현금으로 지급했다는 점이었다. 당시에 지급된 보상금 규모는 약 4조 원. 이 엄청난 돈이 일시에 풀렸다. 땅으로 돈을 번 사람은 절대 딴 데로 가지 않는 것일까. 분당과 일산의 땅을 수용당한 땅 임자들은 정부에서 시세로 보상받은 돈으로 전 국토를 상대로 또 다른 부동산투자에 나섰고, 그 결과 전국 방방곡곡의 땅값을 올려놓게 된다. 신도시 건설로 서울의 집값을 안정시키는 데는 성공했지만, 토지보상비를 현금으로 일시에 지급하는 바람에 전국을 부동산투기장으로 만들어 버린 것이다. 만약 토지보상비를 현금으로 지급하지 않고 채권 발행 등으로 해결했다면 그 같은 전국적 부동산투기 현상은 훨씬 덜했을 것이다.

현금보상 대신 토지채권 발행 등의 방법이 더 바람직하다는 것을 몰랐을 리 없다. 다만 정부로서는 채권을 통해 그 많은 땅을 수용할 자신이 없었던 것이다. 가뜩이나 민주화가 판을 치는 세상인데, 신도시 건설을 위한 토지수용이 아무리 절실한 것이라 하더라도 땅 임자들이 현금보상 아닌 채권보상을 순순히 받아들이겠느냐 하는 생각에 지레 겁을 먹었던 것이다. 그리하여 초기단계부터 아예 토지채권 발행은 제대로 검토하지도 않았다.

아무튼 세월이 지나면서 분당과 일산을 더 이상 '신도시'라고 부르는 사람은 찾아보기 힘들게 되었다. 서울의 남쪽으로는 용인과 수원, 그리고 북쪽으로는 휴전선지역 코앞에까지 들어선 고층 아파트숲들을 보면 당시의 신도시 건설을 둘러싼 논쟁에 참여했던 많은 전문가들도 머쓱해 하지 않을 수 없을 것이다. 계획입안 초기에 그처럼 논란이 되었던 베드타운 시비도 언젠가부터 사라져 버렸다.

돌이켜 볼 때 노태우정권 이전까지만 해도 공장 짓고 수출하기 위한 신도시는 만들었어도, 사람들이 생활하는 신도시를 건설할 생각은 하지 못했다. 예컨대 울산이나 창원 같은 산업신도시 건설은 있어도 분당이나 일산 같은, 주거를 위한 신도시 건설은 없었다. 6공정부가 처음으로 엄두를 낸 일이었다.

제8장

토지공개념의 탄생

개혁을 놓치면 혁명이 온다

당시 신도시 건설이 부동산문제에 대한 공급 측면의 대책이었다면 토지공개념은 수요관리 차원의 처방이었다. 3저 호황과 맞물려 87년 하반기부터 부동산이 급등하고 투기가 극성을 부리자 정부 내에서는 보다 근본적인 대책이 필요하다는 인식이 확산되었다. 기존의 세금체계만으로는 도저히 부동산문제를 해결할 수 없다는 판단에서였다.

그때까지 정부는 사실상 부동산거래를 제대로 포착하지도, 양도차익을 정확하게 따져 적절한 세금을 매기지도 못했다. 지능적인 투기꾼들은 갖가지 수법으로 당국의 감시망을 빠져나가고 있는데도 전산망이 갖춰지지 못해 속수무책이었다. 또 세금을 매긴다 하더라도 과표가 시세보다 형편없이 낮은 데다 비과세 감면조항이 너무 많아 실효성이 없었다. 부동산에 관한 한 세제稅制나 세정稅政이나 전혀 힘을 쓰지 못했다.

이 때문에 부동산 열풍이 지나갈 때마다 정부는 투기꾼이나 중개업자들에 대해 사법조치를 취하거나 세무조사를 벌이는 등의 대증요법에만 의존하는 상황이었다. 반짝효과는 그때뿐이었다.

이에 대한 반성으로 노태우정권 들어 토지공개념에 대해 본격적인 연구를 시작한 곳이 건설부와 경제기획원이었다. 1988년 4월, 당시 건설부 토지국은 '토지정책의 운용과 과제'라는 보고서를 만들어 최동섭 장관과 이현재 총리에게 보고했다. 이 보고서에는 토지소유상한제·개발이익환수제·등기의무제·과표현실화 등 후일 토지공개념의 골격을 이루게 될 주요 항목들이 두루 들어 있었다. 또 그해 8월께부터 경제기획원은 나웅배 부총리와 강봉균 기획국장 주도로 과표현실화와 종합토지세 법안을 입안했다. 89년 초에는 김인호 기획국장을 반장으로 건설부 이규황 토지국장·재무부 이근영 세제국장·내무부 윤한도 지방세제국장 등으로 팀을 구성하여 공개념의 원리를 정책적으로 구체화시키는 작업을 본격화했다. 토지공개념 문제를 다루는 태스크포스가 처음 가동된 것이다.

물론 토지공개념이라는 말이 처음 나온 것은 아니었다. 건설부 내에서 토지공개념이라는 용어가 사용되기 시작한 것은 70년대부터였다. 1978년 부동산투기 억제를 목적으로 한 8·8부동산종합대책이 나올 당시 신형식 건설부장관이 국회에서 "토지의 사유개념은 시정돼야 한다. 건설부는 토지의 공개념에 입각한 각종 토지정책을 입안 중에 있다"고 밝히면서 처음으로 토지공개념이라는 말을 사용했다. 건설부는 이때부터 이미 개발이익 환수·과표현실화 등 토지공개념과 관련된 각종 제도에 대한 연구를 계속해 왔다.

토지공개념에 대한 건설부의 구상이 그로부터 10년이 지난 뒤 8·10부동산종합대책을 계기로 보다 광범위하게 명문화된 것이다. 당시 정부가 "토지공개념을 새로 도입한다"는 표현 대신 "확대 도입한다"고 말한 것도 이런 맥락에서였다.

　토지공개념의 내용과 목적을 알기 위해서는 우선 당시 토지공개념제도의 기초를 마련했던 정부 실무진의 철학과 의도를 알아볼 필요가 있다. 우선 문희갑의 말을 들어보자. 그는 88년 경제기획원 차관시절부터 토지공개념 도입작업에 참가한 후 이듬해 청와대에 들어가 경제수석 자리에 앉으면서 민정당의 반대를 뿌리치고 입법화시키는 데 결정적인 역할을 한 장본인이다.

　"같은 서울 하늘 아래 봉천동, 사당동 등 산꼭대기 달동네에서는 움막같은 집에 서너 가구가 비참하게 살아가는 반면 삼청동, 성북동, 방배동 등에서는 수십억 원짜리 집에 초호화판으로 떵떵거리며 사는 사람도 있지 않습니까. 아무리 사유재산권이 보장되는 자본주의 경제체제라 하더라도 이 격차는 줄여야 한다고 생각했습니다."

　문희갑이 경제수석이라는 자리에 앉아서 이 같은 입장을 거침없이 밝히는 바람에 토지공개념제도 도입은 대기업과 민정당 등으로부터 사회주의적 발상이라는 비난을 받기도 했다. 그러나 실무관료들의 생각은 달랐다. 헌법 제23조를 근거로 "사유재산권의 행사는 공공복리에 적합해야 하고 법률이 정한 바에 따라 제한이 가능하다"는 주장을 굽히지 않았다. 어디까지나 자본주의 질서의 테두리 내에서 제도를 마련하겠다는 것이니 사회주의적 발상으로 몰아붙이는 것은 부당하다는 이야기였다.

　일반 여론은 물론 토지공개념 도입을 전폭적으로 지지했다. 건설부와 경제기획원이 갤럽연구소 등에 의뢰한 조사에서는 절대 다수의 국민이 토지공개념 도입에 찬성하고 있는 것으로 나타났다. 토지공개념정책의 구체적인 뜻이 무언지는 몰라도, 토지라는 단어에 공개념이라는 말이 붙여진 낯선 용어 자체가 많은 일반인들에게는 신선하게 여겨지고 그럴듯

한 대의명분이 담겨 있는 것처럼 느껴졌다.

이 같은 분위기는 당시 국토개발연구원과 토지공개념연구위원회에서 몇 가지 조사 결과를 내놓으면서 더욱 증폭되었다. 토지공개념연구위원회는 "74~87년 투자액 모두를 시설투자에 사용한 기업은 3.3배 성장한 반면, 그 모두를 땅에 묻어 놓은 기업은 무려 10배나 성장했다"는 결과를 내놓았다.

특히 여론에 결정적으로 불을 지핀 것은 국토개발연구원이 발표한 "상위 5%의 계층이 전체 사유지의 65.2%를 소유하고 있다"는 연구 결과였다. 이 단순한 통계치가 국가적으로 엄청난 변화의 소용돌이를 몰고 올 불쏘시개 역할을 할 줄은 그 당시 아무도 몰랐다.

그저 토지소유의 편중 현상을 단적으로 보여준 상징적 수치라는 점에 아무도 이의를 달지 않았다. 이 통계내무부의 토지대장 전산자료로 계산가 얼마나 정확한지 여부는 제쳐 두더라도 당시로서는 여론을 자극하기에 충분했다. 급기야는 부자들이 땅을 싹쓸이하는 것을 더 이상 방치하지 않기 위해서 제2의 토지개혁이라도 불사해야 한다는 극단론도 등장했다.

아무튼 토지공개념을 주장하는 쪽에는 국토개발연구원의 이 통계 하나가 결정적인 응원군이었다. 난처해진 민정당은 "여론을 자극하는 자료를 당과 상의도 없이 내보내느냐"며 건설부에다 화풀이를 했다.

분위기가 심상찮게 돌아갔다. 소수의 부자들이 나라 땅을 독차지하고 있다는 통계숫자는 새삼 서민층의 불만을 가중시켰다. 여론은 획기적인 부동산대책을 원했다. 특히 망국적인 투기를 막고 토지소유의 편중을 개선하기 위해서라면 자본주의 질서를 다소 거스르더라도 강도 높은 토지공개념제도가 도입돼야 한다는 여론이 급속도로 확산되었다.

정부도 이를 외면할 수 없는 형편이었다. 특히 정권 초기부터 부동산문제 때문에 민심이 동요하는 데는 통치권 차원에서도 위기의식을 느끼지 않을 수 없었다. 결국 비등하는 여론을 잠재우고 사회적인 불만을 정권에 대한 지지로 돌려놓기 위해서는 토지공개념이라는 획기적인 처방이 필요했던 것이다. 정치적 판단이 기존의 토지정책에 강력하게 영향을 주기 시작하게 된 것도 이 같은 배경에서였다. 80년 초부터 공개념 도입의 실무작업에 깊이 참여했던 정부의 한 관계자의 말이다.

"1988년 초 땅값상승과 부동산투기에 대한 사회적인 불만이 대단했습니다. 이것이 중산층의 저항을 부채질해 노태우정부는 초기부터 정치적으로 매우 어려운 상황이었습니다. 국민적 합의 기반이 약한 데다 땅값상승으로 불만이 커지자 체제유지에 위협을 느끼게 된 것이지요. 정치권의 입장에서는 토지공개념 도입이 중산층의 지지를 붙잡아 둘 수 있는 효과적인 수단이 될 수 있다는 생각을 갖게 된 것 같습니다. 이 때문에 입법화가 다소 수월해진 면도 있었습니다."

1989년 12월 30일, 택지소유상한에 관한 법률·개발이익환수에 관한 법률·토지초과이득세법 등이 우여곡절 끝에 국회를 통과하면서 드디어 본격적인 토지공개념제도가 등장하게 된다. 극심한 투기와 주가폭등에 대한 노태우정부의 위기의식과 여론의 힘으로 빛을 보게 된 것이다. 물론 그 과정에는 정부 내에서도 논란이 많았고, 여당인 민정당과 대기업들의 반발도 만만치 않았다.

정부가 토지공개념제도를 도입하겠다고 발표한 이후 입법예고 때까지 1년 동안 관련 부처 사이에는 팽팽한 줄다리기가 계속되었다. 서로 자기주장을 관철하려 하는 바람에 어느 것 하나 쉽게 넘어간 것이 없었다. 처음 도입하는 제도였던 만큼 갖가지 의견이 난무하고 부처 간 이해가 첨예하게 대립되기도 했다.

부처 간 갈등은 특히 경제기획원·건설부·재무부 등 경제부처와 내무부 사이에서 과표현실화계획과 종합토지세율을 둘러싸고 극에 달했다. 기획원은 88년 당시 15%에 불과하던 과표현실화율을 대폭 끌어올리려고 했다. 세금을 매기는 기준 땅값이 그처럼 실제 가격과 크게 차이가 나는 불합리한 현실을 더 이상 방치해서는 안 된다는 판단에서였다.

당시 나웅배 부총리는 5차례나 장관회의를 열어 내무부를 설득한 끝에 88년부터 93년까지 5년간 토지는 60%, 건물은 50%까지 과표를 현실화하기로 어렵사리 합의를 끌어냈다.

그러나 아무리 이론적으로 옳더라도 세금부담을 늘리는 정책이 쉽사리 진행될 리 없었다. 경제부처의 과욕이 오히려 화를 불렀다. 땅값이 계속 오르자 경제기획원은 5년으로 잡혔던 과표현실화 일정을 3년으로 단축하려고 시도하면서 내무부의 반발을 자초했다. 결국 처음 합의한 일정마저 백지화되고 말았다.

"기획원이 주장하는 과표현실화는 심각한 조세저항을 불러일으킬 게 뻔하므로 국가안보상 곤란하다."

내무부차관 김영진은 북한과의 대치 상황까지 들먹이며 반대론을 폈다. 예상되는 조세저항을 도저히 버텨낼 수 없다는 것이다. 물론 다분히 정치적인 이유가 깔려 있었다. 정권 안정을 책임지고 있는 내무부로서는 지방선거를 앞둔 시점에서 이 같은 파격적인 세금인상으로 공연히 평지풍파를 일으키고 싶지 않았던 것이다.

당시 경제기획원 실무팀에 참가했던 한 관계자는 이렇게 말하고 있다.

"부동산투기를 막는 정공법은 세금뿐이었습니다. 그런데 과표체계가 엉망이었기 때문에 세금정책의 효과가 전혀 없었습니다. 그런데도 내무부는 조세저항이 거세진다는 이유로 과표현실화에 소극적이었습니다.

내무부의 반대는 예상보다 훨씬 거세더군요. 내무부의 모 국장은 회의 도중 경제부처와는 더 이상 대화할 수 없다면서 회의장을 뛰쳐나간 적도 있었습니다."

"부총리 재임 중에 토지제도 하나만이라도 제대로 고쳐 후세에 물려주겠다며 적극적으로 나섰지만 역부족이었습니다. 내무부가 주도권을 쥐고 있는 한 과표현실화는 제대로 될 수가 없는 일이었습니다."(나웅배)

결국 기획원과 건설부는 과표현실화를 내무부에 맡겨둘 수 없다고 판단하고 다른 방법을 찾았다. 89년 초 토지공개념제도 실시에 앞서 정부의 통일된 공시지가제도를 마련하자는 것이었다. 당시까지 기준지가·기준시가·과표시가표준액 등 각 부처가 필요에 의해 나름대로 평가하고 있던 땅값을 하나로 통일시켜 행정의 편의도 기하고 시세도 충실히 반영하자는 취지였다. 이를 위해 경제기획원은 건설부에 지가조사국을 만들고 200억 원의 예산을 배정해 주었다.

덕분에 건설부는 1990년 18,700여 명의 조사요원을 동원, 전국의 과세 대상 토지 2400만 필지의 값을 산정해냈다. 정부 차원에서 객관적인 땅값을 조사해 냄으로써 내무부로 하여금 과표현실화를 더 이상 거부할 수 없도록 몰아가자는 작전이었다.

내무부와 경제부처 간의 충돌은 종합토지세종토세에서도 마찬가지였다. 종토세의 목적은 땅을 많이 가진 사람에게 세금을 누진적으로 많이 물리자는 것이었다. 목적에는 이견이 없었으나 세율이 문제였다.

기획원·건설부·재무부 등 경제부처는 모든 토지에 대해 0.2~5%의 세율을 정하되 농지와 임야는 0.1%의 저율로 분리과세하자고 주장했다. 이에 대해 내무부는 영업용 건물에 대해서는 0.3%의 저율로 분리과세하자고 나섰다. 도심지의 빌딩은 다른 부동산보다 값이 비싸기 때문에 일률적으로 누진과세할 경우 세금이 너무 오른다는 주장이었다. 기업 입장을 두둔하기 마련인 상공부도 내무부의 편에 섰다.

 기획원은 세율을 낮출 테니 영업용 건물도 누진과세하자고 타협안을 제시했으나 내무부와 상공부의 집요한 반대에 밀려 0.3~1%의 별도 종합과세로 절충되었다. 그 후 청와대가 "최고세율이 너무 낮으니 2%로 올리라"고 지시해 최종적으로는 0.3~2%로 정해졌다.

 "땅부자들의 부담을 늘리자면 보유세인 종토세를 강화하는 수밖에 없었습니다. 특히 종토세의 과세기준을 공시지가로 삼아 세금다운 세금을 매기자고 주장했습니다. 그런데 종토세는 한번 조세저항이 일어나면 집단민원으로 번지는 경향이 있습니다. 한 지역에 한꺼번에 똑같이 세금을 올리면 지역주민들의 집단행동을 유발시킨다는 겁니다. 이 때문에 내무부가 또 반대하더군요. 세율을 조금 낮추면 어떻겠느냐고 제의했지만 그것도 반대였습니다. 당시 실력자였던 이춘구 씨가 내무부장관이었던 터라 경제부처의 주장이 도무지 먹혀들지 않았습니다."(재무부 관계자)

 이 과정에서 어처구니없는 해프닝이 벌어졌다. 종토세 법안이 국회에 상정되자 야당의원들이 "영업용 건물에 대한 세금이 너무 가볍다"고 시비를 걸었고 여당의원들도 별 생각 없이 여기에 동조하는 바람에 최고세율을 5%로 올려 놓은 것이다. 조순 부총리와 이형구 기획원차관은 "국회가 법을 통과시킨다면 별 수 없지 않느냐"며 의원들의 주장을 수용해 버렸다. 관료들이 세금을 조금밖에 올리지 않는다면서 정치인들이 앞장서서 세금 부담을 왕창 늘려 놓은 것이다.

 그러나 막상 개정세법에 따라 세금이 엄청나게 오르게 되자 사방에서 난리가 났다. 대폭적인 세율인상이 필요하다는 쪽으로 여론을 몰아갔던 언론들마저 이제는 세금이 너무 오르게 되었다며 조세저항을 부채질하는 기사들을 써댔다. 결국 국회는 뒤늦게 부랴부랴 세법을 개정, 최고세율을 다시 원안대로 2%로 내려놓았다. 시행도 되기 전에 자기들 손으로 올렸던 세율을 자기들 손으로 다시 낮춘 것이다. 한마디로 세법을 만드는 국회의원들이 세금이 무엇인지조차 모른 까닭에 이런 촌극이 빚어졌던 것이다.

헌법재판소로부터 훗날 '헌법불합치' 판정을 받은 토초세도 도입 당시부터 논란이 많았다. 건설부는 당초 개발이익환수법을 통해 개발지역에 대해서는 개발부담금을, 그 주변 지역에 대해서는 개발이익환수금을 각각 부과하려 했다. 그러나 기획원과 재무부가 개발이익환수금제에 대해 이의를 달았다. 개발이익환수금은 과징금의 성격을 지니는 데다가, 실제 벌어들이지도 못한 가상의 이익에 대해 세금을 매기는 것은 비현실적이라는 이유에서였다.

재무부는 개발이익환수금을 없애고 종토세를 강화하자고 주장했다. 그러나 종토세는 내무부의 저항으로 진전이 없는 상황이었다. 기획원은 별다른 대안이 없다고 보고 건설부가 추진 중이던 개발이익환수제도를 재무부가 맡도록 조정했다. 결국 이것이 재무부로 넘어오면서 토지초과이득세로 바뀌었다.

사실 재무부 실무자들은 토초세 도입작업을 떠맡는 것을 그리 달가워하지 않았다. 그들은 처음부터 "실제 소득도 없는데 단지 땅을 갖고 있다는 이유만으로 현금 부담 능력이 없는 사람들에게 세금을 매기는 것은 곤란하다"며 반대의견을 냈다. 결국 재무부로서는 건설부가 주도해서 개발이익환수금제도가 도입되는 것보다는 세금전문가인 자기들이 맡는 편이 낫겠다는 생각에 경제기획원의 중재를 받아들이기로 한 것이다. 이 과정에 참가했던 재무부 관계자의 말을 들어보자.

"부처 간 협의 과정에서 개발이익환수제도는 투기를 막기 위해 반드시 포함하기로 결정되었습니다. 당시 이규성 재무부장관은 총리실에서 오래 일해 본 경험이 있어서인지 기획원의 조정에 적극 따라주는 편이었습니다. 실무진들은 꺼렸지만 이 장관이 '건설부에 맡기느니 차라리 세금을 아는 재무부가 나서는 것이 낫겠다'며 우리한테 제도 마련을 지시했습니다."

정부와 여당 사이에도 토지공개념정책은 계속 마찰을 빚어냈다. 토지공개념제도를 둘러싸고 정부와 민정당은 처음부터 생각이 달랐다. 부동산투기를 막아야 한다는 대전제에는 이론이 없었으나 구체적인 수단에서 정부가 구상 중인 제도가 너무 과격하지 않느냐는 것이 민정당의 입장이었다.

이런 상황에서 당정협의가 제대로 굴러갈 리 없었다. 89년 6월 토지공개념 관련 3개 법안이 모양을 갖추면서 정부와 민정당 간의 당정협의가 시작되었으나 견해차는 좀처럼 좁혀지지 않았다.

당의 주장을 요약하면, 택지소유상한제는 자본주의 경제체제의 기본원칙인 사유재산권을 침해하므로 초과소유 금지를 초과소유 중과세로 수정하고, 개발이익환수제와 토지초과이득세는 조세저항이 크므로 양도소득세와 종합토지세를 강화하거나 과표현실화로 대체해야 한다는 것이었다. 이에 대해 정부 측은 양도소득세와 종합토지세만 중과할 경우 토지소유 편중현상을 개선하기는커녕 세금이 땅값에 전가될 가능성이 높다고 맞섰다. 서로가 한 치도 양보하지 않았다. 정부는 원안대로 법안을 국회에 제출하겠다고 하고, 민정당은 국회에 오면 관련 법안을 대폭 수정하겠다고 별렀다.

경제수석 문희갑은 당시의 상황을 이렇게 말했다.

"민정당은 표면적으로는 내용을 완화하거나 실시 시기만 좀 늦추자고 했으나 실제 당이 정부 측에 제시한 수정안을 보면 토지공개념의 도입 자체를 유보하자는 것이 아닌가 하는 생각이 들 정도였습니다. 공개념의 근본을 희석시키려는 의도가 그대로 드러나 있었습니다. 이 때문에 처음부터 당정협의가 원만히 이뤄질 수 없음을 감지했습니다."

당정 간에 제대로 이견 조정이 이뤄지지 않자 문희갑은 여론에 호소하는 방법을 동원하는 등 적극적인 공세를 폈다. 전경련회장단 오찬, 신문 인터뷰 등 공식 석상에서는 "개혁을 놓치면 혁명이 온다"고 호소했다. 8월 31일 21세기경영인클럽이 주최한 기업인과의 조찬간담회에서는 "토지공개념과 금융실명제는 6공화국의 운명을 걸고 반드시 실현하겠다"며 비장한 각오를 밝히기도 했다. 이와 함께 당정협의 과정에서는 '원안 고수' 입장을 거듭 강조했다. 민정당 측의 유보 요구를 절대 수용할 수 없다

토지공개념 관련법을 둘러싸고 당정 간에 팽팽한 대립이 계속되던 88년 8월 31일, 문희갑 경제수석은 21세기경영인 클럽 조찬간담회에 참석, "6공의 운명을 걸고 토지공개념제도 도입을 실현하겠다"고 강조했다.

는 의사를 분명히 선언한 것이다.

여기에 조순 부총리도 "경제가 어려워지더라도 금융실명제와 토지공개념을 통해 경제정의가 반드시 실현돼야 한다"며 문희갑 경제수석에 힘을 보탰다. 두 달 이상 끌었던 팽팽한 줄다리기에도 불구하고 협상에 진전이 없자 민정당은 마침내 대통령에게 직접 호소하기로 했다.

9월 5일 청와대에서는 노태우 대통령이 주재하는 민정당 당직자회의가 비공개로 열렸다. 공개념제도소위가 만든 수정안을 당론으로 확정한 민정당이 대통령의 결심을 받아내기 위해 마련한 회의였다. 이 자리에는 대통령을 비롯, 문희갑 경제수석·박철언 정무장관·당3역·대변인·정책조정실장·서상목 정책조정실부실장 등이 참석했다. 먼저 서상목의 보고가 있었고 뒤이어 문희갑과 당직자들 사이에 격렬한 논쟁이 붙었다. 문 수석은 평소와 다름없이 "지금 토지공개념을 안 하면 혁명이 난다"며 원안을 고수했고, 당직자들은 한사코 "자본주의 질서에 근본적으로 위배된다"며 반대했다. 박철언은 정부에 몸담고 있으면서도 정부안에 반대했다. "공개념 같은 것을 만들어 자꾸 평지풍파를 일으키면 그것이 혁명의 불씨를 만든다"며 당을 옹호했다.

그러나 이날 회의 결과는 민정당 측의 당초 목적과는 반대로 내려졌다. 문희갑은 당시 상황을 이렇게 회고했다.

"회의 시작 몇 시간 전 충격적인 정보를 들었습니다. 민정당 측이 회의 전날인 9월 4일 저녁 경제수석인 나도 모르게 대통령에게 당의 수정안을 사전에 보고했다는 겁니다. 게다가 당의 보고에 대해 대통령도 별 이의를 달지 않았다는 말을 듣고 나서 더욱 기가 막혔습니다. 그래서 회의 직전 대통령을 따로 만나 정부원안대로 추진해야 한다고 한 번 더 다짐해 두었지요. 결국 논쟁 끝에 노 대통령이 '공개념 정신을 살리고 중산층의 세 부담이 과하지 않도록 배려하라. 민정당은 개혁에 앞장서는 정당이라는 인식을 주고 국민적 지지를 얻도록 힘쓰라'고 말했습니다. 정부의 공개념 도입에 대해 통치권자로서 최종 결단을 내려준 것이지요."

그러나 서상목의 기억은 좀 다르다. 우선 민정당 측에서 회의 전날 대통령에게 사전보고를 하지도 않았을뿐더러, 대통령이 회의석상에서 공식적으로 정부 편을 들어주지도 않았다는 것이다.

"사전보고에 대해서는 문 수석이 오해하고 있는 것 같습니다. 4일 청와대에서 민정당 당직자 만찬이 열렸습니다. 이 자리에서 당직자들이 토지공개념에 대해 걱정하는 말들을 하자 대통령이 '세금만 내면 땅은 얼마든지 가질 수 있는데 뭐가 문제냐'며 대수롭지 않게 반문했습니다. 그러자 이승윤 정책위의장이 나서서 '그렇게 간단한 문제가 아니다. 새로 택지를 살 사람은 아무리 세금을 내도 200평 이상은 살 수 없다. 사유재산권 보호 차원에서 문제가 있다'고 내용을 자세히 설명했지요. 대통령은 그때까지도 정부의 공개념안에 대해 잘 모르는 눈치였습니다. 또 5일 회의 때 대통령은 마지막으로 '당정 간에 좀 더 협의하라'고만 지시했을 뿐 어느 편을 들어 결론을 내주지는 않았습니다. 이를 문희갑 수석이 아전인수로 해석한 모양입니다."

두 사람의 증언이 상당 부분 엇갈리고는 있지만 이날 회의 이후 힘의 균형은 급격히 정부 쪽으로 기울었다. 문 수석은 대통령이 자기 편에 서 있다는 확신을 얻고 발 빠르게 기선을 제압해 나갔다. 그는 즉각 토지공개념 관련자회의를 청와대에서 소집, "공개념의 골격은 불변이며, 정부원안의 범위 내에서 여당안을 수용하라"고 지시했다.

야당의 정치공세도 민정당을 코너로 몰아갔다. 민주당은 정부안에 찬성하면서 총괄적인 토지기본법의 제정을 요구했고, 평민당은 한술 더 떠

토지공개념이 정부안보다 더 강화돼야 한다고 주장했다. 야당은 정부안에 반대하는 민정당을 반개혁세력으로 몰아붙였다. 여당 내에는 '이러다가는 민정당만 민심으로부터 소외당하는 것이 아닌가' 하는 위기감이 감돌 정도였다.

"국토개발연구원과 건설부에서 '상위 5%의 국민이 65.2%의 땅을 소유하고 있다'는 발표가 나온 이상 꼼짝할 수가 없었습니다. 합리적으로 문제점을 지적해도 정경유착으로 몰려 정치적인 이미지만 떨어졌습니다."(이승윤 당시 민정당 정책위의장)

이쯤 되면 승부는 이미 끝난 것이나 다름없었다. 민정당 지도부는 토지공개념제도 심사소위의 활동에 제동을 걸었고, 간사인 서상목 부실장에게는 "공개념을 비판하는 이야기는 그만하고 다니라"는 경고성 지시가 떨어졌다. 결국 청와대 회동 이틀 후인 7일에는 민정당 박준규 대표가 "정부의 토지공개념 입법안을 받아들이겠다"고 발표했고, 이어 나흘 뒤에 열린 당정회의는 정부안을 약간만 손질해서 합의해 버렸다.

토지공개념의 탄생 과정을 돌이켜 보면 어느 쪽이 정치인이고 어느 쪽이 정부관료인지 헷갈리게 된다. 정부 실무진들은 일단 내부 방향을 정한 후 대통령을 설득한다거나 여론에 호소하는 등 관료답지 않게 상당히 민첩한 정치적 수완을 보였다.

반면 민정당은 당정협의 과정에서 정부안의 문제점을 꼬치꼬치 캐고 드느라 관료 뺨치는 치밀한 대응을 보였다. 관료들은 정치적이었고, 정치인들은 관료적이었던 셈이다. 정부는 토지공개념을 경제민주화로 연결시켰고 당은 원론적인 수준에서 자본주의 질서를 강조했다. 전자는 개혁진보이고 후자는 수구보수로 비쳐졌다. 여론은 개혁을 택했고, 민주주의를 내세워 대통령이 된 노태우 대통령도 마찬가지였다.

토초세가 몰고 온 부작용들

"경제수석, 토초세니 택지소유상한제니 하는 골치 아픈 것들을 어떻게 없앨 수 없겠나?"

"국회에서 법으로 만들어 놓은 것을 어떻게 함부로 없애겠습니까."

노태우 대통령이 정부출범 2년이 지난 시점에 경제수석 자리를 맡긴 김종인과 나눈 대화 한 토막이다. 부동산투기를 잡기 위해 토지공개념제도를 도입하긴 했는데, 실시하는 과정에서 자꾸만 골칫거리들이 생겨나서 한 말이었다. 대통령에게도 토지공개념정책이 얼마나 버거운 과제였는지를 짐작케 하는 대목이다.

과연 토지공개념정책은 어떤 효력을 발휘했던 것일까. 토지공개념 관련 법안이 국회에서 통과되던 1989년에는 땅값 상승률이 무려 32%에 달했다. 그러나 그 후 상승세가 주춤해지기 시작하더니 92년부터는 하락세로 돌아섰다. 92년 땅값 상승률은 -1.3%였다. 이 같은 통계가 바로 노태우의 토지공개념정책이 성공한 결과라고 할 수 있을까.

어쨌든 제도 시행과는 어느 정도 시차가 있긴 해도 땅값이 떨어지고 투기가 수그러든 것은 사실이다. 당시 토지공개념제도 도입에 참가했던 사람들은 대부분 미실현 이익에 대한 과세토초세 등 적지 않은 문제점에도 불구하고 토지공개념을 노태우정권의 경제정책 가운데 성공한 대표적 정책의 하나라고 자부했다.

당시 토지공개념은 해외로부터도 비상한 관심을 모았다. 특히 부동산 정책에 실패한 경험이 있는 일본은 더했다. 88~89년 제도 도입작업이 한창일 때 일본의 건설성 관리들은 물론 자민당·공명당의 정책담당자들과 NHK·일본경제신문의 기자들이 무더기로 한국을 찾았다. "토지공개념을 배우고 싶다"는 것이 방한 목적이었다. 한국의 제도와 법률에 관해 일본이 한국에서 한 수 배우겠다는 것이었다.

아무튼 국내외의 비상한 관심 속에 추진된 토지공개념 관련법들이 천정부지로 치솟는 땅값을 안정시키는 데 기여했다고 하더라도 추진 과정이나 내용 면에서는 많은 문제점을 남겼다는 점 또한 부인하기 어렵다. 입법 과정에서 많은 내용들이 외부적인 요인으로 왜곡되기도 했고 시행 후에도 적지 않은 부작용을 드러내기도 했다.

공개념제도의 입안 과정에서는 역시 '정치적인 고려'가 강력한 촉매제 역할을 했다. 노태우 대통령을 비롯한 정치권이 토지공개념제도 도입에 원칙적으로 찬성한 이유는 무엇보다 중산층의 불만을 진정시키고 취약한 지지 기반을 보완하기 위한 것이었다. "중산층을 건드려서는 안 된다"는 대전제가 깔려 있었다는 것이 당시 입법 과정에 참여했던 경제관료들의 한 목소리다.

과표현실화계획은 용두사미가 되었던 반면 토초세는 강력히 밀어붙여졌던 것이 대표적인 증거다. 93년까지 시가의 최고 60%까지 끌어올리겠다며 기세 좋게 시작했던 과표현실화계획은 시간이 지나면서 정치권과 내무부의 반대로 완강한 저항에 부닥쳤고, 결국 우여곡절 끝에 목표치의 3분의 1 정도 수준으로 타협하고 말았다.

이에 비해 토초세는 미실현 이익에 대한 과세라는 약점을 지녔음에도 불구하고 유휴토지를 가진 소수계층에게 매겨지는 세금이라는 이유로 토지공개념정책의 상징처럼 포장되기도 했다.

어느 쪽의 논리가 옳았는지 여부는 제쳐 두고라도 어떻게 해서 이 같은 상황이 벌어졌느냐 하는 점을 정리해 볼 필요가 있다. 토지공개념 관련 작업의 실무를 주도했던 건설부 관계자의 증언이 당시의 분위기를 말해준다.

"원론적으로 봐서도 과표현실화정책이 더 중요하고 우선되어야 했지요. 사실 그 과표현실화계획을 끝까지 밀어붙일 기회가 분명히 있었습니다. 그러나 계획이 구체화되어 갈수록 우려의 소리가 슬슬 나오면서 분위기가 묘하게 변해 갔습니다. 청와대·민정당·내무부 등이 하나같이 꼬리를 빼더군요. 과표를 섣불리 건드렸다간 중산층이 반발할 것이라는 우려 때문이었습니다. 그저 건설부·기획원 등 경제부처 관료들만 고지식하게 열심히 추진했던 겁니다."

결국 과표현실화보다 토초세 쪽에 무게가 더 실리게 되었다. 하지만 토초세는 우려했던 대로 시행하는 과정에서 부작용이 만만치 않았다. 결과적으로 헌법재판소로부터 사실상의 위헌판결을 받은 토초세는 당시 이 제도를 만든 재무부 실무진 사이에서도 "땅값이 크게 내려 토초세가 아예 사문화되는 것이 좋겠다"는 말들이 오갈 정도로 속을 썩였다.

유휴지를 가진 땅주인들이 토초세를 피하기 위해 노는 땅에 마구잡이로 건물을 지어대는 데 따른 부작용도 생겼다. 강남 테헤란로 주변의 나

대지에는 땅주인들이 토초세를 피해 난데없이 여관들을 지어대는 바람에 졸지에 여기저기에 여관촌이 생겨나는 사태가 벌어졌다.

또 건축설계사무소들은 빌딩건축붐으로 설계주문이 쇄도하자 똑같은 설계도를 수십 장씩 복사해 팔기도 했다. 이 때문에 한 지역에 거의 똑같은 건물이 여기저기 들어서기도 했다. 게다가 토초세로 인한 건축붐이 신도시 건설과 겹쳐 최악의 자재파동을 불러일으켰다.

토지 이용의 효율성 차원에서도 비판이 쏟아졌다. 좁은 땅덩어리를 되도록 아껴 써야 할 판에, 세금 피할 목적으로 전국 구석구석을 마구잡이로 난개발했다는 측면도 부인할 수 없기 때문이다. 후대의 몫으로 남겨 놓아야 할 땅마저 모두 파헤쳤다는 것이다. 재무부도 '문제 있음'을 시인할 수밖에 없었다.

"토초세를 만드는 과정에서 불필요한 건물 건축이 걱정되었던 게 사실입니다. 토지공개념은 토지이용을 강제하는 효과가 있다는 것이 문제였지요. 이 때문에 후세를 위한 적정량의 유휴토지를 낭비한 것이 사실입니다. 그러나 지가상승으로 인한 기대이익을 불식시키기 위해 토초세를 꼭 넣자는 것이 부처 간 합의사항이었으니 어쩌겠습니까."(재무부 관계자)

이와 함께 토초세의 과세기준이 되는 공시지가가 얼마나 정확한지도 의문이었다. 건설부는 공시지가를 산정하는 과정에서 경험 없는 아르바이트 학생들을 동원하는가 하면 조사요원 교육과정에서 "시세를 참고해 대충 몇 %로 잡으라"고 교육시키기도 했다. 한마디로 주먹구구식이었다. 사정이 이러했기에 공시지가와 시가 사이에 큰 차이가 생기는 것은 당연했다. 그런데도 정부는 그 후에도 매년 시가에 맞춰 공시지가를 올리다 보니 나중에는 땅값은 내렸는데도 세금을 두들겨 맞는 어처구니없는 사례도 나왔다.

　개발부담금제도도 허점이 많았다. 사업인허가를 받은 시점부터 세금을 매기도록 돼 있는데, 이때쯤이면 땅값은 이미 오를 대로 오르게 된다. 그 후의 상승분에 대해 세금을 매겨 보았자 효과가 적다는 것이다. 또 개발을 안 하더라도 땅의 용도만 바꾸면 값이 크게 뛰는데, 이 경우에는 개발부담금이 부과되지 않아 불로소득을 방치한다는 비판도 있었다. 이 같은 부작용을 들어 토지공개념을 비판하는 사람들은 제도 자체에 근본적인 의문을 표시했다.

　"부동산경기가 가라앉은 것은 경기사이클 때문이지 공개념이 도입된 결과라고 볼 수는 없습니다. 진짜 프로 투기꾼들은 다 빠져나가고 개발할 돈이 없어 땅을 놀려두고 있는 중산층들만 걸려들었습니다."

　민정당 정책통이었던 서상목의 평가다. 사실 토지공개념이 투기 억제와 땅값 안정에 얼마만큼 기여했는지에 대해 누구도 잘라 말하기 어려울 것이다. 김종인의 평가는 더 인색하다.

　"세계 역사를 봐도 세금으로 부동산값을 안정시킨 일은 없었습니다. 무도한 세금공세는 공연히 일을 더 어렵게 만들 뿐입니다. 6공정부 초기의 부동산정책이 토지공개념을 내세워 세금공세로 일관했기 때문에 부작용만 잔뜩 배출했던 것입니다."

　반면에 당시 88~89년 건설부 토지국장으로 공개념제도의 산파역을 맡았던 이규황의 진단은 전혀 다르다.

　"토지공개념의 효과를 단순히 땅값 안정에서 찾아서는 곤란합니다. 이것이 토지소유에 대한 인식을 이용 위주로 바꾸는 데 얼마나 기여했는가, 그리고 토지소유구조 재편을 어떻게 이뤄낼 수 있었는가를 기준으로 평가해야 할 겁니다. 크게 봐서 토지공개념정책은 부동산문제뿐 아니라 한국경제 전반에 걸쳐 상당한 기여를 했다고 봅니다."

한편 헌법재판소로부터 위헌판결을 받은 개발부담금제와 토지초과이득세는 1998년 각각 폐지되었고, 택지소유상한제 역시 그 이듬해 폐지되었다. 법적인 문제도 있었지만 '외환위기'라는 경제상황도 크게 작용했다.

제9장

정부와 재계의 전쟁

기업권력과 정치권력

노태우경제의 특징 중 빼놓을 수 없는 것이 정부와 재계 사이에 벌어진 긴장관계다. 독재정치가 막을 내리면서 세상이 송두리째 바뀌는 마당에 재계인들 정부에 대한 태도가 마냥 고분고분했을 리 만무했다. 노동계가 기업들에 대해 큰소리를 쳤던 것만은 못해도, 기업 또한 설설 기기만 했던 과거 정부와의 관계에서 벗어나 상당히 다른 모습을 내보이기 시작했다.

우선 대통령과 재벌오너와의 관계부터 달라졌다. 실수나 해프닝 같은 일이 때때로 벌어졌으나 이런 일들은 결코 우연이 아니었다. 세상 변화의 한 단면이었다. 결국 이 정권 말기에 가서는 재벌총수가 직접 정당을 만들어 정권을 거머쥐겠다고 나서는 국면으로까지 발전하지 않았는가. 물론 독재정치가 종식되었다고 해서 새 정권 초기부터 재벌의 태도가 노골적인 변화를 보였던 것은 아니다. 오히려 노동조합의 득세로 대기업들은 사면초가의 어려운 국면을 힘겹게 감당해야 했다. 그러나 시간이 지나면서 슬슬 이상기류가 감돌기 시작했다.

노재봉 국무총리는 91년 3월 관훈클럽 토론회에 참석, 사람들을 깜짝 놀라게 할 정도로 직설적으로 재벌을 비판했다.

"지금 우리는 정상적인 민주체제 속에서 기업권력과 정치권력이 일대 대결을 벌이고 있는 겁니다. 이것은 대학에서 연구를 하더라도 논문을 쓸 만큼 중요한 일입니다."

참석한 사람들은 어리둥절해했고 신문은 대서특필했다. 공식 행사에서 대통령의 연설문이나 대신 읽는 것이 국무총리의 본업인 줄 알았는데, 전혀 뜻밖의 재벌 비판을 거침없이 쏟아냈으니 말이다. 경제전문가도 아닌 그가 왜 이처럼 재벌문제를 노골적으로 들고 나섰던 것일까.

그의 발언은 재벌소유 부동산의 강제매각정책5·8조치에 대해 기업들이 못마땅해하는 태도를 두고 한 말이었으나, 당시 정부와 재계 사이의 기류가 어떠했는지를 짐작케 하는 상징적인 발언이기도 했다. 노재봉 국무총리는 왜 불쑥 그런 풍딴지같은 말을 했던 것일까.

돌이켜 보면 정권이 바뀔 때마다 재계는 적지 않은 어려움을 감당해야 했다. 박정희의 5·16쿠데타 이후에는 부정축재에 대한 처벌 차원에서 재벌총수들에게 올가미를 씌웠고, 전두환정권 들어서는 정경유착의 구시대 기업인들을 손봐야 한다는 움직임이 신군부세력을 중심으로 전개되기도 했다.

그러나 앞의 두 경우는 모두 집권 초기의 혼란이 진정되는 것과 함께 오래지 않아 유야무야되고 말았다. 어느 정권이든 경제우선정책을 펴 나가는 과정에서 대기업의 힘과 역할을 무시할 수 없었으며, 자신들의 정치적 안정을 위해서도 이는 자연스러운 귀결이었다.

하지만 세월이 흐르면서 정부와 기업 간의 관계는 알게 모르게 변화해 왔다. 예컨대 박정희시대에 없었던 공정거래제도가 전두환시대에 와서 도입됨으로써 재벌의 독과점 방지를 제도화한 것 등이었다. 상호출자금지 등 엄격한 불공정 규제의 틀이 만들어진 것도 이때부터였다. 전두환에서 노태우로 정권이 바뀌면서는 과거와 비교도 할 수 없을 정도로 상황이 달라진다. 노사분규가 봇물처럼 터져 나오면서 기업들은 대소를 막론하고 사회적 공격대상으로 변해 버렸다. 정부가 어떤 대對재벌정책을 세우느냐와는 별개로 기업과 기업주는 여론재판을 통해 하루아침에 매도당하는 분위기였다.

기업, 특히 재벌에 대한 사회적 비판은 6공 들어 노사갈등의 증폭과 함께 눌렸던 스프링처럼 폭발했다. 국회의 요구자료로 쏟아져 나오는 것 가운데 재벌 관련 자료가 으뜸이었으며, 언론 또한 이를 경쟁적으로 대서특필했다. 재벌 비판에 관한 한 정치권과 언론은 신물이 나도록 재탕삼탕을 거듭하면서 분위기를 몰아갔다.

정치 쪽에서 5공정권의 권위주의를 상대로 집중포격을 가했다면, 경제 쪽에서는 재벌을 상대로 부의 집중 현상에 대한 한풀이를 해대는 형국이었다. 이처럼 재벌에 대한 비판은 여론이 앞장을 서고, 정부는 그저 따라가는 분위기였다.

그러나 이 같은 분위기가 아니라도 재벌문제는 어차피 새 정권이 피해갈 수 없는 정책과제였다. 세상이 달라졌으니 재벌경영도 무언가 달라져야 할 것 아니냐는 일반의 기대가 폭넓게 확산되어 가고 있었다. 경제관료들의 입장은 "경제운용을 정부 주도에서 민간 주도로 변화시켜 나가는 한편으로, 재벌의 과도한 경제력 집중 현상을 제어할 수 있는 제도적 장치는 더 강화되어야 한다"는 것이었다.

경제팀장인 조순 부총리 겸 경제기획원장관의 재벌관은 직업관료들보다도 더 확고했다.

"문어발식 족벌경영체제 등의 비정상적인 경영은 고쳐져야 합니다. 요사이 대기업들이 정부 원망을 많이 하는 모양인데, 정부가 일방적으로 기업을 서운하게 한 적은 없습니다. 과거엔 정부가 기업들의 뒷바라지만 해왔으나 이제는 형평 쪽에 비중을 두고 있을 뿐입니다."(90년 1월 1일자 〈중앙경제신문〉과의 인터뷰)

특히 퇴임을 며칠 앞둔 조 부총리는 TV연설을 통해 "대기업들부터 정신을 차리지 않으면 우리 경제는 천민자본주의로 전락하고 말 것"이라는 직격탄을 날리기까지 했다.

재계는 사면초가였다.

"정부와 언론이 합작을 해서 재계를 몰아세우고 있는데, 이것은 큰 잘못입니다. 재벌도 잘못한 것은 고쳐야지요. 그러나 인민재판 식으로 재벌이 범죄집단이나 되는 것처럼 죄악시하며 여론을 몰고 가는데 누가 기업을 하겠습니까. 기업 의욕을 완전히 꺾어 놓는 결과를 초래할 것입니다."(전경련 조규하 전무)

그러나 이때까지만 해도 정부와 재계 사이의 갈등은 주로 경기부양책 여부를 둘러싼 것이었다. 재계는 경제가 어려워져 가고 있으니 정부가 부양책을 써주기를 요구했던 반면, 정부는 경제 체질을 구조적으로 개선하기 위해서는 안정화정책을 포기할 수 없다는 입장으로 맞섰던 정도였다.

어쨌든 경제는 90년에 들어서도 갈수록 꼬여 가고 있었고, 이른바 '총체적 위기론'까지 제기되기에 이르렀다. 토지공개념 관련법이 만들어지고 신도시 건설에 착수했는데도 부동산투기 분위기는 여전했고, 12·12조치에도 불구하고 증시는 다시 내리막길을 치닫고 있었다.

침체로 빠져드는 경기도 끌어올려야 하고, 토지공개념도 해야 하고, 재벌들의 '버르장머리'도 고쳐야 하고, 주가폭락도 막아야 하고, 물가안정도 시켜야 하고…, 병을 고친답시고 수십 가지 약을 한꺼번에 쓰고 있는데 제대로 낫는 병은 없었다. 대통령은 뒷짐 지고 있고 장관들은 서로 다른 말을 하고 있으니 여러 정책들이 저마다 따로 놀았다. 구심점이 없는 가운데 위기의식만 고조되는 형국이었다.

이런 상황에서 조순-문희갑 팀이 물러나고 이승윤-김종인 팀이 들어섰다. 청와대 경제비서관이었던 박운서는 이렇게 당시 상황을 설명했다.

"한국경제가 이대로는 도저히 안 되겠다는 것이 새 경제팀의 판단이었습니다. 땅투기가 끊이질 않고, 기업들은 투자를 외면하고, 임금은 치솟고…. 따라서 대기업들부터 솔선수범해서 정신을 차려주지 않으면 안 된다고 판단했던 것입니다. 비상요법이 필요했습니다. 심하게 체하면 우선 바늘로 손톱 밑이라도 따서 피를 내야 한다고 생각했던 것이지요."

경제비서관으로 함께 근무했던 이환균의 설명도 당시의 청와대 분위기를 가늠하는 데 도움이 된다.

"그 당시 노 대통령의 재벌관은 결코 좋은 편이 아니었습니다. 아무리 민주화가 되고 재계의 힘이 강해졌다고 하지만 때로는 재벌들의 횡포가 너무 심하다고 느꼈던 것 같습니다. 아무튼 김종인이 경제수석에 들어오는 것을 계기로 재벌들을 대상으로 하는 충격요법은 불가피하다는 데 의견이 모아졌습니다. 그러나 현실적으로 과연 어떤 방법을 선택하느냐를 놓고 고민을 했지요."

그러나 노태우정권이 재벌정책에 각을 세운 것에 대해서 경제가 나빠졌다거나 사회 여론이 재벌을 매도하는 분위기 탓만으로 돌리는 것은 충분하지 못하다. 정권과 재계 사이의 근본적인 역학관계가 달라진 점을 먼저 감안해야 한다. 노재봉 총리가 기업이라는 단어에다 권력을 붙여 '기업권력'이라고 표현한 것도 그런 맥락이었다. 민주화라는 시대적 변화의 물결 속에 정부는 힘이 약해질 수밖에 없었던 반면, 재계는 대기업을 중심으로 이미 엄청난 세력으로 성장해 있는 현실을 두고 기업권력이라는 말을 썼던 것이다.

노재봉뿐 아니라 노태우 대통령의 주변에서 경제문제에 가장 큰 영향력을 행사했던 김종인의 생각도 마찬가지였다. 그는 경제수석이 되기 전부터 기회 있을 때마다 노태우 대통령에게 통치권 차원에서 재벌의 영향력 증대에 각별한 대처가 필요하다는 점을 누누이 강조했다.

"대통령을 뭘로 보나"

●
●
●

90년은 재계로서는 정말 악몽의 해였다. 청와대가 직접 칼자루를 쥐고 땅을 팔라며 재벌들을 궁지로 몰고 갔던 것이다. 재벌들은 설마 이런 일이 벌어지리라고는 전혀 예상하지 못했다.

당시의 분위기로는 노사분규 과정에서 나온 재계에 대한 비판도 어느 정도 누그러졌을 뿐 아니라 그동안의 개혁정책들도 대체로 마무리되고 있는 상황이었다. 특히 이해 3월의 개각으로 들어선 경제팀이 금융실명제 실시를 철회시키는 등 철저한 현실론자들이어서 재계 쪽에서는 오히려 환영하는 기색이 역력했다. 재계는 새 경제팀이 자기네 편이라고 반겼다.

'이승윤 부총리-정영의 재무장관-김종인 경제수석' 팀은 이른바 '4·4조치'를 통해 금융실명제를 무기한 유보시켰을 뿐 아니라 경기대책 또한 재계가 희망해 왔던 부양 쪽으로 선회시켰던 것이다.

이처럼 조순-문희갑의 개혁팀이 물러난 자리에 들어선 새 경제팀을 두고 일부에서는 "6공의 개혁의지를 완전히 퇴색시키려는 극단적인 현실타협주의자들"이라고 규정짓기도 했다.

그러나 얼마 안 가서 뜻밖의 상황이 벌어지게 된다. 청와대가 앞장서서 재벌에 대해 철퇴정책을 전개하게 되었던 것이다. 경제수석으로 새 경제팀의 주역이었던 김종인은 그 무렵을 이렇게 설명했다.

"당시의 경제 상황은 부동산투기를 잡지 않고서는 아무것도 할 수 없는 분위기였습니다. 땅장사로 쉽게 떼돈을 벌 수 있는데, 누가 힘들여 제조업을 하려 하겠습니까. 근로자들도 폭등하는 전세금 속에 열심히 일할 리 없는 거구요. 물론 6공이 출범한 이래 토지공개념법 등 세제 차원에서 부동산정책을 강화해 왔습니다만, 세금으로 투기를 잡는 데는 한계가 있다는 게 내 판단이었습니다. 그래서 정부가 재계의 협조를 구해서 보다 적극적인 대책을 마련해야 한다고 대통령에게 건의했지요. 대통령도 같은 생각이었습니다."

이렇게 해서 90년 3월 27일 노 대통령은 5대 그룹 회장을 청와대로 초청, 만찬을 하면서 다음과 같이 대기업의 협조를 부탁했다.

첫째, 대기업이 번 돈으로 땅을 사들여 부동산투기를 한다는 지탄을 받는 일이 없도록 해 달라, 둘째, 사원들의 복지정책 강화로 노사분규를 사전에 예방해 달라, 셋째, 중소기업 고유업종을 침해하지 않도록 해 달라, 넷째, 중복투자나 영역 싸움으로 자원의 낭비가 없도록 해 달라, 다섯째, 일정 규모의 사회기금을 조성해서 재계의 이미지를 높여 달라는 것 등이었다.

노 대통령의 이 같은 당부는 말이 당부이지 재벌에 대한 일종의 지시요 경고였던 셈이다. 청와대는 "대통령이 이 정도 이야기했으면 즉각 무슨 반응이 있겠지" 하고 기대했다. 그러나 세상은 이미 재벌들에게도 달라져 있었다. 김종인의 회고를 더 들어보자.

"대통령이 재벌총수한테 당부한 지 1주일이 지나도록 재계는 아무런 움직임을 보이지 않았습니다. 그래 강영훈 총리를 찾아가 부탁을 했지요. '대통령이 재벌총수들을 불러 특별히 당부를 했는데도 아무런 기색도 없으니 총리께서 다시 한 번 그들을 만나 촉구를 해주시지요'라구요. 그러고 나서 며칠 지나 강 총리로부터 전화가 걸려 왔는데 '내가 끼어들 일이 아닌 것 같소. 총리가 점심 초대를 해도 재벌총수들이 바쁘다는 이유로 제대로 모이질 않으니…'라는 것이 아니겠어요. 기가 막히더라구요."

이런 분위기가 지속되면서 청와대의 심기는 매우 불편해졌다. "민주화라니까 재벌도 대통령의 말을 우습게 아는 건가" 하는 자조적인 말도 나왔다. 한마디로 청와대는 몹시 불쾌했다. 대통령부터 매우 언짢아했고, 따라서 이내 경제수석실이 직접 나서게 된다. 한편으로는 국세청이 나서서 재벌들의 비업무용부동산 보유실태를 파악하는 작업이 시작되었다. 한 측근은 당시 노 대통령의 심경을 이렇게 설명했다.

"가뜩이나 경제가 어려운 데다가 주요 공약사업이기도 했던 금융실명제를 어쩔 수 없이 유보시킨 부담 때문에 노 대통령은 이를 대체할 수 있는 무언가를 국민들에게 보여줘야 했습니다. 여기서 결국 국민감정이 극도로 악화되고 있는 재벌문제를 부동산투기 진정책과 결합시켜 들고 나왔던 것이지요. 더구나 대통령은 취임 이후 재벌회장들을 만날 때마다 재벌들이 부동산투자나 재테크에 열을 올리는 것을 자제해 달라고 여러 차례 요청했는데도 불구하고 재벌들이 계속하고 있다고 판단하고 있었지요."

재벌들의 무반응에 대통령은 화가 났다. 정책 차원의 문제가 아니라 대통령 개인의 자존심 문제이기도 했다.

"재벌들이 커지면 정부까지도 우습게 본다고 하는데, 우리 재벌들도 벌써 그럴 정도로 커졌나. 아니면 내가 한 말이 저녁 먹으면서 그냥 한 번 해본 소리라고 여기고 흘려들은 것인가."

4월 30일, 급기야 김종인 경제수석은 플라자호텔에서 10대 재벌의 기획조정실장들을 불러 대통령의 이 같은 노여움을 전달하고 정부 차원에서 재벌들의 무성의를 결코 좌시하지 않겠다며 단호한 입장을 밝혔다.

여의도 전경련회관을 찾아간 김종인 경제수석은 유창순 전경련 회장과 가시 돋친 설전을 벌였다.

"대통령의 간곡한 당부를 소홀히 여기는 것은 2가지로 해석할 수밖에 없습니다. 세상이 바뀌었으니 이제 재벌들이 자기들 마음대로 해도 된다고 생각하고 있거나, 그렇지 않으면 대통령의 임기가 5년밖에 안 되니까 그럭저럭 버텨 나가면 될 것 아니냐 하는 식이 아닙니까. …"(김종인)

"정부가 너무 심합니다. 남북이 대치하고 있는 상황에서 이처럼 대기업들을 몰아붙이면 어떻게 합니까. …"(유창순)

"재벌문제를 이대로 방치하면 북이 내려오기 전에 남쪽에서 먼저 터져 나옵니다. …"(김종인)

이날 이후로 상황은 급변했다. 그동안 잠자코 있던 박필수 상공장관도 감을 잡고 10대 그룹 기조실장회의를 소집해 엄포를 놓았다. 재벌들은 이런저런 경로를 통해 '만약 충분한 성의표시를 하지 않으면 한두 개 그룹은 시범적으로 희생될 수도 있음'을 통보받았다.

비로소 전경련을 중심으로 재계에 비상이 걸렸다. 뒤늦게 사태가 심상치 않음을 깨달은 것이다. 실무 차원의 협상창구는 청와대의 박운서 비서관과 전경련의 조규하 전무였다. 청와대의 요구는 재벌들이 보유부동산의 일부를 알아서 자진매각해 달라는 것이었다.

재계는 과연 얼마만큼의 땅을 내놓아야 하는지 고민스러웠다. 전경련으로서는 10대 그룹에서 150만 평 정도만 자진매각하면 될 거라고 생각하고 청와대 측에 의중을 타진했다. 전해인 90년 중에 10대 그룹이 신규로 사들인 땅이 340만 평 정도이니까 그 절반 정도만 되팔면 되지 않겠느냐는 계산이었다.

청와대의 반응은 그 정도로는 턱도 없다는 것이었다. 10대 그룹의 전체 보유부동산이 8천만 평가량 되니까 그 10%인 800만 평을 팔아야 한다는 것이었다.

겁에 질린 기업들이 막상 팔겠다고 내놓은 땅은 모두 1570만 평. 청와대도 놀랐을 만큼 기대 이상의 규모였다. 아무튼 5월 7일, "기업이 생산활동보다 부동산투기를 통해 이익을 챙기는 풍조를 뿌리 뽑겠다"는 요지의 대통령 특별담화에 이어 5월 8일 정부의 부동산규제 조치가 나오기까지 청와대와 전경련의 실무팀은 워커힐호텔에서 사흘 밤을 새우며 매각 규모를 둘러싸고 승강이를 벌여야 했다. 여기까지는 그래도 '자진매각'이라는 이름 아래 진행되고 있었다.

재계의 항복, 그리고 반격

5·8조치가 발표되고 이틀 후인 1990년 5월 10일, 10대 그룹 총수들이 발표한 공동결의문을 두고 당시 재계는 '항복문서'라고 불렀다. 정부의 강압에 어쩔 수 없이 굴복한 내용을 담은 것이 바로 공동결의문이었다는 이야기다.

무슨 땅을 얼마나 팔아야 할지는 전경련이 중간에 서서 청와대 측과 이미 결론을 낸 상황이었고, 이날 회의는 요식행위에 불과한 것이었으나 막상 회의가 열리자 여기저기서 불만이 제기되기도 했다.

"말이 자진매각이지 이게 어디 자진매각이냐."

그러나 모두가 해보는 볼멘소리에 불과했고 결국은 정부 측 요구에 순응할 수밖에 없다는 것을 전제로 하고 하는 불평들이었다. 모 그룹의 기조실장은 회의가 끝나고 나서 "옛날 같으면 오너가 잡혀가고 기업이 공중분해되는 일도 있었는데, 땅 내놓으라고 하는 정도야 그래도 발전한 것 아니냐"며 자조적인 농담을 하기도 했다.

90년 5·8부동산매각 조치가 발표된 이틀 후인 5월 10일, 10대 그룹 총수들이 당시 '항복문서'라고까지 불린 공동결의문을 발표하고 있다.

전대주 전경련 상무의 회고다.

"당시 분위기로는 기업들이 뭐라고 항변할 겨를도 없었습니다. 여론과 대세에 끌려가는 꼴이었습니다. 한마디로 말해 5·8조치를 두고 일종의 '재계 길들이기작전'으로 받아들였으니까요."

청와대와의 협상 과정에서 보유부동산의 10% 정도를 매각하는 것으로 결말이 났으나 어느 땅을 팔 것이냐를 선정하는 문제 역시 쉬운 일이 아니었다. 실무책임자인 각 그룹의 기조실장들은 당장 10%에 해당하는 매각대상을 결정해야 했는데, 과연 어느 땅을 내놓아야 할지 몰라 우왕좌왕했다. 모 그룹에서는 오너가 애지중지하는 땅을 눈치 없이 집어넣었다가 혼이 난 일도 있었다.

오너 회장들의 공통된 불만은 내놓기 싫은 땅을 내놓아야 하는 것뿐 아니라 무엇보다 부동산투기에 대기업들이 앞장섰다는 점을 스스로 시인하는 꼴이 되었다는 점이었다. 그렇잖아도 재벌에 대한 이미지가 나쁜

판에 이런 식으로까지 모욕을 줄 필요가 있느냐는 식의 반응이었다. 아무튼 재계로서는 기업들이 투기 목적으로 땅이나 사 모았다는 오명은 어떻게 해서라도 모면해야겠다는 생각이었다.

공동결의문에서도 정부의 주문을 거의 수용하면서도 '비업무용 땅'이라는 용어를 끝까지 피하고 그 대신 '불요불급한 땅'이라고 표현한 것도 그런 맥락에서였다. 땅을 샀으되 모두가 사업을 위해 필요해서 산 땅이라는 점을 말하고 싶었던 것이다.

이처럼 재계가 "우리는 억울함에도 불구하고 최선을 다했다"고 주장했으나 언론은 이들의 입장이나 노력을 평가하는 데 여전히 인색했다. 요컨대 10대 그룹이 자진매각하겠다고 내놓은 땅 1570만 평만 해도 조림지나 임야 등이 대부분으로, 외형적인 물량만 부풀려 놓았을 뿐 노른자위는 없다는 식으로 비판했다. 과거 74년 5·29조치기업공개와 건전한 기업풍토 조성에 관한 대통령의 긴급조치나 80년의 9·27조치기업의 부동산 소유 제한, 재벌의 계열사 정리 등을 주요 내용으로 한 기업체질 강화대책처럼 시늉만 하다가 결국은 시간이 지나면서 흐지부지되지 않겠느냐며 정부에 대한 공격도 늦추지 않았다.

이처럼 정부가 재벌들을 강수로 몰아붙이는데도 재벌 편을 들어주는 이는 아무도 없었다. '재벌'이라는 단어만 붙으면 무조건 비난이 쏟아지던 분위기였다. 재벌들은 정부의 서슬에 질려 그저 하라는 대로 할 수밖에 없었다.

그러나 1570만 평이나 되는 방대한 땅을 정부가 지정한 시한인 그해 6월 말까지 팔라는 것은 애당초 무리였다. 물론 재벌 쪽에서 적극적으로 팔려는 노력도 미흡했지만 당장 마땅한 원매자를 찾기도 어려웠다.

한편 재계 일각에서는 "정부가 여론을 의식해서 저렇게 세게 나오는데 얼마나 가겠나. 결국 정치적으로 타협하고 말 것"으로 여겼다. 그러나 이런 말이 나올수록 정부는 강경의 도를 더해 갔다. 경제수석을 반장으로 하는 청와대 내의 부동산대책반은 매각진척 상황을 매주 집계해서 대통령에게 보고했다.

하지만 한 달여가 지난 6월 중순까지 10대 그룹의 매각실적은 1.8%에 불과했다. 언론은 그것 보라는 투로 정부의 당초 의지에 연일 의문을 제기했다. 아무리 엄포를 놓아 봐야 정부와 재벌은 한편인데 별수 있겠느냐는 전제가 단단히 자리 잡고 있었다. 10대 그룹은 "6월 말까지는 도저히 무리이니 자진매각 시기를 연장해 줄 것"을 청와대에 건의했으나 받아들여질 분위기가 아니었다.

도리어 6월 19일, 경제수석실의 이환균 비서관은 10대 그룹 기조실장들을 청와대로 한 명씩 불러들였다.

"재계가 정부에 이처럼 협조를 하지 않으면 정부도 협조할 수 없습니다. 부동산 처분문제로 기업을 청와대로 부르는 일은 이번이 마지막이라는 점을 분명히 말해 둡니다."

최후통첩이었다. 계속 소극적으로 나갈 경우 더 큰 손해를 감수해야 할 것이라는 청와대의 뜻을 마지막으로 통보한 것이었다. 재계에 대한 압력은 계속 이어졌다. 이튿날인 20일, 드디어 국세청까지 나섰다. 서영택 국세청장이 재벌 기조실장들을 불러 놓고 "약속한 부동산의 자진매각을 조속히 가시화하지 않을 경우 주식 위장분산과 유상증자 등을 통한 사전상속에 관한 특별조사를 실시하겠으며, 차제에 재벌들이 가족경영 형태를 탈피토록 해야 할 것"이라며 경고했다.

이쯤 되자 재계로서는 앞뒤를 가릴 처지가 아니었다. 꿈쩍도 않던 매각 비율은 열흘 만에 6.8%로 뛰어올랐고, 두 달 후인 8월 말까지 81.7%를 기록하기에 이르렀다.

청와대가 처음부터 이처럼 강경하게 밀어붙이려던 것은 아니었다. 5월 10일, 10대 재벌 총수들이 1570만 평의 땅을 자진매각하겠다고 발표하자 노태우 대통령은 상당히 만족했다. 그 정도면 되었다는 반응이었다.

그러나 그 뒤가 문제였다. 매각계획만 마지못해 발표해 놓고 의도적으로 시간 끌기나 하고 있다는 보고를 받으면서 다시 화를 내기 시작했다. 특히 민정수석실을 비롯해 당시 청와대 내 비경제 쪽에서 목소리를 높였다. 투서도 난무했다. 어떤 재벌그룹은 5·8조치 후에도 여전히 땅을 사러 다닌다는 투서가 날아들어 대통령의 감정을 더 자극하기도 했다. 청와대 내부에서는 통치권에 대한 재벌의 도전이라고 핏대를 올리는 사람도 있었다.

이 같은 위압적인 분위기 속에서 재계는 완전히 백기를 들고 만다. 10대 그룹이 손을 들자 나머지 35대 그룹 안에 든 기업들도 자동으로 그에 준해서 따라갔다. 땅을 서둘러 파는 것뿐 아니라 근로자주택 건립계획 등을 비롯해 정부가 요구한 사항에 대한 성의표시를 어떻게 해나가야 할지 전전긍긍했던 것이다.

그러나 문제는 여기서 끝나지 않았다. 비업무용부동산 판정기준을 둘러싼 시비가 정부와 재계 사이에 더 큰 갈등을 불러일으키게 되었던 것이다.

자진매각이 강제매각으로

　재벌들에 대한 부동산매각 종용이 1570만 평의 자진매각분으로 끝났다면 이야기는 사뭇 달라졌을 것이다. '자진매각'이 전반전이었다면, '강제매각'이라는 훨씬 더 고달픈 후반전이 기다리고 있었다. 비업무용부동산에 대한 매각조치가 그것이다.
　재계 쪽에서는 이 문제가 나오면 그 후에도 한동안 흥분하며 정부를 성토했다. 정부의 명백한 약속 위반이요, 일방적인 횡포였다는 것이다. 당시 재계의 협상창구였던 조규하 당시 전경련 전무의 이야기를 들어보자.
　"청와대와 협상하는 과정에서도 비업무용부동산의 강제매각 부분은 없었습니다. 자진매각만으로 일단락 짓는 것으로 되어 있었어요. 자진매각하기로 한 1570만 평만 해도 당초 청와대가 기대했던 것보다 큰 규모였기 때문에 정부로서는 대만족이었고, 재계로서는 너무 많이 내놓은 것이 아니냐는 이야기가 나올 정도였습니다. 그런데 말이 달라진 것입니다. 자진매각은 자진매각이고, 비업무용부동산에 대한 매각조치는 별도라는 것이었습니다. 더구나 비업무용의 판정기준을 새로 강화해 놓고, 그 기준에 따라 추가된 땅까지 몽땅 팔라고 했으니 말이 됩니까. 설사 강화된 비업무용부동산 판정기준을 불가피하게 적용한다 해도 최소한 경과조치를 두어 이미 업무용으로 분류된 경우는 제외시켜 주었어야지요."

재계의 이 같은 항변에 대한 시비는 따로 하더라도 문제의 5·8조치가 강제매각까지를 겨냥한 것이 아니었다는 그의 주장은 사실로 뒷받침된다. 청와대도 그렇게까지 심하게 할 생각은 아니었다. 그 과정을 확인해 보자. 여기에 깊이 간여했던 한 실무관계자의 증언은 이렇다.

"5·8조치를 추진하는 구심점은 청와대의 김종인 경제수석이었습니다. 물론 실무적인 조치나 실행계획은 기획원, 재무부, 그리고 국세청과 은행감독원 등이 맡았습니다만, 어디까지나 통치권 차원에서 진행되던 일이었던 만큼 청와대가 마련한 기본 구도 속에서 이뤄졌던 것이지요. 그러나 문제는 청와대 안에서부터 생겨났습니다. 경제파트와 비경제파트 사이의 시각 차이가 그것이었습니다.

하루는 국세청이 조사한 49대 재벌의 비업무용부동산의 실태조사 결과를 놓고 비서실장 주재 회의가 열렸어요. 경제수석은 재벌들이 내놓은 1570만 평에 대해서는 어김없이 약속을 지키도록 정부가 강력히 밀어붙여야 하지만, 비업무용부동산의 강제매각까지 예외 없이 밀어붙이는 것은 무리라고 주장했지요. 이에 대해 가장 강력히 반대한 사람은 노재봉 비서실장이었습니다. 이참에 재벌들의 땅 사재기 버릇을 고쳐야 하며 예외를 들어주다간 이도저도 안 된다는 것이었습니다. 다른 수석들도 여기에 동조했고, 서영택 국세청장도 강경발언을 했던 것으로 기억합니다. 언론이나 사회 여론은 더 말할 나위가 없었구요."

결국 이날 회의는 자진매각과는 별도로 재벌들의 비업무용부동산의 실태조사를 공표하고 이에 대한 강제매각 조치를 강력히 추진해 나간다는 쪽으로 결론이 나버렸다.

이에 따라 국세청은 49대 재벌의 비업무용부동산 규모가 무려 7285만 평으로 전체 보유부동산의 35.3%에 달한다고 발표하기에 이른다90년 8월 16일.

4개월 전 재무부가 법인세법 시행규칙을 고쳐 비업무용부동산의 판정기준을 강화했는데, 여기에 따라 새로 추가된 비업무용이 크게 불어난 결과였다. 삼성·현대·럭키금성·대우·한진 등 5대 그룹의 경우를 보면, 전체 보유부동산 중에서 차지하는 비업무용의 비율이 88년 12월 은행감독원이 판정했을 때는 2%에 불과했던 것이 새 판정기준을 적용한 결과 17%로 늘어났던 것이다. 이처럼 비업무용이 늘어난 것은 판정기준이 강화되었던 탓도 있지만 분위기 탓도 적지 않았다. 한 관계자는 이렇게 설명했다.

"대통령의 뜻이 강경하다는 것이 확인되면서 재벌들의 부동산 실태를 들춰내는 작업이 경쟁적으로 진행되었습니다. 별의별 정보가 다 들어오고, 기관별로는 누가누가 잘하나 하는 식으로 실적 경쟁을 벌이는 현상까지 빚어졌지요. 국세청과 안기부, 은행감독원 할 것 없이 말입니다."

언론은 국세청의 발표를 토대로 또다시 포문을 열어 재벌들의 부정직성을 맹렬히 공격해 댔다.

밀리기만 하던 재계도 이번에는 더 이상 가만있지 않았다. 정부와 언론이 해도 너무한다는 것이었다. 요컨대 정부가 비업무용으로 추가 판정한 땅 가운데 상당한 양이 근본적으로 비업무용이 아니거나 '이유가 있는 땅'이라며 항변하고 나선 것이다.

정부 내부에서도 이 같은 항변이 '이유 있음'을 잘 알고 있었기에 곧

650만 평을 강제매각 대상에서 제외시키겠다며 다소 완화된 입장을 밝혔다. 그러나 재계의 반응은 그 정도로는 어림없다는 것이었다. 완화의 시늉만 냈을 뿐 정작 중요한 땅은 여전히 포함되어 있었기 때문이다. 다시 조규하 전경련 부회장의 말이다.

"한진그룹의 제주도 제동목장의 경우 박정희 대통령이 축산진흥정책을 내세워 정부가 사라고 해서 산 땅일뿐더러 76년에는 최각규 농수산부장관 이름으로 표창장까지 받았습니다. 그런 땅을 지금 와서 기준을 고쳐 비업무용이라고 팔라고 하니 말이 됩니까. 그뿐이 아닙니다. 럭키의 서울 구이동 축구장 땅은 체육부가, 대성탄좌의 문경 조림지는 산림청이, 롯데의 잠실 석촌호수는 서울시가 요청해서 샀던 것들입니다. 그 밖에도 공장에 진입하는 도로를 비업무용으로 분류하는가 하면 공업용수를 조달하기 위해 기업이 만든 저수지까지 포함시켰지요."

물론 새로 밝혀진 비업무용부동산 중에는 기업들이 감추어 놓은 땅도 있었으나, 명백히 '이유 있는 땅'도 적지 않았던 것이 사실이다. 실무관료들도 이 같은 점을 인정했다. 합리적으로 조정해 주어야 마땅한 일이었으나 실제 그런 작업은 잘 이뤄지지 않았다. 이유가 어찌 되었든 당시 상황에서 재벌들의 주장을 받아들여 문제의 땅을 강제매각 대상에서 제외시켜 주는 일은 고양이 목에 방울 달기나 다름없었다. 실무관계자의 증언이다.

"정치적으로 기세 좋게 밀어붙였

정부의 밀어붙이기에 재계가 가장 반발한 것은 비업무용 판정기준이었다. 한진그룹의 제주도 제동목장의 경우 정부의 권유로 매입해서 최각규 농수산부장관으로부터 표창장까지 받았는데도 훗날 비업무용으로 분류되었다. 사진은 당시의 표창장.

으나 차츰 문제가 많다는 것을 깨닫게 되었지요. 그러나 관련 부처나 기관에서는 문제가 이처럼 꼬이게 되자 저마다 꽁무니를 뺐습니다. 장관이든 실무자든 모두가 법대로 하자는 것이었어요. 공연히 앞장서다가 책임을 뒤집어쓰기 싫다는 것이었지요."

해가 바뀌어도 이런 분위기는 계속 이어졌다. 심지어 막판에는 경제수석실이 중심이 되어 문제가 되는 땅을 구제해 주기로 방침을 정했으나 91년 3월에 열린 최각규 신임 부총리 주재의 경제장관회의에서 '구제 불가'로 결론을 내리는 바람에 다시 원점으로 되돌려졌다. 새 경제팀장으로서 모양 좋은 결정을 내리기는커녕 재벌들을 봐준다는 인상을 주는 일에 앞장설 이유가 없었던 것이다.

그러나 시간이 갈수록 강제매각 조치의 문제점들은 더욱 구체적으로 불거져 나오게 된다. 문제의 땅 가운데 일부는 하는 수 없이 기업들이 매각에 승복한 경우도 있었지만 다른 한쪽에서는 끝내 불복해 법정으로 들고 갔는가 하면 사안에 따라서는 정치적으로 구제해 준 케이스도 생겨났다. 한진그룹의 경우 문제의 제주도 제동목장을 대학 기부 등의 방법으로 일단 정부의 압박을 모면해 놓고 나서 얼마 뒤 다시 되찾아가는 등의 편법을 구사하기도 했다.

아무튼 이 같은 5·8조치의 무리한 추진으로 말미암아 노태우정권과 재계의 관계는 몹시 악화되었고, 한편으로 현대그룹 정주영 회장 같은 경우에는 대통령 출마 결심을 굳히게 하는 결정적인 계기를 제공했다고 할 수 있다.

이처럼 아무도 뒷마무리에 책임지는 사람 없이 저마다 규정 타령만 하는 바람에 5·8조치는 당초의 의도를 벗어나 시간이 흐를수록 부작용 노출과 비난의 악순환에 빠져들 수밖에 없었다. 통치권력과 행정력을 동원해서 민간기업들을 코너로 몰고 갔으나 그 결과가 장차 법적 시비로부터 자유로울 수 있을지에 대해서 많은 사람이 의문을 표시했다.

결국 정권이 바뀌면서 정부는 5·8조치와 관련된 여러 소송에서 패소하고 만다.

정주영의 도전

5·8부동산매각 조치가 정부와 재계연합군의 단체전 전쟁이었다면, 정부와 재계에서 1명씩 나서서 맞붙은 개인전을 꼽으라면 정주영 현대그룹 명예회장과 김종인 경제수석 사이의 대결을 들 수 있을 것이다. 두 사람은 무슨 특별한 악연이 있었던 것은 아니었다. 첫 만남은 5·8조치 이후 청와대 경제수석 집무실에서였다. 정주영은 특유의 스타일대로 수행원도 없이 어느 날 불쑥 청와대로 김종인을 찾아갔다. 마침 회의 중이었던 김종인은 비서로부터 정주영 회장이 찾아왔다는 메모를 전달받았으나 예정대로 회의를 마치고 나서야 그를 사무실로 맞아들였다. 정주영으로서는 사무실 바깥 대기실 쪽의자에 앉아 30분 이상을 기다려야 했으니 속마음이 좋을 리 없었다. 그러나 김종인으로서는 아무리 '천하의 정주영'이기로서니 사전 연락도 없이 일방적으로 찾아왔으므로 회의 끝나기를 기다리는 것은 당연한 일 아니냐는 생각이었다. 아무튼 두 사람은 처음부터 기싸움을 시작으로 얼굴을 마주했다.

그래도 첫 만남은 서로 잘 부탁한다는 식의 덕담 위주였고, "조만간 술자리나 한번 하자"며 헤어졌다. 정주영으로서는 당시 카프로락탐나일론의 원료사업에 참여하고자 여러모로 로비를 벌였으나 여의치 않은 상태였는데다가 세무조사로 곤욕을 치르고 있던 참이었으므로 대정부 로비가 절실했다. 노태우 대통령한테는 이미 직간접으로 양해를 구해 놓았고, 정확한 금액은 알 수 없으나 상당액의 성의표시(?)도 해놓은 상태였다. 걸림돌은 경제수석이었는데, 아랫사람한테 맡겨놓아서는 안 되겠다 싶었던지 정 회장이 직접 나선 것이다.

최고급 술집이었는데도 정주영은 따로 소주를 시켜 마셨다. 정 회장은 질펀한 술자리를 유도했으나 뜻대로 되지 않았다. 두 번째 술자리는 노재봉 비서실장과 3명이 함께했다. 정 회장은 당시 현대에 대해 진행되고 있는 세무조사 관련 애로사항에 대해 어려움을 호소했다. 김종인은 가급적 거리를 두었고, 정주영은 끈덕지게 접근전을 펼쳤다.

"경제수석이 국세청장한테 이래라 저래라 말할 수 있는 처지가 아니니 대통령한테 이야기하십시오."

"대통령은 괜찮다고 하시는데, 경제수석이 반대하니 문제가 꼬여서 이렇게 부탁하는 것 아닙니까."

저녁 술자리 로비가 잘 통하지 않자, 정주영은 김종인을 롯데호텔에서 낮 시간에 맨 정신으로 만나자 청했다.

"김 수석은 올해 나이가 몇입니까. 50대 초반 아닙니까. 나는 70대인데 105살까지는 일하고 125살까지 살 겁니다. 경제수석 더 해봐야 불과 몇 년이데, 앞으로 적어도 50년은 더 살 것 아니요. 나하고 좋은 관계를 맺으면 도움이 될 겁니다."

"저는 대통령을 모시고 있는 비서입니다. 제가 지금 정 회장님과 마주

앉은 것은 개인으로서가 아니라 경제수석이라는 내 직책 때문이 아닙니까. 나이로 따져도 제 아버지뻘 되시는 분이 그렇게 말씀하시면 곤란합니다. 더 이상 만나지 않는 게 좋겠습니다."

"그런 게 아니고, 나는 한번 신세지면 영원히 잊지 않는 사람입니다."

"그런 말씀에 많은 공무원들이 다치는 겁니다."

노회한 노 재벌회장이 한참 손아래인 대통령 측근을 어떻게 해서라도 회유하려 했으나 도리어 어색한 사이가 되고 말았다. 이렇게 해서 정주영과 김종인은 끝내 등을 돌리게 된다.

두 사람 사이의 대화는 김종인의 메모를 근거로 재구성한 것이고, 상대방이었던 정주영 회장은 타계했으므로 어차피 일방적인 것일 수밖에 없다. 그러나 당시의 상황과 노태우의 재판 과정 등을 통해 돌이켜 보면 사실과 크게 다르지 않을 것으로 짐작된다.

나중에 대통령선거에 나서게 된 정주영은 심지어 어느 공식 기자회견장에서 "김종인이 때문에 내가 정치할 것을 결심했다"는 말을 했을 정도로 그에 대해 응어리가 맺혀 있었다. "대통령은 괜찮았는데, 경제참모가 문제였다"는 말도 수시로 하고 다녔다. 정주영 회장이 직접 노태우 대통령에게 100억 원을 갖다 주었다는 문제의 폭탄선언 내용도 따지고 보면 세무조사를 무마시켜 달라고 대통령에게 돈을 주었는데도 불구하고 아무 효과를 보지 못했던 시기에 일어난 일이었다.

어떻든 노태우정권 5년을 회고할 때 정치적으로나 경제적으로 세간의 이목을 집중시켰던 풍운의 인물을 꼽으라면 아마도 현대 정주영 회장일 것이다. 현대그룹의 오너로서 정부의 재벌정책에 정면으로 맞섰을 뿐 아니라 급기야는 직접 정당을 만들어 대통령 출마까지 불사했으니 말이다.

현대사건은 한마디로 정부와 개인기업 사이에 벌어진 '전쟁'이었다.

정주영 국민당 창당준비위원장(오른쪽)이 용산지구당 창당대회에서 위원장으로 선출된 봉두완 씨의 손을 치켜들고 있다.

종래의 관행이나 규범으로서는 도저히 상상도 못할 싸움이 정부와 현대 사이에서 전개되었던 것이다. 물론 현대가 국내 대재벌의 하나요, 따라서 현대사건 역시 노태우정권이 취한 일련의 재벌정책의 맥락과 무관하지 않았다. 그러나 현대라는 기업 차원의 문제에 더해서 '정주영'이라는 개인에 대한 응어리까지 뒤엉켜 있었다.

정주영이 공식적으로 밝힌 대통령 출마의 변(辯)은 "정치적 탄압으로부터 현대를 구하기 위해 정치 참여를 결심했다"는 것이었다. 그러나 이 말을 곧이곧대로 받아들인 사람은 많지 않았다. 현대 내부에서도 회장님의 대통령 출마 자체를 반대하는 사람이 적지 않았다.

정주영은 노태우정부의 재벌정책과 상관없이 정치적 야심을 키워 오고 있었다. 그 옛날 박정희와도 대적했던 '나'이고, 그의 부하들이었던 전두환과 노태우도 대통령을 하는 판에 산전수전 다 겪은 나는 왜 대통령이 되면 안 되느냐는 생각이 강했다. 자격요건으로 치자면 '나, 정주영

이야말로 대통령 되기에 충분하다'고 생각했던 것이다. 대우 회장 김우중이 한때 대통령 출마를 시도했던 일 역시 같은 맥락에서였다.

어쨌거나 분명한 것은 새 정권의 새 정책에 대해 가장 노골적으로 반발한 기업이 현대였고, 그 과정에서 정주영 개인의 상식을 뛰어넘는, 겁 모르는 맞대응이 급기야는 정치판도에까지 대격랑을 몰고 왔던 것이다.

많은 대기업들 중에서 왜 하필이면 현대만이 집중적으로 정부와 충돌했던 것일까. 앞에서도 살펴봤듯이 기업들의 정부에 대한 본격적인 반발은 부동산매각을 강제했던 90년 5·8조치를 계기로 본격화되었다. 그러나 부동산매각만이 전부가 아니었다. 이른바 '대기업의 업종전문화정책' 또한 심각한 갈등요인이었다.

땅문제로 모두가 급급했던 당시로서는 이것이 정부와 재계의 갈등을 그토록 증폭시키는 또 하나의 변수로 등장할 줄은 미처 생각하지 못했다. 정부 나름대로의 명분은 있었다. 당시 실무 추진의 중심에 있었던 박운서 청와대 경제비서관은 후일 이렇게 말했다.

"국제 경쟁에서 버텨낼 수 있는 세계적인 일류기업이 되려면 국내 대기업들이 이것저것 벌일 게 아니라 자기 특장을 살려 업종을 전문화해야 한다는 것이 당시 청와대 경제쪽의 판단이었습니다. 국내 대기업들이 그런 쪽으로만 가 준다면 재벌에 대한 사회적인 비난도 해소될 수 있을 테고, 그걸 명분 삼아 여신규제 같은 기존의 재벌규제정책들도 철폐할 생각이었습니다. 김종인 경제수석의 생각도 이 점에 있어 확고했습니다."

대기업 스스로가 업종전문화를 해나가면 정부도 대기업들의 여러 가지 재벌족쇄를 풀어 줄 수 있는 명분이 생기니 얼마나 좋겠느냐는 것이었다. 그러나 기업들의 업종전문화라는 것이 어디 말처럼 쉬운 건가. 그렇다고 정부가 법으로 기업들의 신규업종 진출을 지정하거나 규제하는 근거도 없었다. 결국 청와대가 직접 나서서 교통정리를 하는 수밖에 없었다. 청와대의 행정지도가 시작된 셈이었다. 신고제가 아니라 사실상 허가제가 부활되는 것이었다. 정책의 의도는 비록 상당한 정당성을 확보할 수 있다 해도 규제의 축소라든지, 민간 주도 경제로의 이행이라는 명분과는 분명히 충돌을 일으킬 수밖에 없는 정책이었다. 이 과정에서 제기된 문제들이 현대의 카프로락탐, 삼성의 자동차, 대우의 디지털피아노 사업 등의 신규진출 여부였다.

카프로락탐의 경우를 예로 들어보자. 국내 수요가 연간 22만 톤가량 되는데 반해 국내 생산은 한국카프로락탐의 7만 톤 정도가 고작이었다. 나머지는 수입에 의존해 왔다. 이것을 겨냥해 이미 한국카프로락탐에 합자 형태로 참여하고 있는 효성과 동양나이론이 각각 독립적인 회사를 차리겠다고 나섰는데, 여기에 현대가 끼어들었던 것이다.

이런 상황에서 청와대의 판단은 효성이나 동양나이론은 이미 참여하고 있는 사업인 데 반해 현대는 추가로 뛰어드는 것이므로 업종전문화 원칙에 어긋난다는 것이었다. 삼성의 자동차나 대우의 디지털피아노의 경우도 같은 논리였다.

법적으로 따지면 사실 이 같은 정책은 정부의 약속 위반이었다. 업종전문화를 내세워 이처럼 규제하는 것은 1987년부터 신규진출을 자유화시킨 정책을 정부 스스로 뒤집은 것이기 때문이다. 기업들의 항변은 당연했다.

그러나 당시 사회적 분위기는 법이나 원칙 편이 아니었다. 정부의 반칙을 비판하는 기업들의 주장이 도리어 열세에 몰렸다. 반기업적인 여론이 한창 팽배해 있었을 뿐 아니라 신규진출의 자유화 이후 석유화학분야에서 빚어진 치열한 투자 경쟁 현상은 당장 눈에 보이는 현실적인 부작용이었던 까닭이다.

이 과정에서 가장 노골적으로 날을 세우고 정부에 맞선 기업이 현대였으며, 특히 정주영 회장은 거침없이 정부를 비판하는 데 앞장섰다. 재무부가 그룹별로 주력업체를 선정하도록 하자 정 회장은 "현대그룹에는 주력업체가 아닌 것이 없다"는 식의 냉소적인 대꾸를 서슴지 않을 정도였다. 박정희나 전두환시대 같으면 어림도 없는 반발이었겠지만, 세상이 바뀜에 따라 기업들의 태도도 이처럼 달라진 것이다.

5·8조치의 진행 과정에서도 현대는 다른 기업들에 비해 유난히 두드러지게 반발했으며, 특히 정 회장의 행동이나 발언은 재계 쪽에서조차 아슬아슬하게 여길 정도로 위험수위를 넘나들고 있었다. 더구나 "이 나라에는 지도자다운 지도자가 없다"는 등 시간이 갈수록 정부를 자극하는 언동도 서슴지 않았던 것이다. 민주화 세상을 맞아 달라진 것은 시민운동가뿐 아니라 재벌들도 마찬가지였다.

현대를 죽여라

정주영의 개인적인 행보를 떠나 기업으로서 현대가 정부에 대해 억울함을 호소하고 부당함에 반발했던 배경에는 그럴 만한 이유가 있었다.

일례로 경기도 남양만의 자동차주행시험장 부지 100만 평을 들 수 있다. 이 땅은 1978년에 매립허가를 받아 갯벌을 메워 조성한 부지였으나 1984년에 주거래은행 측으로부터 비업무용으로 판정받는 바람에 토지개발공사토개공에 매각될 판이었다. 그러나 이번에는 경기도가 반대해서 토개공에 팔아넘기는 일도 무산되었다.

그 이후 주행시험장의 실질적인 건설작업이 진행되는 가운데 90년 9월에 국세청으로부터 업무용으로 판정을 받았는데, 은행 측의 판정은 여전히 비업무용임을 고수했다. 같은 땅을 놓고서 한쪽은 업무용, 다른 한쪽은 비업무용이라고 서로 다른 소리를 하는 가운데 현대만 골탕을 먹어 왔던 것이다 결국 93년 2월에 가서야 업무용으로 결론이 났고, 지금은 주행시험장뿐 아니라 현대기아자동차그룹의 심장부라고 할 수 있는 R&D센터가 들어서 있다.

정부 관계자들도 이 점을 시인한다. 정부 내의 경직된 행정관행에다 여론재판까지 몰아치는 바람에 기업들이 억울하게 당했던 케이스도 적지 않았음을 인정하는 것이다.

그러나 정부와 현대 사이의 대결관계를 이처럼 비즈니스 차원의 시각만으로 설명할 수는 없다. 경위야 어찌 되었든 정주영 회장은 정부를 상대로 노골적인 반발의 강도를 점차 높여 갔고, 정부 또한 정 회장의 그러한 태도가 눈 밖에 날수록 현대의 목줄을 조이는 정책을 펴 나갔던 것이다. 따라서 현대라는 기업 차원과는 별도로 노태우정권 동안 정주영 개인의 행보가 어떠했는지를 따져볼 필요가 있는 것이다.

그가 언제부터 대통령 출마를 결심하게 되었는지는 자신만이 알 일이다. 그러나 그의 발언록에서도 살펴볼 수 있듯이 그의 정치에 대한 관심은 일찌감치 표면화되기 시작했음을 짐작할 수 있다. 그는 국회청문회 증언 과정에서부터 비록 과거의 정권이긴 하나 5공시대에 대해 노골적으로 공격의 포문을 열기 시작했고, 노태우정권에 대해서도 다른 기업인들 같으면 엄두도 못 낼 이야기를 서슴지 않았다. 초기에 그의 발언은 주로 일반론적인 것이었으나, 91년 7월 63명의 각계인사를 이끌고 중국을 방문했던 때부터 심상치 않았다 _{당시 동행했던 인사들의 상당수가 나중에 국민당에 참여했다.}

그러나 정치인으로 본격 변신을 결심한 동기는 역시 현대그룹에 대한 세금공세가 시작되면서부터였다. 무려 1371억 원의 세금추징 발표에 그는 "돈이 없어 세금을 못 내겠다"고 정면으로 맞섰다. 유례없던 일이었다. 청와대는 "묵과할 수 없는 방자함"이라며 대노했다

이렇게 해서 정부와 현대 사이의 한판 싸움이 벌어지게 된다. 정부 안에서는 현대의 목을 조이라는 비상명령이 떨어졌고, 이에 재무부를 비롯

해 은행감독원과 증권감독원, 그리고 주거래은행인 외환은행에 이르기까지 현대에 대한 압박작전이 전개되었다. 그럴수록 정주영 회장의 저항 또한 강도를 높여 갔다.

그런데 국세청은 왜 유독 현대를 찍어서 세금공세를 벌이게 되었을까? 당시 국세청 관계자의 말을 들어보자.

"정주영 회장의 현대가 노태우정권의 미움을 샀던 것은 사실입니다. 따라서 현대를 주시해 오던 국세청이 탈세 혐의를 포착하고 '혼내주기 차원'에서 철저하게 파헤쳤던 것도 부인할 수 없을 겁니다. 그러나 처리 방법이 서툴었어요. 91년 10월 2일 서영택 국세청장이 국회 답변에서 처음 현대에 대한 세무조사 사실을 공개한 것이 일의 시작이었는데, 그러질 말았어야 했어요. 국세청장 입장에서 이왕 발설을 하려면 현대뿐 아니라 다른 기업들 이름도 함께 끼워 넣었더라면 정 회장의 자존심도 덜 상했을 겁니다."

경제수석으로서 현대와 가장 심하게 각을 세웠던 김종인에게 당시 세무조사에 대한 의도를 물었다.

"정주영 씨의 여러 행태에 대해 노태우 대통령이나 나나 좋지 않게 생각한 점도 없지 않았습니다. 하지만 그렇다고 해서 의도적으로 현대만을 겨냥해서 규제를 가하거나 차별해서 불이익을 고의로 준 게 결코 아닙니다. 일의 발단은 지극히 실무적인 데서 시작된 것입니다. 통상적인 세무조사 과정에서 회사 돈이 비어 있는 것을 추적하다 보니 국세청의 조사 속성상 어쩔 수 없이 확대된 것이지요. 물론 대통령이 마음먹고 개입하려면 왜 못했겠습니까. 그러나 그전 정권과는 달리 노 정권에 와서는 집권 내내 국세청의 세무조사에 관한 한 대통령이 거의 간섭을 하지 않았습니다. 나도 대통령에게 기회 있을 때마다 청와대가 세무조사에 개입하지 않아야 된다는 점을 꾸준히 말씀드렸었구요. 정 회장이 나더러 세무조사를 중단시켜 달라고 여러 차례 부탁을 해왔지만 경제수석 소관이 아니라며 부탁을 거절한 적이 있을 뿐입니다."

국세청의 세무조사 배경을 경제수석에게 확인하는 것 자체가 무리다. 다만 말의 행간에서 당시의 상황이 어떠했는가를 대강이라도 가늠할 수 있다. 어쨌든 현대가 노태우정권으로부터 얼마나 치명적인 불이익을 당했는지는 명확히 알 수 없어도, 정주영 회장이 다른 기업인에 비해 유난히 미운털이 박혔음을 충분히 알 수 있다.

문제의 국세청장의 국회 발언도 사전에 계획된 것이 아니었다고 한다. 오히려 서영택 청장의 국회 발언으로 현대 세무조사는 '엎질러진 물'이 되어 버렸고, 정부는 "실무적으로 처리할 뿐"이라며 행정력을 총동원해서 현대의 목을 조여 갔다.

그러나 정주영도 물러서지 않았다. "현대를 부도낼 테면 내 보라"며 정면승부를 불사했다. 국세청의 압박에 정주영의 항복선언은 시간문제일 것으로 여겼는데, 전혀 뜻밖이었다. 당시 재계에서도 정주영 회장이 그런 식으로 맞대응하리라고는 아무도 상상하지 못했다. 정부가 그 정도로 세게 나오면 재벌은 당연히 머리를 조아리고 용서를 비는 게 상식이었기 때문이다. 이 같은 '겁 없는 반격'은 청와대의 분위기를 더욱 강경하게 만들었다. 노태우 대통령은 화가 날 대로 났다. 그는 이진설 경제수석을 불러 "당장 현대계열사 중에서 한두 개 회사를 부도처리해 본때를 보이라"고 지시했다.

비록 부도는 안 냈지만 이 지시를 계기로 정부의 현대에 대한 강압조치는 한층 강화되어 갔다. 이처럼 상황이 악화되자 실무자들은 죽을 지경이었다. 당시의 상황을 은행감독원 한 관계자는 이렇게 털어놓았다.

"정부로부터의 지침이 확실치가 않아 고충이 이만저만 아니었습니다. 정말 죽일 목적으로 목을 조르라는 것인지, 아니면 죽이는 척만 하라는 것인지 알 수 있어야지요. 워낙 민감한 정치적 사안이라서, 기본 방침을 정해 줘야 할 재무부도 분명한 태도를 보이지 않는 바람에 정작 총대를 메야 하는 은행감독원의 입장만 난처했습니다."

한편 재무부의 한 고위당국자는 이에 대해 내놓고 말 못하는 속사정을 이렇게 털어놓았다.

"말이 그렇지, 현대를 어떻게 부도냅니까. 모든 회사들이 상호지급보증을 통해 서로 물려 있는 실정도 제대로 모르는 가운데 대통령이 홧김에 한 이야기인데, 그걸 곧이곧대로 밀어붙일 수 있나요? 그러나 이렇게까지 된 마당에 정부도 체면이 있지 그냥 물러날 순 없었습니다. 정 씨가 대통령에 당선되면 어차피 사표를 써야 하는 상황 아니었겠습니까."

마침 연이어 계속되는 총선과 대통령선거를 치르는 과정에서 현대그룹은 감히 상상도 할 수 없었던, 정부·여당을 상대로 하는 전쟁에 돌입했고, 정부당국은 모든 수단과 방법을 동원해 현대의 자금줄을 차단하는 전략으로 대응해 나갔던 것이다.

어쨌든 정부와 현대의 싸움은 정주영의 대선 낙선과 정계 은퇴로 대단원의 막을 내리게 된다. 그러나 이를 두고 현대만의 패배라고 말할 수는 없다. 결과적으로 현대를 굴복시키긴 했다 해도 정부의 권위나 체통도 상당한 손상을 입었기 때문이다.

돌이켜 보면 박정희 대통령이 설계하고 구축해 온 기존의 정부·재계 관계는 이를 계기로 상당한 변화를 보이기 시작했다. 비록 정주영 회장이 벌인 싸움이 돈키호테 식의 무모한 도전이었다 해도, 그의 강력한 반발은 개발독재 속에 뿌리내려 왔던 정부의 재계에 대한 오랜 절대 지배권이 더 이상 통용될 수 없음을 말해 주는 중요한 사건이었다. 정부와 정치권력을 상대로 정면승부를 한 기업인은 정주영 한 사람뿐이었다.

사실 정주영도 대통령선거 출마를 포기할 기회가 있었다. 정부와 한창 대립각을 세우고 있을 때 재무장관 이용만이 정주영을 조용히 만났다. 두 사람은 같은 강원도 출신으로 도민회에서 정주영이 회장, 이용만이 부회장을 맡고 있는 사이였다.

이용만은 정주영에게 "기업하는 분이 정치권에 뛰어들어 싸우는 게 무슨 득이 되겠습니까. 노태우 대통령과 직접 만나서 그동안 응어리진 것을 풀고, 대선 출마는 포기하시지요."라고 설득했다. 어렵사리 정 회장의 마음을 돌리는 데 성공한 이용만은 대통령과의 면담을 주선해서 날짜를 잡았다. 정주영으로서는 비로소 후보 사퇴의 출구를 마련했던 셈이다.

그러나 경제주석 김종인이 뒤늦게 노태우-정주영 면담 계획을 알아채고 이를 무산시켜버렸다. 물론 김종인은 정주영이 후보 사퇴 결심을 전제로 노태우와 면담하려 했던 사실을 몰랐던 것이다.

"만약 이 면담이 이루어졌다면 정주영은 사퇴 선언을 했을 것이고, 그랬다면 그 이후 상황이 여러 가지로 많이 달라졌을 겁니다." 이용만의 회고다.

노 대통령의 재벌관

　재벌정책을 겉으로 드러난 정부의 공식적인 정책만으로 설명한다면 아무도 곧이듣지 않을 것이다. 실무관료들이 모르게 진행되는 부분, 원칙이나 법률적인 문제를 떠나 통치권 차원에서 추진되는 부분, 더 나아가서는 정치자금의 수수관계로 연결되는 일까지도 바로 정권과 재계의 관계를 결정짓는 주요 변수였기 때문이다.

　6공 들어 정부와 재계의 기본 구도가 어떻게 변화했는가를 살펴보려면 우선 청와대의 움직임이 어떻게 달라졌는지를 추적해 보는 것이 지름길일 수 있다. 노 대통령의 재벌관은 어떤 것이었을까. 우선 한 측근의 말을 들어보자.

　"노 대통령이 재벌에 대해 뚜렷한 소신이 있어서 재벌규제정책을 강화했다고 보긴 어렵습니다. 재임기간에 딸과 아들을 모두 유수한 재벌기업 집안에 시집 장가 보낸 것만 봐도 알 수 있지 않습니까. 정치지도자로서 재벌을 싫어했다면 그럴 순 없는 것이지요. 그러나 시간이 갈수록 재벌에 대한 생각이 부정적인 쪽으로 흘렀던 것도 부인할 수 없어요. 그렇게 된 배경에는 여러 가지가 있겠으나 재벌에 대한 노 대통령 자신의 정리된 생각에서 비롯된 것이라기보다는 재벌들에 대한 감정적인 앙금이 적지 않게 작용했다고 봅니다."

그의 말처럼 노태우 대통령에게 재벌에 대한 특별한 입장이나 주견이 있었던 것은 아닌 것으로 보인다. 이런 에피소드도 있었다.

90년 10월 청와대의 새 대통령관저가 준공되고 나서 집들이 인사치레로 노 대통령은 10대 그룹 회장들을 만찬에 초청했다. 덕담이 오가는 가운데 저녁식사를 들며 문배주가 몇 순배 돌았다. 독한 술인지라 이내 취기가 올랐고 분위기는 한결 부드러워졌다. 그런데 한진그룹의 조중훈 회장이 불쑥 한마디를 하는 바람에 분위기가 이상해지기 시작했다. 평소에도 왕왕 엉뚱한 언행으로 좌중을 당황케 하곤 했던 조중훈 회장이 급기야 이날 대통령을 상대로 사고를 친 것이다.

"물정을 잘 모르는 학자 출신들이 정책을 주도하는 바람에 요즘 나라 경제가 제대로 풀리지 않는…."

대통령 면전에서 이 무슨 뚱딴지같은 소리인가. 만찬에 배석한 노재봉 비서실장과 김종인 경제수석을 지칭하는 말이었다. 조 회장은 한술 더 떴다.

"돌이켜 보면 참으로 박정희 대통령은 많은 일을 했습니다. 제주도의 제동목장만 해도 박 대통령이 하라고 해서 했던 것입니다."

현직 대통령을 앞에 앉혀 놓고 이런 말을 하는 것은 '박 대통령은 일을 많이 했는데, 현직 대통령인 당신은 도대체 무얼 했느냐'는 의미를 담은 것이기도 했다.

현대의 정주영 회장이 맞장구를 쳤다.

"맞는 이야기입니다. 정말 박정희 대통령은 기업을 적극적으로 도와서 경제발전을 이룩했습니다."

좌중의 분위기가 이상해지기 시작했으나 정 회장은 개의치 않고 이야기를 이어 나갔다.

"전두환 대통령 또한 기업인을 잘 이해해 준 훌륭한 대통령이었습니다. 한 번 한다고 했으면 했지요."

그러자 내내 가만히 있던 럭키금성지금의 LG그룹의 구자경 회장이 끼어들었다.

"그런데 현 정부는 기업들이 공장 지을 땅도 못 사게 하고 사업자금도 제대로 못 빌리게 하니…. 특히 사원아파트를 지을 때 주택은행의 지원금을 왜 중소기업한테만 주는 겁니까. 정부가 이래서는 안 됩니다. 독재 정권이나 하는 식입니다."

이쯤 되자 아무리 술자리에서 하는 말이고, 또 '실언'이었다고 해도 함께 참석한 다른 회장들마저 안색이 달라질 수밖에 없었다. 귀를 의심케 했다.

"무슨 소리를 그렇게 하는 거요. 그러면 내가 독재자란 말이오."

아니나 다를까, 노 대통령은 버럭 화를 내며 자리를 박차고 나가 버렸다. 순식간에 일어난 사고였다. 술자리가 끝나고 김종인 경제수석은 대통령에게 불려갔다.

"도대체 어찌 된 거요. 재벌들이 어찌 그럴 수가 있소."

"죄송합니다. 자본주의사회에서 돈의 힘을 정부가 제도적 장치를 통해 제대로 정리해 주지 못했기 때문에 벌어지는 일이라고 생각합니다."

재벌이 대통령을 우습게 보았기에 이 같은 일이 벌어진 만큼, 이참에 재벌들의 기를 꺾어 놓아야 한다는 점을 김종인이 에둘러 이야기한 것이다.

이날의 해프닝은 5·8조치로 잔뜩 쌓였던 재벌회장들의 불만이 취중에 그만 터져 나오고 말았던 일이었으나, 노 대통령으로서는 여간 불쾌한 것이 아니었다. 아무리 격의 없는 술자리였다 해도 현직 대통령을 앞혀 놓고서 전직 대통령들을 잔뜩 추켜올리는 방법으로 간접 비판을 늘어놓는가 하면 급기야는 자신을 독재자로까지 몰아갔으니 화가 날 만도 한 상황이었다.

그러나 이와 같은 '우발적 사고'만으로 노 대통령의 재벌관을 단정지을 순 없다. 대통령이 화가 났고 아주 기분 나빴던 일임에는 틀림없었으나 그렇다고 그날 문제의 발언을 했던 인물들에게 괘씸죄를 적용하거나 특별한 불이익을 준 일도 없었다. 드러나지 않게 은밀히 벌어진 일이지만, 재벌 별로 대통령에게 사과해서 앙금을 풀었다. 그 과정에는 적잖은 액수의 돈도 함께 따라 갔다. 싸우고 나서 정이 든다고 할까. 대통령과 재벌총수 개인 간의 관계는 오히려 이 해프닝이 계기가 되어 더 긴밀해진 경우도 있었다.

다만 우발적인 사고라 해도 그전에는 상상도 할 수 없었던 일인 만큼, 재계와 정부 관계가 세상의 변화와 함께 크게 달라졌음을 말해 주는 상징적인 사건임에 분명했다.

노태우정권의 재벌정책 흐름을 정리해 보면 재벌과의 충돌사건이 자주 일어나기는 했으나 이를 마치 노 정권이 반재벌정책을 일관되게 펼쳐왔기 때문으로 해석할 수는 없다. 정부와 재계의 정면충돌이 세간의 관심사로 자주 클로즈업되었던 것도 따지고 보면 정부의 반재벌정책이 그전보다 강화되었기 때문이 아니라, 세상이 변해서 그전 같으면 엄두도 내지 못했을 재계의 반발이 자주 발생했기 때문이라고 해야 할 것이다. 노 정권에서 가장 강력한 반재벌정책을 폈던 것으로 알려진 김종인은 이렇게 말했다.

"6공 출범 이후 얼마 동안은 재벌에 관한 정책이나 이렇다 할 정부의 입장정리가 제대로 되어 있질 않았습니다. 그러다가 재벌들의 태도에 마음이 상해서 뒤늦게 나서는 과정에서 문제가 더욱 어렵게 꼬인 것이지요. 하지만 나는 내 나름대로의 재벌관이 있었고, 따라서 경제수석에 앉으면서 대통령을 설득시켜 평소의 소신을 정책화하려 했습니다. 다시 말해 경제가 커지면 산업세력과 노동자의 문제가 정치·사회적으로 제기될 수밖에 없다는 점에서 재벌에 대한 규제정책이 필요하다는 점을 강조했던 거죠. 그러나 시대가 달라졌으니만큼 규제방식도 달라져야 했습니다. 예컨대 대기업들을 '50대 재벌'이라는 도식적인 올가미를 씌워 일률적으로 은행대출을 규제하는 따위는 잘못된 것이었어요. 따라서 5대나 10대 등 '진짜 재벌'들만을 상대로 규제의 폭을 좁히자는 생각이었습니다. 그러나 여론의 반대와 부처들의 소극적인 태도 때문에 뜻대로 되지 못했습니다."

이런 점에서 노태우는 전두환과 큰 차이를 보인다. 재벌문제만 해도 전두환은 기본 개념이나 이론의 틀은 김재익 또는 사공일 등의 참모들로부터 훈수를 받아 그것을 자기 것으로 소화한 다음에 정책으로 밀어붙였다. 그에 반해 노태우는 경제수석이 문희갑이든 김종인이든 이들이 아무리 훈수를 해도 이것을 충분히 이해해서 자신의 목소리로 리더십을 발휘하는 경우가 드물었다. 특히 김종인이 경제수석 자리에 앉아 있는 동안에는 재벌관계에서 '대통령 따로, 경제수석 따로' 식이 다반사였다. 재벌총수가 개인적으로 청와대를 찾아가서 대통령의 양해를 구했음에도 불구하고 경제수석이 시치미 딱 떼고 모른 척한 경우도 적지 않았다. 물론 재벌총수가 빈손으로 대통령을 찾았을 리 만무했는데도 말이다.

아무튼 정부와 재벌의 관계는 의외의 방향으로 흘러가고 있었다. 다시 현대로 말머리를 돌려보자. 현대그룹의 정주영 회장 일가에 대한 국세청의 주식이동 조사를 계기로 정부의 재벌정책은 한층 강경한 입장이 된다. 물론 국세청의 세무조사 대상에는 현대뿐 아니라 한진을 비롯한 여러 기업이 있었으나 타깃은 역시 현대였다. 정부의 공식 입장은 결코 편파적인 세무조사가 아니라는 것이었으나 그동안의 청와대와 정주영 회장 간의 관계를 돌이켜 보면 누가 봐도 뻔한 일이었다.

앞에서도 언급했듯이 세간을 깜짝 놀라게 한 것은 정주영의 반발이었다. 국세청의 세금부과에 대해 "돈이 없어 세금을 못 내겠다"1991년 11월 17일는 정주영의 발언은 경위야 어찌 되었든 간에 노태우정권에 대한 현대의 선전포고로 간주되었다.

이를 계기로 정부의 재벌정책은 '대對현대정책'으로 바뀌었다고 해도 과언이 아니었다. 대통령이 현대라는 특정 기업에 대해 직접 챙기고 나서면서 재무부를 비롯해 국세청·은행감독원·증권감독원 등이 총동원되기 시작했고, 심지어 안기부까지도 대통령의 뜻을 받들어 직간접으로 끼어들기 시작했다. 사태가 이쯤 되면서 정부의 재벌정책은 '정책'이 아니라 정 회장의 현대를 여하히 굴복시키느냐 하는 차원의 '싸움'으로 변모하게 되었다.

지금까지 살펴본 데서도 알 수 있듯이 노태우의 재벌정책은 어떤 철학이나 원칙 위에서 일관성을 갖고 추진되었던 것이 아니다. 정권 초기에는 민주화 열기와 부동산투기 속에 재벌에 대해 한때 강경한 입장을 취하기도 했으나 얼마 못 가서 사상 초유로 특정 재벌과의 맞싸움 사태에까지 이르게 되었고, 막판에는 마냥 대세에 휩쓸려 엉망이 되는 코스를 밟게 된다.

노태우의 재벌정책이 결정적으로 취약할 수밖에 없었던 첫째 이유는 하필이면 두 자녀의 혼인으로 맺어진 사돈이 모두 재벌이었다는 점에서 찾을 수 있다. 두 사람의 재벌총수는 단순한 사돈이 아니었고, 실제로 대통령을 자주 만나서 정책 결정에 상당한 영향력을 행사했기 때문이다.

둘째 이유는 정권이 바뀌고 나서 그 전모가 드러난 일이지만, 그가 재벌총수들로부터 막대한 돈을 받아 챙겼다는 점이다. 아무리 훌륭한 정책을 폈다 하더라도 뇌물수수 하나만으로도 정당한 평가를 받을 수 없을진대, 막대한 액수의 돈까지 몰래 받았으니 더 언급할 여지조차 없는 일이 되고 말았다.

달라진 정치자금 풍속도

1992년 1월, 정주영 당시 현대그룹 회장의 '폭로'는 세상을 깜짝 놀라게 했다.

"1년에 두 차례씩 정치자금을 냈다. 현 정권에는 추석과 연말에 20억~30억 원씩 주었으나, 육감으로 적다고 여기는 것처럼 느껴져 한 차례 50억 원을 낸 뒤에 마지막에 100억 원으로 올렸다. 그 돈은 내 뜻대로 불우이웃돕기에 쓰였을 것으로 믿는다."

사건이었다. 정치자금을 둘러싼 정치권과 기업의 관계가 이처럼 노골적으로 까발려진 적이 없었다. 하물며 돈을 준 대재벌의 총수가 직접 낱낱이 금액까지 밝힌다는 것은 상상도 할 수 없는 일이었다. 이 사건의 배경은 따로 보기로 하고 여기서는 노태우정권이 정치자금을 어떻게 조달했는가, 노 대통령이 어떤 태도를 취했는가 하는 점에 초점을 맞춰보기로 한다.

6공 들어 정치자금의 수수 과정은 여러 측면에서 5공시대와 달랐다.

우선 5공 때는 정치 상황 자체가 언제든지 필요한 만큼 정치자금을 끌어 쓸 수 있도록 되어 있었다. 만약 어떤 기업이든지 대통령의 뜻을 거역했다간 끝이었다. 그러니 정치권으로서는 정치자금 문제로 골치를 썩이는 경우가 별로 없었다. 특히 청와대에서 직접 정치자금을 챙기는 '중앙집중제'를 택했으므로 당이고 국회고 간에 모두들 대통령에게 돈을 얻어 쓰는 입장이었던 셈이다. 1987년 대통령선거의 경우를 보자. 경제부총리를 역임했던 K씨는 이렇게 말했다.

"복잡할 게 없었습니다. 전두환 대통령은 30대 기업 총수들을 따로따로 청와대로 불러 식사를 하면서 각각 50억 원씩을 걷었지요. 그것만 해도 1천 500억 원 아닙니까. 그 밖에도 31대부터 50대까지는 30억 원씩을 걷었으니 대선자금은 간단하게 마련할 수 있었던 것입니다."

이렇게 걷은 정치자금은 선거를 치르고도 남았다. 전 씨가 백담사로 들어가면서 반납한 100억 남짓한 돈이 바로 그런 돈이라는 이야기다. 물론 이 액수가 남은 돈의 전부라고 믿을 순 없다.

그러나 노태우정부에 들어서는 상황이 근본적으로 달라졌다. 이른바 민주화 바람이 불어닥치고 있는 상황에서 그전처럼 강압적인 정치자금 징수가 불가능해졌을 뿐 아니라, 집권층 스스로도 과거의 부작용들을 거울삼아 노골적인 정치자금 모금은 삼갔던 것이다. 노 대통령의 한 측근은 이렇게 설명했다.

"5공 비리문제가 대부분 정치자금과 연계되어 있었던 만큼, 이 문제에 대한 새 정권의 태도는 보다 엄격할 수밖에 없었습니다. 노 대통령도 정치자금에 관해 절대 무리하지 말아야 한다는 생각을 하고 있었구요. 그래서 어떤 원칙 같은 것이 내부적으로 만들어졌습니다. 아무리 깨끗하게 한다고 해도 대통령의 정치적인 씀씀이를 예산만으로 충당할 수는 없는 게 한국적인 현실이니까, 정치자금은 끌어 쓰되 무리하게는 하지 말자는 것이었지요. 이를테면 정치자금을 냈다고 해서 표가 나게 특혜를 준다든가 정책 방향에 상치되거나 규정을 고쳐가며 하는 일은 없도록 하자는 식이었습니다."

정치자금에 대한 청와대의 이 같은 태도 변화는 전두환시대의 그것과 큰 차이를 보여준 것이었으며, 실제로도 처음 얼마 동안은 잘 지켜졌다. 그러나 계속 그러기가 어디 쉬운 일인가. '깨끗한 청와대'를 표방하는 것까지는 좋았는데, 당장 '가난한 청와대' 신세를 면할 수 없게 된 것이었다. 심지어 청와대 비서관들의 경우 5공시절 같으면 대통령이 주는 하사금으로 필요한 사람들을 만나 괜찮은 곳에서 식사대접이라도 할 수 있었는데, 이젠 그럴 형편이 못 되었다.

그렇다고 해서 대통령의 최소한의 체면치레마저 없을 수 없는 일이었으므로 이를 실무적으로 뒤치다꺼리해야 하는 청와대의 측근들은 여간 난처하지 않았다. 전두환의 경우는 일은 많이 벌여도 필요한 돈은 대통령이 나서서 직접 대주니까 걱정이 없었는데, 노태우의 경우는 상대적으로 일은 적게 벌여도 비용은 각자가 알아서 하라는 식이었으니 실무자들이 죽을 지경이었다. 그 바람에 때로는 정부의 공식 채널을 통해 10대 재벌의 비서실장회의를 소집해 자금을 할당시키는 방법까지 동원되기도 했다.

여당 국회의원들의 입장에서도 그전 같으면 심심찮게 청와대 하사금이 나와 도움이 되었는데, 그럴 여유가 없던 노 대통령은 이래저래 '쩨쩨한 보스'로 치부될 수밖에 없었다.

기업들은 어떤 입장이었는가. 앞서 정주영 회장의 주장처럼 기업들이 정치자금을 싸들고 청와대를 찾아가는 행태는 마찬가지였으리라. 그러나 집권 중반기에 들어서면서 불협화음이 일어나기 시작하고, 따라서 정치자금의 청와대행이 현저하게 줄어들게 된다.

이유는 간단했다. 원하는 대로 일만 잘되면 한국의 대기업들이 정치자금 내는 일을 마다할 리 있었겠는가. 하지만 문제는 이전에 비해 반대급부가 훨씬 불확실해졌다는 점이었다. 정치자금 자체가 기업들로서는 가장 확실한 일종의 '선행투자'였는데, 6공 들어서는 도무지 애매하기 짝이 없었다.

사실 기업들이 가장 싫어하는 것이 이처럼 정부가 애매한 태도를 취하는 것이다. 돈을 원하는 것인지 아닌지, 돈을 안 받는 이유가 적다고 안 받는 것인지 아니면 진짜 못 받겠다는 것인지 등을 잘 구분할 수 없을 때가 가장 난처한 법이다.

5공시절에는 기업들이 이런 고민을 할 필요가 없었다. 전두환의 통치 스타일도 그랬지만, 매사가 분명했다. 돈이 필요하면 즉각 해당 기업들을 청와대로 불러 돈을 요구했고, 반대급부로 그에 상응하는 기업들의 요구도 섭섭하지 않게 들어주었기 때문이다.

반면에 6공 들어서는 도무지 헷갈려서 감을 잡을 수 없다는 것이 기업들의 고충이었다. 기업들로서는 돈을 잘 먹고 잘 봐주는 사람이 제일 좋다. 이유 여하를 막론하고 돈을 안 받거나, 받더라도 그 과정이 복잡한 상대는 싫어한다. 전 대통령이 전자에 속한다면 상대적으로 노 대통령은 후자 쪽에 가까웠다고 해야 할 것이다 집권 후반에 가서는 노 대통령도 잘 받는 쪽으로 돌아섰다.

결단력이 부족하다는 뜻에서 노 대통령에게 '물대통령'이라는 별명이 붙여진 배경에는 아마도 이 같은 기업들의 불만도 큰 요인으로 작용했을 것이다. 아무튼 청와대와의 정치자금 수수관계가 그전 같지 않게 되자

기업들도 정치자금을 갖다 주는 데 훨씬 신중해지게 되었다. '정치투자'에 대한 기대수익률은 현저히 떨어진 반면 위험부담률은 종전에 비해 훨씬 높아졌기 때문이다.

앞에서도 거론했듯이 정주영의 정치자금 헌납 경위가 이를 그대로 입증해 준다. 자신의 말대로 액수를 여러 차례 올렸는데도 불구하고 아무 반응이 없었으므로 100억 원을 마지막으로 그만두었던 것이다.

근본적으로 전반적인 사회 분위기가 전두환시대에 비해 상대적으로 투명해졌다는 점은 아무도 부인할 수 없을 것이다. 독재시대에는 무슨 돈이든 꿀꺽 삼키고 누구든 마음 내키는 대로 간단하게 봐줄 수 있었지만, 명색이 민주화시대이다 보니 그런 일이 훨씬 힘들어졌다. 더구나 야당의 기세가 등등한 판국에 정치자금 갹출인들 그전 같았겠는가.

그런 차원에서 정치자금 문제를 포함해서 한국사회 전체의 총량적 부패도는 노태우시대가 전두환시대에 비해 상대적으로 크게 개선되었다고 봐야 할 것이다. 그럼에도 불구하고 좋은 평가를 받지 못하는 이유는 노태우가 대통령 재임기간에 챙긴 돈이 전임 대통령 전두환이 무색할 정도였던 것이 뒤늦게 밝혀졌기 때문이다. 설마 민주시대 대통령이 독재시대 대통령 못지않게 뇌물을 챙겼을 줄은 꿈에도 생각지 않았던 것이다.

그의 축재는 주변 사람들도 몰랐다. 노태우의 비자금사건이 막다른 골목에 이르러 전두환처럼 대국민 사과문을 발표할 때였다. 사과성명서 초안을 작성한 L씨는 다른 부분은 다 쓰고 착복한 비자금 액수는 괄호로 비워 놓은 채 노태우에게 건넸다. 최측근의 한 사람으로서 대통령을 모셨건만 도대체 챙긴 액수가 얼마나 되었는지를 갸늠할 수 없었기에 노태우 본인이 직접 써넣으라고 한 것이었다.

"나는 모르니 안사람한테 물어보시오."

L씨는 기가 막혔다. 어쩔 수 없이 부인 김옥숙에게 물어서 1천 700억 원이라는 숫자를 괄호 안에 써넣었다. 그 숫자조차 재판 과정에서 밝혀진 액수에 한참 못 미치는 것이었다.

이리하여 돈에 관한 한 대통령 노태우는 입이 열 개라도 할 말이 없게 되어 버렸다. 반면에 전두환은 정치자금의 명목이었든 뇌물이었든 간에 돈을 갖다 준 기업이나 주변 측근인사들로부터 윤리나 도덕성의 문제 외에는 달리 크게 비난받지 않았다. 통 크게 놀았을 뿐 아니라, 챙긴 돈으로 쓰기도 잘했다. 특유의 리더십을 발휘하는 데서 그는 뇌물로 챙긴 돈을 어떻게 적절하게 활용할지를 잘 터득하고 있었다. 한마디로 잘 먹고 잘 썼다.

이런 일도 있었다. 전두환이 백담사에서 귀양살이를 하고 있을 때, 5공 때 경제부총리를 지냈던 김준성 당시 대우그룹 회장이 추석명절을 며칠 앞두고 봉투 하나를 받았다. 백담사로부터 사람을 통해 전해진 촌지였다. 봉투 안에는 1만 원짜리 빳빳한 새 돈 100장이 들어 있었다. 김준성은 매우 당황스러워 받을지 돌려보낼지를 고민했으나 그 100만 원짜리 봉투가 자기 혼자만이 아니라 다른 전직 장관에게도 돌려졌음을 알고 마음 편하게 받아 넣었다. 잘잘못을 떠나 전두환은 다른 사람들이 흉내 내기 어려운 독특한 사람이었다.

노태우는 기본적으로 인색했다. 돈을 받는 것도 서툴 뿐 아니라 챙긴 돈을 잘 쓰는 기술도 미숙했다. 그는 처음부터 자신은 친구 전두환과 돈에 관한 한 전혀 다르다는 점을 주변 인물들이나 일반 국민들에게 강조하고 싶어 했다. 비자금사건으로 인한 전두환의 비참한 말로를 몸서리치게 실감했기에 자신은 친인척 비리라든지 비자금 따위의 스캔들에 결코 말려들지 않겠다는 것이었다.

일찍이 최측근으로 노태우를 보좌했던 이병기의 말을 들어보자.

"노태우 대통령은 취임 초부터 깨끗한 정치, 깨끗한 정부를 강조했습니다. 선거유세 때에도 보통사람의 시대를 주창했듯이, 청렴도 면에서도 과거 정권과는 전혀 다른 모습을 보여주겠다는 결연한 의지를 보였으니까요. 그러다가 보니까 정부 안에서부터 반발이 일기 시작하더군요. 대통령의 해외순방 경우에도 전임 대통령은 가는 곳마다 격려금으로 몇만 달러씩을 넣은 금일봉을 주곤 했는데, 노태우정권에 들어서는 일체 그런 것을 없애 버렸으니까요. 사실 이런 것은 칭찬받아야 할 일이었지요. 그러나 세상인심이 어디 그렇습니까. 칭찬은커녕 대통령이 너무 인색하고 짜다는 비판이 사방에서 쏟아져 나오지 않았습니까. 청와대 운영만 해도 밖에서 용돈 못 받게 하고 공식적인 예산범위 안에서 경비를 쓰도록 하니까, 일이 안 돌아가는 거예요. 기자들하고 밥이라도 먹어야 하는데, 그런 경비조차 없었습니다."

이병기의 말대로 사실이 그랬다. 집권 초기의 대통령 주변은 돈문제에 관한 한 누가 봐도 전두환시대와 크게 달랐다. 청와대는 공식 예산이든 대통령의 호주머니 돈이든 청렴과 비리 척결에 솔선하는 모습을 보였던 것이 사실이다. 그러나 시간이 흐르면서 달라져 갔다. 재벌총수들의 청와대 개인 방문이 서서히 잦아졌고, 그때마다 건네는 뭉칫돈을 대통령 스스로도 전혀 거리낌 없이 챙기기 시작했다. 다만 시치미를 떼는 바람에 측근들조차 대통령이 그처럼 많이, 그리고 자주 챙기는 줄을 까맣게 몰랐을 뿐이다.

노태우의 축재에 대해 전혀 다른 시각의 추측도 있다. 시간이 지나면서 돈을 챙긴 것이 아니고, 이미 선거를 치를 때부터 엄청난 돈을 지니고 있었다는 것이다. 정확히 확인할 방도는 없으나, 어느 대통령이든 선거를 치르면서 왕창 돈을 끌어모으기 마련인데, 노태우 역시 선거자금에서 쓰고 남은 돈이 상당했다는 이야기다. 전임자 전두환은 선거로 대통령이 된 사람이 아니었던 만큼 선거에서 돈을 끌어모을 기회가 원천적으로 없었다. 결과적으로 그가 축재한 돈은 대통령 재임 중에 챙긴 것이 전부일 수밖에 없었다. 반면에 후임자 노태우는 선거로 대통령이 되는 과정에서 단단히 한몫을 벌어 놓았다는 것이다. 우선 현직 대통령 전두환이 후계자인 노태우 후보를 당선시키기 위해서 자신이 가지고 있던 돈 중에서 적지 않은 돈을 선거 과정에서 지원했을 것이고, 뿐만 아니라 노태우 자신이 선거 과정에서 기업들로부터 받은 천문학적인 돈 중에서 선거 때 쓰고 남은 돈 또한 큰 액수였을 것이라는 추측이다.

어느 쪽이 되었든 노태우는 대통령이 되면서 큰 부자가 되었다. 그럼에도 불구하고 재임기간 내내 시치미를 뗐으니, 대통령으로서뿐 아니라 개인적으로도 쩨쩨한 지도자로 간주될 수밖에 없었던 셈이다.

제10장

산업정책의 진화

민주화 바람 속의 부실기업 정리

노태우정권에 접어들면서 부실기업 정리방식에도 큰 변화가 왔다. 전두환 때는 책임 있는 당국자들 몇몇이 밀실에 모여서 "어느 기업에 어떤 것을 인수시키자"는 식으로 모든 방침을 비밀리에 결정했다. 정치인의 입김도 크게 작용했고, 인수기업이나 부실기업 어느 쪽도 정부방침을 따르지 않을 수 없었다. 또 인수기업에 대해서는 적지 않은 종잣돈과 세금감면 등의 혜택을 주었으니 속사정이야 어쨌든 국민의 눈에는 모든 게 특혜로 비쳐졌다.

그랬던 것이 6공 들어서는 분위기가 180도 바뀌었다. 문제가 될 만한 부실기업이 별로 생겨나지 않았을 뿐 아니라 과거와 같은 비공개적 해결방식은 아예 발붙일 여지가 없어졌다. 오히려 6공 초기의 상당 기간은 청문회와 국정감사 등을 통해 5공시대의 부실기업 정리에 대한 비판작업이 한창이었다.

평민당의 홍영기 의원은 부실기업 정리행태 비판으로 주목을 끌었다.

그는 칠순 나이에도 불구하고 5공시대의 부실기업 정리 과정을 가장 정력적으로 따지고 든 국회의원이었다.

"대부분의 부실정리가 산업정책심의회의 의결로 진행되었는데, 이 산업정책심의회라는 것은 기본적으로 의결기구가 아닌 자문기구이므로 원칙적으로 무효입니다. 은행들이 구제금융을 한 것도 은행법을 어긴 것이에요. 은행법 24조에 따르면…."

그는 재무부 관료들뿐 아니라 한국은행총재, 은행장, 금통위원 등 가리지 않고 관계자들을 국정감사 증언대에 세워 놓고는 일문일답으로 몰아세웠다.

증언대에 섰던 사람들은 상당 부분 "법을 어기고 무리했음"을 시인하지 않을 수 없었다. 국회의원이 법과 규정 위배 여부를 따지는 것이 지극히 당연한 일이라고 하겠지만, 과거에 이런 일이 없었기 때문에 신선한 충격이었다. 정부가 밀어붙이면 그만이던 세상에 익숙해져 있다가 세상이 바뀌어 비로소 원론적인 시비가 통하게 되니 어리둥절해하는 측면도 없지 않았다. 17년 만에 부활된 국정감사의 위력을 실감케 하는 대목이기도 했다. 그렇다고 해서 이미 결정된 사항을 돌이킬 수는 없는 일이었지만, 적어도 재발방지 차원의 경고 역할은 충분히 한 것이었다. 아무튼 국정감사의 부활과 함께 부실기업 정리문제는 노태우정부 내내 국회의원이 가장 목청을 높였던 단골 메뉴로 등장하게 된다.

전두환정권의 부실기업 정리에 대한 비판이야 그렇다 치고, 당장 목전의 고민은 노태우정권 들어서 당면하게 된 부실기업 문제였다. 노태우정권은 과연 어떤 방법으로 부실기업 문제를 대처해 나갔을까. 정권 초기부터 일찌감치 부실기업 정리대상으로 떠오른 것이 한국중공업과 조선공사였다. 한국중공업은 민영화냐 공영화냐의 차원에서 더 관심을 끌었던 문제였던 만큼 여기서는 조선공사를 중심으로 살펴보자.

조선공사는 부실이 심각한 상태에 이르러 법정관리에 들어간 상태였고, 남은 문제는 누구에게 넘기느냐 하는 것뿐이었다. 우선 공개입찰을 통해 인수자를 결정한다는 것에는 아무도 반대하지 않았다. 뿐만 아니라 정부가 방침을 정해 주던 지금까지와는 달리 전적으로 주거래은행인 서울신탁은행이 알아서 하도록 했다. 사공일 당시 재무장관의 회고다.

"조선공사 문제는 전적으로 은행에 맡겼습니다. 어느 장관도 이 문제를 거론하는 사람은 없었습니다."

손해를 보더라도 은행이 스스로 처리하도록 한다는 것이 재무부의 기본 입장이었다. 정부가 수수방관은 않겠으나, 그렇다고 종전처럼 전면에 나서지는 않겠다는 이야기였다. 경제기획원도 마찬가지였다. 한 기획원 관계자는 "조선공사에 대해서는 사실상 우리가 거의 관여하지 않았다"고 말했다.

상황이 바뀌자 정작 당황한 것은 은행 측이었다. 조선공사의 주거래은행인 서울신탁은행 상무 장만화(당시 매각업무 담당)의 설명은 당시의 분위기를 대변해 준다.

"1988년 5월께였을 겁니다. 재무부에 조선공사의 처리지침을 달라고 요청하니까 '은행에서 알아서 하라'고 하더군요. 전혀 예상하지 않았던 반응이라서 못 하겠다고 사정을 해도 계속 같은 대답이었습니다. 자율도 좋지만 전혀 해보지도 않은 일을 어떻게 하루아침에 알아서 합니까. 할 수 없이 재무부에 은행 실무진을 보내 처음부터 배워가면서 시작했지요."

이리하여 최초로 정부 아닌 은행이 주도한 부실기업 정리가 시작되었다. 은행으로서는 그토록 염원해 왔던 '자주권'의 회복이었건만 오히려 우왕좌왕을 면치 못했다. 자존심은 상했어도 정부가 시키는 대로 하면 문제가 없었는데, 이젠 자신들이 알아서 하되 책임도 져야 하게 되었으니 여간 일이 아니었다. 부실기업의 정리 과정이나 기준도 정부가 한발을 빼고 은행이 나서면서 자연히 많은 변화가 뒤따랐다.

전두환정권에서 대부분의 부실기업 정리는 정부가 먼저 인수업체를 결정한 후 평가는 나중에 하는 '선인수, 후정산' 방식이었다. 그러나 조선공사의 경우는 달랐다.

"먼저 전담팀을 구성해 자산실사에 들어갔습니다. 이 과정에서도 논란이 생기지 않도록 하기 위해 한국신용평가에 실사를 의뢰했고 그 결과를 조선공사의 주인인 남궁호 씨에게 보냈습니다. 이의가 없는지 확인해 보라는 의미였습니다. 공정을 기하기 위해 확인 과정에도 은행과 조공 측 대표를 모두 참가시켰고, 남궁 씨로부터 이의가 없다는 공문을 받은 후 본격적인 매각작업을 시작했습니다."

은행 실무책임을 맡았던 장만호의 설명이다. 두말할 것도 없이 은행 임원으로서 처음 겪어 보는 일이었다.

이 같은 과정을 거쳐 조공은 3월 31일 첫 입찰에 부쳐졌으나 유찰되고 말았다. 연간매출액 2천 500억 원 이상인 업체, 한은 평점 50점 이상 등의 조건을 충족하는 인수자격을 갖춘 업체의 참여가 없었던 것이다. 4월 중순 2차 입찰이 있었으나 결과는 마찬가지였다.

은행 측은 신청자격을 완화해 5월 15일 3차 입찰에 들어갔다. 장만호 상무의 계속되는 설명이다.

"내정가격을 269억 원으로 정하고 이를 아예 공개했습니다. 빚만 인수해 가면 다행이라고 생각했지요. 은행 안에서조차 너무 내정가가 높지 않느냐는 우려가 높았습니다. 그래서 직접 기업을 찾아다니며 세일을 했습니다. 낙찰이 안 되면 내정가를 낮추겠다는 얘기까지 했지요."

그러나 결과는 전혀 예상 밖이었다. 진로와 적극적으로 경합을 벌이던 한진이 내정가의 무려 3배에 이르는 862억 원이라는 거액을 써냈던 것이다. 경쟁이라는 게 이런 예상치 못했던 결과를 가져온 것이다. 정부관료들은 뒤로 물러나 앉고 은행이 직접 나서서 제 일로 알고 경쟁을 붙였더니 이처럼 비싸게 팔게 된 것이다.

물론 모든 부실기업을 조선공사처럼 생각할 수는 없다. 운 좋게 한진이나 진로가 사업다각화를 위해 전력투구로 인수 경쟁을 벌였기에 은행이 어부지리로 득을 본 측면도 없지 않다. 하지만 전두환정부 식으로 조선공사 매각문제를 처리했어도 그런 높은 값을 받을 수 있었을까. 정부관료도 뱅커도 이에 대한 대답은 '노'다. 부실기업 정리에 깊숙이 개입했던 한 재무부 관계자는 이렇게 회고했다.

"조선공사 문제가 그런 결말을 가져올 것이라고는 아무도 예상치 못했습니다. 경쟁의 힘이 그리도 엄청날 줄은 솔직히 생각도 못했던 거지요. 아무튼 조선공사의 부실처리 과정은 공무원들의 탁상공론의 한계를 단적으로 보여준 사례였습니다."

조선공사 케이스 하나를 가지고 세상이 하루아침에 바뀐 것으로 확대해석해서도 곤란할 것이다. 민주화 바람이 불어닥치는 가운데 부실기업 정리방법도 크게 달라졌음을 상징적으로 보여준 사례였다는 뜻이다. 재무부의 직접 개입이 종래에 비해서 많이 줄어든 반면에 은행의 자율적 판단의 몫이 크게 늘었다는 것이지, 근본적으로 정부의 막강한 권한과 영향력은 여전했다.

한국중공업 민영화의 엎치락뒤치락

1970년대 이후 부실기업의 대명사처럼 불렸던 한국중공업_{한중}은 노태우정권에 들어와서도 계속 말썽이었다. 1980년 국가보위비상대책위원회_{국보위} 시절의 발전설비 일원화 조치에 의해 몇 차례 주인이 바뀌는 우여곡절 끝에 공기업으로 변신한 후에도 여전히 부실을 면치 못했던 것인데, 6공 들어서는 민영화 공방 속에서 법정문제로까지 비화되었던 것이다.

국보위의 중화학 투자조정이 한중의 제1라운드였다면 제2라운드의 발단은 5공 말기 전두환시절로 거슬러 올라간다. 정권이양을 불과 한 달여 앞둔 88년 1월 중순 정주영 현대 회장은 전두환 대통령을 찾아가 현대가 돈 대신 한중을 돌려받을 수 있도록 해줄 것을 요청해서 내락을 받았다. 당시 현대는 80년 현대양행_{한중의 전신}에서 손을 떼면서 받지 못한 정산대금을 정부에 요구하고 있었는데, 전 대통령의 '마지막 선물'로 한중의 경영권을 통째로 넘겨받게 된 것이다.

전 대통령은 당시 인도네시아 발리에서 열린 국제통상장관회담에 참석 중인 나웅배 상공장관을 불러들여 정 회장의 희망대로 해주도록 지시했다. 나웅배로서는 고민이었다. 현대에 주기에는 명분이 없고, 대통령의 지시를 모른 체하기도 어려웠다. 그는 얼마 남지 않은 정권의 수명이 다하기를 기다리는 것이 최선이라고 판단했다. 산업정책심의회 등을 핑계로 어물어물 시간을 끌었고, 이 사이에 정권이 바뀌었다.

공교롭게도 나웅배는 노태우정권의 초대 부총리 겸 경제기획원장관이 되는 바람에 한국중공업 문제를 계속 떠안게 된다. 그는 고심 끝에 88년 9월 산업정책심의회와 경제장관회의를 열어 한국중공업을 연내 민영화하기로 결론을 내렸다. 주인 없는 공기업으로는 회생이 어렵다는 게 당시 정부 내의 지배적인 분위기였다. 일단 현대가 한중을 넘겨받을 수 있는 여건은 조성되었던 셈이다. 현대에게 한중을 넘겨주더라도 전두환 식으로는 안 되고, 민영화라는 공개적인 절차를 거쳐서 주겠다는 것이었다.

그러나 나웅배 부총리가 이를 마무리 짓지 못한 채 물러나고 조순 부총리가 새 경제팀장으로 들어서면서 상황은 달라졌다. 취임 한 달여가 지난 89년 초 조 부총리는 당시 조정국장으로 내정된 이기호 공정거래실 심의관을 자신의 집무실로 불렀다.

"자네를 조정국장으로 임명한 것은 한중문제를 논리적으로 잘 처리해달라는 뜻이 포함되어 있으니 날 도와주게."

"무슨 말씀입니까."

"공기업의 비능률과 비효율은 잘 알고 있네. 하지만 나는 경제력 집중이 더 심각한 문제라고 생각해요. 한중이 재벌기업에 넘어가 경제력 집중이 심화되는 것을 막아야 한다는 뜻일세."

이 국장도 경제력 집중에 관한 한 조 부총리와 같은 생각이었던 터라 불과 며칠 전까지도 민영화를 주장하던 경제기획원의 분위기는 '민영화 불가'로 180도 돌아섰다. 재무부와 상공부 등 경제부처는 물론 민영화 쪽이었던 청와대까지 발칵 뒤집혔다.

조 부총리가 한중의 민영화에 이처럼 강한 거부감을 가진 것은 무슨 이유였을까. 당시 이 문제를 담당했던 기획원 실무자는 이같이 설명했다.

"한중이 재벌기업에 넘어가서는 안 된다는 조 부총리의 생각은 경제논리를 넘어서 일종의 신념이었습니다. 경제기획원 실무자들도 처음에는 민영화를 주장했으나 조 부총리의 뜻이 워낙 강해 따를 수밖에 없었습니다."

요컨대 형평과 분배를 강조하는 조 부총리의 입장에서 한중의 경영개선보다는 재벌의 경제력 집중 억제가 주된 관심사였다는 얘기다.

상황이 급변하자 가장 당황한 것은 현대였다. 다 된 밥인 줄 알고 숟가락을 들고 기다리고 있는데 갑자기 재가 뿌려진 격이었다. 정 회장은 진정서를 들고 두 차례나 조 부총리를 방문, 사정을 설명하는가 하면 심지어 "한국중공업은 내 것"이라고 주장했지만 조 부총리의 소신을 꺾지는 못했다.

우여곡절의 클라이맥스는 89년 7월 초였다. 각계의 반대에도 불구하고 조순은 '공기업 유지' 결심을 굳히고 청와대로 들어갔다. 그러나 결과는 의외였다. 어지간해서는 조순 부총리의 의사를 거부하지 않던 노 대통령이 재검토를 지시한 것이다.

말이 재검토이지 대통령의 그런 표현은 사실상 사인을 못하겠다는 뜻이었고, 이는 바로 민영화를 원래 예정대로 하라는 이야기이기도 했다. 조순은 전혀 예상 못한 대통령의 반응에 매우 당황해했다. 문희갑 당시 경제수석의 증언은 이렇다.

"한국중국업의 민영화를 놓고서 워낙 말들이 많으니까 좀 더 의견을 수렴해 보라는 뜻이었지, 꼭 민영화하라는 것은 아니었습니다."

경제수석이 대통령의 의중을 공식적으로 어떻게 설명했든, 분명한 것은 공기업 유지로 방향타를 돌리려던 조순 부총리에게 제동을 걸었다는 사실이다. 민영화 쪽이었던 한승수 상공장관과 문희갑 경제수석의 입김이 적잖이 작용한 결과였다.

심한 좌절감 속에서 조 부총리는 사의를 표명하면서까지 공영화를 시도했으나 결국 민영화로 정부의 최종 방침이 확정되고 만다. "자리를 걸고 이 문제만은 관철시키겠다"고 수차 강조해 왔던 그로서도 어쩔 수 없었던 것이다.

한편 노 대통령은 일본을 방문 중이던 박태준 포철회장을 불러 한중의 경영을 부탁하기도 했으나 본인이 건강을 이유로 난색을 표시했고, 이런 진통 끝에 한중문제는 조 부총리가 자신의 뜻을 굽히는 쪽으로 결론이 나는 듯했다.

하지만 반전은 예상치 못한 곳에서 이루어졌다. 뜻밖에도 입찰이 유찰되었던 것이다. 현대와 삼성이 경쟁할 것으로 예상되었으나 삼성이 입찰에 불참하는 통에 자동 유찰된 것이다. 한승수 상공장관이 직접 나서서 업계 대표들을 만나 설득작전을 폈으나 한중의 민영화계획은 끝내 무산되고 말았다.

인수조건을 까다롭게 만들어 놓았던 데다가 삼성과 현대 두 경쟁기업이 과중한 유화산업 투자 때문에 자금여력이 부족했던 것이 유찰의 주된 배경이었다.

아무튼 이렇게 해서 한중문제는 어쩔 수 없이 조순 부총리가 처음 주장한 쪽으로 되돌려진 셈이 되고 말았다. 기획원의 한 관계자의 말이다.

"이 정도 조건이면 인수할 기업이 없을 것이란 게 우리 계산이었고, 이것이 맞아떨어졌습니다."

그의 말대로라면 조 부총리와 기획원은 고도의 작전을 구사해서 끝내 승리했다는 이야기가 된다. 어쨌든 경제수석·재무장관·상공장관 등 모든 사람이 민영화를 주장하는 가운데서도 조 부총리는 소신을 굽히지 않고 자신의 뜻을 관철시키는 데 성공했던 셈이다. 그러나 이 같은 한중민영화 파동은 당시 경제관료들 사이에 '형평이냐 효율이냐' 하는 근본적인 문제를 다시 한 번 제기하는 기회가 되었다.

조순 당시 부총리는 후일 이렇게 회고한다.

"내가 한중문제에 그처럼 집념을 실었던 것은 특정 기업의 차원이 아니라 나의 철학과 소신에 직결되는 문제였기 때문입니다. 효율만을 생각한 나머지 대기업의 경제력 집중을 계속 심화시켜서는 안 된다는 것이었습니다."

그러나 당시에 반대했던 다른 장관들 역시 시간이 한참 지나고 나서도 "민영화를 그때 했어야 했다"고 말한다. 대기업의 경제력 집중보다 더 심각한 문제는 '기업의 부실'이며, 따라서 주인 있는 회사를 만들어 주는 것이 부실을 해결하는 옳은 처방이었다는 것이다. 어떻든 지금의 두산중공업이 바로 당시의 한국중공업이다.

제2이동통신의 특혜 시비

노태우정부가 추진한 수많은 사업 중에서 제2이동통신만큼 심각했던 특혜 시비는 없었다. 제2이동통신에 대한 논의가 6공 들어 처음 나온 것은 아니었다. 전두환정권 말기부터 체신부 관계자들 사이에서는 "급증하는 이동통신 수요를 충족하고 관료화되는 한국통신에 활력을 불어넣기 위해서는 통신공사를 쪼개야 한다"는 논의가 조금씩 일기 시작했다.

새 정부가 들어선 후 체신부가 본격적으로 깃발을 들고 나섰다. 제2이통 문제가 공식적으로 제기된 것은 노태우정권 출범 1년여가 지난 89년 초부터였다. 체신부는 청와대 연두보고에서 "이동통신서비스에 경쟁체제 도입을 검토하겠다"고 보고했다. 이때까지만 해도 아무런 문제가 없었다. 이동통신이란 용어 자체가 일반에게 생소한 것이었으며, 관련 실무자들 사이에서나 조금씩 거론되고 있던 참이었다.

청와대로부터 긍정적인 반응을 받아낸 체신부는 교수·연구원·산업계 인사 등 80여 명으로 구성된 정보통신발전협의회를 발족시키고 본격적인 검토에 착수했다.

그러나 시작부터 순조롭질 못했다. 정부의 의도야 어쨌든 간에 처음부터 특혜 시비가 일었던 것이다. 첫 번째 논란은 현대·대우·삼성·럭키금성 등 기존 4대 통신장비제조업체의 참가 여부였다.

주무부처인 체신부는 반대였다. "제조업체가 제2이동통신을 차지할 경우 모든 기종이 특정 업체의 제품으로 채워지기 때문에 탈락한 제조업체는 설 땅이 없게 된다"는 것이 체신부의 논리였다.

상공부는 기존 제조업체도 참여시켜야 한다는 입장이었고, 경제기획원은 내부적으로 "경제력 집중을 막아야 한다"는 주장과 "효율성을 감안하면 참여시켜야 한다"는 의견이 맞서고 있는 상태였다.

기존 통신장비제조업체의 노력은 필사적이었다. 재계 판도 전반에 걸쳐 큰 변화를 몰고 올 제2이동통신에 무슨 수를 쓰든 참여해야겠다는 입장이었다. 그러나 결론부터 말하면 청와대가 체신부의 편을 들고 나서면서 대세는 일찌감치 결판이 나고 말았다. 청와대의 입장은 무엇이었을까. 당시 이 작업에 참여했던 한 실무자의 설명을 들어보자.

"통신장비제조업체가 서비스망을 맡을 경우 송신탑 등 모든 장비를 자사의 규격이나 유형에 맞는 품목으로 선택하게 될 것은 뻔한데, 이 경우 탈락한 제조업체는 교환기를 팔 데가 없어지고 결국은 특정 제조업체가 독점하게 돼 경쟁력이 떨어지게 된다는 것이 정부의 우려였습니다."

일리 있는 이야기였다. 그러나 그것이 이유의 전부는 결코 아니었다. 실무적 원칙론을 떠나서 대통령의 의중이 크게 작용했음을 간과할 수 없다. 이미 대통령의 의중이 그쪽으로 정해졌다는 점이 더 중요했다. 따라서 공무원들의 논리도 대통령의 의중을 뒷받침해 주는 데 역점을 두었다는 점을 부인할 수 없다. 아무튼 업계와의 심한 갈등을 거쳐 통신장비제조업체의 완전 배제라는 당초 방침은 '10% 지분 참여'로 절충이 되었고, 이 같은 내용을 골자로 하는 전기통신기본법과 전기통신사업법 개정안이 91년 7월 임시국회에서 처리되었다.

이 과정에서 과연 청와대의 입김이 어떤 식으로 작용했을까. 당시 이 작업에 참여했던 사람들은 청와대 개입설을 강하게 부인했다. 그러나 이를 믿는 사람은 많지 않았다. 4대 그룹이 몽땅 제외됨에 따라 다섯번째 재벌이자 대통령과 사돈관계인 선경(지금의 SK)이 가장 유력해진 것을 과연 어떻게 설명할 것인가. 당연히 정부의 결정은 선경을 봐주기 위한 사전작업이란 의혹이 제기되기 시작했다.

제2이통을 둘러싼 공방의 제2라운드는 불과 몇 달 후인 92년 2월 이동통신사업의 시행 시기를 놓고 벌어졌다. 체신부는 당초 예정대로 '이동통신사업자 연내 선정'을 밀어붙였다. 그러나 이번에는 상공부 쪽에서 제동을 걸고 나섰다.

"현 상태에서 이통을 강행할 경우 대부분의 기자재는 수입품으로 충당되기 때문에 가뜩이나 심각한 국제수지 적자가 더욱 어려워진다"는 설명과 함께 상공부는 시행시기를 1~2년 연기하자고 주장, '연기 불가'를 주장하는 체신부와 뜨거운 접전을 벌였다.

그러나 상공부와 체신부의 이 같은 대립의 이면에는 청와대 일각에서의 제동이 작용하고 있었다. 특히 경제수석 김종인은 제2이통사업을 계속 추진할 경우 사돈문제로 인해 대통령의 정치적 부담이 가중될 것으로 판단한 나머지 어떻게 해서라도 이를 연기시켜야겠다는 생각이었다.

워낙 민감한 문제라 대통령에게 직접 반대하기 곤란했기 때문에 적당한 핑곗거리를 찾던 참이었는데, 마침 적자로 돌아선 국제수지를 핑계삼아 상공부를 앞세워 제동을 걸려 했던 것이다.

이로 인해 2월 말 사업자 선정공고를 내려던 계획이 4월로 늦춰졌고, 이 바람에 한봉수 상공부장관과 송언종 체신부장관 두 사람이 청와대로 불려가 대통령으로부터 "왜 소신껏 못하느냐"는 질책을 들어야 했다.

당시 노 대통령은 그 나름대로 화가 나 있었다. 관계자들을 불러 말끝마다 "공정하면 되었지, 무엇이 겁나서 못하겠다는 것이냐"며 불쾌해했다. 한 관계자는 당시 청와대의 분위기를 이렇게 설명했다.

"국제전화 001과 002처럼 경쟁체제를 만들어 서비스 질을 높이고 기술개발도 촉진시켜 통신시장 개방에도 대비하자는 것이었어요. 더구나 우리나라는 국제통신연맹으로부터 660MHz의 주파수를 할당받고 있는데 이 중 330MHz는 이미 1통신이 사용하고 있었습니다. 그러나 이것이 이미 적체상태라 2통신을 더 이상 늦출 수 없는 형편이었지요. 때문에 하루라도 늦추면 국가적으로 손해라는 것이 체신부와 청와대 실무진의 주장이었고, 이런 보고를 받은 노 대통령은 무엇이 무서워서 질질 끄느냐는 입장이었지요."

체신부는 민자당과 여섯 차례나 당정협의를 갖고 사업추진 과정과 향후계획을 낱낱이 보고하는 등 정치권의 협조를 구한 후 참여업체의 기준을 발표했다. 나름대로 공정한 기준을 적용해 특혜 시비를 없애겠다는 의도였다.

그러나 이 과정에서 또 한 차례 특혜 시비가 제기되었다. 은행감독원이 92년 3월에 석유정제업의 자기자본 지도비율을 과거 35.2%에서 27%로 낮춰버린 사실이 뒤늦게 밝혀졌던 것이다. 30대 그룹 계열 석유정제업체의 경우 자기자본 지도비율이 35.2% 이상이 돼야 신규투자 시 부동산매각 등의 자구노력 의무부담이 적어지는데, 이 기준이 낮아짐으로써 92년 말 현재 자기자본비율이 32.3%였던 유공지금의 SK에너지의 입장이 훨씬 유리해졌던 것이다. 경쟁업체들은 이를 "명백한 선경 봐주기"라며 강력히 반발하고 나섰지만 계획은 당초 예정대로 추진되었다.

당시 이 업무를 담당했던 은행감독원 관계자는 "기존 석유정제업체에 윤활유업체 등이 많이 포함돼 있어 정유 5사가 불이익을 받으므로 합리적으로 바꿔야 한다는 석유협회의 건의와 감사원의 지적이 있어 업종을 분리, 조정한 것"이라며 의혹설을 강력히 부인했다.

하지만 이 같은 부인에도 불구하고 여전히 의혹은 사라지지 않은 채 제2이동통신사업은 정부 예정대로 진행되었다.

대통령의 망신

"제2이동통신의 주 사업자로 선경이 선정되었습니다."

1992년 8월 20일 오전, 송언종 당시 체신부장관은 기자회견을 갖고 이같은 심사 결과를 발표했다. 제14대 대통령선거를 불과 4개월여 앞둔 때였다.

우선 이때까지의 과정부터 정리해 보자. 특혜 시비 속에서도 제2이동통신계획은 착착 진행되었고, 선경을 비롯해 포철, 코오롱, 쌍용, 동부, 동양 등 6개 그룹이 경쟁에 참여했다. 이들 그룹은 나름대로 자신감을 갖고 전담부서를 발족하는가 하면 막대한 사업비를 들여 참여를 추진하는 과정에서 선경에 대한 특혜 의혹도 차츰 잊혀져 가는 듯했다.

야당인 민주당 쪽에서는 이를 경부고속전철과 묶어 6공의 최대 의혹사업이라고 공세를 가했지만 청와대는 대선을 겨냥한 정치적 공세 정도로 치부하면서 무시하는 입장을 취했다.

노태우 대통령도 의외로 단호한 입장을 견지했다. 전문가의 의견을 수

92년 8월 20일, 제2이동통신사업자 선정 결과 발표 직후 최종현 전경련 회장(왼쪽에서 두 번째)과 주 사업자인 포철의 정명식 회장(오른쪽에서 두 번째), 제2대 주주인 이동찬 코오롱 회장(맨 왼쪽)이 자축하고 있다.

렴하고 공청회를 거쳐 법까지 통과했는데 멈출 이유가 없지 않느냐는 것이었다. "자동차가 사무실이 되는 시대가 되었습니다. 이동통신을 현재처럼 내버려 둔 것이 잘못입니다. 계속 의혹이 제기되는데, 시끄럽다고 해서 투자를 미룬다면 그것은 나라를 위한 생각이 아니지요. 해야 할 일은 당당히 해야 합니다."(92년 6월 26일 기자간담회)

사돈문제가 걸려 있기 때문에 대통령으로서는 여간 난처해하지 않을 것이라는 예상은 전혀 잘못된 것이었다. 집권 말기에 갈수록 그는 물러서기는커녕 오히려 더 거침이 없었다.

브레이크는 엉뚱한 곳에서 걸렸다. 수차에 걸친 당정회의에서도 별다른 이의를 제기하지 않던 김영삼 당시 민자당 대통령후보가 제동을 걸었다. 여당의 차기 대통령후보가 현직 대통령의 최대 관심사업에 반대하고 나선 것이다. 이때부터 이동통신사업은 본격적인 정치문제로 비화하게 된다.

7월 23일 청와대 주례회동에서 김영삼 후보가 노태우 대통령에게 이동통신을 둘러싼 의혹이 차기 선거에 불리하게 작용할 것이 분명하니 사업자 선정을 대선 이후로 연기하자는 이야기를 불쑥 꺼냈던 것이다.

선경의 최종현 회장이 기자회견을 갖고 "사업자 선정에서 특혜는 없었다"고 말하고 있다.

물론 공식적인 것은 아니었다. 김영삼은 이날 회동에서는 물론 그 후 계속되는 주례회동에서 노 대통령과 이동통신 문제를 협의했지만 한동안 이 사실이 대외적으로는 공표되지 않았다.

"회담이 끝난 후 내용을 물으면 항상 '이동통신 문제는 논의되지 않았다'고 대답하더군요. 그래서 그렇게 발표했습니다."

주례회동의 결과 발표를 맡았던 정무수석 김중권의 증언이다. 이처럼 일단 대외적으로는 정부와 여당의 의견이 같은 것처럼 비쳐졌다. 그러나 청와대의 내부사정은 달랐다. 김 후보의 이동통신 반대는 청와대로서는 충격이었다. 경제수석실을 중심으로 청와대가 발칵 뒤집힌 것은 당연했다.

"노 대통령은 송언종 체신장관 등을 불러 이 사업을 연기할 수 있는지 여부를 물어봤어요. 그러나 이들은 '그대로 추진하자'는 의견이었습니다. 1차심사 결과 발표를 불과 며칠 앞둔 시점에서 사업을 연기할 경우 부작용도 문제지만 이는 그동안의 의혹설을 자인하는 꼴이 된다는 것이 이들의 생각이었습니다."

당시 청와대에 근무했던 한 관계자의 말이다. YS의 밀어붙이기가 워낙 강했던 나머지 사실 노태우 대통령도 막판에 마음이 흔들렸다. 오히려 실무진의 버텨주기가 큰 힘이 되었다. 청와대 비서진은 대부분 사업의 계속 추진을 건의했고, 노 대통령도 그대로 밀고 나가기로 최종 결심하기에 이른다. 민자당 내부에서도 의견이 엇갈리고 있는 상태인 데다, 김영삼 후보도 이를 반드시 연기해야 한다는 입장은 아니라고 판단했다.

청와대는 김영삼 후보측과 막후접촉을 통한 사태 수습을 시도했다. 최종사업자 선정을 1주일쯤 앞둔 8월 중순, 삼청동 안가에서는 당정대책회의가 열렸다. 마지막 조율을 위한 자리였다.

청와대에서 정해창 비서실장과 이진설 경제수석, 민정당에서 황인성 정책위의장, 최창윤 대표비서실장, 박관용 의원, 그리고 이상연 안기부장이 머리를 맞대고 장시간 이 문제를 협의했다. 여러 가지 의견이 있었지만 돌이키기에는 시간이 너무 늦었으므로 선경이 주 사업자가 되는 쪽으로 결론이 났다.

이날 회의로 노 대통령은 대충 일이 잘 마무리되었다고 여겼다. 회의에 김영삼 후보의 핵심측근들도 참석했던 만큼 더 이상 딴 말이 없을 것으로 판단했던 것이다. 그러나 오산이었다. 송 체신장관이 이동통신 최종사업자로 선경을 공식 발표한 직후 노태우 대통령과 김영삼 대표는 청와대에서 다시 자리를 함께했다. 이날의 주제는 당연히 제2이동통신 문제였다.

두 사람은 이동통신을 놓고 정면으로 충돌했다. 노태우 대통령이 급기야 "갈라서자"며 자리를 박차고 일어나 버렸다. 당시로서는 외부에 알려지지 않은 일이었다.

다음 날 아침 YS는 하얏트호텔에서 최종현 회장을 만났다. 여당의 대통령후보인 YS로서 담판을 지어도 대통령과 지을 일이지, 이동통신의 당사자인 재벌총수를 비밀리에 만나 무슨 내용의 담판을 지으려 했을까. 그 내용을 알 수는 없으나 어쨌든 최종현 회장과의 만남도 뜻대로 안 되었든지 YS는 반대의견을 노골적으로 발표하게 된다. 이날 오후 그는 강릉으로 가는 길에 "대통령과의 면담에서 이동통신 문제가 심각하게 논의되었다"고 발표하도록 측근에게 지시했다. 공식적으로는 처음으로 이동통신에 대한 반대입장을 대외적으로 표명하고 나선 것이다.

YS의 반대의사 표명에는 뭔가 다른 정치적 복선이 있었다. 노태우 대통령은 매우 화가 났다. 당장 무슨 중대 결심이라도 할 분위기였다. 그러나 상황은 다시 달라진다. 6공 내내 노 대통령에게 막강한 영향력을 행사했던 금진호와 이원조가 개입하고 나섰던 것이다.

자세한 내용은 확인할 길이 없으나 금진호와 이원조 두 사람이 번갈아 청와대를 들락거리기 시작하면서 노 대통령의 노기는 많이 수그러들었다. 결국 선경이 사업권을 자진 반납하는 쪽으로 사태를 수습하기로 결심하게 된 것이다. YS와 노태우 사이에서 이들이 모종의 정치적 절충을 끌어냈음이 분명하다.

이 과정에서 이진설 경제수석과 송언종 체신장관이 사표를 제출하기도 했고, 체신부 관료들도 집단반발 움직임을 보이는 통에 또 한 차례 진통을 겪었다. 선경의 반발도 만만찮았다.

"선경은 정부에서 사업을 포기하라는 공문을 써주어야만 사업권을 반납하겠다고 나섰어요. 선경으로서는 정부에 의한 사업권 포기가 아닌 자진반납 형식이 될 경우 미국의 GTE를 비롯해 컨소시엄에 참여한 모든 기업에 대한 손해배상을 부담해야 하는 문제가 남아 있었기 때문이지요."

박운서 당시 청와대 경제비서관의 설명이다. 하지만 청와대의 입장에서는 쉽게 이 요구를 들어주기가 어려웠다. 박운서의 설명을 더 들어보기로 하자.

"각서는 써줄 수 없었습니다. 각서를 써줄 경우 청와대가 이 문제에 공식적으로 개입했다는 증거를 남길 뿐 아니라 나중에는 행정소송의 빌미를 제공해 줄 수 있는 계기가 된다고 판단했기 때문에 각서는 써줄 수 없다고 버텼지요."

그러나 당시 청와대 사정은 이를 끝내 반대할 수 있는 입장이 아니었다. 결국 이 공문을 선경에 넘겨주었고, 발표 1주일 후인 8월 27일 선경은 사업권 반납을, 이튿날 송 체신장관은 제2이동통신사업의 진행 중단을 각각 발표하기에 이르렀다.

청와대의 실무총책 박운서는 이런 우여곡절에 대해 흥분을 감추지 않았다.

"나라 꼴이 이게 뭡니까. 정부가 주관해서 일정한 기준에 의해 결정된 사항을 여론이 반대한다고 하루아침에 뒤집는 나라가 어디 있습니까. 대통령 개인의 체면은 둘째치고 나라 체통까지 깡그리 무시하는 일이 아닙니까. 더구나 한시가 바쁜 이동통신사업을 말입니다. 지금 1년 늦게 시작하면 10년이 늦어지는 게 바로 이동통신사업입니다."

박운서는 정치적 판단 같은 건 원래 모르는 고지식한 사람이다. 골수 직업관료인 그로서는 설령 사돈관계가 얽혀 있는 사안이라 하더라도 적절한 절차를 거쳤으면 해줘야 할 것 아니냐는 입장이었다.

"이건 정부가 아닙니다."

박운서가 핏대를 올리면서 내뱉은 한마디였다.

경제적 필요성을 접어놓는다 하더라도 제2이동통신을 둘러싼 당시의 해프닝은 한 나라 정부의 행정절차 면에서도 있을 수 없는 일이었다. 과천의 한 경제관료는 이렇게 말했다.

"과격 학생들이 파출소에 불을 지르는 것만이 공권력 파괴가 아닙니다. 이번 이동통신 파동에서 보듯이 대한민국 정부가 소정의 절차를 거쳐 선정작업을 마쳤고, 더구나 최고통치자인 대통령이 그 결과를 강력히 뒷받침하는 데도 타당한 설명 없이 어이없게 엎어지는 세상이니 이것이야말로 공권력의 부재가 아니고 무엇입니까."

설령 선정 과정에 잘못이 있어 문제를 삼는다 하더라도 그 결과를 뒤엎는 과정은 도저히 납득할 수 없다는 것이었다.

그러나 이동통신사업은 이미 경제문제라기보다는 정치적 사건이 돼버린 상태였다. 경제부처에서만 "어찌 그럴 수가 있느냐"고 펄펄 뛰었지, 정치권에서는 '충분히 그럴 수 있는 일 중의 하나'로 여기는 분위기였다. 집권여당의 후계자라고 할 수 있는 차기 대통령후보에 의해서 정치적으로 뒤집어진 일이었기 때문이다.

경제관료들이 실무적으로 아무리 펄쩍 뛰어봐야 부질없는 일이었다. 여당의 대통령후보가, 이미 레임덕 현상을 보이고 있는 최고통치권자의 약점을 거머쥐고 이 사건을 정치적 승부수로 활용하는 마당에, 물정 모르는 행정관료로서는 끼어들 여지가 없었던 것이다.

최고통치자의 약점이란 무엇이었을까. 두말할 나위 없이 대통령과 선경의 최종현 회장의 사돈관계를 두고 하는 이야기다. 두 사람의 관계를 무시할 수 없는 한 선경이 승리하는 이 게임의 공정성은 어차피 의심받게 되어 있는 일이었다. 그것은 실무적으로 추궁할 문제가 아니었다. 아무리 선정이 '공정한 경쟁'이었음을 강조한다 해도 이동통신을 둘러싼 시비는 결코 실무적인 차원의 것이 아니기 때문이다.

그 이유는 간단했다. 선경의 오너인 최 회장은 그가 비록 순수한 사업가라 하더라도 대통령과 언제라도 주요 문제를 논의할 수 있는 위치, 다시 말해 정권 최대의 이권사업에 공정한 입찰자의 한 사람으로 뛰어들기에는 너무도 힘이 센 '우월적 지위'에 있었기 때문이다.

그가 과연 그러한 우월적 지위를 자기 사업에 얼마나 활용했는지를 확실히 알 수는 없다. 그의 주장대로 "대통령과의 사돈관계 때문에 오히려 손해를 봤다"는 주장이 옳을 수도 있을 것이다. 그러나 대통령의 사돈인 재벌그룹이 끼어든 이 경쟁은 출발에서부터 다른 경쟁과는 분위기가 판이했다. 직언을 서슴지 않았던 경제수석 김종인도 이 문제만 나오면 말 조심을 해야 했다. 그는 되도록 이 문제를 뒤로 미루려고 했으나 뜻대로 되지 않았다.

주무당국의 입장이야 어쨌든 청와대, 특히 내실에서도 이통문제에 대한 관심이 컸다. 김옥숙 여사도 이통문제가 잘 안 풀린다 싶을 때마다 비서를 시켜 어떻게 돌아가고 있는지를 간간이 챙겼다는 것이 비서실 관계자의 증언이다.

"선경을 봐주라는 지시를 받은 일은 한 번도 없었습니다. 그러나 뻔한 것 아니겠습니까. 한동안 청와대 내실에서 이동통신 문제에 대해 계속 관심을 가지더군요. 연기하느냐 마느냐를 놓고 한참 시비를 벌이고 있을 때였는데, 결론이 어떻게 되어 가는지를 그쪽 비서가 알아가곤 했습니다. 그래서 대강의 분위기를 짐작할 수 있었지요."

또 다른 관계자의 말도 관심을 끈다.

"직업공무원들로서는 가급적 이동통신 문제에 개입하길 꺼렸습니다. 나중에 가서 어차피 말썽이 날 것으로 봤거든요. 6공청문회가 열린다면 그 첫 번째가 아마도 이통문제가 될 것이라는 이야기가 공공연히 나돌 정도였으니까요. 그래서 나중에 국회에 불려나갈 때를 대비해서 모든 절차 하나하나에 필요한 증빙서류를 완벽하게 첨부하도록 했습니다."

아무튼 선경의 최 회장 또는 그의 사돈인 노 대통령이 이동통신 문제와 관련해 어떤 부당한 영향력을 행사했다는 증거는 찾기 어렵다. 그러나 당시 경제수석 김종인의 회고가 전체 흐름을 짐작케 한다.

"사돈이라는 특수관계가 제2이동통신 문제에 어떤 형태로든 영향을 주었던 점을 부인할 수는 없습니다. 대통령이 관련되는 문제를 법적으로 또는 실무적으로 규명한다는 것은 무의미한 것 아닙니까."

요컨대 사업자 선정 과정을 아무리 공개적으로 공정하게 하도록 한다 한들, 출제되는 문제를 특정인에게 사전에 알려주고서 경쟁을 시킨다면 무슨 의미가 있겠느냐는 것이다. 대통령이 사돈인 최종현 회장으로부터 무슨 부탁을 받았든, 아니면 부탁받지 않았더라도 딸이나 사위의 장래를 감안해서 자발적으로 나섰든 어떤 이유로든 간에 대통령의 특별한 관심이 일찍감치 판세에 영향을 미치고 있는 일이었다. 미국에 유학한 대통령의 사위가 통신사업을 하고 싶어 했던 것이 사실이었고, 장모 김옥숙 여사 역시 청와대 내실에 앉아서 이 일을 유난히도 적극적으로 챙긴 것도 사실이었다.

최종현 회장은 인사에도 영향력을 행사했다. 청와대 관계자의 말을 들어보자.

"모 통신 관련 기관장을 경질하고 다른 인물을 앉히기로 결론이 나서 비서실에서 실무작업을 끝내고 후임이 내정된 상태에서 형식적인 절차를 밟고 있는 중이었어요. 그런데 갑자기 본관으로부터 전혀 엉뚱한 사람을 시키라는 지시가 내려오더군요. 이상해서 알아봤더니 최 회장이 천거한 사람이라는 것이었어요. 그러니 대강 분위기를 짐작할 수 있는 것 아닙니까."

　물론 최종현 회장으로서는 대통령의 부탁을 받은 나머지 하는 수 없이 인사에 개입한 경우도 있었을 것이고, 진정으로 자신이 옳다고 생각하는 정책을 순수한 뜻으로 건의했을 수도 있을 것이다. 그러나 노 대통령을 도왔던 청와대 측근들마저도 대부분 사돈의 '적극적 조언' 행위를 긍정적으로 보지 않았다. 집권 당시에야 노골적으로 반대하지 못했으나 정권이 바뀌자 이내 속생각을 드러내는 데 주저하지 않았다.

　아무튼 이동통신 문제로 노태우 대통령은 크게 망신당했다. 명분도 잃고 실제로 손에 거머쥔 것도 없었으니 말이다. 이 문제가 뒤죽박죽되는 동안 그는 차마 대통령이랄 수 없었다.

제11장

한국은행의 독립운동

때를 만난 한국은행

1987년 전두환정권의 말기, 6·29선언이 있은 지 한 달이 지났을 무렵 각 신문 경제면의 한 귀퉁이를 차지한 1단짜리 기사 하나가 세인의 주목을 끌었다.

7월 28일 한국은행 부산지점 행원 36명이 성명을 내고 "한국은행이 중앙은행으로서 본래의 기능을 다할 수 있도록 헌법상의 독립성과 중립성이 반드시 보장돼야 한다"고 주장했다는 기사였다.

얼핏 지나치기 쉬운 이 짧은 기사는 그 후 이틀 간격으로 한국은행 본점을 포함한 7개 지점에서 잇달아 동조성명을 발표하면서 2년여에 걸친 한은 독립논쟁이 벌어지는 기폭제가 되었다.

행원들의 성명서 발표에 이어 8월 5일에는 한은 본점 과장들이 '한국은행의 중립성 및 자율성 보장의 필요성'이라는 자료를 만들어 각 언론사와 정당, 학계 등에 배포하면서 한은의 '독립운동'은 점차 가열되기 시작했다. 일단 불이 붙기 시작한 독립 주장에 결정적으로 기름을 부은 사건은 그로부터 1주일 후에 있었다.

8월 12일 국회 재무위에 불려 나간 박성상 당시 한은총재의 답변 발언은 사람들의 귀를 의심케 했다.

"현행 제도로는 정치권력이 중앙은행의 발권력을 남용하더라도 이를 막을 방법이 없습니다. 중앙은행이 정치에 휘말리지 않도록 중립성을 보장해야 합니다."

중앙은행총재가 국회에 나가서 이처럼 구체적으로 하고 싶은 말을 대놓고 하는 경우는 일찍이 없었다. 재무부에 대한 선전포고나 다름없는 일이었다. 원래 중앙은행총재는 어느 상황, 어느 장소이든 간에 점잖게 원론적인 이야기를 하는 게 보통으로 알아왔는데, 도대체 박성상 총재는 무슨 생각으로 국회위원들 앞에서 그런 정치적 발언을 서슴지 않았던 것일까. 후일, 그때 상황을 박성상은 이렇게 설명했다.

"당시에는 6·29 이후 정치적인 민주화 바람 속에 헌법 개정 논의가 정치권의 쟁점이었습니다. 국가통치체제가 대통령중심제가 될지 내각제가 될지도 모르는 상황에서 중앙은행의 독립문제가 정치권에서 제기되었지요. 나는 특히 내각제가 될 경우를 걱정했습니다. 이를테면 정치인이 재무장관으로 오면 금융을 남용할 가능성이 높다고 봤지요. 그래서 중앙은행총재로서 최소한의 중립성 보장이 필요하다는 입장을 밝혀야 한다고 생각했습니다. 통화정책에 정치 개입을 막기 위해서는 중앙은행의 위상이 재무부와 대등한 정도로 격상돼야 한다고 생각했습니다."

박성상의 말인즉, 자신이 중앙은행의 독립성을 앞장서서 강조한 것은 시류에 영합해서가 아니라 내각제가 실시될 경우 예상되는 정치적 압력을 막아내기 위한 입장 천명이었다는 것이다. 진의가 과연 무엇이든 간에 그의 발언을 계기로 한국은행의 '독립운동'은 빠른 속도로 본격화되어 갔다.

직원들은 한국은행의 독립을 쟁취할 수 있는 호기라고 판단, 이 문제를 정치적인 쟁점으로 몰아 나갔다. 심지어는 평직원협의회의 이름으로 정치인들까지 참석시키는 한은독립 관련 심포지엄을 준비하기도 했다. 그전 같으면 재무부의 눈치를 살피느라 엄두도 못 내던 일을, 이제는 전혀 거리낌 없이 밀어붙였다. 이 역시 세상이 바뀐 덕분이었다.

심포지엄은 결국 지나친 정치화를 염려한 박 총재의 제지로 성사되지 못했지만, 당시는 한은독립을 반대하면 그것은 곧 민주화를 반대하는 것으로 치부되는 분위기였다.

박 총재의 선언이 있은 다음 날 국회 재무위의 같은 자리에서 사공일 재무장관은 이렇게 답변했다.

"경제정책의 최종 책임은 정부에 있고, 통화신용정책도 정부의 일반 경제정책의 테두리 안에서 운용돼야 합니다. 중앙은행의 격상이 행정부로부터 독립된 제4부의 지위로 확대 해석되어서는 안됩니다. (…) 중앙은행을 헌법기관화할 경우 정부의 일반 경제정책과 상충될 가능성이 높습니다. 다만 중앙은행의 독립성 보장과 금융자율화를 위해 필요하다면 헌법 개정이 아니라 관계 하위법령의 보완으로 충분하다고 생각합니다."

중앙은행의 독립성을 보장한다는 원칙에는 찬성하지만 이를 헌법에 명시하는 데는 반대한다는 것이 재무부의 정리된 입장이었다.

재무위에서의 공방을 계기로 한은독립 문제는 재무부와 한국은행 두 당사자에 더해서 여야의 정치권까지 휩쓸린 정치 쟁점으로 비화되었다. 급기야는 개헌협상의 주요 사안으로까지 등장하기에 이른다.

6·29 직후 여야가 개헌협상을 벌이기 시작할 무렵 각계각층의 이익집단들이 새 헌법에 자신들의 목소리를 담기 위해 여러 경로로 다양한 의

견을 제시하고 있었다. 이때 한국은행 직원 몇 사람이 당시 야당인 민주당을 찾아갔다.

"한은의 독립성 보장이 경제민주화의 관건이라고 생각한 몇 사람이 헌법 개정에 이를 반영해야 한다고 뜻을 모았습니다. 여당인 민정당이 재무부를 편들 게 뻔한 상황에서 야당에 기댈 수밖에 없었지요. 개인적으로 친분이 있던 민주당 의원과 만나 우리의 입장을 전달했습니다. 민주당 쪽에서는 적극적으로 지원하겠다고 나섰지요."(한은 관계자)

민주당은 헌법 개정작업을 벌이고 있었던 여야 8인 소위에서 한은의 중립성 보장 조항을 헌법에 명시하자고 주장했다. 반면에 민정당은 결코 그럴 수 없다고 맞섰다. 흡사 재무부와 한은이 민정·민주 양당을 내세워 대리전을 치르는 형국이었다.

결국 개헌소위는 양측의 주장을 절충해서 한은독립성 보장을 헌법에 명시하지 않는 대신 한국은행법에 민주당 안을 반영한다는 선에서 타협했다. 이에 따라 한은독립 문제는 개헌에서 법률 개정 논의로 무대를 옮기게 된다.

민주당은 그해 9월 17일 한은법 개정안을 국회에 정식으로 제출했다. 내용인즉 재무장관이 맡고 있는 금통위의장을 한은총재로 바꾸고 재무장관이 갖고 있는 금통위 부결사안에 대한 재의요구권과 한국은행에 대한 업무검사권을 폐지하자는 것이었다. 이것은 민주당의 독자적인 안이라기보다는 한은 측의 요구를 그대로 담은 것이었다. 한마디로 통화신용정책의 주도권을 재무부에서 한은으로 옮기자는 얘기였다.

그러나 87년 13대 대통령선거를 앞두고 야당이 갈라서면서 구 민주당 안은 흐지부지 없어지고, 민정·평민·민주·공화 등 4당의 대권주자들이 제각기 한은의 독립성을 보장할 수 있도록 한은법을 개정하겠다는 공약을 내놓기에 이르렀다. 민주화의 열기 속에 치러진 대선유세에서 한은독립 보장은 각 당의 빼놓을 수 없는 단골 메뉴가 되었다. 득표에 도움이 된다면 무슨 공약이든 못할 게 없었던 데다 한은법 개정이야말로 정치민주화의 분위기와도 딱 맞아떨어지는 안성맞춤의 재료였던 것이다.

대선에서 승리한 민정당은 한은법 개정을 노태우 대통령 취임 이후 1년 이내에 실천할 공약사항에 포함시키는 적극적인 자세를 보였다. 그러나 이것이 나중에 법 개정이 유보되는 과정에서 민정당에 엄청난 정치적 부담이 될 줄은 몰랐다.

그러다가 정부의 한은법 개정 약속으로 한동안 잠잠하던 한은독립 논쟁에 다시 불을 당긴 사건이 일어났다. 노태우정부 출범 이후 첫 조각에 이어 3월 25일 임기를 1년 10개월이나 남긴 박성상 총재가 전격 경질된 것이다.

한은은 평직원협의회를 중심으로 "임기 중에 중앙은행총재를 뚜렷한 이유 없이 갈아 치운다면 한은독립성 보장은 처음부터 기대할 수 없는 일"이라며 정부를 성토하고 나섰다. 여기에 언론이 한은의 주장에 동조하면서 한은법 개정 시비는 여론을 등에 업은 한은의 공세와 이를 어떻게든지 막아보려는 재무부의 반격이 맞서 한참 동안 이전투구가 계속되었다.

시녀와 식객 사이에서

88년 8월 8일 한은법 개정을 두고 재무부와 한은의 논란이 끝도 없이 이어지고 있는 와중에 김병주·박재윤 교수 등 당시 금통위원 4명이 과천의 재무장관실을 찾아왔다.

이들은 임명직 금통위원 6명의 이름으로 중앙은행제도의 개선방향에 대한 금통위의 독자적인 의견서를 의장인 사공일 재무장관에게 전달했다. 금통위원들의 건의내용은 이런 것이었다.

"금통위를 재무부나 한은 어느 쪽의 예속하에 둘 것이 아니라 금통위 의장이 한은총재를 겸임함으로써 금통위의 기능을 강화하는 것이 중앙은행제도 개편의 바람직한 방향이다. 이를 위해 금통위원은 각계의 추천을 받아 대통령이 임명하고 금통위의장은 금통위원들의 호선으로 추천을 받아 대통령이 임명하며, 금통위의 전문성 보장을 위해 위원의 반수 이상을 상근토록 해야 한다."

기존의 한은법에도 한은의 최고의결기관이 금통위로 돼 있는 만큼 법 개정문제를 재무부와 한은이 다툴게 아니라 금통위를 중심으로 다시 따져보자는 얘기였다.

재무부와 한은 간의 논란에 금통위원들까지 끼어들자 한은법 개정 시비는 더욱 갈피를 잡기 어렵게 되었다.

그런데 금통위원들의 의견서 중에 "통화신용정책 및 금융행정의 최종 책임은 재무장관에게 있다"는 대목이 문제가 되었다. 이는 재무부의 입김이 들어간 게 분명하다고 한국은행 측은 반발했다. 공교롭게도 금통위의 의견서 내용은 당시에 코너에 몰릴 대로 몰려 있었던 재무부가 마지노선으로 삼고 있던 대안과 일치하고 있어 한은이 의구심을 가질 만도 했다.

그러면 과연 금통위원들이 재무부의 요청으로 그 같은 의견서를 낸 것일까. 이때의 상황을 당시 금통위원이었던 김병주 교수로부터 들어보자.

"재무부와 사전에 협의한 적도 없었습니다. 실은 한은 쪽에 같이 연구해 보자고 먼저 운을 떼었는데 아무런 반응이 없었어요. 그래서 독자적으로 의견을 내기로 했습니다. 재무부와 한은이 중앙은행제도에 관해 결사적으로 논란을 벌이고 있는데 명색이 통화신용정책의 의사결정기구인 금통위가 팔짱만 끼고 있을 수는 없지 않겠습니까. 반영되든 안 되든 금통위가 분명한 입장을 밝혀 놓지 않으면 역사로부터 단죄를 받을 것이라는 비장한 심정이었지요. 6명이 모여 대강의 골격을 의논한 뒤 제일 젊은 박재윤 교수더러 초안을 만들라고 했습니다."

6인의 금통위원들은 의견서를 만들어 놓고 고민에 빠졌다. 이걸 어떻게 발표하는 게 좋을지 몰라서였다. 다시 김 교수의 증언이다.

"처음부터 재무부에 가서 발표할 생각은 아니었습니다. 우선 금통위원 몇 사람이 김건 총재를 만나 의견서 얘기를 꺼냈더니 금통위에서 독자적

한국은행의 공세에 밀리던 재무부는 금통위원들이 독자적으로 한은법 개정에 대한 의견서를 내는 것을 계기로 역공의 기회를 잡는다. 사진은 88년 8월 8일 사공일 재무장관을 찾아와 의견서를 전달하는 금통위원들(오른쪽부터 사공일 장관, 김병주·박재윤·부광식 위원).

인 의견을 낸다는 것 자체에 부정적인 시각이었습니다. 총재를 통해 의견서를 제출할 생각이었는데, 기회조차 없었던 것이지요. 그래서 사공일 장관에게 연락했더니 그가 만나겠다고 해서 재무부로 갔던 것이지요."

한국은행은 금통위원들의 주장이 중앙은행의 독립에 역행하는 처사라며 즉각 평직원협의회 명의로 반박성명을 발표했다. 여기다가 이례적으로 부서장들까지 모임을 갖고 별도의 성명서를 내는 등 전에 없이 강경한 태도로 나왔다.

이때부터 금통위원들의 수난이 시작되었다. 의견서에 참여한 금통위원들은 집으로 날아드는 협박 편지와 시도 때도 가리지 않고 걸려 오는 전화 공세에 시달려야 했고, 일부 지방위원들의 집에는 항의단이 몰려오기도 했다. 특히 의견서를 기초한 박재윤 교수는 주모자로 몰려 학생들의 항의를 받는 사태까지 빚어졌고, 견디다 못한 박 교수는 중앙은행제도 개편에 관해 자신의 입장을 밝히는 공개강의를 열어 해명하기에 이르렀다. 결국 학생들이 자신들의 행동을 사과하는 대자보를 내붙임으로써 박 교수는 곤욕을 면하게 되었지만 그 후유증은 오래갔다.

당시 금통위의 난처한 입장에 대해 김병주 교수는 '시녀와 식객 사이'라는 유명한 말을 남겼다. "재무부에는 시키는 일이나 하는 시녀였고, 한은에는 밥이나 축내는 식객에 불과했던 게 금통위의 실상이었다"는 의미의 얘기였다.

아무튼 의견서 파문에서 보인 과민한 반응으로 인해 한국은행은 손해를 자초했다. 어차피 한 배를 탈 수밖에 없는 금통위와 불편한 관계에 놓이게 된 것은 물론이고, 언론으로부터 받았던 일방적인 지지도 스스로 약화시키고 말았다. 언제나 '정당한 약자'로 자리매김되었던 한국은행의 명예와 권위에 손상이 가기 시작한 것이다.

이로부터 한은은 더욱 야권 3당의 단일안에 매달리게 된다. 공화당 김종필 총재에게는 협조서한을 전달하고, 김영삼 민주당 총재와 김대중 평민당 총재에게 직원 대표들이 직접 찾아가서 단일안 공동발의에 적극 나서줄 것을 요청했다.

반면에 궁지에서 벗어난 재무부는 한은의 공세가 주춤한 사이 오히려 역공의 기회를 잡는다. 그해 9월 금통위의 의견을 대폭 수용한 중앙은행제도 개편시안을 만들어 일방적으로 발표해 버린 것이다. 재무부 시안의 골자는 금통위의장이 한은총재를 겸임토록 하되 은행감독원은 한은에서 떼어내 금융감독원으로 확대 개편한다는 것이었다. 한은을 금통위의 지휘·감독을 받는 철저한 집행기구로 격하하고 감독원마저 분리하겠다는 것이니 한은으로서는 그대로 두느니만도 못한 것이었다. 한은은 당연히 반대의사를 밝히고 뒤이어 '금통위가 외환정책까지 관장하되 의장은 한은총재가 겸직한다'는 내용의 독자적인 한은법 개정안을 발표하기에 이르렀다.

두 기관이 사생결단의 정면대결로 돌입할 태세를 보이자 보다 못한 이현재 당시 총리와 금통위원 출신의 박승 경제수석이 나서서 "국가적 대행사인 올림픽을 눈앞에 두고 잔치 분위기에 찬물을 끼얹을 작정이냐"며 제동을 걸었다. 논쟁은 올림픽을 전후한 한 달여 동안 일시중지 상태에 들어갔다.

소강국면을 깨고 먼저 포문을 연 것은 김건 한은총재. 그는 6공 들어 부활된 국정감사 자리에서 한은독립에 관한 소신을 밝히라는 여야의원들의 질문을 받자 그동안 참아왔던 말을 한꺼번에 터뜨렸다. 직원들의 성명서나 유인물로만 나왔던 한은법 개정에 대한 한은의 주장이 공식적인 자리에서 총재의 입을 통해 조목조목 제시되었다. 그는 여기서 그치지 않고 '금통위는 한은의 내부기구'라고 천명함으로써 금통위의 위상에 관한 논쟁에 불을 당겼다.

재무장관이 의장으로 돼있는 금통위가 한은의 내부기구라는 초강경 주장이 나오자 재무부는 펄쩍 뛰었다. 재무부는 당장 '독립행정위원회인 금통위와 무자본 특수법인인 한은은 엄연히 별개의 기관일 뿐만 아니라 굳이 관계를 따지자면 감독기관과 피감독기관의 위치로 봐야 한다'는 반박자료를 내놓았다.

한은은 기다렸다는 듯 '최고의사결정기구인 금통위와 집행부, 은행감독원은 중앙은행의 기능을 유기적으로 분담하는 구성요소이므로 금통위 의장을 재무장관이 맡고 있는 것 자체가 모순'이라는 성명으로 되받았다.

논쟁이 재연될 무렵, 이번에는 야 3당이 단일안 마련에 재차 합의하면서 새로운 변수로 등장한다.

재무부와 한국은행의 이전투구

한은독립성 문제의 연원을 따지자면 멀게는 지난 1950년 한은법 제정 당시로부터, 가깝게는 1982년 금융발전심의위원회의 중앙은행제도 개편 논의에 이르기까지 그 역사가 길고도 복잡하다.

그러나 그동안 계속된 논쟁의 핵심은 2가지로 요약된다. 하나는 통화신용정책의 주도권 문제이고, 다른 하나는 금융기관에 대한 감독권을 누가 갖느냐 하는 것이다. 한은이 통화신용정책의 중립성 보장을 요구하며 독립을 외치면 재무부는 은행감독원을 한은에서 떼어내야 한다는 주장으로 맞서 왔다.

6공 초반에 떠들썩했던 한은법 개정 논란도 여기서 크게 벗어나지 않는다. 한은의 선제공격과 여론의 공세에 잔뜩 위축되었던 재무부가 이 해묵은 논쟁에서 반격의 실마리를 잡은 것은 88년 5월 20일 금융발전심의회에 상정한 금융산업 개편안에서였다.

여기서 재무부는 중앙은행의 독립성 보장에 관해서는 아무런 언급도

하지 않고 느닷없이 금융감독체계의 개편이 필요하다는 주장을 펴기 시작한다. 공식적으로는 "금융감독체계를 효율적으로 개편할 필요가 있다"라는 원칙적인 표현에 그쳤지만, 한국은행은 이를 "한은으로부터 은행감독원을 분리하려는 재무부의 저의"라고 해석했고, 실제 재무부가 생각하고 있던 구상도 이와 크게 다르지 않았다.

당시 재무부 쪽의 주장은 이랬다.

"통화신용정책의 중립성 보장을 위해 그 주도권을 한은으로 가져간다면 금융기관의 감독권만은 한은에서 떼어내 재무부가 행사해야 한다. 통화신용정책의 수립·집행기능과 감독기능을 분리해서 서로 견제할 때 금융의 중립성과 건전성이 확보되는 것이다. 외국의 예를 봐도 은행감독 기능은 대부분 정부가 맡고 있고, 통화신용정책과 감독기능을 모두 중앙은행이 독점하는 경우는 찾아볼 수 없다."

이에 대해 한은은 정반대의 논리를 폈다.

"통화신용정책과 금융감독 기능은 상호보완적인 것이다. 감독권이 없이는 중앙은행이 실효성 있는 통화신용정책을 해나갈 수 없다. 일관된 기준으로 정책과 사후관리를 해나가자면 은행감독원은 당연히 한은에 두어야 한다. 선진국들의 경우도 금융정책의 권한과 감독업무를 중앙은행에 대폭 이양하는 추세에 있다."

양측은 공식적인 입장을 밝히지 않은 채 이처럼 상반된 주장으로 여론을 유리하게 끌어들이기에 안간힘을 썼다.

여기서 한 가지 재미있는 현상은 서로 정반대의 논리를 펴면서도 양측이 한결같이 외국의 사례를 근거로 대고 있다는 점이었다. 외국사례 문제는 나중에 양측이 현지에 합동조사반을 보내 진상을 확인하기에 이른다. 아무튼 이때까지만 해도 아직 기관 대 기관의 대결이 아니라 직원들

간의 비공식적인 논란 정도의 수준이었다.

그러나 6월 들어 양측이 각각 중앙은행제도 개편방안에 대한 실무작업반을 구성하면서 한은법 개정 논란은 본격적인 전면전의 양상으로 바뀌었다.

한은은 학계·언론계·정계의 영향력 있는 인사들을 끊임없이 접촉해서 자신들의 주장을 알리는 한편 야 3당을 설득해서 야권 단일안을 밀어붙이기 위해 총력전을 폈다. 당시 여소야대의 정국에서 야당이 합의한 단일안이 상정되기만 하면 일은 끝나는 것이나 다름없었다.

재무부도 재무부대로 여당인 민정당은 물론 야 3당에 온갖 연고를 동원해서 단일안 저지에 나섰다. 한국은행이 대통령선거 전부터 공을 들여 온 야당은 아무래도 한은의 주장에 기울 수밖에 없었고, 소여인 민정당에 기댈 도리밖에 없었던 재무부는 갈수록 수세에 몰리기 시작했다.

드디어 7월 22일 야 3당의 정책전문위원들이 야당 공동발의안에 최종 합의하자 득의만만해진 한은은 직원들을 보내 조문 정리와 인쇄를 도맡기까지 했다. 그러나 단일안을 제출키로 약속한 시한인 이날 오후 5시 30분 민주당이 돌연 약속을 번복했다.

당시 민주당 정책위의장은 기획원에서 잔뼈가 굵은 정통관료 출신의 황병태였다. 그는 여소야대 정국에서 각종 경제법안이 정치논리로 처리되는 것을 탐탁지 않게 생각하던 인물로, 처음부터 한은이 제시한 단일안에 소극적이었다.

거의 성사된 것이나 다름없던 야권 단일안이 민주당의 막판 변심으로 무산되자 한은 직원 30여 명이 상도동 김영삼 민주당 총재 집으로 몰려가 격렬하게 항의하는 사태가 빚어졌다. 이때 김 총재 면담이 이루어지지는 않았지만 김 총재의 지시로 민주당은 하루 만에 다시 단일안으로

복귀했다.

그러자 이번에는 단일안에 별다른 이의를 달지 않던 공화당이 슬슬 난색을 표명하기 시작했다. 공화당 정책위의장은 재무장관 출신의 김용환 의원. 그는 개인적으로 단일안에 반대하는 입장이었으나 소수야당의 정책위의장이라는 정치적인 입지 때문에 할 수 없이 단일안에 끌려 가던 처지였다. 그러다가 단일안 상정이 무산되자 야권의 공동보조에서 빠져 버린 것이다.

이때부터 공화당이 한은법 개정의 향배를 좌우할 캐스팅보트를 쥐게 된다. 그러자 김용환 의장을 두고 재무부와 한은이 서로 끌어당기는 승강이가 벌어졌다. 재무부는 김 씨가 재무장관시절에 친분이 두터웠던 부하직원들을 앞세워 설득작전을 폈고, 한은은 김 씨의 학교 후배들이 학연을 내세워 호소하는가 하면 당시 미국에 체류 중이던 한은 출신의 김정렴 전 대통령비서실장을 동원, 국제전화로 김용환에게 협조를 당부하기까지 했다.

공화당은 타협안으로 야권 3당이 합의한 단일안을 발의하기 전에 여당인 민정당과 협의를 거쳐 절충하자는 의견을 내놓았고, 이 같은 주장이 받아들여져 7월 27일 민주당의 황병태 정책위의장이 간사 자격으로 야당 단일안을 민정당에 전달하게 된다. 야권 3당 단일안의 내용은 무엇이었던가.

우선 금통위의장을 재무장관에서 한은총재로 바꾸고 금통위의 관장업무도 통화신용정책은 물론 외환신용정책까지 포함시키는 한편 한은총재의 임명제청권자도 재무장관에서 국무총리로 격상시킨다는 것이다. 또 한은에 대한 재무부의 업무검사권과 감사임명권, 정관변경 승인권 등을 폐지하고 재무장관의 금통위 소집요구권도 삭제하는 것으로 돼 있다. 한은이 주장하던 내용들이 거의 모두 반영된 것이었다.

　재무부는 즉각 반대의사를 밝혔다. 한은의 주장을 지나치게 배려한 결과 중앙은행에 대한 견제와 다른 정부정책과의 조화문제가 전혀 감안되지 않았다는 얘기였다. 재무부는 여기다가 금융감독 기능을 분리해야 한다는 종래의 주장을 되풀이했다.

　그러나 재무부의 반대에도 불구하고 야권 단일안의 상정은 기정사실로 굳어가고 있었다. 다급해진 재무부는 이 무렵 민정당과의 당정협의를 통해 야권 단일안이 상정될 경우 대통령의 비토권을 행사한다는 최후의 저지계획까지 세워 놓았다.

　그런데 여기서 예기치 못한 돌발사태가 벌어졌다. 그동안 재무부와 한은의 대립에서 중립적인 위치에 서 있던 금통위원들이 나선 것이다.

싸움은 무승부로 끝나고

88년 11월 5일 평민·민주·공화 등 3당의 정책위의장들은 야권 공동으로 한은법 개정안을 마련한다는 데 잠정합의했다.

그런데 야권 단일안 합의 소식에 희색이 만면하던 한은이 경악할 사태가 벌어졌다. 새로 합의했다는 단일안의 내용이 종전의 야권 단일안과 완전히 달라진 것이었다.

야권 단일안의 골자는 이런 것이었다.

"금통위의장이 한은총재를 겸임하고 금통위원들의 추천을 받아 대통령이 임명한다. 은행감독원은 한은에 그대로 두되 재무장관이 금통위에 금융기관 검사와 감독을 요청할 수 있도록 한다."

이것은 한은총재가 금통위의장을 맡아야 한다는 한은의 입장이 거꾸로 금통위의장이 한은총재를 맡는다는 재무부의 주장으로 뒤바뀐 게 아닌가.

재무장관이 금통위의장에서 물러나되 대신 금통위의 위상을 높여 금통위의장이 한은총재를 맡도록 하자는 게 재무부가 한은과의 막후협상에서 제시한 마지막 카드였던 것인데, 야당에서 이를 받아들인 것이다. 여기에는 사실 캐스팅보트를 쥔 공화당의 역할이 컸다. 당시 공화당 정책위의 한 인사는 이렇게 말한다.

"야당 단일안이라고 하지만 야 3당 중 공화당만이 독자적인 한은법 개정안을 가지고 있었습니다. 다른 야당의 경우 사실상 한은 직원들이 가서 조문까지 만들어 주었지요. 3당 협의 과정에서 한은법을 시류에 휩쓸려 졸속으로 개정해서는 안 된다는 점을 누누이 강조했습니다. 김용환 의장을 비롯한 당 정책위의 기본적인 생각은 한은의 주장대로 할 경우 비대해진 중앙은행의 권한이 효율적으로 행사되기 어렵다는 것이었습니다. 광의의 중앙은행 역할은 현실적으로 재무부·기획원·한은이 나누어 맡고 있는데 이걸 모두 한은에 몰아준다고 해서 통화신용정책이 잘된다는 보장이 없었습니다."

한은으로서는 기가 막히는 일이었다. 그때까지 최대의 지지세력으로 믿어왔던 야당이 하루아침에 반대편으로 돌아서고 말았으니, 믿는 도끼에 발등이 찍힌 꼴이었다. 그토록 야당 단일안 성사에 매달려 왔건만 겨우 합의한 단일안이 오히려 한은의 주장과 정반대되는 내용으로 둔갑하고 만 것이다.

한은은 전 직원 비상총회를 열어 야 3당안을 철회하라고 요구했다. 이어 직원대표를 평민당 문동환·박영숙 부총재와 김용환 공화당 정책위의장 집으로 보내 합의안을 번복할 것을 요청했다.

이 와중에 11월 10일 민정당이 종전의 재무부 입장을 그대로 담은 중앙은행제도 개편안을 당정회의에서 확정하자 격분한 한은 직원 250명이 민정당사에 몰려가 연좌농성을 벌이는 사태가 벌어졌다.

한은법 개정일지

일자	내용	일자	내용
87.7.28	한은 부산지점 행원 '한은독립 성명서' 발표	11.10	재무부, 중앙은행제도 개편안 당정회의 상정. 정부·여당안으로 발표
8.12	박성상 총재, 국회 답변에서 중앙은행 중립성 보장이 필요하다는 소신 피력	11.14	김건 총재, 한은안 발표. 한은총재가 금통위 의장 겸임
8.13	재무장관 국회 답변, 한은의 중립성은 헌법개정이 아닌 하위법으로 보장 가능	11.15	한은중립성 보장 추진위, 한은중립성 보장을 위한 100만인 서명운동
8.31	헌법개정 8인 소위 개헌시안 합의, 중앙은행 중립성 보장은 헌법에 명시하지 않는 대신 한은법 개정에 반영	11.30	평민당, 한은법 개정안 국회 제출. 한은총재가 금통위의장 겸임, 은행감독원은 한은 내에 두고 1·2금융권 감독
9.17	민주당, 한은법 개정안 국회 제출		
12월	4당 대통령후보, 중앙은행 독립성 보장 약속	89.1.16	재무부·한은 합숙토론, 상호협의로 한은법 개정 단일안 마련키로 합의
88.1.28	민정당, 한은법 개정 공약을 대통령 취임후 1년 내 실천사항으로 발표	~1.21	
		4.9~23	합동조사단 2개반(미국·유럽반) 해외 파견
3.25	박성상 한은총재 경질, 김건 총재 취임	8.26	재무부, 한은법 개정방향 발표. 한은총재가 금통위의장 겸임, 주요 사항 재무장관과 사전협의, 재무장관에 은행감독 관련 지시권
5.20	재무부, '금융산업 개편방향' 발표. 금융감독체계 개편 필요 언급		
5월	재무부·한은, 한은법 개정 관련 대책반 구성	10.13	공화당, 한은법 개정안 국회 제출. 통화신용정책의 주요 사항 사전협의, 재무장관에 금융기관 인가·감독·검사조치 요구권
7.22	야3당, 한은법 개정 단일안 발표. 한은총재가 금통위의장을		
8.8	금통위원, 한은법 개정 관련 의견서 제출. 금통위의장이 한은총재를	10.26	재무부, 한은법 개정법률안 발표. 금통위에 자문 요청
9.6	재무부, 중앙은행제도 개편시안 발표. 금통위의장이 한은총재 겸임하고 은행감독원은 분리 독립	10.31	한은, 독자적인 한은법 개정 추진 천명
		11.1	한은노조 파업 결의
		11.6	금통위, '한은법 개정을 장기 검토과제로 유보하고 중앙은행의 중립성은 관행으로 정착돼야 한다' 답신 발표
10.10	김건 총재 국회재무위 답변, 금통위는 한은의 내부기구		
11.5	야3당, 한은법 개정 단일안 발표. 금통위의장이 한은총재 겸임하고 은행감독원은 한은에 두되 재무장관에 금융기관 검사·감독 요청권 부여	11.21	한은법 개정에 관한 당정협의, 한은법 개정 유보 결정
		12.14	국회 재무위 법안심사소위, 한은법 개정안 계류

11월 14일 김건 총재는 기자회견을 자청해서 정부·여당안은 물론 야3당안도 반대한다는 입장을 분명히 하고 한은총재의 금통위의장 겸임과 은행감독원 분리 불가, 이 2가지만은 절대 양보할 수 없다고 선언했다. 그동안 극도로 자제해 왔던 총재가 기자회견을 통해 공식 입장을 밝힘으로써 배수진을 친 비장한 결의를 내보인 것이다.

이와는 별도로 직원들은 2차 비상총회를 열어 '한은중립성 보장 추진위원회'를 구성하고 전 국민을 상대로 100만인 서명운동에 돌입했다. 이제 야당을 포함한 제도권에서의 지지는 더 이상 기대할 것이 없다고 판단하고 거리로 나간 것이다.

그런데 한은이 이처럼 거센 반발을 보이자 평민당과 민주당이 또 태도를 번복했다. 두 당은 야당 합의안에서 슬그머니 빠지더니 "한은총재가 금통위의장을 겸임한다"는 내용의 개정안을 각각 단독으로 국회에 제출했다. 다시 종전의 한은안으로 되돌아간 것이다. 그사이 한은은 30만 명분의 서명지를 각 당에 전달하면서 한은법 개정안을 회기 내에 통과시키라는 무언의 압력을 가했다.

그러나 당시 정국은 5공청문회를 비롯한 정치적 사안에 온통 관심이 쏠려 있는 판이어서 한은법 개정안은 정치적으로 큰 주목을 끌지 못했다. 민정당은 정부·여당안의 상정을 보류하면서 야당안의 심의에 시간을 끌었고, 야당도 한은법 개정에만 매달릴 분위기가 아니었다. 또 공화당이 미온적인 상태에서 야당안을 표결로 밀어붙일 수도 없는 상황이었다.

한은법 개정안이 표류하고 있을 무렵 학자 출신의 사공일 재무장관이 물러나고 정통 재무관료 출신의 이규성 장관이 들어섰다. 전임 장관에 비해 더욱 강경할 것으로 예상되었던 이 장관은 취임 직후부터 뜻밖에 대화를 강조하기 시작했다.

이규성 장관의 얘기를 직접 들어보자.

"서로 긴밀하게 협조해도 어려운 경제 상황에서 통화신용정책의 양대 기구가 감정 대립으로 치달아서는 안 된다고 생각했습니다. 이 같은 대립상태가 해소되지 않고는 한은법을 개정해 봤자 어차피 두 기관 모두 불만일 수밖에 없었고, 실제로 어느 한쪽이 만족하지 못하는 개정안이 국회를 통과하기도 어려웠습니다. 결국 한은법을 고친다면 두 기관의 합의가 전제돼야 한다고 봤지요."

이 장관의 보고를 받은 노태우 대통령도 "두 기관이 충분한 협의를 거쳐 합의안을 만들라"고 지시했다. 이로써 한은법 개정 시비는 장외에서의 대리전에서 당사자 간의 협의라는 장내 협상으로 양상이 바뀌게 된다.

그 첫 번째 협의 시도가 89년 1월 16일부터 1주일간 신한은행연수원에서 가진 합숙토론이다. 두 기관의 실무자들이 머리를 맞대고 토론을 벌여 처음으로 합의한 결과는 한은법 개정을 위한 협의기구를 만들자는 것. 이에 따라 양측의 고위 간부가 3명씩 참여하는 책임자급 협의회와 별도의 합동실무대책반이 구성되었다. 그해 1월 25일부터 5월 3일까지 3개월여 동안 무려 23차례의 실무대책반회의가 열렸고, 그사이에 수시로 책임자급 협의회를 가졌다. 심지어 외국의 사례를 직접 확인하고 오자며 미국, 일본, 유럽에 2개반의 합동조사단을 보내기까지 했다.

그러나 될듯 될듯 하던 합의는 번번이 깨지고 말았다. 끝까지 난항을 겪은 대목은 통화신용정책에 대한 '사전협의권' 문제였다. 사실 직접협상을 통해 양측은 그동안 대립해 왔던 많은 쟁점사안에서 상당한 타협점을 찾아냈다. 재무부는 절대로 안 된다던 한은총재의 금통위의장 겸직을 양보하고 한은총재에 대한 임명제청권도 포기했다. 한은도 재무장관의 금융기관 인허가권을 인정하고 통화신용정책의 주요 사안에 대해서는 정부와 협의하기로 동의했다. 또 예산승인권·업무지시권·감독요청권 등에 대해서도 어느 정도 의견이 접근했다. 그러나 사전협의권에 이르러서는 양측이 모두 한발짝도 물러설 수 없다는 강경한 태도였다.

재무부는 "재무장관이 금통위의장직을 내놓는 만큼 중앙은행과 정부의 연결장치로 사전협의권을 한은법에 명시해야 한다"는 주장인 데 반해 한은은 "원칙적인 협의에는 동의하지만 법에 명시하는 대신 양해각서 정도로 충분하다"는 것이었다. 사전협의권이 걸리자 그전에 합의한 사항들마저 유보되면서 협상은 원점에서 맴돌았다. 한동안 화해 쪽으로 가던 협상 분위기가 다시 냉랭해지고, 양측은 다시 감정적인 대응으로 치달았다. 협상 결렬은 시간문제였다.

한은법 개정을 놓고 재무부와 한은이 벌인 협상은 결국 결렬되고 말았다. 88년 5월 말까지 국회 재무위에 내놓기로 했던 합의안이 끝내 불발로 그친 뒤 양측은 출처도 불분명한 유인물로 상대를 비방하는 등 극한적인 감정 대립으로 치달았다.

그러던 중 89년 8월 21일 침묵을 지키던 재무부가 정부의 최종안을 노태우 대통령에게 보고하고 언론에 발표해 버렸다. 한은과 더 이상 협상을 벌이지 않겠다고 선언한 것이다.

"실무협의에서 넘어온 미합의 사항에 대해 양측의 고위 관계자들 간에 막후접촉을 계속했으나 도저히 결론이 나질 않았습니다. 통화신용정책에 대한 사전협의권은 정책의 최종 책임이 정부에 있다는 점에서 최소한의 연결고리입니다. 이것은 타협할 성질의 문제가 아니라 법체계상 불가피한 것이지요.

이 마지막 고리마저 풀어버릴 경우 한은은 사실상 행정부와 분리된 헌법기관이 되거나 아니면 독립된 '금융부'가 되어야 합니다. 그런데 한은은 끝까지 자신들의 주장을 굽히지 않았습니다. 더 이상 협상의 여지가 없다고 판단했지요."(재무부 협상 관계자)

실제로 89년 5월 말부터는 협상에 아무런 진전이 없었다. 어떤 형태로든 한은법 개정안을 국회에 내야 하는 재무부로서는 협상을 계속해 봐야 소득이 없다고 보고 손을 털어버리기로 한 것이다.

재무부의 이 같은 결정에는 당시의 정치 상황 변화도 많이 작용했다. 여소야대라고는 하지만 야권 3당의 공조체제는 처음에 비해 상대적으로 취약해졌고 특히 한은법 개정문제에서는 캐스팅보트를 쥔 공화당이 정부 쪽에 많이 기울어 있었기 때문이다. 게다가 여당이 오히려 재무부보다도 한술 더 떠 "금통위의장이 한은총재를 겸임하고 은행감독원도 분리해야 한다"는 입장을 보인 만큼, 정부안을 놓고 표 대결을 벌이더라도 승산이 있다는 계산이 섰던 것이다.

이렇게 되자 다급해진 쪽은 한은이었다. 한은은 즉각 임시 부서장회의를 열어 재무부의 처사를 비난하고 야당 설득 및 대국민 홍보작전에 나섰다. 김건 총재는 3월 25일 기자회견을 자청해서 "사전협의권을 법제화한 재무부안은 현행법을 오히려 개악시킨 것"이라며 강력한 반대의사를 표시했다. 이튿날 플라자호텔에서 열린 당정협의에서 김 총재는 더욱 강경한 어조로 정부·여당의 일방적인 한은법 개정 추진을 성토했다.

"40년 동안의 산하기관 근무 경험에 비추어 볼 때 관행이 법보다 더 고약하다. 사전협의권을 법에 명시해 놓고 관행을 개선하라면 힘없는 한은이 무슨 수로 불리한 관행을 고치겠는가. 사전협의권의 법제화는 잘못된 관행을 법으로 보장하는 개악이다. 한은법 개정은 공약사항인데 이처럼 법을 개악할 경우 민정당은 그 정치적 부담을 어떻게 질 것인가. 이대로 결론을 짓는다면 결코 승복할 수 없다."

그러나 이날 당정협의의 분위기는 김 총재의 강한 반발에도 불구하고 시작부터 이미 재무부 쪽으로 대세가 기울어 있었다. 문희갑 경제수석은 "한은 주장대로라면 금융부를 만들자는 이야긴데, 이는 과욕이다. 총재가 금통위의 장이 되면 통화신용정책의 주요 사안에 대해서 법적으로 협의장치를 두어야 한다"고 재무부를 거들고 나섰고, 이승윤 민정당 정책위의장도 "한은은 불필요한 피해의식에서 벗어나야 한다"며 한은의 반발에 제동을 걸었다.

한은법 개정안은 한은의 불복선언에도 불구하고 규정에 따라 국회 심의절차를 밟기 시작했다. 이렇게 되자 한은이 선택할 수 있는 방법이란 야당의 지원을 받아 국회에서 정면대결을 벌이는 수밖에 없었다. 결국 한은법 개정에 합의안을 도출해 내기 위해 기울여 왔던 그동안의 온갖 노력이 수포로 돌아가고, 승산 없는 표대결 상황으로 한발 한발 다가가고 있었다.

드디어 10월 26일 재무부는 한은의 반대를 묵살한 채 정부·여당안을 최종 확정하고 금통위 자문에 넘겼다. 이로써 한은법 개정 시비는 정부·여당과 공화당을 한 묶음으로 하고, 한은과 평민·민주당을 또 다른 편으로 삼아 실력으로 최종 승부를 판가름하게 될 판이었다.

그러나 이 같은 승부방식으로 한은법이 결판날 경우 패하는 쪽은 필연적으로 치명적인 손상을 입을 수밖에 없었다. 또 설사 어느 한쪽이 일방적인 승리를 거둔다 해도 이미 깨질 대로 깨진 협조 분위기와 누적된 감정 대립의 앙금을 가지고 정상적인 통화신용정책을 기대하기도 어려운 상황이었다. 그야말로 '상처뿐인 영광'에 불과할 것이기 때문이다.

한껏 유리한 국면으로 이끌어 오던 재무부로서도 만에 하나 부결되는 사태를 우려하지 않을 수 없었고, 야당에 의존할 수밖에 없는 한은은 벼

랑 끝에 선 위기감마저 감돌았다.

이렇게 되자 심한 부작용을 감수하면서까지 정면대결을 할 필요가 있겠느냐는 신중한 유보론이 제기되기 시작했다. 서로가 불만인 한은법 개정을 굳이 극단적인 표대결로 밀어붙일 것이 아니라 차라리 현행대로 가는 것도 한 방법이 될 수 있다는 얘기였다.

여기에는 그간의 한은법 개정 논의가 두 기관의 극한적인 감정 대립으로 치달으면서 국민들의 눈에는 갈수록 이전투구 식의 '밥그릇 다툼'으로 비치게 되었다는 점도 크게 작용했다.

'뜨거운 감자'를 넘겨받은 금통위는 무려 다섯 차례의 회의를 열어 격론을 벌였다. 금통위원 간에도 의견이 엇갈린 데다 사안이 사안인 만큼 쉽사리 결론을 내리기 어려웠던 것이다.

여기서 막후 조정역을 한 인물이 이경식 위원이었다. 원래 경제기획원 출신으로 3공 말에 청와대 경제수석을 역임하면서 부처 간 이견조정에 경험이 풍부하고 성격도 원만해서 중재역으로 적임이었다.

그는 여러 경로로 막후접촉을 거듭했다. "이런 상태로 한은법 개정을 추진하면 통화신용정책에 혼란만 가중시킨다. 마주 달려오는 두 기관차가 정면충돌하는 일만은 막아야 한다"는 식의 중재 노력이 차츰 설득력을 발휘해 갔다.

다행히 재무부나 한은 모두 정면대결을 원치 않는다는 메시지가 왔다. 한은법 시비의 발단부터 사태의 진행 과정을 죽 지켜본 김병주 교수당시 금통위원의 말이 당시의 상황을 압축적으로 설명해 준다.

"이동호 재무차관에게 정말 정부안을 밀어붙일 생각이냐고 물었더니 꼭 그렇지는 않다는 얘기였습니다. 한은이야 정부·여당안을 저지시키는 게 당장 발등에 떨어진 불이었으니 더 들어볼 것도 없었지요. 그래서 한은법 개정은 장기적인 연구과제로 유보하고 운영 면에서 중앙은행의 중립성을 높이는 쪽으로 관행을 개선하는 게 바람직하다는 답신을 발표하게 된 것입니다."

재무부와 민정당은 곧바로 당정회의를 열어 금통위의 답신을 받아들이는 형식으로 한은법 개정안의 상정을 보류키로 했고, 이어 12월 5일에는 여야가 모두 참석한 재무위 법안심사소위에서 정식으로 야당이 발의한 개정안마저 계류시키기로 결정했다.

이로써 한은법 개정 시비는 처음 문제가 제기되었던 때로부터 2년 4개월 만에 완전히 원점으로 돌아갔고, 그 후 6공이 끝나기까지 정부 내에서 누구도 이 문제를 다시 거론하지 않았다.

99년 11월 21일 당정협의에서 한은법 개정의 유보방침이 확정되자 한은은 회기 내 개정을 관철하기 위해 직원 4명이 단식농성에 들어가고, 직원대표 25명이 국회의장 앞으로 청원서를 내는 등 마지막까지 안간힘을 썼으나 대세는 이미 유보 쪽으로 기울어 있었다. 통화신용정책에 재무부와 한은의 긴밀한 협조관계를 관행으로 정착시켜 나간다는 합의에 따라 11월 24일 재무차관과 한은부총재 간의 정례 정책협의회가 처음 열렸다. 한은법 개정을 놓고 벌였던 두 기관의 뜨거웠던 대립은 일단 접어두고 본업인 통화신용정책 협의로 돌아간 것이다.

김건 총재를 비롯한 간부들은 '개악'을 막은 것만으로도 다행스럽다는 입장이었다. 그러나 2년여에 걸친 노력의 결과가 '없던 일로 하자'는 것이었으니 한은으로서는 못내 아쉬울 수밖에 없는 일이었다. 모처럼 중앙은행의 위신을 높이고 통화신용정책의 주도권을 잡을 수 있었던 호기를 놓쳐 버린 셈이었다.

한은 스스로가 지적하는 패인은 이렇다.

"재무부의 지연작전에 말려 시간을 낭비했고, 결과적으로 재무부의 힘에 밀렸지요. 또 내부의 주장들이 효율적으로 통제되지 않고 분위기에 휩쓸려 집단행동으로 이어진 것도 부담이 되었습니다. 냉철한 논리로 접근해야 할 중앙은행제도 문제에 감정이 앞섰던 것이지요. 감정 대립이 격화되면서 타협의 여지는 더욱 줄어들었습니다. '전부 아니면 전무All or Nothing'라는 식으로 너무 완벽한 결과를 요구한 점도 있습니다. 한은은 모두 가져오려 하고 재무부는 하나도 안 내놓으려 하니 타협이 어려운 것은 당연하지요."(한은 고위 관계자)

협상에 참여했던 한 한은 관계자는 이 같은 전술적인 아쉬움 외에 또 다른 요인을 든다.

"근본적으로 법안제출 권한이 없는 한은으로서는 재무부와의 협상이 깨지고 나면 야당을 통한 의원입법을 선택할 수밖에 없는 한계를 안고 출발했습니다. 정부·여당의 따돌림 속에 오로지 야당에만 의지해야 하는 상황이 사태를 더욱 악화시켰습니다. 그런데 야당은 한은법 개정문제를 정략적으로 이용했습니다. 정치적으로 필요할 때면 전면에 내걸었다가 다른 정치 사안이 걸리면 슬그머니 뒤로 돌렸습니다. 우리야 애가 타서 매달렸지만 정치인들로서는 중앙은행 독립문제가 피부에 와 닿을 만큼 절실하지 않았다는 얘기지요. 심지어 어느 당의 정책위의장은 자기 당의 한은법 개정안이 무엇인지도 모르고 다른 당과의 협상에 나갔을 정도였습니다."

한은은 특히 한은법 시비의 막바지에 일부 야당 외에는 외부 지원이 없었다는 사실을 뼈저리게 느꼈다.

"당연히 한은 입장을 지지할 것으로 생각했던 금융기관들마저 등을 돌렸습니다. 우리 스스로가 금융기관들에 재무부 이상으로 상부기관이라

는 관료의식을 가지고 대한 게 아니냐는 반성을 하게 되었지요."(한은 관계자)

재무부도 한은법 개정의 유보로 일단 한숨을 돌릴 수 있게 되었지만 만감이 교차하기는 마찬가지였다. 한은을 산하기관으로 부려 왔던 과거의 행적이 시비의 발단이었던 만큼 이를 해소해야 할 부담도 재무부가 질 수밖에 없었다. 더구나 법 개정을 유보하는 조건이 중앙은행의 중립성을 높이는 쪽으로 관행을 개선해 나간다는 것이었으니, 그 책임은 우선 재무부의 몫이었다.

"당장 허물어진 협조관계를 회복하는 일이 급선무였어요. 한은의 협조 없이 통화신용정책을 재무부 혼자 해나갈 수는 없습니다. 당시에 정부의 한은법 개정안을 그대로 밀어붙였으면 국회에서 통과시키는 것도 가능했습니다. 그러나 그런 식으로 법을 고친다고 해서 얻을 게 무엇이겠습니까. 정부와 중앙은행이 대립과 반목을 계속하면서 통화신용정책이 제대로 굴러가기를 기대하는 것은 무리입니다. 결국 실질적으로 한은의 위상을 높여야 한다는 데 공감대가 형성되었지요. 법 개정이 안 되었다고 과거 식으로 한은을 대할 수는 없는 일이었습니다. 재무부가 모든 것을 좌지우지하던 시대는 갔습니다."(재무부 고위 관계자)

그렇다면 그 후에 관행의 개선은 얼마나 이루어졌는가.

"부분적으로는 많이 나아졌습니다. 그러나 아직도 중앙은행으로서의 면목을 갖추었다고 할 만한 정도는 아니지요."

한은 관계자의 평가다. 여하튼 분명한 것은 결과 여부와 상관없이 계속되는 한은법 논란을 통해 한국은행의 위상이 과거에 비해 괄목할 만큼 높아졌다는 점이다. 외견상의 변화부터 확연했다. 89년부터 재무장관의 순시가 정책협의로 바뀌었고, 정책회의장에서 한은총재의 좌석 배치도 재무장관과 나란히 놓여졌다. 금리나 통화정책의 결정 과정에서 한은의 목소리가 커졌고, 실무자들 간의 협의에서도 과거처럼 일방적인 지시나 요구는 많이 사라졌다. '재무부 이재국의 남대문출장소'라는 비아냥은 더 이상 안 듣게 되었다. 물론 이 같은 변화만을 두고 중앙은행의 독립성 시비가 종결된 것으로 여기는 사람은 없었다. 재무부로서는 자기들대로 상당히 양보했다고 생각하는 반면 한국은행은 "턱도 없는 소리"라며 여전히 불만을 감추지 않았다.

다만 두 기관 간의 극한적인 대립을 유보시켜 놓은 채 관행상으로라도 개선할 수 있는 부분은 개선해 보자는 쪽으로 일단 타협의 가닥을 잡았다는 점에서 의의를 찾아야 할 것이다. 당시 한은부총재였던 최연종은 이렇게 정리했다.

"중앙은행제도는 어느 나라에나 딱 맞는 공식이 있는 게 아니라 그 나라의 역사·문화·전통의 산물입니다. 한은이나 재무부 두 당사자가 합의했다고 그것이 최선이라는 보장은 없습니다. 결국 논리의 문제가 아니라 그 시대, 그 사회의 의식수준이 관건이 된다는 얘기지요.

중앙은행 독립의 중요성이 국민들에게 충분히 인식되지 않은 상태에서 법이나 제도의 변경만으로 효과를 거두기는 어렵습니다. 이런 점에서 우리나라의 경제발전 단계나 정부의 경제운용 방식에 비추어 당시에 완전한 중앙은행 독립이 과연 가능했겠느냐는 것은 여전히 의문입니다. 다만 이런 여건 속에서도 중앙은행의 역할과 독립의 필요성을 국민들에게 알리는 노력이 부족했다는 점은 있지요. 그러나 한은법 개정이 유보되었다고 이를 실패로 보지는 않습니다. 일단 문제를 제기했으나 아직 해결되지 않았을 뿐이지요."

이렇게 보면 한은법 개정이 유보된 것은 어쩌면 당시로서는 최선의 선택이었는지도 모른다. 한은법 개정 시비의 경험에서 얻은 결론은 중앙은행제도가 법조문이나 제도 개편의 문제가 아니라 시대 상황의 산물이라는 점이다. 시비의 발단이 그랬고, 유보라는 결론 또한 마찬가지였다.

그럼에도 불구하고 노태우시대의 한은법 시비가 과거에 비해 크게 달랐다는 점에 주목해야 할 것이다. 언제나 불리한 여건 속에 고독한 전투를 감수해야 했던 한국은행이 이번에는 민주화의 열풍 속에서 오히려 유리한 고지에서 싸웠다는 점이 가장 두드러진다. 그러나 노동조합이 지나치게 앞장서는 바람에 '중앙은행의 독립운동'이 많은 사람들에게 집단이기주의의 발로로 비춰지는 부작용을 빚기도 했다. 반면에 재무부는 여소야대의 정치구도 속에 겪어야 했던 초반의 고전에서 노련하게 벗어났고, 국회의 입법절차로 접어들면서 무승부로 주저앉히는 데 성공했다. 로비에는 재무부가 역시 한 수 위였다.

어떻든 한국은행은 전에 없던 여론과 정치권의 전폭적인 지원에도 불구하고 모처럼 대등한 싸움을 벌였다는 정도로 만족해야 했다. 이렇게 휴전으로 끝난 한은법 개정 시비는 그 이후 정권이 바뀌면서 또다시 부활한다.

제12장

금리자유화의 긴 여정

사공일 구상

　1988년 11월 말 금리자유화계획을 발표한 후 사공일 재무장관은 자신만만한 표정으로 기자들에게 이렇게 말했다.
　"자유화 이후에 금리가 다소 오르더라도 여러분들이 조금만 참아주면 성공할 수 있습니다. 통화 공급을 1%만 여유 있게 가져가도 3개월이면 금리가 안정될 것으로 확신합니다. 다만 신축적인 통화정책이 인플레 기대심리를 자극하진 않도록 언론이 협조해 주어야 합니다."
　그는 자신만만했다. 이제 모든 준비가 갖춰졌으니 언론만 협조하면 금리자유화는 성공한 것이나 다름없다는 얘기였다.
　금리자유화 조치는 당초 예정대로 그해 12월 5일부터 실행에 들어갔다. 1, 2금융권의 모든 대출금리가 자유화되었고, 수신 쪽에서도 2년 이상 장기예금과 2금융권의 단기거액 수신, 실적배당상품, 금융채·회사채의 발행금리 등이 정부 규제에서 풀렸다. 드디어 돈값이 시장에서 결정되는 금융자율화시대의 서막이 열린 것이다.

당시 재무부 안에서는 실무자들 사이에도 금리자유화론이 대세였다. 한국도 이젠 금리를 자유화할 때가 되었다는 판단에 반대하고 나설 분위기가 아니었다. 그러나 이것을 계획대로 실천에 옮겨 나가는 과정에는 역시 재무장관 사공일의 소신이 큰 역할을 했다.

금리자유화에 마지막까지 심혈을 기울인 사공일은 마침 금리자유화가 시행되던 날 개각으로 물러나면서도 마음은 홀가분했다. 어쨌거나 자신의 의도대로 금리자유화정책을 펼쳐 놓고 떠나게 되었기 때문이다. 하지만 설마 자신의 퇴임과 함께 금리자유화 조치도 곧바로 원점으로 되돌아가게 될 줄은 미처 몰랐다.

사공일의 금리자유화 구상은 87년 초 청와대 경제수석을 그만두고 재무부장관으로 부임하면서부터 시작되었다. 개인적으로 금리자유화를 역설해 온 경제학자인 데다 국제화·개방화에 대비하기 위해서는 금리자유화가 불가피하다는 것이 평소 소신이었다. 그의 말을 직접 들어보자.

"5공 말기였으나 경제수석에서 재무장관으로 옮겨 앉으면서 금리를 포함한 전반적인 금융자율화를 생각했습니다. 그러나 은행 경영이 정상화되지 못한 상태에서는 아무리 정책의지가 강하다 해도 자율화가 불가능하다고 봤습니다. 그래서 은행의 부실채권 부담을 덜어주기 위해 욕먹는 걸 감수해 가면서 부실기업 정리에 매달린 것이지요. 시장개방 요구가 몰려올 것은 불을 보듯 뻔한 상황에서 한국의 은행들이 경쟁에서 살아남기 위해서는 우리 스스로 시장기능을 익혀 나가는 것이 무엇보다 중요하다고 생각했습니다."

그는 틈만 있으면 재무부 직원들에게 이 같은 자신의 생각을 털어놓았다. 계기는 87년 말에 찾아왔다. 마침 실무진도 그러한 장관의 생각과 궤를 같이했다. 재무부의 윤증현 금융정책과장과 변양호 사무관은 일부

대출금리의 조정작업을 벌이고 있었다. 실무책임자였던 윤증현의 회고다.

"여관방에 들어앉아 대출금리와 예금금리를 결정하면서도 과연 이렇게 결정된 금리가 옳은 것인가에 대해 자신이 없었어요. 결정하는 사람조차 자신이 없는 인위적인 금리조정을 언제까지 해야 하는가도 답답했지요. 그래서 이대로는 안 되겠다 싶어 금리자유화를 생각하게 되었습니다."

이론적으로만 거론되어 왔던 금리자유화가 드디어 실무진에 의해 구체화되기에 이르렀다. 재무장관 사공일이나 이재국장 백원구 모두 막상 결심의 순간에 봉착하자 신중해질 수밖에 없었다. 자칫 금리상승만 초래할지도 모르는 일이었기 때문이었다. 자유화에 신중론을 제기하는 사람도 없지 않았으나 소수의견으로 치부되었다. 어떻든 방향은 정해졌고, 이에 따라 이재국 실무자들은 일사불란하게 금리자유화의 필요성을 역설하고 나섰다.

"해외부문에서 터져 나오는 통화증발을 기업 쪽에서 환수하거나 통화채로 빨아들이는 데는 한계가 있습니다. 그렇다면 금리라도 풀어줘야지요. 마침 여건도 좋지 않습니까. 물가도 그만하면 안정되었고 성장이나 국제수지 걱정도 없습니다. 금리가 일시적으로 오르더라도 어차피 언젠가 한 번은 겪고 넘어가야 할 일입니다."

윤증현 과장은 자신감에 넘쳐 있었다. 재무부는 한국은행의 협조를 끌어내는 작업에 착수했다. 금리문제는 재무부가 아무리 밀어붙인다 해도 한국은행의 적극적인 협조 없이는 헛일이라는 점을 잘 알고 있었기 때문이다.

금리를 자유화시키는 초기단계에서는 분명히 금리가 일시적으로나마

오를 텐데, 이때 시중의 자금사정이 넉넉해야 하고, 그런 여건을 적절하게 조성하기 위해서는 돈을 찍어내는 한국은행의 적극적인 호응이 필수적이었다.

그런데 한국은행이 반대했다. 한국은행 또한 금리자유화 자체를 반대할 처지는 아니었다. 그러나 금리자유화를 성공시키기 위해서는 돈을 풀 수도 있다는 재무부의 주장에 한국은행은 찬성할 수 없었다.

한은과의 단독협의로는 쉽게 결론을 내기 어렵다고 생각한 재무부는 금리자유화계획안을 아예 공론에 부치기로 했다. 계획 자체를 자유토론에 부쳐 대세가 판가름 나면 한은도 어쩔 수 없을 것이라는 계산이었다.

토론은 주로 금융발전심의회 은행분과위원회를 중심으로 이루어졌다. 당시 은행분과 위원장은 박재윤 교수였다.

"박 위원장은 금리자유화계획에 전적으로 동의했고, 토론 과정에서 한은의 완강한 반대를 누그러뜨리는 데도 큰 역할을 했습니다. 거의 1년에 가까운 토론을 통해 금리자유화에 대한 인식을 새롭게 가질 수 있었지요."(윤증현)

마지막까지 논란이 된 대목은 역시 금리상승이었다. 경제논리로만 보면 자금수급 상황에 따라 금리가 오르내리는 것이 당연했으나 오르는 쪽은 아무래도 부담스러웠다. 자연 금리를 안정시키자면 돈을 풀어야 하는데 한은이 반대한 것은 두말할 것도 없이 통화관리가 느슨해지는 데 대한 우려 때문이었다.

결국 금융발전심의회에서의 오랜 토론 끝에 금리의 급상승을 조절하기 위한 통화공급에 '최소한의 신축성'을 두는 선에서 절충했다. 사공일 장관의 회고를 들어보자.

"통화를 신축적으로 가져간다는 원칙은 세워졌지만 얼마를 풀어야 할

지가 문제였지요. 실무자를 불러 정상적인 통화공급에 비해 어느 정도의 여유를 두면 급격한 금리상승을 막을 수 있겠느냐고 물었더니 총통화의 0.5%선이면 된다고 자신 있게 대답하는 것이었어요. 그래서 넉넉잡아 1% 정도면 충분할 것으로 보고 한국은행을 설득했지요."

한편 이 과정에서 청와대의 생각은 어떤 것이었을까. 이 문제에 대해 청와대는 별로 개입하지 않았다. 금리자유화 같은 중대한 경제정책을 소관부처에 맡겨 놓은 채 청와대가 거의 개입하지 않았다는 것도 과거에는 생각할 수 없는 일이었다. 첫 경제수석을 맡았던 박승도 "청와대가 금리자유화 문제에 깊게 개입한 일은 없었습니다"라고 말했다. 그러나 박승 수석도 금리자유화에 찬성하는 쪽이어서 이러나저러나 문제될 것이 없었다. 금리자유화는 노태우 대통령이 취임 후 내놓은 실천공약에 포함된 사항이기도 했다.

어쨌든 이런 진통 끝에 우리나라 금융사상 최초의 금리자유화계획이 매듭지어졌다. 이때가 88년 11월 말이었다. 다시 사공일의 얘기를 들어보자.

"다가올 개각에 내가 경질대상에 포함된다는 걸 알고 있었습니다. 그러나 금리자유화만큼은 꼭 해야 될 일이고, 일단 시작해 놓으면 장관이 바뀐다고 해서 뒤집지는 못할 것으로 생각하고 밀어붙였습니다."

하지만 그의 예상은 틀렸다. 장관이 바뀐 지 석 달 만에 금리자유화는 사실상 백지화되고 말았던 것이다. 하지만 비록 당초의 뜻대로 되지는 않았다 해도 관치금융의 본산으로 알려진 재무부가 금리자유화에 앞장섰다는 것 자체가 주목할 만한 일이었다. 중앙은행의 반대를 무릅쓰면서도 말이다.

한편 이러한 시도의 도중하차가 한은을 비롯한 외부세력에 의해서가 아니라 재무부 자신의 장관 교체에서 비롯되었다는 점 또한 아이러니한 일이었다. 자기들이 벌여 놓은 일을 결국 또 다른 자기들이 거둬들인 셈이었으니 말이다.

장관 바뀌면서 다시 원점으로

1989년 2월 13일 김건 한은총재는 급히 은행장회의를 소집했다. 참석 대상은 7개 시중 은행장과 외환·중소기업 은행장 등 은행장 9명. 김 총재는 무겁게 말문을 열었다.

"1주일 안에 은행 대출잔액에서 2조 원을 줄이도록 협조해 주십시오."

말을 꺼낸 한은총재나 듣는 은행장들이나 모두 얼굴이 굳기는 마찬가지였다. 마치 올 것이 왔다는 표정이었다. 이어서 대출규모에 따라 은행별로 환수목표가 할당되었다. 말이 협조요청이었지 실은 명백한 지시나 다름없었다.

금융계에서 한동안 '잔인한 2월'로 회고되던 통화 대환수작전은 이렇게 시작되었다. 금리자유화의 대전제 조건이었던 신축적인 통화관리라는 말은 온데간데없어졌고 은행별 한도규제와 창구지도가 재개되었던 것이다.

통화관리를 위한 대표적인 규제수단인 통화채 강제 배정이 병행된 것은 물론이다. 시중은행에 대한 대출회수 지시는 사실 어느 정도 예고된 것이었다. 은행장회의가 있기 나흘 전인 2월 9일 이규성 재무장관은 기자회견을 자청해서 정부의 통화긴축 방침을 밝혔다.

"시중에 돈이 너무 풀려 부동자금화할 우려가 높습니다. 총통화증가율을 억제선인 18%까지 반드시 낮추겠습니다. 이를 위해 은행의 지불준비율을 높여 대출을 억제하고 대기업들의 은행빚 상환을 적극 추진하겠습니다."

이때만 해도 기업이나 은행들은 어느 정도의 대출회수는 짐작했지만, 그처럼 강력한 긴축정책을 들고 나올 것으로는 예상하지 못했다.

금융계는 즉각 살벌해졌다. 돈줄이 막히고 시중 실세금리는 다락같이 올랐다. 금리가 자유화되었으니 실세금리가 올라가면 은행의 창구금리도 함께 올라가는 것이 당연했다. 그러나 은행금리는 요지부동으로 꿈쩍하지 않았다. 창구지도라는 명목으로, 자유화된 각종 금리에 대한 규제가 다시 부활한 것이다.

당초 금리자유화를 발표하면서 내놓은 신축적인 통화관리 방침은 중요한 전제조건이었다. 금리자유화에 따른 초기상승 현상을 막기 위해서는 얼마간은 돈을 풀어야겠다는 기본 구도가 강제적인 대출회수라는 극단적인 조치로 바뀌어 버렸으니 금리고 통화관리고 간에 모두 자유화 이전의 상태로 되돌아가고 만 것이다. 아무튼 89년 2월의 급작스러운 통화환수 조치는 금리자유화를 단숨에 물거품으로 만들어 버렸다.

그러나 결과를 평가하기에 앞서 그 과정과 원인을 되짚어 볼 필요가 있다. 무엇이 하루아침에 통화정책을 극단적인 통화환수로까지 몰고 갔던 것일까.

우선 금리자유화 때 상정했던 경제 상황이 89년 들어 크게 뒤틀리기 시작했다. 국제수지 흑자로 해외부문에서 유입되는 통화가 넘쳐났고, 각종 선거를 치르면서 촉발된 부동산투기 열풍이 거세지고 있었다. 여기에다가 한동안 가라앉았던 인플레 기대심리까지 가세하면서 연초부터 물가가 심상치 않은 조짐을 보였다. 정부는 89년 2월 들어 경제장관회의와 당정협의를 잇달아 열어 모든 수단을 총동원한 물가 수습에 나섰다.

이때의 상황을 윤증현 당시 재무부 금융정책과장은 이렇게 말한다.

"물가대책회의를 열 때마다 맨 처음 지목되는 물가상승의 주범이 통화팽창이었습니다. 실제로 89년 1월의 총통화증가율이 20.2%를 기록하자 언론에서는 '통화홍수 위험수위' '안정기조에 적신호' '방만한 통화관리' 등 자극적인 표현을 써가며 통화당국을 몰아쳤습니다. 통화관리 주무부처인 재무부는 점점 코너에 몰리게 되었지요."

이규성 재무장관의 처지는 사면초가였다. 돈줄을 죄자니 금리가 오르는 게 걱정이고 놔두자니 사방에서 터져 나오는 압력을 견딜 수가 없었던 것이다.

진퇴양난의 고민 끝에 결국 이 장관은 '돈줄 죄기'를 선택한다. 이와 함께 통화긴축에 따른 금리상승을 막기 위해 자유화 방침을 철회하고 규제금리로 돌아서고 말았던 것이다. 그러면 이 같은 결정을 내린 이 장관은 과연 금리자유화에 대해 어떤 입장이었을까.

"이 장관은 기본적으로 금리자유화가 시기상조라고 생각했습니다. 또 금리자유화 이후 돈을 풀어 금리를 낮춘다는 발상에 거부감을 가졌어요. 통화공급을 여유 있게 운용하겠다던 사공일 장관의 구상을 탐탁지 않게 생각했던 것이지요. 그러나 전임 장관이 벌여 놓은 일을 단번에 뒤엎을 생각은 아니었습니다. 사방에서 물가 불안의 원인이 통화팽창 때문이라고 몰아세우니까 자연스럽게 금리자유화를 포기한 것입니다. 아무튼 금

리자유화를 고수하기 위해 통화를 풀 생각은 없었던 것이지요."(재무부 관계자)

과연 오로지 경제 상황 때문에 금리자유화정책이 원점으로 되돌려진 것일까. 그렇지는 않았다. 당시의 경제 상황 변화가 정책 변경의 한 요인으로 작용한 것도 사실이지만, 전임 재무장관과 후임 재무장관의 철학과 경제관의 차이 또한 결정적인 영향을 주었다고 할 수 있을 것이다. 공교롭게도 바통을 주고받은 사공 장관과 이규성 장관은 서울상대 동기동창으로 서로가 잘 아는 사이다. 그러나 개인적인 성향이나 경제운용의 기본 시각에서는 상당한 차이가 있는 인물들이다. 또한 사공일이 전두환 시대에 막강한 청와대 경제수석과 재무장관을 역임하는 동안에, 정통 재무관료 출신인 이규성은 총리실 행정조정실장 자리에 계속 앉아 있으면서 재무차관조차 하지 못하고 변방에 밀려 있던 처지였다.

장관으로서 재무행정을 다루는 자세도 두 사람은 매우 달랐다. 학자 출신인 사공 장관이 여러 가지 제도를 과감히 고치고 자신의 학문적인 소신을 바탕으로 일을 끌고 나가는 스타일이었다면, 재무관료 출신인 이 장관은 전통적인 국고장관으로서 소임에 충실하려고 했으며 들떠 있는 경제를 바로잡기 위해서는 재무부가 변화를 주도하기보다는 신중하게 중심을 잡아주는 역할을 해야 한다고 역설하는 스타일이었다.

바로 이러한 차이가 금리자유화정책을 두고서도 극명하게 드러났던 셈이다. 사공일은 자신이 곧 장관 자리에서 물러날 것을 알면서도 마지막 순간까지 금리자유화를 강력히 추진했다. 그는 나름대로 '국제화'라는 전체 구도 속에서 금리자유화계획을 설정해 놓고 재무부를 떠나기 전에 오히려 서둘러 밀어붙였던 것이다. 따라서 그는 퇴임 직전에 실행에 옮긴 금리자유화에 대해 대단히 만족스러워했다. '시작이 반'인데 자신이 그 일을 해냈다고 생각했기 때문이었다. 설마 후임 장관, 그것도 대학 동기동창에 의해 원점으로 되돌려질 줄은 전혀 몰랐다.

그러나 후임 장관 이규성이 당시 경제를 보는 시각이나 우선순위는 전혀 달랐다. 그는 기본적으로 안정론자였다. 우여곡절 끝에 재무장관 자리에 앉은 그가 올림픽 이후 경제가 흥청거리고 돈이 많이 풀리는 상황에 부닥치면서 그냥 손 놓고 있을 리 없었다. 다만 어떻게 하면 모양 사납지 않게 전임자가 시작한 금리자유화정책을 접을 것인가를 고민했다. 취임 직후 몇몇 기자들과 개인적으로 만난 자리에서는 비보도를 전제로 속내를 드러내기도 했다. 이를 공식화하는 데 그리 오랜 시간이 걸리진 않았다.

"재무부가 지금 금리자유화에 매달려 있을 때가 아닙니다. 국내 경제가 뿌리부터 흔들리고 있어요. 어떻게 해서라도 임금을 안정시키고 물가를 잡지 못하면 큰일 납니다."

그는 재무부 직원들에게 "정치적 변혁 속에서 경제가 이처럼 중심을 잡지 못하고 표류하고 있는데 재무부는 도대체 무엇을 하고 있느냐"며 '통렬한 고민'을 촉구했다

재무부 실무자들은 아무도 반론을 제기하지 못했다. 불과 얼마 전까지만 해도 전임 장관 아래서 금리자유화의 당위성을 역설하던 이재국은 언제 그랬냐는 듯이 싹 달라졌다. 금리의 시장기능이 뿌리내릴 때까지는 인내심을 가지고 시중 자금사정을 다소 넉넉하게 가져가야 한다는 입장은 온데간데없어졌고, 하루아침에 통화긴축의 절박성을 강조하는 쪽으로 선회했다.

결국 전·후임 장관의 상반된 시각 차이 속에서 금리자유화정책은 속절없이 용두사미가 되고 말았다.

대통령 사돈의 원격조정

금리자유화 문제는 앞에서 살펴보았듯이 노태우정권 초반에 불거졌다가 얼마 못 가 도중하차했으나 정권 후반에 가서 다시 살아난다. 1989년 통화환수정책으로부터 2년여가 지난 1991년 5월 22일 일본 동경의 한 호텔에서는 한·미 양국 재무부의 실무대표들이 마주앉아 이른바 한미금융정책협의회를 열고 있었다.

이 자리에서 미국 측이 금리자유화를 들고 나왔다. 당시는 미국 측의 거센 통상압력에 밀려 박필수 상공장관이 경질될 정도로 한미 간의 통상협상 분위기가 험악했던 때였다. 결국 우리 측은 미국의 금융개방 요구를 거의 모두 수용한 것은 물론, 금리자유화를 포함한 금융자율화계획을 조속히 추진하겠다는 약속까지 하고 돌아왔다.

그때 상황을 이정재 당시 재무부 이재국장은 이렇게 설명한다.

"금리자유화는 미국의 압력 때문에 더 이상 미룰 수 없었던 게 사실입니다. 그러나 미국의 압력이 없었더라도 국내적으로 자유화를 해야 할 필요성은 점점 높아져 가고 있었습니다. 예컨대 1992년으로 예정된 주식시장 개방으로 자본 이동이 확대되면 금리를 규제하는 것이 현실적으로 어려워집니다. 뭉칫돈이 드나들 때마다 매번 금리를 조정할 수는 없는 노릇이지요. 당장 금리를 모두 풀 수는 없고, 그렇다면 계획이라도 세워놔야겠다고 판단했지요. 실은 정영의 장관 때부터 금리자유화계획을 준비하고 있었는데, 한미금융협상 직후 있었던 개각으로 이용만 장관이 부임해서 계획안을 마무리 짓고 발표하게 된 것입니다."

재무부는 금리자유화계획을 추진하면서도 입장이 난처했다. 88년 1차 금리자유화가 철회되었다고는 하지만 이미 제도상으로는 자유화된 금리를 새삼스럽게 다시 자유화하겠다고 발표하는 게 모양이 영 어색했다. 그도 그럴 것이 아무리 세상이 다 아는 일이라고 해도 재무부가 창구지도로 금리를 규제하고 있다는 사실을 공식적으로 대내외에 인정하는 꼴이었기 때문이다.

보다 근본적인 문제는 금리를 자유화하기에 경제 여건이 좋지 않다는 점이었다. 다시 이재국장 이정재의 얘기를 들어보자.

"88년의 자유화 때보다 경제 상황이 나빠졌다는 게 부담이 되었습니다. 국제수지가 적자로 돌아섰고 물가도 불안했습니다. 무엇보다 실세금리가 높다는 게 문제였지요. 이런 상황에서 금리를 자유화할 경우 명목금리의 상승이 불가피했습니다. 가뜩이나 금리가 높다고 야단인데, 명목금리가 올라가면 언론부터 들고일어나서 난리를 피울 게 뻔한 상황이었으니까요. 아무리 실질금리에는 별다른 변동이 없고 명목금리의 현실화에 불과한 것이라고 설명을 해도 이를 곧이곧대로 받아들여줄 분위기가 아니었습니다."

이 같은 고민 끝에 나온 결론은 금리자유화를 '점진적·단계적'으로 추진한다는 것이었다. 그해 1991년 8월에 발표된 '금리자유화 추진계획'은 금리를 97년 이후까지 4단계로 나누어 자유화한다는 것이었다.

한 번의 실패 경험이 이번에는 지나친 신중함으로 나타난 것일까. 92년 상반기까지 1단계에서 풀기로 한 대상은 꺾기 등으로 사실상 실세금리가 반영되고 있던 당좌대출·상업어음 할인·무역어음 할인금리, 그리고 수신 쪽에서는 CD 등 유통시장이 형성된 시장성 상품들로서 자유화의 파장이 거의 없는 것들이었다. 실제로 91년 11월에 단행된 1단계 자유화 조치는 금융권에 별다른 영향을 주지 못했다. 새삼스럽게 규제를 풀고 말고 할 것이 없었기 때문이다.

문제는 88년 자유화했다가 다시 묶였던 금리가 모두 풀리게 되는 2단계 자유화였다. 2단계 금리자유화가 새 정부가 들어선 93년 11월 단행된 점을 감안하면, 결국 노태우정권 초기에 한 차례 쓴맛을 보았던 금리자유화는 6공이 끝날 때까지도 겨우 계획만 잡아놓는 데 그치고 만 셈이다.

그러나 금리논쟁은 전혀 엉뚱하게 또 다른 곳에서 전개되고 있었다. 유명 기업인인 대통령의 두 사돈들이 적극적으로 금리문제에 끼어들기 시작하면서 일이 전혀 다른 차원에서 꼬이게 된 것이다. 대통령의 두 사돈 신명수·최종현이 나서서 금리정책을 거론하고 영향력을 행사한 것 자체가 화젯거리였다. 대통령의 사돈이라 해서 경제정책에 의견이 없을 수 없다. 더구나 두 사람 모두 한국 재계의 영향력 있는 기업가들이고 보면 사돈관계인 대통령에게 얼마든지 현안 경제문제에 대해 한마디 할 수 있는 일이다.

그러나 이들의 실질적인 영향력이 때로는 재무장관이나 한은총재를 능가했다는 점이 문제였다. 독재정치를 했던 전두환시대에도 이런 일은 없었다. 전 대통령의 사돈들은 그런 위치에 있지도 않았을 뿐 아니라 원래 전두환은 금리 같은 전문적인 판단이 필요한 부문에서는 친인척의 입김을 절대 허용치 않았다. 그러나 노태우 대통령은 그렇지 못했다. 당시의 에피소드를 재구성해 보자.

이용만 재무장관은 92년 벽두부터 금리를 끌어내리기 위해 애를 써야 했다. 신정연휴인 1월 2일, 서울 강남의 인터컨티넨탈호텔로 이재국 간부들을 소집한 이 장관은 잔뜩 찌푸린 표정으로 말문을 열었다.

"사방에서 금리가 높다고 야단인데 재무부 직원들은 그동안 무얼 하고 있었소. 조속히 금리를 낮출 수 있는 방안을 검토해야 될 것 아니겠나."

신년 벽두, 휴일에 소집한 비상회의가 그냥 열렸을 리 만무하다. 이 장관은 며칠 전 청와대에서 열린 경제장관회의 석상에서 대통령으로부터 "재무부는 고압적인 자세를 고치라"는 질책을 받은 지 얼마 되지도 않았는데, 또다시 불려가서 대통령으로부터 직접 금리인하 지시를 받았던 것이다. 대통령이 굳이 따로 불러 금리인하를 지시했으니 재무장관으로서는 달리 방법이 없었다. 이렇게 해서 재무부의 금리인하 작업이 시작되었고, 그 이후로 금리정책은 정권이 끝날 때까지 내내 '인하'에 초점을 맞춰 진행되었다.

그러나 아무리 대통령 지시라고 해도 무작정 금리를 내릴 수는 없지 않은가. 중앙은행의 재할금리를 내린다고 해서 시중의 실세금리가 저절로 떨어져 주느냐는 말이다. 결국 이 장관은 재할금리 인하를 보류하는 대신 행정력을 동원한 전통적인 창구지도 방식을 통해 금리 끌어내리기작전을 벌여 나갔다. 그런데 경제를 잘 모르는 노태우 대통령이 어찌해서 유독 골치 아픈 금리문제에는 그토록 집착했을까.

대통령이 금리에 관심을 갖게 된 계기는 사돈들에게서 비롯된다. 91년 10월 대통령의 사돈인 신명수 동방유량 회장은 청와대의 저녁자리에서

고금리문제를 끄집어냈다. 요컨대 금리가 너무 높아 기업하기가 어렵다는 얘기였다.

대통령은 그동안에도 금리가 높다는 말을 여러 군데서 듣고 있던 터에 기업을 경영하는 사돈으로부터 고금리의 실상을 전해 듣게 된 것이다. 그는 즉각 경제수석을 불러 금리인하 방안을 강구토록 지시했다.

그러나 경제수석 김종인은 반대입장을 분명히 했다. 물가안정을 정책의 우선과제로 삼아 긴축기조를 유지하고 있는 마당에 금리인하는 논리적으로 맞지 않다는 입장을 여러 차례 공개적으로 밝혀 왔던 터였다. 그럼에도 불구하고 대통령이 왜 자기에게 금리인하를 지시하는지 그가 모를 리 없었다. 누구 입에서 그 이야기가 처음 나왔는지도 잘 알고 있었다.

김종인은 금리인하 불가 이유를 여러 차례 대통령에게 설명했다. 그러나 대통령은 이미 사돈들의 말에 솔깃해 있었다. 궁리 끝에 김종인은 사돈들의 요구를 뒤집을 수 있는 인물로 대통령의 오랜 스승인 조순 전 부총리를 생각해 내고는 도움을 청했다. 당시에 야인으로 있던 조순은 청와대로 찾아가 물가와 통화, 금리의 관계를 차근차근 설명해서 간신히 대통령의 마음을 돌려놓았다.

그러나 사돈들의 금리인하 요구는 그것으로 그치지 않았다. 91년 말 신명수 회장은 다시 청와대를 찾아가 대통령에게 자료 하나를 건네주었다. 문제의 자료는 '국내 고금리 현황 및 금리인하를 위한 정책적 대응'이란 보고서로 우리나라의 금리가 주요 경쟁국들보다 높아 경쟁력 약화 요인으로 작용하고 있다고 지적하면서, 재할금리 인하를 필두로 전반적인 금리인하가 필요하다는 요지였다.

종전보다 한술 더 떠서 구체적인 정책수단까지 제시하면서 노골적으로 금리인하를 요구하고 나선 것이다. 이렇게 되자 대통령은 금리인하에 부정적인 경제수석을 제치고 재무장관을 직접 불러 금리를 낮출 방안을 마련하라고 지시하기에 이르렀던 것이다.

이 와중에 또 한 사람의 대통령 사돈인 최종현 선경그룹 회장이 금리논쟁에 가세했다. 92년 1월 말 팔레스호텔 회의장에서 이용만 재무장관과 이우영 한은부총재를 비롯한 재무부와 한은 사람들을 앞에 놓고 최종현은 전문용어를 구사해 가며 장황한 금융이론을 펼치기 시작했다.

"고금리로 기업들이 의욕을 잃고 있다. 우리나라는 경쟁국들에 비해 마셜 k GNP 대비 통화량의 비중이 낮아 통화를 더 풀어서 금리를 내리더라도 물가에는 영향이 없다. …"

토론내용을 따지기 이전에 이날의 해프닝은 상식 밖의 일이었다. 아무리 최 회장이 대단한 경제이론가였다 해도 그가 대통령의 사돈이 아니었던들 일국의 재무장관이 그 같은 자리를 만들어 주었겠는가 말이다.

결국 이날 논의는 결론 없이 끝나고 말았지만 당시에 대통령의 사돈들이 금리인하에 어느 정도의 영향력을 행사했는지를 짐작케 하는 상징적인 해프닝이었다.

아무튼 재무부는 92년 연초부터 1년 내내 금리인하 작업에 매달릴 수밖에 없었다. 재무부는 금융권별로 기관장들을 불러 금리인하 방침에 협조토록 강력히 지시하고 매일 금융기관별로 금리를 챙기는가 하면, 유통시장에 개입해 일정 수준 이상의 금리로는 아예 거래를 못하도록 하는 등 대대적인 금리규제에 나섰다.

금리인하정책이 꼭 청와대의 입김에 의해서 추진된 것만은 아니었다. 재무장관 이용만 스스로도 원래가 실물경제를 중시하고 금리인하론 쪽에 서 있던 인물이었다. 따라서 금리인하에 대한 이용만 장관의 평소 소신과도 맞아떨어졌다. 그는 사석에서 종종 이렇게 말하곤 했다.

"우리나라의 금융 현실은 경제학 교과서대로 움직이지 않습니다. 금리가 내릴 요인이 있어도 그냥 내버려두면 절대로 내려가지 않습니다. 여기에 정부의 행정력이 필요한 것이지요. 정부의 강력한 의지가 있을 때 자금의 가수요도 줄고 금융기관들의 과도한 예대마진도 줄일 수 있습니다. 창구지도가 금리자유화에 역행한다고 하지만 일본의 예를 봐도 어느 정도의 창구지도는 필요합니다."

그는 금리자유화 방침에도 불구하고 여전히 창구지도가 불가피하다는 인식을 갖고 있었다. 한국경제의 현실이나 여건을 감안할 때 금리를 완전히 시장기능에 맡겨 놓아서는 안 된다는 것이 이용만 장관의 기본 생각이기도 했다.

그러면 이미 발표한 금리자유화계획은 어떻게 된 것일까. 이에 대해 재무부의 한 관계자는 이렇게 설명한다.

"금리인하 문제가 제기되었을 때 처음부터 규제금리를 내릴 수도 있었으나 이미 금리자유화 방침을 밝힌 이상 가급적 자유화에 배치되지 않는 방식으로 금리를 낮추는 쪽을 택했습니다. 인위적인 규제금리 인하 대신에 실세금리가 내려가도록 행정지도를 통해 여건을 조성한 것이지요. 만일 실물경제가 그렇게 나쁘지 않았으면 자유화 쪽으로 갔을 겁니다. 아무튼 경기가 나쁜 상황에서 굳이 자유화를 서두를 이유는 없었습니다."

요컨대 장관의 생각이나 경기 상황을 볼 때 금리자유화를 거론할 계제가 아니었다는 얘기다. 어쨌든 시중 실세금리는 92년 하반기부터 뚜렷한 하향안정세를 보였다. 한때 연 20%가 넘었던 시중금리가 13%대로 떨어졌으니 금리인하를 주도한 이 장관이 득의만만할 만도 했다. 여기에는 92년 2분기부터 국내 경기가 급속히 가라앉으면서 기업들의 투자의욕이 땅에 떨어지는 바람에 자금수요가 급감하기 시작했다는 점을 무시할 수 없다.
 그러나 이 같은 금리하락에도 불구하고 경기가 심각한 침체에 빠지면서 금리논쟁은 새로운 국면에 들어선다.

돌아앉은 재무부와 한국은행

　실세금리 하락으로 잠잠해졌던 금리논쟁은 규제금리 인하문제로 재무부와 한은이 정면으로 충돌하면서 노태우정부의 마지막까지 뜨거운 쟁점이 된다.
　이용만 재무장관의 발언이 발단이었다. 92년 10월 29일 이 장관은 기자실에 내려와 기자들이 묻지도 않은 금리 얘기를 꺼냈다.
　"시중 실세금리가 계속 내려갈 경우 한은 재할금리와 은행의 여수신금리를 함께 내리는 방안을 검토하고 있습니다."
　그동안 재무부의 행정지도를 통해 실세금리 인하에 주력해 온 이 장관이 느닷없이 규제금리를 대상으로 한 본격적인 인하정책을 들고 나온 것이다. 더구나 그의 소신대로 창구지도가 효과를 보면서 시중금리가 연일 떨어지고 있는 상황인데도 말이다. 그가 내세운 논리는 이런 것이었다.
　"그동안 인위적인 금리인하에는 줄곧 반대해 왔지만 이제는 상황이 달라졌다. 요즘처럼 금리가 떨어진다면 규제금리가 따라 내리는 것은 지극히 당연하다. 실세금리가 규제금리보다 더 떨어지는 상황에서 규제금리를 그대로 둘 수는 없지 않은가."

당시 재무부 실무자들의 판단도 실세금리가 더 떨어질 수 있는데 규제금리를 묶어둘 경우 일종의 심리적 저항선으로 작용해서 금리하락에 걸림돌이 된다는 것이었다.

이에 한국은행은 당장 반론을 제기했다. "규제금리 때문에 금리가 안 내린다면 아예 자유화하면 될 것 아니냐"는 얘기였다.

한은은 금리 하락세가 계속되면서 금리자유화의 필요성을 계속 강조해 왔고, 이용만 장관의 규제금리 인하 발표 전에 이미 2단계 금리자유화 조기 실시를 공식적으로 천명해 놓은 터였다. 실세금리가 떨어져 규제금리와의 격차가 줄어들었으니 금리자유화에는 더할 수 없는 기회라는 판단이었다.

조순 한은총재는 규제금리 인하에 반대하는 입장을 분명히 했다.

"실세금리가 내려가 규제금리와의 격차가 좁혀지고 있는데, 여기서 규제금리를 내릴 경우 그 격차가 다시 벌어지고 꺾기 등 금융 왜곡이 더 심해질 우려가 큽니다."(국회 재무위 답변)

재무부의 금리정책에 중앙은행은 찬성할 수 없다는 뜻을 국회 답변을 기회 삼아 밝힌 것이다. 88년의 금리자유화 시도 때 재무부가 적극적으로 자유화를 밀어붙이고 한은이 반대했던 것과는 정반대의 양상이 빚어진 셈이다.

재무장관과 한은총재는 서로 직접 충돌하는 일은 피했다. 그해 11월 11일 이용만 재무장관이 조순 한은총재를 팔레스호텔로 불러 일촉즉발의 긴장감이 감돌았으나 "금리의 하향안정을 위해 급격한 통화긴축은 피한다"는 원칙을 확인하는 선에서 대충 얼버무리고 넘어갔다. 다만 조순 총재가 뼈 있는 말을 한마디 했다.

"매년 계속되는 상반기의 돈가뭄 현상을 해소하기 위해 93년 통화운용계획에서 총통화증가율을 여유 있게 가져가야 한다"고 제의한 것이다. 중앙은행총재로서 으레 물가안정을 강조하면서 엄격한 통화관리를 논해야 마땅한데, 거꾸로 돈을 풀겠다는 뉘앙스를 풍기는 발언이었다. 금리자유화를 위해서는 필요하다면 통화관리를 느슨하게 해야 한다는 의도가 분명 깔려 있었다. 아이러니하게도 한은총재의 이 같은 입장은 88년 금리자유화 시도 때 한은의 강력한 반대 속에 재무부가 주장했던 내용과 별로 다를 바 없는 것이었다.

아무튼 이용만 재무장관은 한은의 반대에도 불구하고 그해 11월 20일 재차 재할금리 인하계획을 밝힘으로써 금리논쟁에 본격적인 불을 당기고 만다.

마침 해외출장 중이던 조순 총재는 귀국 즉시 재할금리 인하에 반대한다는 공식 입장을 재무부에 전달하고 이 내용을 기자회견을 통해 공표해 버렸다. 바야흐로 재무부와 한은이 금리정책을 놓고 기관의 자존심을 건 한판승부를 벌일 참이었다.

사태가 이쯤 되자 최각규 부총리가 중재에 나섰다. 최 부총리와 이진설 청와대 경제수석, 그리고 당사자인 이용만 장관과 조순 총재가 참석한 삼청동 안가회의는 분위기가 냉랭할 수밖에 없었다. 이날 회의의 결론은 "일단 규제금리 인하계획을 철회하고 실세금리 인하에 주력하는 한편 규제금리와 실세금리의 격차가 좁혀지면 2단계 금리자유화를 빠른 시일 내에 단행한다"는 것이었다.

얼핏 양측의 입장이 절충된 듯이 보이지만 사실상 한은의 일방적인 판정승이었다. 여기에는 기본적으로 금리자유화 쪽에 가까웠던 최각규 부총리의 역할이 컸다. 최 부총리는 이미 2단계 금리자유화의 조기 실시를 여러 차례 언급했고, 금리논쟁이 한창이던 11월 26일 노태우 대통령에게 6공 주요 정책의 추진 결과를 보고하면서 이 같은 방침을 재확인한 바 있었다.

여기에 기획원에서 잔뼈가 굵은 이진설 경제수석도 기본적으로는 자유화 쪽에 기울어 있었으니, 기획원 출신 세 사람을 상대로 재무장관 혼자서 더 이상 규제금리 인하를 고집하기는 어려웠다.

이용만의 금리인하론 배경에 대해 당시 재무부 실무자는 이렇게 설명했다.

"이 장관은 기본적으로 경기침체가 심각하다고 판단하고 금리의 전반적인 인하작업을 지시했습니다. 시중금리가 내려가면서 내부적으로는 대통령선거 직후에 2단계 금리자유화를 단행할 생각이었으나, 경기침체가 심각한 상황에서 자유화는 안 된다는 게 장관의 생각이었지요. 그는 금리를 자유화할 경우 금리가 오를 것이라는 걱정이 늘 앞섰습니다. 이 장관은 우선 시장금리를 더 낮추어 놓고 자유화 시기는 그 뒤에 다시 생각해 보자는 거였습니다."

이용만은 그의 평소 스타일도 그랬듯이 철저한 현실주의자로서 당시의 정치적 상황을 의식하지 않을 수 없었다. 임박한 대통령선거가 최대 관심사였다. 선거를 앞두고 정치권과 재계에서는 줄기차게 재할금리 인하를 요구해 왔고, 금리인하의 시동을 걸었던 노태우 대통령도 금리를 더 내리라고 거들었다. 여기에다가 선거 날짜가 닥쳐오면서 황인성 민자당 정책위의장 역시 재무부에 규제금리 인하를 종용했고, 박재윤 경제특보도 재무장관과 한은총재를 개인적으로 접촉해서 금리인하를 요청했던 것이다.

결국 이 장관이 규제금리 인하를 결심하게 된 데는 경기침체 국면이라는 경제적 현실과 선거를 앞둔 정치 상황이 복합적으로 작용했다고 볼 수 있다.

선거가 끝난 후 여당인 민자당은 다시 재할금리 인하를 정부에 공식 요청했다. 이 장관은 선거에서 승리한 집권여당의 지원을 등에 업으면서 선거 전 금리인하의 좌절을 만회할 기회를 잡는다.

게다가 93년 1월, 92년 4분기 성장률마저 3%대를 넘지 못할 것이라는 전망이 나오자 그렇게도 강경하게 반대하던 조순 총재도 두 손을 들었고, 경제팀장인 부총리 최각규 역시 규제금리 인하에 동의할 수밖에 없었다. 당시로서는 성장률이 3%도 안 된다는 것은 생각도 못하던 일이었다. 결국 성장률 전망치 한방에 금리자유화를 주장하던 입들은 순식간에 자취를 감추었다.

금리인하 방침을 확정하면서 2단계 금리자유화는 재무부와 한은이 실무작업반을 만들어 실시방안을 마련하기로 했으나, 이미 추진력을 잃은 노태우정부가 금리자유화를 결정할 수 있는 상황이 아니었다.

이렇게 해서 금리자유화 과제는 결국 노태우정부에서 빛을 보지 못한 채 김영삼정부의 손으로 넘어가고 만다. 하지만 노태우정권에 접어들면서 금리자유화 논의가 본격적으로 전개되었고, 비록 결실을 거두지는 못했다 해도 상당한 진전을 보았다는 점은 부인할 수 없다. 전두환시대에 경제수석 김재익이 구상하고 추진했을 때에 비하더라도 노태우시대 들어서 사공일이 불씨를 다시 지폈던 금리자유화 시도는 훨씬 실질적이었다. 정치·사회·경제 모든 면에서 조건과 환경이 그만큼 성숙되었음도 당연히 감안해야 할 것이다.

제13장

속 썩인 주식시장

발권력까지 동원된 12·12조치

⋮

경제분야에서 노태우정권 내내 속을 썩였던 것이 주식시장이었다. 정권의 출발점이 3저 호황의 연장선에 있었고 서울올림픽 개최로 국운이 충천한다고 모두가 들떠 있는 상태였으니, 주식시장에 대한 인식이 어떠했을지는 쉽사리 짐작할 수 있다. 당시 종합주가지수 상승률은 1987년 98.3%, 88년 70%를 기록했다. 이런 상황에서 출발한 주식시장이 온전할 리 만무했건만, 그 뒷일이 어찌 전개될지 걱정하는 사람은 청와대 안에 아무도 없었다.

올림픽의 흥분이 가시면서 경제는 전반적으로 가라앉아 갔다. 내수만이 아니라 수출에도 찬바람이 불어닥쳤다. 무섭게 달아오르던 주식시장이 속절없이 꺾이기 시작한 것은 지극히 당연한 결과였다. 당시만 해도 주가의 등락은 단순한 경제 현상이 아니었다. 주가의 움직임은 곧바로 민심으로 해석되었고, 따라서 정치판의 주요한 관심사였다. 특히 청와대가 민감했다. 대통령의 영부인까지 나서서 수시로 주가동향을 챙기니 어찌 주변에서 가만히 있을 수 있었겠는가. 허구한 날 증시부양책을 쓰느니 마느니 하는 시비가 끊이지 않았다. 노태우정부는 급기야 일을 저질렀다.

1989년 12월 11일, 그러니까 문제의 증시부양조치가 발표되기 전날 밤 자정이 다 된 시간에 이동호 재무차관은 문희갑 경제수석 집으로 여러 차례 전화를 걸었으나 통화가 되질 않았다. 다음 날 새벽이 다 되어서야 전화가 연결되었다. 이 차관은 재무부가 취할 증시부양책, 이른바 '12·12조치'의 개요를 문희갑 수석에게 설명했다. 전날 밤 늦게까지 술을 마시고 귀가한 문희갑으로서는 재무차관의 새벽 전화를 받고 무슨 뚱딴지같은 소리인지 어리둥절할 뿐이었다. 재무부가 메가톤급의 증시부양책을 발표하는데, 경제수석이 까맣게 모르고 있었던 것이다.

정부의 공식 발표는 12일 아침 상공회의소 회의실에서 열린 이규성 재무장관의 기자회견을 통해서 이루어졌다. 부양책의 요지는 "한국은행의 무제한적인 지원을 통해서라도 주가폭락을 막겠다"는 '폭탄 대책'이었다. 중앙은행이 돈을 찍어서라도 주식을 사들여서 주가폭락은 저지하겠다는 이야기였다.

경제수석 문희갑이 정식 보고를 받은 것은 청와대에 출근해서였다. 재무부 담당인 이환균 경제비서관을 불러 호통을 쳤다.

"당신은 도대체 무얼 하고 있었기에 재무부가 사전협의 한마디 없이 그처럼 엄청난 정책을 제멋대로 발표하게 내버려둔 거요."

이른바 12·12조치는 청와대하고도 사전협의가 없었다. 경제사령탑이라 할 수 있는 경제기획원이나 금융지원 당사자인 한국은행의 경우도 모르기는 마찬가지였다. 다만 조순 부총리나 김건 한은총재에게는 이규성 재무장관이 전날 직접 전화를 걸어 내용을 설명한 것이 전부였다. 사실상 일방적인 통보나 마찬가지였다. 그러나 엉겁결에 전화 통지를 받았던 조순 부총리나 김건 한은총재 모두 재무장관 이규성의 설명에 반대의견을 표명하지 않았다

아무튼 12·12조치는 발표 과정에서부터 말썽이 일기 시작했다. 왜 청와대와의 사전협의를 거치지 않았느냐는 기자의 질문에 이규성 재무장관은 이렇게 대답했다.

"증시정책이란 워낙 이해관계에 민감하고 보안을 필요로 하는 까닭에 주무장관이 책임을 지고 결단을 내리되, 그 책임 또한 주무장관이 져야 하는 것입니다. 따라서 대통령에 대해서도 때로는 사후보고가 불가피한 것입니다. 재무부 안에서는 충분한 토의를 거쳐서 장관인 내가 결심한 것입니다."

이규성은 정부를 떠난 뒤에도 "12·12조치는 내가 모든 것을 책임지고 했다"는 점을 분명히 했다. 결과가 좋았다면 이 같은 사전협의 여부 따위가 문제될 리 없었겠지만 후유증과 부작용이 계속 꼬리를 물었다. 급기야는 한국은행의 특별융자로까지 확대되었다.

아무튼 12·12조치에 대한 사후평가는 부정적인 쪽이 대세였다. 당시 부총리였던 조순은 "잘한 정책이라고 할 수 없다"고 말했으며, 이규성이 장관 자리에서 물러난 후 재무부도 내부 분석을 통해 "12·12조치를 포함한 일련의 부양조치들은 주가가 떨어지는 속도를 지연시키는 효과밖에 없었다"고 자인했을 정도였다.

사실 12·12조치가 실패였음을 입증해 주는 사후적인 분석은 얼마든지 제시할 수 있다. 부양조치가 대기업들을 비롯한 큰손들이 손을 털고 증시를 떠나는 데 오히려 결정적으로 기여했다든지, 결과적으로 투자신탁회사들을 빚더미 위에 앉혀 놓았다든지, 그렇게 강력한 투약을 하고서

도 3개월 후에는 주가가 조치 당시의 수준 이하로 다시 떨어졌다든지, 또는 근본적인 문제점으로 증시의 자율기능을 한층 더 심각하게 망가뜨렸다는 등등.

이처럼 비난과 비판이 쏟아졌던 극약처방이 나온 배경은 무엇이었을까. 재무차관이었던 이동호는 그때의 상황을 이렇게 회고한다.

"주가가 폭락을 거듭하는 상황이었으므로 정부의 증시개입은 당연한 것으로 여기는 분위기였습니다. 언론이 12·12조치를 가장 맹렬히 비판했지만, 당시의 신문을 자세히 들춰 보십시오. 증시가 붕괴하는데 정부는 뭘 하고 있느냐고 얼마나 다그쳤습니까. 세상이 당장 끝장이라도 나는 것처럼 말입니다."

그의 지적대로 당시의 언론들은 '증시붕락' '금융공황' 등의 극단적인 제목으로 증시 상황을 대서특필하면서 정부의 정책 부재를 공격해 댔고, 팽배하는 불안심리가 투매를 더욱 부채질했던 것이 사실이다.

재무부의 고민은 부양책을 내놓긴 내놓아야겠는데 어떤 강도의 처방전이 옳겠느냐 하는 것이었다. 가장 두려워하는 상황은 투자신탁에 돈을 맡긴 투자자들 사이에서 환매러시 사태가 벌어지는 것이었다. 은행으로 치면 무더기 예금인출 사태와 같은 것이었다.

이규성 장관의 평소 행정 스타일로 봐서는 적극적인 증시부양책을 꺼릴 것이었다. 그러나 만약의 경우 일련의 주가폭락 사태가 금융공황으로 이어질지도 모른다는 점이 그를 불안하게 만들었다.

그는 며칠 전에 부양책 마련을 김경우 증권국장에게 지시했고, 증권국장은 그 지시에 따라 만든 최종안을 12월 10일 일요일 이규성 장관 집으로 들고 가서 결재를 받아 놓은 상태였다. 그러나 이때까지만 해도 문제의 '한은의 무제한 지원' 내용은 포함되지 않았다.

그러나 11일에도 폭락세가 이어지자 이 장관은 마음이 흔들렸다. 그는 증권국장을 지낸 경력이 있는 재무부 간부들을 모두 소집했다. 현재의 증시 상황에 대한 각자의 진단과 한은 지원 여부에 관한 의견을 듣기 위해서였다. 돌아가면서 한마디씩 했으나 '이대로 가면 증시의 심각한 붕괴 현상이 가속될 가능성이 크다'는 위기론이 대세였다. 오히려 한은 특융과 같은 극약처방을 해서는 안 된다고 적극적으로 반대한 사람은 김경우 증권국장뿐이었다. 이렇게 해서 장관은 당초의 부양책을 백지화하고 한은 지원을 포함한 훨씬 강도 높은 12·12조치를 결심하게 된 것이다.

여기까지의 스토리는 12·12조치가 나오기까지 재무부 내의 정책결정 과정에 초점을 맞춘 것이다. 그러나 이것만으로는 12·12조치의 배경을 설명하기에 한계가 있다. 종래에도 그랬듯이 증시에 관한 한 순수한 경제논리보다는 정치적 논리나 사회적 요인에 의해 더 큰 영향을 받아 왔기 때문이다. 그렇다면 관심의 초점은 역시 청와대로 옮겨갈 수밖에 없다.

대통령은 주가의 등락에 어떤 입장과 반응을 보였을까. 당시 경제비서관을 지냈던 한 인물은 이렇게 증언했다.

"노 대통령은 주가가 폭락할 경우 민감한 반응을 보였습니다. 주가가 떨어지면 언론이 대서특필해서 불안감을 증폭시키는 것은 물론이고 정치적으로도 정부·여당에 좋지 않다고 생각했습니다. 그러니 자연 대통령을 모시고 있는 경제수석도 매일매일의 주가동향에 신경을 쓰지 않을 수 없었던 것이지요. 대통령의 태도가 이럴진대 측근에서 가만히 있을 수 있나요. 결국 문희갑 경제수석은 주가가 한창 떨어질 때는 하루에도 서너 번씩 종합주가지수를 챙겼습니다. 비경제쪽 측근들의 성화는 더 말할 것도 없었지요."

청와대가 이런 식으로 주가를 챙기기 시작하면 주무부처의 증시정책에 어떤 영향이 미칠지는 뻔한 노릇이다. 누가 장관에 앉아도 부양책을 강구하지 않을 도리가 없는 것이다.

더구나 주가동향에 대한 관심은 대통령만이 아니었다. 때로는 영부인이 직접 지대한 관심을 보여 왔다는 것이 당시 측근 실무자들의 증언이다. 이런 현실에서 증시정책이 순수한 경제논리로 운용되리라고 기대하는 것 자체가 무리였다.

그럼에도 불구하고 이 같은 극단적인 주가부양조치를 청와대와 전혀 사전교감이나 상의 없이 관련 부서가 독자적으로 결행했다는 점은 아이러니한 일이었다. 그 내막을 들춰 보면 재무장관 이규성과 경제수석 문희갑 사이의 개인적인 기싸움이 작용한 결과이기도 했다. 경제수석의 계속되는 부양책 재촉으로 고충을 겪던 재무장관이 "결정은 내가 한다"는 식으로 한방 먹인 격이었다.

대책 없는 증시대책

12·12조치 같은 비상대책으로도 주식시장은 살아나지 못했다. 돈이 풀리면서 잠시 반짝했을 뿐 이내 사그라들었다. 그렇다고 정권 내내 부질없이 부양책만을 써 댔던 것은 아니었다. 12·12조치로 한 번 혼이 난 이후로는 노태우 대통령도 전보다 훨씬 조심스러운 입장으로 바뀌었다.

90년 3월 이승윤 경제팀이 들어서고 나서 얼마 되지 않아 금진호 무역협회 고문과 강성진 증권업협회 회장이 함께 노 대통령을 만나는 일정이 잡혀 있었다. 당시 금 씨는 대통령과의 특수관계를 바탕으로 분야를 가리지 않고 대통령을 직접 만나 자문할 수 있던 처지였다. 그런 그가 증권업협회 회장과 함께 청와대로 들어가겠다는 것이었으니 용건은 뻔했다.

노 대통령은 김종인 경제수석을 불렀다. 이들이 무슨 이야기를 할지, 그리고 어떻게 대응해야 할지를 경제수석에게 물었다.

"틀림없이 증시부양책 문제를 이야기할 겁니다. 그러나 현 시점에서 주가를 올리기 위한 인위적인 부양책은 바람직하지 않습니다. 무슨 건의를 하든 간에 절대 들어주시면 안 됩니다."

경제수석의 예상대로 두 사람의 청와대 방문은 증시부양책에 관한 대통령의 결단을 촉구하기 위한 것이었다. 그러나 노 대통령은 이들이 증시부양 이야기를 제대로 꺼내기도 전에 못을 박았다. 그런 이야기를 하려거든 돌아가라고 잘라 말했다. 뜻밖의 냉대를 당한 금진호는 청와대에서 나와 김종인 수석에게 전화를 걸어 노골적으로 불쾌감을 표시했다.

"경제수석이 증시에 대해 대통령에게 이러쿵저러쿵 이야기한 모양인데, 그럴 수 있는 겁니까."

"뭐가 잘못되었습니까. 내가 이 자리에 앉아서 해야 하는 일이 대통령에게 그런 조언을 하는 것 아닙니까. 옳다고 판단한 대로 대통령에게 말한 것뿐입니다."

이 일로 금진호와 김종인 두 사람 사이는 매우 불편한 관계가 된다. 이 같은 해프닝이 일어난 시점은 89년 말의 12·12조치가 취해진 지 얼마 안 되어서였다.

한국은행의 무제한 지원책까지 담보로 하는 메가톤급 부양책을 썼음에도 불구하고 주가가 3개월 만에 다시 주저앉자 증권업계는 영향력 있는 금진호를 내세워 또 다른 부양책을 도모했던 것이다. 12·12조치가 취해졌던 날 840이었던 종합주가지수는 3개월이 지나자 그보다도 1.4포인트가 더 떨어졌다.

아무튼 당시 노 대통령의 증시에 대한 태도는 의외로 단호한 편이었다. 이미 12·12조치라는 고단위 처방이 별 효험을 못 보고 있을 뿐 아니라 김종인 신임 경제수석으로부터 단단히 교육을 받았기 때문이었다. 김종인의 말을 들어보자.

"경제수석으로서 첫 보고 때 증시문제에 대한 정부의 태도를 분명히 말씀드렸지요. 경제가 좋으면 증시는 저절로 좋아지는 것이므로 억지로 좋게 하려 하면 부작용만 생긴다. 특히 대통령이 주가가 오르고 내리는 일에 관심을 가지면 관료들이 정상적인 정책을 펼 수가 없다. 그러니 앞으로 6개월 정도는 주가동향에 대통령이 아예 신경을 쓰지 말아야 한다. 경제수석실에서 보고할 때도 주가동향은 빼겠다. 이런 요지의 설명에 노대통령도 쉽게 동의하고 그렇게 하라고 지시하더군요."

경제수석이 청와대에서 이렇게 방어해 주니 재무부로서도 증시정책을 다루기가 한결 수월했다. 더구나 주무장관인 정영의 재무장관 역시 증시에 관한 한 정부의 인위적인 부양을 매우 꺼리는 성향이었다. 심지어 그는 실무국장시절에 주식시장의 신용거래 자체를 없애버리는 방안까지도 검토했던 인물이었다. 주식거래를 아예 현금으로만 가능하게 하면 기존의 증권시장이 안고 있는 문제점들을 근본적으로 치유할 수 있지 않겠느냐는 생각에서였다. 정영의는 이렇게 말했다.

"주무장관이 아무리 원칙대로 하려고 해도 주가에 관한 한 청와대에서 중립적인 입장을 지켜주지 않으면 불가능합니다. 나 자신도 주가의 등락에 정부가 지나치게 민감하게 반응해선 안 된다는 판단이었습니다만, 김종인 경제수석이 청와대를 커버해 주었기에 정책의 일관성을 유지할 수 있었던 것입니다."

물론 정영의 장관 재임 시에도 주가폭락이 거듭될 때마다 여러 가지 부양책이 동원되었으나 종래에 비하면 매우 신중한 쪽으로 돌아섰다고 할 수 있었다. 한때 1000대를 돌파했던 종합주가지수가 400대까지 떨어졌는데도 그런 대로 버텨 왔던 것이다.

따지고 보면 이 같은 주가 추이는 결과적으로 노태우정권에서 경제의 모습이 어떻게 변화했는가를 단적으로 나타내 준 바로미터이기도 했다. 정권 출범 시의 장밋빛 호황경제 속에서 천정부지로 치솟았던 주가가 경기가 악화되고 거품이 꺼짐에 따라 내리막길을 계속했던 것이다. 초기에는 대통령뿐 아니라 정부 내의 실무자들도 떨어지는 주가를 떠받쳐야 한다고 생각했다. 일시적인 하락이니 얼마 동안만 금융기관을 비롯한 기관투자가들이 받쳐주면 안정을 되찾는 데 문제가 없으리라는 낙관론이 지배적이었다.

사실 주가가 그렇게 심하게 떨어지리라고는 아무도 예측하지 못했다. 너무 주가가 가파르게 오르는 바람에 정책당국자의 걱정은 어떻게 하면 주가급등 현상을 진정시키는가 하는 것이었다. 88년 말에 취임한 이규성 재무장관은 89년 초 사석에서 이런 말을 한 적이 있다.

"주가가 이런 식으로 폭등하는 사회에서는 정상적인 경제행위를 기대할 수 없습니다. 어떠한 일이 있더라도 금년도 주가상승률은 30%를 넘기지 않도록 할 생각입니다."

당시의 경제 분위기로서는 이 같은 이 장관의 결심이 대단한 용기로 평가될 만한 것이었다. 주가가 요동을 치며 농민들까지도 소를 팔아 주식투자에 끼어드는가 하면 월급쟁이들은 업무시간에도 증권사 객장에 앉아 주가만 챙기고 있던 형국인데도 누구 하나 "이래선 안 된다"고 나서는 장관이 없었기 때문이다.

이규성에 앞서 6공 초기 재무장관을 지냈던 사공일의 말도 당시의 분위기를 말해 준다. 정권 출범 직후 사공일 재무장관은 대통령에게 이런 보고를 했다.

"자본금 50억 원 이상의 기업이 공개 권유를 거부할 때는 제재를 가해서라도 현재 401개인 상장기업을 금년 안에 500개로 늘리겠습니다."

사공 장관의 이 같은 정책 배경에는 물론 나름대로의 이유가 있었다. 은행빚에만 의존해 온 기업들의 재무구조를 개선하기 위해서라도 증시를 통한 직접금융을 늘려가야 했고, 더구나 미국의 증시개방 압력에 대처하기 위해서도 국내 증시의 조속한 확대정책이 필요했던 것이다.

그러나 이 모든 것이 한국경제의 장래에 대한 거침없는 낙관론을 전제로 한 것이었다. 한국경제에 대한 오판은 외국에서도 마찬가지였다. 사공일은 이렇게 회고했다.

"한국경제가 그처럼 악화될 줄 몰랐던 겁니다. 우리도 낙관했지만 밖에서 보는 눈은 더했어요. 미국이 그처럼 '즉각 개방'을 졸라댔던 것도 한국시장에 들어오기만 하면 당장 노다지를 캐가는 것으로 여겼기 때문입니다."

결국 노태우정권 5년간 나타났던 주가의 등락 곡선은 한국경제에 대한 과신과 지나친 정책 개입이 상승작용을 일으킨 결과를 그대로 반영하고 있다고 해야 할 것이다.

그러나 돌이켜 보면 주식시장은 아무 손을 대지 않더라도 스스로의 모순과 한계에 의해 허물어지도록 되어 있었다. 전두환정권 후반기부터 시작된 호황 속에 가파르게 달아오른 주식시장에 정부가 제동을 걸기는커녕 앞장서서 기름을 부었으니 말이다. 급기야 경기가 꺾이면서 주식시장의 거품도 삽시간에 사그라들기 시작했다. 주가는 걷잡을 수 없는 폭락세로 반전되었다.

제14장

다시 적자시대로

국제수지, 다시 적자로

1980년대 당시 한국의 국제수지가 흑자시대로 뒤바뀔 것이라고 기대했던 사람이 과연 몇이나 되었을까. 다른 한편으로는 이것이 얼마 못 가서 다시 적자시대로 반전되리라고 예측할 수 있었던 사람은 또 얼마나 되었을까. 어느 쪽으로나 모두 예상을 크게 빗나갔던 일들이 현실로 벌어졌다.

전두환정권 말기로 이야기를 잠시 돌려보자. 1986년의 경상수지가 47억 달러 흑자를 기록하자, 정부는 "이것 보라"며 홍보에 열을 올렸고, 사람들은 "살다 보니 별일도 다 있네"라는 식으로 의아해했다. 아무리 3저 호황의 덕분이라 해도 한국경제가 이렇게 많은 흑자를 냈다는 것이 도저히 믿어지지 않는다는 반응들이었다. 심지어 정부가 정권 차원에서 국제수지 통계를 조작하지 않았나 의심하는 사람들도 없지 않았다. 그러나 그 이듬해인 87년에는 100억 달러, 88년에는 그보다도 많은 145억 달러의 흑자를 기록하기에 이른다. 꿈속에서도 상상하지 못했던 일이었다.

비관론은 자취를 감추었다. 걸핏 하면 목청을 높이던 외채망국론자들도 온데간데없어졌다. 이제는 흑자가 너무 많이 나서 걱정하는 상황이 되어 버렸다. 어렵게 살던 사람이 갑자기 벼락부자가 되면 여러모로 혼란과 부작용을 겪듯이 나라 경제도 마찬가지였다. 적자경제가 흑자경제로 전환되면서 국가 경영의 기준이나 방법, 국민들의 인식과 사고방식도 그에 맞도록 바뀌어야 하는데, 그게 어디 하루아침에 되는 일인가. 당시 국제수지 문제에 대한 사람들의 인식이 어떠했는지를 짐작케 하는 에피소드가 있다.

5공 말기 국제수지가 흑자로 돌아설 무렵, 당시 상공부의 박운서 통상진흥국장은 치안본부 특수수사대에 잡혀가 혼쭐이 났다. 며칠 전 개방정책의 필요성을 주제로 해외공관장들에게 했던 강의내용 때문이었다. 문제가 된 발언은 이런 것이었다.

"국제수지가 흑자로 전환됨에 따라 개방압력이 갈수록 심해지는데 큰일입니다. 이젠 우리도 생각을 달리해야 합니다. 국산 담배만 피울 게 아니라 양담배도 피워야 합니다. 컴퓨터나 전자분야 같은 것은 국내 산업이 육성될 수 있도록 당분간 더 보호를 해줘야 하지만, 양담배 같은 소비재 쪽은 오히려 개방해서 외국으로부터의 통상압력을 누그러뜨려야 합니다. …"

박운서의 강의 중에서 양담배를 피워야 한다는 말이 화를 불렀다. 당시 대만주재 대사를 비롯한 군 장성 출신 대사들이 들고일어난 것이다.

"저런 한심한 국가관을 가진 자는 당장 목을 쳐야 한다"는 목소리가 정보기관에 전달되었고, 그로 인해 박운서는 수사기관에 끌려가 곤욕을 치른 것은 물론이고 목이 달아날 뻔했다. 평소의 처신이 꼬장꼬장하고 일밖에 모르는 사람이었기에 살아났지, 그렇지 않고 조금이라도 이해관계에 얽혀 용돈이라도 얻어 썼더라면 그 자리에서 옷을 벗어야 했던 케이스였다.

그로부터 2년여가 지나면서 상황은 완전히 바뀌었다. 문제의 양담배시장이 개방된 것은 물론이고, 늘어나는 무역흑자에 치여 "수입이 왜 빨리 안 늘어나느냐" 하는 문제로 걱정하는 세상이 되어 버린 것이다.

전두환정권에 이어 노태우정권의 첫 재무장관이었던 사공일은 틈만 나면 어디서나 '자살골 이론'을 강조하고 다녔다.

"옛날 생각만 하면 큰일 납니다. 축구선수가 골대가 바뀐 줄도 모르고 한쪽 골문에만 계속 슛을 하면 자살골을 먹는 것과 마찬가지입니다."

수출은 선이요, 수입은 악이라는 종래의 생각에서 탈피하지 못하는 것은 마치 축구선수가 후반전에 코트가 바뀐 것을 모르고 자기 골문에다 공을 차 넣는 것과 다를 바 없다는 비유였다.

그러나 오랜 적자시대를 경험하면서 각인된 국제수지에 대한 고정관념이 바뀌는 데도 그만큼 시간이 필요했던 것일까. 정작 골문이 바뀌었다는 사실을 깨닫게 된 것은 흑자가 나도 한참 난 뒤였다. 그때까지 일반 국민들은 물론이고 나라 정책을 이끌어 나가는 경제부처 당국자들조차 흑자는 많을수록 좋다는 생각에서 벗어나지 못했다.

이런 상황에서 흑자관리가 제대로 될 리 없었다. 그사이 국제수지 흑자는 눈덩이처럼 불어나 노태우정부가 출범하는 88년에는 정점에 달하고 있었다. 그러나 올림픽의 흥분이 가시는 것과 함께 경제는 비실비실 활기를 잃어 갔고, 흑자를 구가하던 국제수지 또한 다시 적자로 뒤집어졌다. 흑자경제의 지렛대로 믿었던 수출 경쟁력이 급속히 떨어져 갔다.

막상 경제가 다시 어려워지고 국제수지 적자가 통계로 드러나자 정부도 학자들도 뒤늦게 후회와 반성의 소리를 내기 시작했다.

"86~88년의 3저 호황 때 흑자관리를 제대로 했어야 했는데, 그걸 실패했기 때문입니다. 우리 경제규모나 관리능력에 비해 과분하게 무턱대고 흑자 내는 데만 매달린 나머지 결과적으로 국내적으로는 물가상승을, 대외적으로는 통상압력을 불러왔습니다."

양수길 당시 KDI 연구위원의 이 같은 지적에 아무도 반론을 제기하지 않았다. 그러나 지내놓고 보니까 그렇다는 것이지, 국제수지 흑자기록을 단군 이래의 국가적 경사로 자축하고 감격하는 분위기가 지배했던 당시로서는 어쩔 수 없었다. 어느 누구에게도 일방적으로 흑자관리 실패 책임을 돌릴 수 없는 일이기도 했다. 당시의 신문을 들춰보면 정부도 의회도 언론도 학자들도 모두가 그러했다. 우선 흑자를 내기 시작한 초기에는 흑자 자체가 그저 대견하고 신통한 일이었고, 제발 이 같은 흑자경제가 가급적 더 오래 지속되고, 1달러라도 더 늘어났으면 하는 것이 국민적 바람이었다. 흑자경제를 직접 지휘해 나갔던 당시 경제수석 사공일은 정부에서 물러난 후 이렇게 회고했다.

"적자시대에는 국제수지 흑자가 정책목표이자 사회적 덕목이었습니다. 그러나 막상 86년에 처음 흑자가 났을 때만 해도 학계나 일반 국민들은 흑자기조에 회의적이었습니다. 일시적인 현상이라는 거였지요. 정부 내에서조차도 87년 초에 가서야 흑자가 계속될 것이란 확신을 가지게 되었으니까요."

당연히 흑자규모에 대한 판단이나 예상도 정확할 수가 없었다. 당시 경제기획원 기획국장이었던 강봉균의 회고도 같은 맥락이다.

"환율과 수입개방정책에 관해 IMF 협의단과 1주일을 싸웠습니다. IMF는 87년 흑자규모가 80억 달러에 이를 것이라며 적극적으로 흑자를 줄이라는 것이었고, 우리는 50억 달러에도 못 미칠 거라고 버텼습니다.

그 친구들은 감에 의한 주장이었고, 우리는 구체적인 자료를 들어가며 공박했기 때문에 결국 우리 주장에 승복할 수밖에 없었습니다. 그러나 나중에 보니 그들의 감이 맞았습니다. 87년의 경상수지 흑자규모는 IMF의 추정치보다 훨씬 많은 99억 달러에 달했으니까요."

흑자가 얼마가 날지에 대한 감도 없었을 뿐만 아니라 흑자를 적극적으로 줄일 필요성도 그다지 심각하게 느끼지 못했던 것이다. 게다가 적자시대에 누적된 외채에 대한 위기의식은 정책의 선택 폭을 더욱 좁혀 놓았다. 흑자를 줄이기보다는 외채를 갚아야 한다는 강박관념이 앞섰던 것이다. 사공일의 회고다.

"사실 흑자규모를 어느 정도는 유지할 생각이었습니다. 외채 때문이지요. 특히 전두환 대통령은 외채 축소에 지나칠 정도로 집착했습니다. 처음 흑자가 나자 외채를 제로로 만들어야 한다고까지 주장할 정도였지요."

자신을 경제대통령이라고 자부했던 전두환은 집권 중반기까지 외채망국론 소리를 듣는 게 뼈에 사무쳤다. 그래서 환율인상을 포함한 강력한 수출촉진책을 계속 펴게 되었고, 다행히 국제수지가 흑자로 돌아서자마자 외채축소부터 하자고 나섰던 것이다.

실제로 흑자재원을 외채상환에 많이 썼다. 개도국 가운데 가장 우량한 대출선인 한국이 외채를 갚겠다고 나서자 오히려 채권은행들이 펄쩍 뛰었다. 조건이 나쁜 단기외채부터 갚아 나갔는데 채권은행들이 안 받겠다고 기피하는 사태까지 벌어졌다. 할 수 없이 우량외채를 얼마씩 끼워서 갚아야 하는 경우도 있었다.

흑자가 나는 것은 좋았으나 문제는 그 뒤에 오는 흑자관리의 부담이었다. 수출은 그냥 둬도 늘어나는데, 수입개방의 효과는 더디기만 했다.

국제수지정책의 관건인 환율조정에 관한 이야기가 정부 내에서 제기되기도 했으나, 흑자전환을 자신의 주요 경제 치적으로 생각했던 전두환 대통령에게 원화절상 주장은 전혀 먹히지 않았다.

물론 86년과 87년에도 환율이 소폭 내리기는 했다. 그러나 이것은 미국의 압력에 못 이겨 마지못해 한 것이지, 자발적으로 흑자를 줄이려는 의도는 아니었다.

"환율을 많이 내리지 않은 것은 사실입니다. 당시 흑자관리에 대한 정부의 기본 구상은 우선 수입장벽을 낮춰 수입을 늘리자는 것이었지요. 그래도 구조적으로 흑자가 많이 나면 그때 가서 환율을 조정할 생각이었습니다."

당시 재무장관 사공일의 설명이다. 경제부처의 판단도 환율로 가격 경쟁력을 유지하는 사이에 그동안 적자 때문에 하지 못했던 산업구조조정과 제도개선을 먼저 하자는 것이었다. 그러나 기대대로 되지 않았다. 원화절상 압력은 그런 대로 막아냈으나 수입개방과 구조조정은 이렇다 할 진척을 이루어내지 못했기 때문이다.

정치적 환경 변화 또한 한몫을 했다. 사실 정권 말기라 흑자관리대책을 제대로 펼쳐 볼 시간적 여유도 없었다. 6·29선언이라는 거대한 정치적 회오리바람 속에서 벌어지는 민주화 향연의 흥분에 가려, 국제수지대책이고 흑자관리고 간에 관심권 밖이었다. 국제수지 전망이 2배씩 틀려도 아무도 시비를 걸지 않았다. 흑자목표 미달이 문제이지, 목표 초과를 누가 뭐라 했겠는가.

3년 연속 대규모 흑자로 야기된 해외부문의 통화량 증가는 통화관리를 사실상 포기할 정도로 국내 통화의 팽창을 가져왔고, 미국으로부터는 거센 원화절상 압력을 자초했다.

흑자관리의 실패로 가장 비싼 대가를 치른 것은 물가였다. 전두환정권 때 어렵사리 구축한 물가안정 기반이 속절없이 무너졌다. 연간 2~3%에 불과하던 소비자물가 상승률이 노태우정권에 들어와서는 7~8%가 보통이었다. 물가통계에 반영되지 않는 부동산가격 폭등은 더 말할 나위도 없다. 거시경제가 이렇게 돌아가는데 수출 경쟁력이 어찌 멀쩡할 수 있었겠는가. 결국 난생 처음 본격적인 흑자경제를 경험하는 데서 오는 정책 선택의 미숙과 실기失期는 노태우정권 중반의 적자 반전에 이르기까지 계속 이어지게 된다.

미국의 환율절상 압력

전두환이 박정희시대로부터 심각한 적자경제를 물려받았던 데 비하면 노태우는 전임 대통령 전두환으로부터 흑자경제를 물려받아 매우 행복한 출발을 했던 셈이다. 그러나 꼭 그렇지만은 않았다. 적자 걱정 대신 이제는 과도한 흑자를 관리해야 할 짐을 떠안게 되었기 때문이다. 당장의 큰 부담은 미국의 원화절상 압력이었다.

"하마터면 하와이에 떨어져서 오도가도 못하게 될 처지였습니다. 미국의 절상요구는 물러설 줄을 모르고 본국으로부터의 훈령은 우리 안이 관철되기 전에는 절대 귀국하지 말라고 하니 죽을 지경이었지요."

미국과의 환율협상에 나섰던 우리 측 실무대표였던 이용성당시 재무부 기획관리실장은 '국제 미아'가 될 뻔했던 사연을 이렇게 털어놓았다.

89년 초 하와이 미국세관 회의실에서 열린 한미 환율협상은 말이 협상이지 미국의 원화절상 요구에 한국 측이 일방적으로 몰리는 형국이었다. 미국은 원화환율을 구체적으로 언제까지 얼마를 내리라고 요구하고, 우리는 어느 선 이상은 도저히 안 된다고 버티는 식이었다. 서울행 비행기를 타기 직전까지 실랑이를 벌였는데, 다행히 출발 직전 미국 측의 양보를 얻어 냈다.

그러나 미국의 원화절상 요구는 이후로도 계속되었다. 미국의 압박은 흑자가 났던 86년부터 시작되었는데, 그때는 처음이라는 이유로 어물쩍 넘어갈 수 있었다. 그러다가 87년에 또다시 대규모 흑자가 나자 미국은 노골적으로 절상압력을 가해 오기 시작했다.

사공일 당시 재무장관은 그때 상황을 이렇게 설명했다.

"미국정부는 베이커 재무장관을 필두로 각급 채널을 통해 틈만 나면 환율을 내리라고 야단이었습니다. 6·29선언 때는 노사분규 때문에 도저히 안 된다고 버텼지만 막무가내였지요. 개인적인 친분이 있던 IIE 국제경제연구소의 프레드 버그스텐 소장이 '한국의 임금상승은 원화절상 효과와 같다'는 논리로 베이커 장관을 설득해서 겨우 한 고비를 넘겼지요."

그러나 그것도 잠시뿐이었다. 노사분규에도 불구하고 88년의 경상수지 흑자규모가 100억 달러를 넘어서자 미국의 절상압력은 최고조에 달했다.

당시 한국정부는 대미흑자를 줄이는 길은 환율이 아니라 수입규제를 풀어 주는 것이라고 주장해 왔다. 시장개방을 통해 실질적으로 미국 물건을 많이 사도록 할 테니 제발 환율가지고 시비하지는 말아 달라는 것이었다.

약속대로 수입을 제한해 온 여러 규제들을 없애고 법도 고쳐 나갔다. 그러나 그것이 실제 수입 확대로 나타나는 데는 시간이 걸렸고, 그사이 흑자는 자꾸만 불어났다.

결국 미국의 통상압력은 환율에 집중될 수밖에 없었다. 미국은 한국을 환율조작국으로 지목해 몰아치기 시작했다. 마침 한국과 비슷한 처지에 있던 대만이 대폭 절상을 하는 바람에 우리 정부의 입장은 더욱 난처해졌다. 더 이상 환율을 못 내리겠다고 버틸 명분이 없어진 것이다.

한국정부의 협상실무자들은 국제 금융회의가 있을 때마다 회의장 밖에서 미국 측과 별도의 환율협상을 벌여야 했다. 그나마 미국 측 요구를 반영하되 가능한 한 조금씩 들어주며 질질 끄는 것이 한국 측 전략이었다.

그러나 끄는 것도 한계가 있었다. 결국 밀리고 밀린 끝에 88년 한 해 동안 달러에 대한 원화환율은 792.30원에서 684.10원으로 무려 108.20원이 떨어졌다. 원화가치가 15.8% 절상된 것이다. 당시 일본의 엔화값은 반대로 크게 떨어지고 있었다.

당장 기업들이 난리가 났다. 환율 덕에 앉아서 돈을 벌고 있다가 막상 원화절상이라는 충격이 일시에 가해지자 가격 경쟁력이 급속히 떨어지기 시작한 것이다.

당시 모 그룹에서는 사원들에게 원화절상에 대한 경각심을 일깨우려고 매일 환율변동 상황을 사내방송으로 내보내는가 하면, 어떤 종합상사에서는 '사선 680원'이라는 구호를 대문짝만하게 써 붙이기도 했다. 그러나 환율은 89년 4월 1달러당 666원에 이르기까지 속절없이 떨어지기만 했다.

수출이 심각한 고전에 빠지게 된 것은 사실 환율요인 때문만이 아니었다. 6·29 이후의 노사분규와 그로 인한 임금과 물가상승도 수출 경쟁력을 떨어뜨리는 데 큰 몫을 했다. 섬유와 신발산업 등이 중국·동남아 등 후발개도국에 밀리기 시작했고, 이어 전자와 자동차도 약세로 돌아섰다.

나라 안의 사정이 워낙 격변에 격변을 거듭하고 있었던 까닭에 나라 밖에서 무엇이 어떻게 변하고 있는지에 대해서는 기본적으로 관심이 소홀했다. 예컨대 85년 플라자합의 미국·일본·영국·프랑스·독일의 재무장관들이 뉴욕 플라자호텔에서 '외환시장 개입에 의한 달러화 강세 시정'을 결의함 이후 한국경제가 3저 호황을 톡톡히 누리는 동안 일본 기업들이 엔고를 극복하기 위해 얼마나 치열한 노력과 과감한 구조조정을 해 왔는지 알지 못했다. 우리가 원화를 대폭 절상할 무렵에는 일본은 이미 구조조정을 끝낸 상태였고, 후발 개도국들의 저가 공세가 세계 시장의 판도를 근본적으로 바꿔 놓기 시작한 상황이었다.

특히 일본은 플라자합의 이후 엔고 행진을 마치고 거꾸로 엔화가치를 급속히 떨어뜨리고 있었다. 88년에 달러당 120엔 하던 것이 90년 들어서는 160엔 선까지 내려갔으니 말이다.

여기에 더해 일본 기업들이 엔고 타개책으로 시작했던 동남아국가들과의 연합전략이 결실을 맺어 가고 있었다. 자신들의 막강한 자금력과 경영노하우에 동남아의 값싼 노동력과 풍부한 원자재를 결합시키는 새로운 비즈니스모델을 국가전략 차원에서 확대해 나갔던 것이다. 민주화 향연에 취해 있던 한국경제는 일본과 동남아국가들의 치밀한 연합전략을 눈치도 못 챈 채 수출부진의 정확한 원인 진단조차 하지 못하고 있었다.

89년 1분기부터 물량 기준으로 수출이 마이너스를 기록했고, 업계에서는 흑자관리대책을 재고해야 한다는 목소리가 터져 나왔다. 일단 원화 절상 행진이 멈췄다.

그러나 미국의 절상요구는 여전히 계속되었다. 수출 물량은 줄어도 달러로 표시되는 흑자는 계속되었기 때문이다. 반면에 급격한 절상에 골병이 들고 있었던 업계에서는 정부에 대놓고 원화절하를 요구하고 나섰다.

수출을 늘리는 데는 환율을 대폭 올리는 게 즉효가 있겠지만 워낙 환율 때문에 미국으로부터 호되게 당한 터라 정책적으로 환율을 올리는 것은 엄두를 내지 못했다. 환율을 두고 안팎에서 몰리게 된 정부가 찾아낸 묘안은 자유변동환율제의 전 단계인 시장평균환율제였다.

당시 우리나라의 환율제도는 이른바 복수통화 바스켓관리 방식이었다. 대외적으로 공개하지 않는 공식에 따라 환율을 결정하는 방식인데, 환율을 정책적인 수단으로 활용할 여지가 크다는 이점도 있지만 이 때문에 거꾸로 미국의 절상압력에 속수무책으로 당했던 것도 사실이다. 시장평균환율제는 이에 비해 자유변동환율제에 훨씬 다가선 진보적인 환율제도이다. 외환시장에서 거래된 실적을 토대로 가중평균을 내서 이를 다음 날의 기준환율로 삼고, 여기서 위아래로 일정 범위 내에서는 자유롭게 환율이 움직일 수 있도록 하는 것이다.

"환율을 올리기는 올려야겠는데 미국이 서슬 퍼렇게 나오니 섣부르게 손대기가 어려웠어요. 정부가 정책적으로 환율을 움직이는 바스켓제도로는 미국을 납득시킬 방법이 없다는 결론이 나왔지요. 차라리 시장에 맡겨 실세대로 가면 절하가 돼도 미국이 아무 말 못할 것이라는 계산이 섰습니다. 대만이 우리에 앞서 시장평균환율제를 도입했다는 점도 미국을 설득하는 데 도움이 되었습니다."(재무부 외환 관계자)

시장평균환율제는 90년 4월부터 정식으로 시행에 들어갔다. 그 뒤로는 미국도 우리나라의 환율에 대해 별다른 말이 없었다. 그러나 미국의 절상압력이 사라진 것이 환율제도의 개편 때문은 아니었다.

시장평균환율제가 도입될 무렵에는 이미 우리나라의 국제수지가 흑자에서 적자로 돌아선 뒤였던 것이다.

쉬쉬했던 우루과이라운드

90년 7월 18일 청와대에서는 경제관계 장관 전원이 참석한 가운데 노태우 대통령 주재로 긴급회의가 열렸다. 발등의 불인 우루과이라운드UR 협상에 어떤 식으로 대처하느냐가 이날 회의의 주제였다.

이 자리에서 노 대통령은 "대책이 소홀하다"며 이승윤 부총리 등 관계 장관들을 강하게 질책했고, 이때부터 행정부에는 비상이 걸렸다.

국내에서 이런 식으로 발동이 걸린 UR협상의 파장은 6공 후반기 우리 사회에 찬반논쟁을 넘어 농민들의 데모사태 등 혼란을 불러일으켰다.

당시 UR에 대한 정부의 자세가 어떠했는지부터 살펴보자. 국제적으로는 UR가 태풍의 눈으로 싹튼 지 3년여가 지났지만 국내의 반응은 태연하기만 했다. 말로만 국제화를 되풀이했을 뿐, 정작 가장 심각한 국제적 현안인 UR문제에 대한 논의는 뒷전이었다. 일부에서 우려의 소리가 나오기는 했다. 그러나 총체적 위기로 표현될 정도로 심각한 국내 여건 때문에 UR에는 신경을 쓸 겨를조차 없었던 것이다.

경제부총리가 UR문제로 담당 실무자를 찾는 일은 거의 없었다. 실무진에서 애를 써서 보고서를 만들어 올려도 시큰둥하기 일쑤였다. UR의 시급성이 가시화되기 시작한 것은 90년 7월 초, 농산물에 대한 문제가 정치 쟁점화되면서부터였다. UR에 대해 무심했던 것은 정부뿐 아니라 언론도 마찬가지였다.

분위기는 180도 바뀌었다. 신문들이 대서특필하기 시작했고, "그동안 정부는 무얼 했느냐"는 비판과 함께 농민의 UR 반대시위가 연일 이어졌다. 청와대 긴급대책회의가 열린 것도 이런 상황에서였다. 아무 소리도 않던 청와대는 언론과 정치권에서 난리를 떨기 시작하자 관련 부처들을 들볶았고, 관련 부처들은 급히 종합대책을 만들어 대통령에게 보고했다.

이때부터 UR에 대한 '공포'는 무슨 유행병처럼 급속도로 확산되었다. 정부는 UR협상에 관한 내용을 담은 문답자료를 만들어 전국에 배포하는 한편 공무원을 동원해 홍보작전에 돌입했다.

물론 UR협상이 농산물만을 대상으로 하는 것은 아니었다. 그럼에도 불구하고 당시의 국내 UR 논쟁은 농산물, 특히 그중에서도 쌀 수입개방이 전부였다고 해도 과언이 아니었다. 농민들의 반대시위는 걷잡을 수 없이 확산되어 갔다. 금융·지적재산권 등 UR의 파급효과가 심대할 다른 분야들은 뒷전이었다.

농민들이 UR에 대해 자세히 알고 반대시위를 했던 것은 아니다. 어쨌든 협상이 타결되면 쌀을 비롯한 농산물 수입이 개방되고, 따라서 농촌은 하루아침에 결딴이 난다는 인식만이 팽배했다. 그동안 정부부터 무관심했으니 일반 국민이나 농민들이 자세한 내용을 모르는 것은 당연한 일이기도 했다.

"우루과이 사람들이 한국을 괴롭힌다"는 말이 나도는가 하면 우루과이

대사가 어디 가서 뭇매를 맞을까봐 신분을 밝히지 못했다는 우스꽝스러운 일이 생길 정도였다. 농민들은 우루과이라운드를 '우르릉 쾅쾅 사태'로 부르기도 했고, 어느 유명 정치인은 공식 석상에서 '우루과이사태'라고 한 일까지 있었다.

학자들까지 반대시위에 앞장섰다. 한국농어촌문제연구소가 주관한 반대서명에 전국의 대학교수 및 강사, 연구소 박사 3천여 명이 참가했는가 하면, 변형윤과 유인호 등 유명 교수들도 UR 반대운동을 전개했다. 쌀 수입개방 반대의 단계를 넘어 "UR 자체를 반대한다"는 것이 그들의 주장이었다. 재야세력까지 가세하면서 UR 반대의 파고는 한층 더 고조될 수밖에 없었다.

UR는 곧 악이었고, 타협의 불가피성을 말하는 사람은 매국노로 치부되었다. 나중의 일이지만 외무장관이 된 이상옥의 뒤를 이어 제네바 대사가 된 박수길이 서울에 와서 쌀 수입개방의 불가피성을 언급했다가 "어떻게 저런 사람을 제네바 대사로 앉혀 놓느냐"며 언론 등으로부터 집중공격을 당하기도 했다. 제네바를 방문 중이던 한 농민대표가 GATT관세 및 무역에 관한 일반협정본부에서 할복자살을 기도한 사건이 발생한 것도 이 무렵이었다.

당시 제네바에서 협상을 담당하고 있던 실무협상진은 더 죽을 지경이었다. 그때 제네바 주재 이상옥 대사의 별명은 '미스터 라이스rice'였다. 워낙 쌀 얘기만 하고 다닌다고 해서 붙여진 별명이었다.

정치권이 UR 반대에 앞장선 것은 물론이고 행정부 역시 소극적이었다. 야당이 개방 반대를 외쳤던 것은 그렇다 치고, 여당인 민자당에도 UR 대책특위가 구성돼 정부에 대해 개방해서는 안 된다고 윽박지르는 한편 의원들이 제네바로 날아가기도 했다.

상황이 이쯤 되자 정부로서도 외국과의 협상에 어떻게 전략적으로 대처하느냐는 뒷전이고 국내 반발을 무마하는 것이 급선무였다. 당시 정부 내의 분위기를 말해주는 예를 들어보자.

90년 8월, TNC무역협상위원회회의에 앞서 어떤 품목을 지킬 것이냐에 대한 입장을 최종 정리하는 회의가 열렸다. 결과는 쌀·보리·옥수수·밀·감귤 등을 포함한 9개 품목을 NTC비교역적 관심사로 선정, 개방대상에서 제외하겠다는 안을 GATT에 제출한다는 것이었다.

내용인즉 국내의 정치적 역학관계나 이해관계에 따라 대상품목이 빠지고 들어가고 한 것이었다. 게다가 일부 실무진이 소속부처 장관의 입장을 지레 짐작해서, 예컨대 옥수수는 강원도 출신인 조순 부총리 몫, 감귤은 제주 출신인 강보성 농림수산부장관의 몫으로 제외해야 한다고 목소리를 높이다 보니 개방 제외품목이 늘어날 수밖에 없었다. 결국 개방 제외품목은 공청회를 하는 과정에서 15개로 늘어났다.

제네바의 이상옥 대사는 기자가 보는 앞에서 서울에서 온 전문을 놓고 "도대체 뭐하는 사람들인지 모르겠다"며 울분을 터뜨렸다. GATT 본부를 상대로 전쟁을 치르는 야전사령관 격인 제네바 대표부 대사 입장에서는 본국 정부나 정치권에서 하는 일들이 참으로 한심하기 짝이 없었던 것이다.

국내 언론들이 "정부는 UR 대책을 미리미리 세우지 않고 왜 지금 와서 허둥대고 있느냐"며 정부를 맹렬히 비판하고 나서자 서울에 주재하던 한 일본 특파원은 이렇게 말했다.

"한국의 언론들은 참 이상합니다. 그렇게 중요한 문제에 대해 언론은 왜 그토록 잠잠했습니까. 언론 자신부터 UR에 무관심한 채 지내오지 않았습니까. 모두들 우루과이라운드에 반대만 하고 있는데, 정말 우루과이라운드가 성사되지 않는 것이 한국경제에 이롭다고 생각해서입니까."

외국 특파원의 눈에는 정부나 언론이나 모두가 똑같이 무지하고 무책임한 것으로 비쳤던 모양이다.

아무튼 정부 안에서조차 손발이 안 맞고 일이 제대로 돌아가지 못했다. 별일이 다 벌어졌다. UR 관련 통상장관회담이 결렬된 지 채 한 달도 안 된 91년 1월 초, 체코주재 대사에게 서울로부터 긴급전문이 날아왔다. "즉각 제네바로 가라"는 내용이었다. 그에게 주어진 임무는 겉으로는 공식 협상단에 참여하는 것이었으나 실제로는 UR협상과 관련해서 미국정부에 사과하는 일이었다. 일종의 진사 사절인 셈이다. 다자간 협상인 UR에서 무엇 때문에 특정 국가에 진사 사절을 보내는 일까지 발생했을까.

1990년 12월 초, 벨기에의 브뤼셀에서는 4년여를 끌어온 UR협상을 마무리 짓기 위한 각국 통상장관회담이 열렸다. 이 자리에서 한국은 농산물 시장개방에 대해 적극적인 반대의사를 표시했는데, 이것이 미국의 심기를 건드린 것이다.

회의 직후 미국 대표단의 실무자 한 사람은 "워싱턴이 결코 가만히 있을 것 같지 않다"고 한국 측에 알려 왔다. 아니나 다를까, 부시 대통령은 공식적으로 EC유럽공동체와 일본, 한국을 지적하며 "UR이 실패하면 책임을 져야 한다"고 비난하고 나섰다. 뿐만 아니었다. 외교채널을 통해 부시 대통령의 친서가 노태우 대통령에게 공식적으로 전달되었다.

당장 청와대는 북새통으로 변했다. UR 자체가 그토록 중요했던 게 아니라 미국이 화를 내고 있다는 점이 청와대를 당황하게 한 것이다.

정부가 이듬해 신년 벽두부터 대통령 주재로 긴급 경제장관회의를 소집, 미국의 요구를 대폭 수용하는 쪽으로 노선을 바꾸는 한편 급히 진사 사절까지 보낸 배경에는 그러한 속사정이 있었던 것이다.

한편 이 같은 해프닝은 통상창구를 둘러싼 경제부처와 외무부, 경제부처 내부의 해묵은 갈등을 다시 한 번 표출시키면서 UR 대응상의 문제점을 그대로 보여주기도 했다.

외무부와 농림수산부의 대립이 가장 심했다. 외무부는 농림수산부의 협상태도를 두고 외교의 기본도 모른다고 비난했다. 가만히 있어도 어차피 파투가 날 상황이었는데 괜히 우리가 반대대열에 앞장섰다가 국제적 망신은 물론 더 큰 손해를 보게 되었다고 말하는 외무부 관계자들은 경제부처의 서투른 외교를 노골적으로 못마땅해했다.

"우리 측 대표로 참석한 조경식 농수산부장관이 마지막 회의석상에서 '우리는 그것을 받아들일 수 없다We can not accept it'고 거침없이 말해버리는 바람에 난감했습니다. 외교협상에서 그런 극단적인 표현은 사용하지 않는 것이 상식입니다. 외교협상에 경험이 없는 경제부처가 대표로 나서니 이런 사고를 치는 겁니다. 협상의 기본도 모르는 경제부처가 통상전략의 중심에 섰으니 제대로 되겠습니까."

직업 외교관들의 이 같은 성토에 가만히 있을 경제부처가 아니다. 당사자였던 조경식 농림수산부장관이나, 협상 현장에서 농업경제연구원 부원장으로서 한국 측 대변인 역할을 했던 최양부 박사 등은 펄쩍 뛰었다.

조 장관은 "귀국 후 얼마 지나지 않아 이번 사태는 나 때문이라는 소문이 나돌기 시작하더군요. 그러나 이 문구는 당시 제네바 대사였던 이상옥 씨를 비롯, 외무부의 전문가들이 함께 작성한 것입니다. 그런데 왜 그 책임을 농림수산부에 돌리는지 이해가 가지 않아요"라고 반박했다.

최 박사도 외무부 비판을 반박했다. "GATT협상은 기본적으로 점잔 빼면서 외교적 체면이나 차리는 자리가 아닙니다. 서로의 이익을 극대화하기 위해 이전투구를 벌이는 자리입니다. 우리 주장을 밝힐 건 밝혀야 했던 겁니다."

어느 쪽의 주장이 옳고 그르고를 떠나, 당시 정부가 GATT협상에 대응하는 공식 창구조차 체계적으로 정리하지 못한 것부터가 문제였다.

뒤늦게 사태의 심각성을 깨닫고 청와대가 대책 마련을 지시했으나 그 제사 누가 공식 창구가 되느냐를 놓고 부처끼리 싸움을 시작했을 정도였고, 나중에 외형상으로는 경제기획원이 총괄업무를 담당하는 것으로 결정되기는 했지만 내부 갈등은 여전했다.

그러나 더욱 근본적인 문제는 농산물 시장개방에 대해 정부 내에서조차 합의가 이루어지지 않았다는 점이다. 외형적으로는 같은 목소리였다. 부처나 지위고하를 막론하고 공식 입장은 '쌀시장은 절대 개방하지 않는다'였으나 속사정은 달랐다.

정부 안에서도 "끝까지 농산물을 지키려다가 다른 분야에서 훨씬 큰 손해를 초래할 수 있다"는 우려가 심각하게 제기되고 있었다. 농림수산부 관계자들조차 공식 회의에서는 쌀개방을 반대하면서 사석에서는 딴 소리를 하는 것이 예사였다. 이 같은 당국의 이중적 태도는 당시의 정치·사회적 분위기가 워낙 험악했기 때문이다. 농민후계자 대표가 제네바 GATT 본부에서 할복자살을 시도할 정도였으니, 지방자치제선거 등 정치 일정을 눈앞에 둔 정부나 집권당의 입장에서 쌀개방의 불가피성을 시인할 수는 없는 노릇이었다.

그렇다면 과연 우리 정부, 특히 개방 반대에 앞장섰던 농림수산부는 쌀개방을 끝까지 막을 수 있을 것이라는 확신을 가지고 있었을까. 조경식 전 농림수산부장관은 후일 당시를 이렇게 회고했다.

"우린들 어렵다는 것을 몰랐겠습니까. 하지만 어쩝니까. 우선 사회 분위기가 개방이 불가피하다는 말을 꺼낼 수 있는 상황이 아니었지 않습니까. 우리도 내부적으로 쌀시장개방에 대한 대비는 하고 있었습니다."

과정이 어떻게 진행되었든 간에 UR협상이 타결되기까지 사람들은 '농업이라고 해서 영원히 보호될 수 있는 것이 아니다'라는 사실을 깨닫게 되었고, 이를 계기로 한국 농정에 일대 전환점이 만들어지게 된다.

UR문제를 청와대가 뒤늦게라도 본격적으로 나서서 챙기게 된 것은 90년 3월 개각 이후부터였다. 경제수석 김종인이 정부의 전반적인 준비 상황이 어떠한지를 노 대통령에게 종합보고하면서 대통령이 UR문제에 대해 직접 목소리를 내기 시작한 것이다.

이 작업은 이석채 경제비서관에게 떨어졌다. 김종인 경제수석의 지시에 따라 이석채는 경제기획원과 농림수산부 관계자들을 모아 특별작업반을 구성, '농업 경쟁력 강화방안' 작업에 들어갔다.

수차에 걸친 수정 끝에 몇 달 만에 'UR 이후의 농정방향'이라는 제목의 보고서가 나왔다. "구조조정에 대한 획기적인 대책이 없는 한 우리 농업의 장래는 가망이 없다"는 것이 이 보고서의 결론이었다.

UR 타결 즉시 발표를 전제로 한 이 대책에는 통일벼 생산 중단, 92년 대선이 끝난 뒤 93년부터 추곡수매가의 동결 및 단계적 쌀 감산, 유통구조 개선 등에 대한 획기적인 대책 등이 포함되어 있었다. 쌀수매와 관련하여 한 차례 제기되었다가 무산된 '차액보상제' 아이디어도 이 보고서를 기초로 한 것이었다.

당시 UR협상이 결렬됨에 따라 공개되지는 않았지만, 이 자료는 노 대통령 보고를 거쳐 경제기획원과 농림수산부 등 관계부처로 넘겨져 2001년까지 42조 원을 투입하는 것을 내용으로 하는 농어촌발전 종합대책의 기초가 되었다. 후일 김영삼시대에 UR협상이 타결되었을 때 정부가 내놓았던 쌀개방대책의 근간이 바로 이때 만들어진 것이었다.

보험시장 개방의 우여곡절

80년대 중반까지만 해도 보험회사들은 금융기관 대접을 제대로 받지 못했다. 폼 잡는 시중은행에 비하면 보험회사는 보잘것없는 존재였다. 보험시장 자체도 허술했을 뿐 아니라 정부 또한 제도나 규제 면에서 허술했다. 그러나 은행의 허울에 비해 보험회사들은 오래전부터 짭짤하게 실속을 챙기고 있었다. 정부가 재벌의 대명사인 삼성그룹에 대해 철저하게 은행소유를 막아 왔음에도 불구하고 보험회사지금의 삼성생명과 삼성화재의 전신인 동방생명과 안국화재를 통해 삼성그룹이 자금조달에 얼마나 많은 도움을 받았는지를 보면 쉽게 짐작할 수 있다.

한국정부가 우습게 봐 왔던 것과 달리 외국의 보험회사들은 한국의 보험시장이 황금 알을 낳는 거위임을 알고 일찌감치 보험시장 개방을 강력히 요구해 왔다. 결국 미국에 대해 양담배와 함께 보험시장 개방도 약속하게 된다. 그러나 이때만 해도 미국 보험회사의 한국지점 설치를 허가하는 선에서의 개방이었다. 노태우정권에 접어들면서 새로운 쟁점은 한

걸음 더 나아가서 합작회사 설립으로까지 확대되었다. 세계적인 보험회사인 애트나와 메트로폴리탄이 그 선봉이었다.

88년 봄 어느 날 재무부 장관실에서는 고성이 새어 나왔다.

"입이 있으면 설명 좀 해보시오. 혼자 잘되려고 미국을 등에 업어요? 돈 있는 재벌이라고 아무 짓이나 해도 되는 줄 아시오? 당신이 매국노와 뭐가 다를 게 있단 말이오. 두고 보시오, 대가를 꼭 치르도록 할 테니…."

노기 띤 목소리의 주인공은 다름 아닌 사공일 장관이었고, 그 앞에서 꿀 먹은 벙어리처럼 아무 소리 못하고 진땀을 뻘뻘 흘리고 있는 사람은 D그룹의 K회장이었다.

사건의 발단은 합작 생명보험사의 인가문제였다. D그룹은 80년대 중반부터 생명보험시장에 참여하려고 백방으로 뛰고 있었다. 그러나 그때마다 재무부가 인가를 내주지 않아 번번이 좌절을 겪어야 했다. 어떻게든 생보사를 가지고 싶었던 D그룹은 작전을 바꿔 미국 보험사를 업고 생보시장 진출을 꾀했다. 당시 시장개방을 요구하는 미국무역대표부USTR와 협상을 벌인 재무부의 한 관계자의 증언에 따르면 그가 미운털이 박힐 만도 했다.

"회담 도중 USTR의 한 대표가 불쑥 '합작기준을 정할 때 D그룹이 꼭 포함되도록 해달라'고 특별히 요청했습니다. 낌새가 이상하다 싶어 알아보았더니 D그룹의 K회장이 오래전부터 미국의 A보험사와 합작 교섭을 추진해 왔다는 사실을 확인했습니다. USTR가 한국에 합작 생보사를 요구하기도 전에 이미 합작 교섭을 마쳤던 것입니다. 결국 K회장이 A보험사를 부추겨 USTR로 하여금 한국에 보험시장 개방을 요구하도록 했다고 심증을 굳혔던 것이지요."

난처해진 D그룹 측은 이에 대해 "A보험사의 임원 가운데 미국 관리와 가까운 사람들이 많아 재무부로부터 괜한 오해를 샀던 것"이라며 해명했다.

보험시장 개방을 좀 더 구체적으로 이해하려면 전두환정권으로 거슬러 올라가야 한다. 미국 레이건정부의 무역 공세는 우리나라 보험시장에도 예외 없이 밀어닥쳤다. 85년 9월 USTR는 한국의 보험시장이 미국통상법 301조에 위배되는지 여부를 조사하겠다고 발표했다. 이때부터 한국과 미국 간에 보험시장 개방을 놓고 치열한 공방전이 시작되었다.

당시 미국이 우리나라 생보시장에 눈독을 들인 것은 엄청난 성장잠재력 때문이었다. 85년 한 해 동안 동방생명현 삼성생명·대한교육보험현 교보생명 등 6개 생보사가 거둬들인 수입보험료는 3조 9872억 원이었고 자산규모는 6조 9215억 원이었다. 또 수입보험료와 자산 증가율이 매년 30~40%에 이를 정도로 초고속성장을 거듭했다. 성장이라기보다는 연속되는 폭발이라는 표현이 더 어울릴 정도였다. 게다가 당시 국민들의 보험가입률도 32.4%에 불과해 잠재력은 무한한 것으로 여겨졌다.

그뿐인가. 금리도 외국에 비해 엄청나게 높았다. 생보사 간판 걸어 놓고 자본금을 대출이나 유가증권 투자로 굴리기만 해도 엄청난 수익을 올릴 수 있는 상황이었다. 외국인의 눈에는 그야말로 피둥피둥한 대어가 뛰노는 황금어장으로 비쳤던 것이다. 이런 시장을 미국이 가만 놓아둘 리가 없었다.

USTR의 요구에 따라 재무부는 87년 라이나·알리코·아플락 등 3개 외국 생보사의 지점을 내주었다. 그러나 USTR는 87년 말 또다시 301조를 들먹이면서 합작사 진출을 허용하라고 요구해 왔다.

본격적인 개방을 피할 수 없다고 판단한 사공일 장관은 보험국에 개방대책 수립을 지시했다. 개방의 원칙은 개방은 하되 국내 시장을 최대한 보호하는 것이었다. 개방압력을 뒤에서 부추긴 재벌을 어떻게든 응징하라는 특별한 주문이 곁들여졌다.

그 결과 재무부는 합작사 진출을 허용하되 재벌의 경제력 집중을 억제한다는 명분으로 상위 30대 재벌들에는 보험시장 진출을 불허하기로 했다. 산업재벌이 금융재벌로까지 크는 것을 막아야 한다는 것이 재무부의 명분이었다. 이미 커져 있는 것은 어쩔 수 없더라도 또 다른 공룡을 키우지는 않겠다는 뜻이었다. 여기에는 괘씸죄에 걸린 D그룹을 배제하겠다는 의도도 깔려 있었다.

그러나 USTR가 "참가자격을 제한하는 것은 공정한 처사가 아니다"며 시비를 걸고 나오자 결국 상위 30대 재벌에서 15대 재벌로 배제대상을 줄이게 된다.

재무부가 그냥 백기를 든 것은 아니었다. 15대까지는 아예 못 들어오게 하는 한편, 16~30대 재벌은 지분율 50% 미만의 소주주가 되도록 소유지분을 제한해 버렸다. 재벌의 경제력 집중을 막는다는 취지였다. 당시 거세게 일고 있던 민주화의 물결 속에서 재벌의 경제력 집중 억제는 단골 명분 중의 하나였다.

USTR가 미국 보험사를 결과적으로 대주주로 만들어 주는 재무부의 정책을 쌍수로 환영했음은 물론이다. 한국 대기업은 손발을 묶어놓고 미국 재벌들은 상대적으로 활개 칠 수 있도록 한국정부가 도와주었으니 말이다.

한편 비록 지분율 50% 미만 제한에 묶이긴 했어도 16~30대 재벌들은 정부의 개방방침이 서자 경쟁적으로 외국 보험사와 합작 교섭을 벌였다. 그 결과 89년 동부애트나·동양베네피트·코오롱메트·고려씨엠·삼신올스테이트가 각각 생명보험 사업허가를 받았다. 또 90년 영풍매뉴라이프, 92년 고합뉴욕이 생겨나 합작사는 모두 7개로 늘어났다. 여기에 프루덴셜 등 외국사도 추가되었다.

재무부가 외국 보험사들에 줄줄이 인가를 내준 것은 믿는 구석이 있었기 때문이었다. 외국 보험사가 들어오더라도 힘을 쓸 수 없도록 덫을 만들어 놓았던 것이다. 이른바 '물타기 인가'였다. 상장을 앞둔 기업이 물타기 증자를 하듯 개방을 앞두고 6개에 불과하던 국내 보험사를 순식간에 20개로 늘려 버린 것이다.

서울에는 전국적인 영업망을 갖춘 내국사를, 지방에는 지역경제를 활성화한다는 명분으로 지방사를 각각 인가해 주었다. 결국 생보시장은 6개 기존사를 비롯해 6개 내국사, 8개 지방사, 7개 합작사, 5개 외국사 등 모두 32개사가 각축을 벌이는 완전 경쟁체제로 돌입하게 되었다. 당시 보험국장으로 실무를 지휘했던 강만수의 회고를 들어보자.

"외국사가 진출해도 재미를 보지 못하게 하려면 물타기가 특효약이었습니다. 밥상은 일정한데 숟가락을 왕창 늘리니 먹을 몫은 줄어들 수밖에 없었죠. 서울에서는 기존사와 내국사가, 지방에서는 지방사가 각각 밀착마크를 해주기를 기대했습니다. 우여곡절을 겪었지만 다행히 이 같은 정책 의도는 잘 반영되었습니다."

강만수의 훗날 자평처럼 외국 보험사는 별로 잘되는 경우가 없었다. 개방 7년이 되도록 외국사와 합작사가 차지하는 시장점유율이 수입보험료 기준으로 전체의 4.3%에 불과했다. 90년대 중반 미국의 한 컨설팅회사가 내놓은 '한국 보험시장 진출'이라는 보고서는 이렇게 평가하고 있다.

"당초 예상과는 달리 한국정부가 보험사를 대량으로 난립케 하는 바람에 시장의 메리트가 없어졌다. 전혀 예상치 못한 대응전략에 미국은 적절히 대처하지 못했다. 결국 미국정부가 한국정부에 가한 개방압력은 아무런 효과를 못 본 셈이다."

그렇다면 과연 재무부의 개방정책은 전체 보험산업에 어떤 결과를 초래했을까. 정부의 기본 태도는 '어떻게 해서라도 미국 보험회사가 국내시장에서 잘 안 되도록 해야 한다'는 데 초점을 맞추고 있었다. 외국 보험사에게 문을 활짝 열어주는 척했으나 실제로는 발 디딜 틈을 만들어 주지 않았다. 지분율을 제한하는가 하면 회사 이름까지 마음대로 못 짓게 했다.

우선 지분율 규정을 살펴보자. 재무부는 재벌의 경제력 집중을 억제하기 위해 16~30대 재벌은 소주주로만 생보시장에 참여할 수 있다는 규정을 두었다. 이 기준에 걸려 본의 아니게 소주주가 된 것이 동부와 코오롱이었다.

생보사 설립을 강력히 추진했던 동부와 코오롱은 자신이 1대 주주가 되지 못한다는 것은 꿈에도 생각지 못했으나 정부 정책 탓에 어쩔 도리가 없었다. 그 대신 미국 측과는 자산운용·영업·인사 등 주요 경영권을 양측이 협의해 행사한다고 합의해 두었다. 애트나와 메트로폴리탄도 처음 진출하는 입장에서 위험을 줄이기 위해 소주주로 참가할 뜻을 비쳤다고 한다. 그러다 한국 측 파트너가 재무부의 지분율 제한에 걸리는 바람에 뜻하지 않게 대주주로 올라선 것이다. 문제는 여기서부터 시작되었다. 처음에는 아무 문제없이 잘 굴러가는 듯했다. 미국 측도 한국시장을 배운다는 생각으로 뒷전에 서서 경영을 적극 챙기지 않았다.

그러나 시간이 흘러 어느 정도 익숙해지자 경영에 일일이 간섭하고 나섰다. 지분율에 걸맞은 경영권을 요구하고 나선 것이다. 특히 미국 측은 외형 위주의 한국식 보험영업에 강한 제동을 걸었다. 외형보다는 단기적인 수익을 중시해야 한다는 주장이었다. 동부와 코오롱은 "한국에서는 한국식 영업이 통한다"며 맞섰으나 지분이 작아 통하지 않았다.

그 과정에서 동부애트나의 이석용 사장은 1991년 애트나 측의 간섭과 압력을 참다못해 사장 자리를 박차고 나와 태평양생명으로 옮겼다. 코오롱메트의 경우 92년 5월 미국 측 대표인 프란시스 한 부사장이 한국 측 우재구 사장에 대해 대표이사 직무집행정지 가처분신청을 서울민사지법에 내는 등 경영권 다툼이 법정으로 비화되기도 했다. 코오롱과 메트로폴리탄은 3개월간 밀고 당기는 승강이를 벌인 끝에 우 사장과 한 부사장을 동시에 해임하는 선에서 잠정적으로 타협을 보았다.

그러나 경영권 분쟁은 두 회사 모두에 심각한 후유증을 남겼다. 89~90년 사이에 만들어진 합작사 가운데 선두를 지켰던 동부애트나는 내홍을 치른 뒤부터 중위그룹으로 밀려났다. 코오롱메트는 영업간부와 일선 모집인들이 대거 타 보험사로 떠나 영업조직이 와해 직전까지 몰리기도 했다. 이런 혼란스러운 케이스들을 놓고 보면, 재무부의 정책 의도가 성공했다면 성공한 셈이다. 한국정부가 원했던 것이 외국과의 합작 보험사가 잘 안 되게 하는 것이었으니 말이다.

그뿐이 아니었다. 재무부는 또 합작사의 운신 폭을 줄이기 위해 상호까지 제한했다. 동부와 애트나는 처음 한국생명으로 합작사 인가신청을 냈다. 그러나 재무부는 한미 양측의 합작 파트너 이름이 상호에 반드시 함께 들어가야 한다며 반려했다. 계약자들에게 보험사에 대한 정보를 충실하게 알려줘야 한다는 점을 명분으로 내세웠다. 소비자들로 하여금 외국자본이 들어간 보험회사라는 점을 회사 이름을 통해 식별할 수 있게 해서 이질감을 느끼게 하자는 의도가 깔려 있었다. 당시 보험국장 강만수의 말이다.

"미국과 합작한 보험회사가 한국회사처럼 간판을 달면 곤란하다고 판단했습니다. 며칠 동안 과장들과 궁리한 끝에 미국 측 합작 파트너의 이름이 상호에 꼭 들어가도록 했습니다. 결국 합작한 두 회사의 이름이 모두 들어간 회사 이름을 짓다 보니 소비자들이 외우기 힘들 정도로 길어지게 되었던 것이지요."

실제로 합작 생보사들은 회사 이름 때문에 상당한 불편을 겪었다. 이들은 결국 광고문안이나 옥외간판에 거추장스러운 미국 측 파트너의 이름을 뗀 채 동부생명, 삼신생명 등으로 표기하기도 했다. 그러나 외국사의 발목을 붙들어 매려던 재무부의 정책은 부작용도 많이 남겼다.

생보사를 무더기로 인가해 준 것은 신규 참여자들의 몫을 줄이기 위한 것이었다. 무한경쟁의 소용돌이가 계속될 경우, 새로 들어올 만한 메리트도 그만큼 상실될 것 아니겠느냐는 계산이었다.

이 같은 전략이 외국 보험사의 입지를 좁히는 데는 성공했다고 할 만했다. 외국사와 합작사는 서울과 지방에서 국내 보험사들로부터 실제로 밀착마크를 당하는 바람에 당초 자신들의 기대에 훨씬 못 미친 게 사실이다. 견디다 못한 아플락과 조지아는 3년 만에 손을 털고 한국을 떠나고 말았다.

그러나 무차별 농약살포가 잡초와 작물을 동시에 죽이는 것처럼 지방사와 내국사도 휘청거리게 되었다. 신설사들은 계약고를 늘리기 위해 앞뒤 안 가리고 사업비를 써댔다. 수익은 안 나는데 비용만 퍼부으니 경영압박이 뒤따랐다. 그렇다고 가만히 있으면 시장점유율은 점점 떨어질 수밖에 없는 형편이었다.

이들이 93년 초까지 떠안은 누적적자는 모두 5천 200억 원을 훨씬 웃돌았다. 특히 일부 지방사들은 쌓여만 가는 손실 때문에 걱정이 대단했다. 시작부터 지방 생보사를 중심으로 통폐합설이 나돈 것도 그러한 배경에서였다. 시장개방 당시 학자들이 추산한 우리나라 생보시장의 최적 규모는 20개사 정도였는 데 비해 한꺼번에 32개사로 늘어났던 것이다.

여기서 궁금한 것은 국내 회사들은 대체 무엇을 노리고 서로 기를 써가며 다투어 보험회사를 차리려고 했느냐는 점이다. 이 같은 의문에 신규 참여 회사의 한 관계자는 이렇게 대꾸했다.

"그건 뻔한 일 아닙니까. 보험시장 자체보다는 보험회사도 금융기관이라는 점이 중요했기 때문입니다. 사실 보험에 대해 잘 아는 사람들이 몇이나 됩니까. 그러나 보험회사도 돈을 걷어서 대출을 해주니까 은행이나 마찬가지라고 생각한 것이지요. 아무튼 보험회사를 늘린다고 하지만 여전히 정부가 인가권을 쥐고 숫자를 제한하는 금융업이니만큼, 일단 들어가기만 하면 땅 짚고 헤엄치기라고 여겼던 겁니다."

그렇다면 재무부가 만약 미국으로부터 시장개방 압력을 받지 않았더라도 이처럼 대폭적으로 신규회사 설립을 허용했을까. 그럴 가능성은 대단히 희박했다. 따라서 과열 경쟁이나 부작용 여부를 따지기 이전에 기존 보험시장에 변화의 파란이 일기 시작한 것은 역시 외부로부터의 개방 압력에서 비롯된 것이었다.

한편 '지분율 제한 정책'은 두고두고 문제를 일으켰다. 이 정책은 한마디로 국내 재벌이 밉다고 외국 재벌을 옹호해 준 꼴이 되고 말았다. 의도했던 재벌의 경제력 집중도 막지 못하면서 명분에만 매달려 국내 기업들만 골탕을 먹였던 셈이다. 동부애트나 사장이었던 K씨의 말을 들어보자.

"재벌의 문어발 식 확장을 막자는 정부의 정책에는 이견이 없습니다. 그러나 그 방법이 너무 단선적이라는 것이 문제죠. 외국 기업의 공세를 견제해 줘야 할 정부가 오히려 앞장서서 국내 기업에 불평등을 강요하고 있는 것은 모순입니다. 어차피 국내 기업들에도 시장을 터줄 바에는 자기들끼리 알아서 지분율을 정하도록 내버려 두었어야지요. 외국 기업은 활개 치게 하면서 국내 기업을 묶어둬서 국가 경제에 무슨 도움이 되겠습니까."

어쨌든 재무부의 보험시장 개방정책은 나름대로 용의주도한 준비와 치밀한 계산 끝에 이뤄졌다. 지금까지 어느 산업을 외국 기업에 개방하면서도 이처럼 정부가 마스터플랜부터 시작해서 구체적인 사항까지 꼼꼼히 챙겼던 적이 없었다. 잘하고 못하고를 떠나서 말이다.

대통령이 악화시킨 대일관계

개방정책에서 일본은 늘 예외였다. 그전 정권에서도 그랬고, 노태우정권에 들어와서도 마찬가지였다. 일본과는 어떤 경제정책도 정치나 국민정서에 따라 좌지우지되는 종속변수였다. 결과부터 말하자면 6공 들어서 한일관계는 극도로 악화되었다. 65년 국교정상화 이후 가장 심각한 상태로 비화되었다고 해도 과언이 아닐 정도였다. 그 이유는 무엇이었을까.

정권 중반기에 들어가면서 국내 경제는 시련의 국면으로 진입하고 있었다. 극렬한 노사분규를 시급히 해결해 나가는 것도 문제였지만, 이를 계기로 외국인투자 기업들이 속속 한국을 떠나고 있었던 것이다. 급격한 인건비 상승뿐 아니라 국민정서 자체가 "이젠 외국 기업들한테 더 이상 아쉬운 소리 할 필요가 없다. 갈 테면 가라" 하는 식으로 흘러갔다. 게다가 외국인합작투자 기업의 경우 순수 한국기업보다 노사분규가 더 심각했다. 그러니 외국인 투자자들 입장에서는 더 이상 한국에 머무를 이유가 없었다.

한편 일본으로부터의 기술이전은 점점 어려워졌다. 한국경제가 발전함에 따라 필요로 하는 기술 자체가 그전 같지 않게 고급화된 탓도 있었고, 한국의 괄목할 성장에 대한 일본 내의 경각심도 새롭게 고조되던 시기여서 기술을 얻어내기가 종전보다 훨씬 어려워졌던 것이다. 따라서 기업들 입장에서는 일본으로부터의 기술이전 문제가 어느 때보다도 절실한 숙제였다.

그러나 돌아가는 상황은 정반대 방향으로 전개되어 갔다. 노태우정권은 전두환정권에 이어 일본에 대해 또다시 과거사 정리문제를 들고 나왔고, 이것이 비약하면서 양국관계는 빠른 속도로 악화되었다. 무엇이 어찌 되어서 노태우시대에 일본과의 경제협력 관계가 그토록 나빠졌던 것일까.

당시 일본에서는 한국의 정권교체에 관심이 많았다. 경위야 어떻든 간에 비록 같은 군인 출신이기는 해도 새 대통령 노태우는 국민들의 선거에 의해 뽑힌 지도자라는 점에서 과연 한국이라는 나라가 모든 면에서 어떻게 변화해 나갈지 매우 궁금했던 것이다. 따라서 노태우에 대한 선입견은 전임자 전두환에 비해 좋으면 좋았지 결코 나쁘지 않았다.

90년 2월 초 노태우 대통령은 외무부의 신년 업무보고를 받는 자리에서 최호중 장관에게 "나의 일본 방문이 교포 3세의 영주권 취득문제를 비롯해 원폭피해자 보상, 사할린 교포문제, 무역역조 시정과 기술이전 등 현안 해결에 도움이 되도록 하라. 구체적인 소득이 보장되지 않는다면 일본 방문 자체를 재검토할 것"이라고 지시했다.

이원경 주일대사는 노 대통령의 이 같은 뜻을 즉시 일본정부에 전달했고, 이에 일본 측도 긍정적인 반응을 보였다. 여기까지는 모든 게 순조로웠다. 원래 일본으로서는 전임 대통령과는 달리 군정을 종식시키고 민주화를 추진하는 대통령이라는 점에서 노 대통령의 정치적 입장을 가급적 도와주려던 측면도 없지 않았다.

그러나 한국 측이 내친김에 과거사에 대한 사죄까지 받아내야 한다는 주문을 추가하면서 일이 꼬이기 시작한 것이다. 그런 문제라면 의당 방일 일정이 확정되기 전에 미리 조율을 해야 했음에도 불구하고, 정상회담을 불과 10일 앞두고 과거사에 대한 공식 사과를 요구하고 나섰던 것이다. 더구나 사과 주체를 아키히토 일왕으로 못 박아 버리자 문제가 커지기 시작했다. 당시 서울에 주재하던 일본경제신문 지국장 스즈오키 다카부미 기자의 말을 들어보자.

"일본은 한국의 사과요구를 수용한다는 원칙을 세워놓고 있었습니다. 그런데 한국정부가 계속 악수를 두는 바람에 일본정부를 한층 난처하게 만들었습니다. 그것도 노태우 대통령 자신이 서두르는 바람에 더욱 그렇게 된 측면이 많습니다. 방일을 앞두고 청와대에서 가진 일본특파원과의 기자회견이 대표적인 예입니다. 노 대통령은 그 자리에서 '일본은 한국에 대해 앗싸리하게 사과를 해야 한다'고 말한 것이 뜻밖의 풍파를 일으켰던 것입니다."

이른바 '앗싸리' 파문이었다. 기자회견이 끝나자 일본특파원들은 자기네들끼리 즉각 별도의 회의를 열었다. 한국 대통령이 말한 대로 '앗싸리'라는 단어를 그대로 송고하느냐 마느냐를 놓고 열린 회의였다. 노 대통령으로서는 '딱 부러지게'라는 뜻으로 앗싸리라는 표현을 쓴 것이었으나, 정작 일본에서는 경찰이 피의자를 취조할 때나 사용하는 능멸조의 단어였기 때문이었다. 일본 기자들이 한국의 노태우 대통령을 좋게 써 줄 리 만무했다.

어쨌거나 과거사 사과문제는 "통석의 염을 금할 수 없다"는 묘한 표현으로 어물쩍 넘어갔다. 경제협력 면에서도 일본 측이 무역의 확대균형과 산업·과학기술 분야에 협력키로 합의하는 등 일견 괜찮은 성과를 올린 셈이었다.

노태우 대통령은 이 같은 방일 성과에 대해 만족감을 표시했다. 비록 애매한 표현이기는 하나 일왕으로부터 사과를 얻어냈을 뿐 아니라 일본이 인색해 마지않던 기술이전 문제에 관해서도 자신이 직접 나서서 실마리를 풀었다고 여겼던 것이다. 귀국 직후 "일본 측이 기술이전을 약속했으니 경제장관들은 조속히 매듭지어 나가라"고 기분 좋게 지시할 정도였다. 정부관료들이나 기업들이 일본으로부터의 기술이전 문제를 풀지 못해 그토록 애를 먹어 왔지만, 이것을 정상회담을 통해 단숨에 해결해 보이지 않았느냐는 뜻이었다.

그러나 현실은 정반대로 나타나기 시작했다. 정상회담이 끝난 지 한 달도 채 안 된 90년 6월, 나카야마 일본 외무장관은 한국 기자들과의 회견에서 "기술이전은 기본적으로 민간 차원에서 해결되어야 할 문제"라며 정부 차원에서는 손댈 뜻이 없음을 분명히 했다. 통산성 관리들도 "애써 개발한 기술을 공짜로 달라는 것은 말도 안 된다"며 노골적으로 한국정부의 태도에 대해 반발했다.

일본 재계의 반응도 전에 없이 싸늘했다. 통산성과 보조를 맞추기로 한 케이단렌한국의 전경련 같은 조직도 한국 기업에 대한 기술공급 중단을 결정했고, 이에 따라 개별기업 차원에서 이루어져 왔던 기술교류도 중단되기에 이르렀다. 퇴역 기술자들이 한국에 가서 기술지도를 하는 것까지 끊어지기에 이르렀다.

그러나 이때까지만 해도 어느 정도 수습이 가능한 상태였다. 그러나 미야자와 총리의 방한을 앞둔 91년 12월 정신대문제가 언론에 클로즈업되기 시작하면서 사태는 더욱 악화되었다. 당시 정상회담을 준비했던 한 실무자는 이렇게 증언했다.

"미야자와 총리가 취임 후 첫 외국 방문지로 한국을 택하게 된 배경에는 한국 측의 희망이 상당히 작용했습니다. 미야자와 총리가 비교적 친한적인 성향이었으므로 그를 끌어들여 입지가 줄어든 일본 내 친한파 인사들의 영향력을 되살리자는 것이 실무자들의 판단이었고, 노 대통령도 이 점을 충분히 인식했었지요. 따라서 우리 측에서는 미야자와 방한과 관련해 심각한 의제를 거론할 의도가 전혀 없었습니다.

그러나 정신대문제가 터지고 무역역조가 100억 달러를 넘어서자 사정이 급변했습니다. 마침 일본 총리가 한국에 오는 마당에 이 문제를 거론하지 않을 경우 여론의 화살을 감당할 수 없다고 판단한 청와대 측이 충분한 실무 검토도 없이 이 2가지를 정상회담의 주요 의제로 집어넣는 바람에 일이 어렵게 되었지요."

이런 상황에서 회담이 잘될 리 없었다. 양국 실무자들은 롯데호텔에서 줄다리기를 계속하던 끝에 어거지 합의를 했다. '한일 무역불균형 시정을 위한 실천계획'이라는 것이었다. 그러나 말이 실천계획이었을 뿐, 실질적인 내용은 하나도 담겨 있지 않았다. 정상회담에서 그렇게 발표하기로 합의한 것에 불과했다.

노 대통령은 일본 총리가 돌아간 후 일본과의 실무회담에 참여했던 주요 국장들을 불러 점심을 함께하면서 이렇게 말했다.

"내가 직접 일본 총리로부터 한국과의 경제협력을 적극적으로 해나가겠다는 언질을 받아냈으니 이제 걱정할 것 없어요. 각자 소신껏 대일 경협문제를 추진해 나가시지요."

노 대통령으로서는, 도저히 안 되는 일을 자신이 나서서 해결해 냈으니 걱정하지 말라는 것이었다. 한국정부 내에서 일고 있는 이 같은 분위기에 대해 당시 서울주재 일본대사관의 경제담당 참사관은 비보도를 전제로 한국의 언론에 이렇게 말했다.

"한국과의 경제협력은 이제 끝났습니다. 정상회담을 할수록 더 나빠질 겁니다. 노 대통령이 문제를 풀기는커녕 오히려 악화시키고 있기 때문입니다. 설령 일본정부가 요구해도 기업들이 말을 듣지 않습니다. 한마디로 한국에 투자할 생각이 전혀 없습니다. 정권이 바뀔 때마다 사과를 요구하고, 걸핏하면 침을 뱉고 욕을 하면서 왜 기술은 거저 달라는 겁니까. 소련이 무너져 안보방패로서의 한반도의 값도 크게 떨어졌고, 임금이 올라 경제적 활용가치도 그전 같지 않은데, 한국정부는 그걸 전혀 모르는 것 같아요."

여간해서 속마음을 털어놓지 않는 게 일본 외교관들인데, 그는 전혀 말조심을 하지 않았다. 서울주재 일본대사관 자신의 사무실에 앉아서 술자리에서나 할 만한 거친 어투로 한국을 비난해 댔다.

문제는 그의 말이 옳고 그름을 떠나 일본이 돌아앉음으로써 현실적으로 한국경제에 돌아오는 영향이 어떠한 것이냐에 있었다. 예컨대 일본의 유명 골프채회사들이 당초 한국에다 집중시키기로 했던 생산기지를 전면 취소하고 몽땅 대만으로 옮겨 버린 것을 대표적인 사례로 꼽을 수 있을 것이다.

한국과 일본의 경제협력 관계가 노태우정권에 와서 이처럼 최악의 상태로 치닫게 된 것은 물론 정부의 미숙한 정책 탓만이라고 할 수는 없다. 일본 측의 과잉 반응도 중요한 요인으로 작용한 측면이 없지 않다.

3저 호황에 더해 서울올림픽의 성공적 개최를 계기로 한국경제에 대한 일본의 인식이 획기적으로 달라지기 시작한 것도 이때부터였다. 특히 기술이전 문제와 관련해서 한국의 급속한 추격에 대해 일본은 정부나 기업 모두가 심각한 경계심을 갖게 된 것이다. 당시 일본 내에서는 한국과의 경제협력 과정에서 일어나는 기술이전이 이른바 부메랑효과를 가져와, 결과적으로 한국이 일본에 커다란 위협요인이 될 수 있다는 견해가 횡행했다. 정부 차원에서 추진되었던 경부고속전철 사업에 일본의 신칸센이 일찌감치 배제된 것도 이런 맥락에서였다. 한국은 기술이전을 전제로 내세웠던 반면, 일본은 부메랑효과를 우려해 수주를 못해도 좋으니 기술이전은 못 해주겠다고 등을 돌렸던 것이다.

제15장

노태우의 대표작,
북방정책과 SOC투자

소련과의 역사적 수교

"북방정책은 한국경제의 활로가 아니라 퇴로였다."

전두환정권에서 재무장관과 대통령 비서실장을 지낸 강경식은 모 월간지에 기고한 글에서 이렇게 말했다. 노태우 대통령이 최대 업적으로 내세우는 북방정책을 여지없이 깎아내린 것이다.

그러나 누가 뭐라 해도 노태우 대통령의 대표작은 역시 소련 수교를 포함한 북방정책을 주도한 것이었다. 국내에서보다도 오히려 일본이나 미국의 전문가들이 노태우의 북방정책을 높이 평가한다. 미국의 조지 슐츠 전 국무장관은 노태우를 한국 대통령 가운데 이승만 다음가는 '외교를 가장 잘한 대통령'이라고 추켜올렸다.

과연 역사는 노태우의 북방정책을 어떻게 평가할까. 역사적 평가는 전문가의 몫으로 돌리고, 여기서는 경제적 측면을 중심으로 북방정책이 어떻게 진행되었는지를 정리하는 데 초점을 맞춰보자.

북방정책은 어떻게 세상에 나왔던 것일까. 노태우 대통령 자신의 아이디어에서 출발했던 것일까, 아니면 비밀리에 부다페스트·평양 등을 누비고 다닌 측근 박철언의 코치에 따른 것일까.

그것이 누구의 조언에 의해서였든 간에 노태우의 머릿속에는 꽤 오래 전부터 공산권국가를 향한 북방정책 구상이 들어 있었다는 점은 분명해 보인다. 취임 4주년을 며칠 앞둔 92년 2월 하순 노 대통령이 출입기자와의 간담회에서 한 회고를 재생해 보자.

"기존의 방식으로는 남북통일이 불가능하겠다고 생각하고 있던 차에 81년 9월 서울올림픽 유치가 결정되었습니다. 일본과의 치열한 경쟁 속에 한 표가 아쉬웠던 상황에서 비동맹국가의 협조가 크게 도움이 되었지요. 당시 정무장관으로 있던 나는 이것을 보고 자신이 생겼습니다. 대한민국도 이젠 반쪽 외교에서 벗어나 전방위 외교로 탈바꿈하자는 생각이 들게 되었지요. 공산국가들과 수교를 맺게 되면 평양 가는 길도 더 쉬워질 게 아니냐는 생각을 하게 된 겁니다."

북방정책을 구상하게 된 계기는 이미 오래전에 자신이 공산권국가들을 상대로 올림픽유치 외교를 경험하면서 만들어진 것이라는 이야기다.

당시로서는 공산권국가들과의 접촉 자체가 피차 정치적으로 부담이 되었던 터였으므로 스포츠를 매개로 한 접촉이 한결 자연스럽기도 했다.

북방정책의 개척자였음을 자처하는 박철언의 말은 이렇다.

"내가 1985년 안기부장 특보로 간 후 전두환 대통령에게 건의해서 대對공산권 전담팀을 구성했습니다만, 이때는 자료수집 정도에 불과했지요. 그러다가 6공 출범과 함께 이 팀을 청와대로 옮겨가 본격적인 실행에 들어갔습니다. 그러나 노태우 대통령의 실천의지가 없었으면 북방정책은 불가능했을 겁니다."

두 사람의 말을 토대로 하면 80년대 초 정무장관시절에 시작된 노태우의 구상은 그가 대통령이 되면서 친인척이자 최측근이었던 박철언이라는 심복을 통해 시동을 걸었던 것으로 그림이 그려진다.

아무튼 당시로서는 공산권국가와의 수교 결정은 매우 파격적인 선택이었다. 금단의 세계였던 공산권국가의 외교공관이 버젓이 서울 한복판에 들어서게 되었고, 사람과 물자가 빈번하게 오가게 되었다. 하루아침에 세상이 달라진 것 같은 착각이 들 정도의 급격한 변화였다. 그러나 이같은 북방정책들이 범정부적인 합의 과정을 거쳐 추진된 것은 아니었다.

"처음에 이 문제를 놓고 관계기관장 10여 명이 참석한 고위 대책회의를 가졌는데, 아직은 위험 부담이 크지 않으냐는 부정적인 의견이 압도적이었습니다."

88년 2월 노태우정권이 출범한 직후부터 북방정책은 속도를 붙여 나갔다. '밀사' 박철언은 대통령 정책특보로서 소련과 중국, 동구권의 벽을 뚫기 시작했다. 89년 2월 드디어 공산권국가 최초로 헝가리와의 수교를 성사시켰다. 당시로서는 획기적인 일이었다.

한국외교사에 특기할 만한 일이었으나 이 과정에서 외무부는 뒷전이었다. 박철언 자신도 훗날 여러 자리에서 "북방정책은 대부분 내가 입안, 결정, 집행했다"고 자랑스레 말했다.

김종휘 외교안보수석의 회고도 당시의 분위기를 뒷받침해 준다.

"박철언 씨가 정무장관이 돼서 청와대를 떠난 후부터는 내가 북방 및 통일정책을 물려받았어요. 청와대는 물론 행정부 내에서 통일·외교·안보·북방문제를 총괄해서 다룬 것은 그때부터였다고 보면 됩니다."

그전까지는 박철언 개인을 주인공으로 한 밀사 외교 성격이 강했다는 뜻이다.

경제협력이 수교에 결정적 지렛대였지만 경제부처는 전혀 역할을 못했다. 명색이 대외경제위원회 위원장인 부총리 이승윤도, 경제수석 박승도 "북방정책에는 거의 개입하지 않았다"는 것이다.

경제기획원의 직제가 북방정책 때문에 바뀌는데, 정작 경제기획원 사람들은 몰랐다. 어느 날 기획원차관과 기획관리실장은 삼청동 안가로 오라는 지시를 받았다. 박철언과 안기부장 등이 참석한 비밀회의였는데, 경제기획원 안에 공산권국가들과의 경제협력 문제를 다루기 위한 전담조직을 즉각 만들라는 것 아닌가. 그래서 만들어진 것이 대외경제조정실 제4협력관 자리였다.

박철언이 청와대를 떠나고 김종휘 외교안보수석과 김종인 경제수석이 소련과의 수교에서 협상의 전면에 나서는 것을 계기로 이 같은 구도가 바뀌어 갔다. 경제부처가 보다 적극적으로 개입하게 되었고, 중국과의 수교나 UN 가입 등은 외무부를 중심으로 정책의 축이 옮겨 갔다.

북방정책의 최종 목표는 노 대통령이 스스로 밝혔듯이 '임기 중 남북통일'의 성사였다. 이 때문에 단기간 내에 가시적인 성과를 서두르다 보니 실무적 검토보다는 정치적 결단이 크게 작용할 수밖에 없었고, 이는 경제적인 부담으로 이어졌다.

문제는 돈이었다. 그 결과는 차관제공으로 나타났다. 첫 성과인 헝가리와의 수교도 4억~5억 달러의 차관제공을 전제로 한 '선경협 후수교'였고, 소련·폴란드·유고 등도 마찬가지였다. 경제부처는 난색을 표했지만 먹혀들지가 않았다. 기획원 당국자의 증언이다.

"가끔 나라별로 경제적 타당성 검토를 지시하는 일은 있었지요. 우리는 중국을 제외하고는 돈을 주면서까지 수교를 서두를 필요는 없다는 입장이었습니다. 특히 소련과의 수교는 실리적 관계를 따질 것을 강조했습니다. 하지만 청와대의 반응은 '판단은 우리가 한다. 경제부처는 우리의 감당능력이 얼마나 되는지만 검토하라'는 것이었습니다."

이런 비밀주의 추진방식은 당연히 부처 간의 갈등을 초래했다. 경제부처들도 벙어리 냉가슴 앓듯 속만 끓이고 있었고, 안기부의 체면도 말이 아니었다. 북한의 외교 실세이던 허담과 비밀리에 서울과 평양을 번갈아 오가며 정상회담 등을 협의하는 박철언을 보면서 그전까지 대북문제의 전담창구였던 안기부의 속이 편할 턱이 없었다. 외무부는 끼어들지도 못했다.

그래도 막강한 박철언이 청와대에 있는 동안에는 안기부도 잠자코 있을 수밖에 없었다. 하지만 그가 청와대를 떠나면서 사정이 달라졌다. 청와대의 한 실무관계자가 "대북 관련 국가기밀을 누설했다"는 이유로 안기부에 끌려가 곤욕을 치른 사건이 상징적인 예다. 해프닝 한 토막을 청와대 실무자는 이렇게 전했다.

"아마 92년 초였을 겁니다. 북한 관련 기사가 모 신문에 실렸는데, 안기부는 청와대에서 샜다고 보고, 비서실장에게 보고한 후 조사를 시작했습니다. 김종휘 수석은 낌새를 알아채고 대통령이 있는 본관으로 피했기 때문에 겨우 봉변을 면할 수 있었지만 관련 실무자는 잡혀 가서 호된 조사를 받았습니다. 자기네를 제쳐놓고 독주한 데 대한 안기부의 반격이었던 셈이지요."

결국 북방정책의 전개 과정은 정부 내의 공감대가 이루어지지 않은 가운데 비밀리에 진행되었고, 이 때문에 최고통치자의 정치적 목적과 추진 주체의 개인적 판단과 성향에 크게 영향을 받았던 것이 사실이다.

돌이켜 보면 소련 같은 오랜 적대국과의 국교를 정상화한다는 것, 더구나 상당 규모의 돈까지 줘가면서 외교를 튼다는 것은 대단히 어려운 선택이었고, 정부 안에서도 부처나 입장에 따라 생각이 다를 수밖에 없었다. 기본적으로 통상적인 토론을 거쳐 합의를 도출할 수 있는 일이 아니었다.

요컨대 소련과의 수교는 대통령 노태우의 가장 대표적인 '정치 프로젝트'였다는 점이 핵심이다. 소련과의 수교가 중국으로까지 곧바로 이어지게 되는, 이른바 북방정책의 주역은 어쨌거나 대통령 노태우였다. 통계 숫자를 봐도 그는 북방정책에 관한 한 으스댈 만했다. 89년 헝가리를 시작으로 수교한 공산권국가는 재임기간 중 무려 37개국에 이르렀다. 역대 어느 대통령에게서도 찾아볼 수 없는 실적이다.

소련 사람들이 한국 땅에 공공연하게 발을 들여 놓은 것은 88서울올림픽 때가 처음이었다. 그나마 올림픽에 참가한 선수단과 취재팀, 정부관계자 정도가 전부였다. 소련인이 한국에 왔다 해서 언론들은 앞을 다투어 그들의 일거수일투족을 화젯거리로 대서특필했다. 그들이 한국에 왔다는 것 자체가 뉴스였으니까.

처음 있는 일이라서 한국 측도 긴장했고, 소련 측도 긴장했다. 선수 숙소도 안전을 고려해서 다른 참가국처럼 일반 호텔을 사용하는 것을 꺼리고, 인천과 부산 앞바다에 자국 군함을 띄워 놓고 선수들이 배에서 먹고 자면서 경기장에 출퇴근하기도 했다. 당시만 해도 소련은 그처럼 여전히 한국과는 '먼 나라'였다.

소련의 미하일 고르바초프 대통령이 제아무리 페레스트로이카_{러시아어로 개혁을 뜻함}를 통한 개방정책을 펴기 시작했다고 해도, 올림픽이 아니었다면 과연 한국과의 수교에 그처럼 적극적일 수 있었을까. 1980년 말에 접어들면서 소련이 비록 70년 사회주의체제를 포기하고 개방과 시장경제를 도입하기 시작한 것은 사실이나, 코리아라는 나라는 여전히 동북아의 한 귀퉁이에 자기네 편인 북한과 대치하고 있는 관심권 밖의 조그마한 적대국에 불과했다.

그랬던 것이 88올림픽에 와서는 코리아에 대한 생각이 확 바뀌어 버렸다. 자신들의 페레스트로이카가 한국에 대한 생각을 바꾼 것이 아니라, 88올림픽 참가 경험이 한국에 대한 인식을 완전히 바꿔 놓았던 것이다.

개방정책과 함께 80년대 중반부터 한국 기업들은 진도모피를 선두로 대우, 삼성 등이 슬금슬금 모스크바에 진출하기 시작했다. 말이 진출이지 대부분의 거래는 밀수나 다름없는 편법거래를 벗어나지 못했다.

그때만 해도 모스크바 크렘린광장에서 남한 사람이 활보하는 것 자체를 상상하기 어려운 시대였다. 코리안이라 하면 당연히 북한 사람을 뜻했다. 남한에서 왔다고 하면 "남한에서도 모스크바에 올 수 있느냐"고 의아해했던 때다. 물론 위험했다. 소련경제가 개방과 함께 급전직하로 허물어지고 있는 상황이었으므로 사회 전반이 대단히 흉흉했다. 소련과의 비즈니스는 목숨을 걸어야 할 정도로 위험하고 힘들었다.

그러나 이 모든 상황은 88올림픽을 계기로 싹 바뀐다. 매일 10여 시간씩 텔레비전 중계로 비쳐진 서울의 한강, 번화가, 빌딩숲을 본 2억 소련인들의 인식이 자동적으로 바뀌었기 때문이다. 한국의 경이로운 발전상에 크게 놀랐고, 과거의 부정적 인식이 하루아침에 긍정적인 쪽으로 선회하게 되었다. 마침 소련경제가 갈피를 잡을 수 없을 정도로 악화되어 가는 상황이었던 만큼, 한국에 대한 인식만 호전된 게 아니라 뜻밖의 신흥부자로 부각된 한국으로부터 돈을 좀 끌어다 쓰자는 움직임도 여기저기서 일어나기 시작했다. 일본밖에 생각하지 못했던 극동지역에서 뜻밖에 발견한 유력한 경제파트너로 급속히 부상한 것이다.

까다롭기 짝이 없던 한국인에 대한 비자 발급도 슬슬 풀리는가 하면, 한국의 언론인들을 초대해서 정부요인과 만나게 해주었을 뿐 아니라 KGB

의 건물 내부까지 견학시켜 주는 일도 벌어졌다. 상상도 못하던 일이다.

한마디로 소련으로 하여금 한국에 대한 기존의 부정적 인식을 긍정적인 쪽으로 돌리게 한 것은 다른 어떤 요인보다도 서울올림픽이었다고 할 수 있다.

서울올림픽의 외교효과는 세계적이었다. 중국에도 큰 충격을 주었고, 심지어 이웃 일본에도 한국에 대한 생각을 다시 하게 했다. 한마디로 코리아의 국격이 올림픽 개최를 계기로 하루아침에 달라졌던 것이다. 이렇게 조성된 올림픽 프리미엄이 결정적으로 작용한 결실이 바로 소련과의 수교라는 역사적인 사건이었다.

노태우 대통령은 자신이 서울올림픽의 주인공이라고 확신해 왔다. 비록 전두환 전임 대통령이 유치하고 그의 재임기간 중에 모든 것이 추진되어 왔지만, 그는 체육부장관이나 올림픽조직위원장 등의 경력을 통해 실무를 이끌었을 뿐 아니라, 정작 잔칫상을 차려서 팡파르를 울린 대통령은 바로 자신이었기 때문이다. 따라서 서울올림픽의 외교효과를 자신의 북방정책 추진과 연결시키려고 백방으로 애를 쓴 것은 매우 자연스러운 일이기도 했다.

하지만 소련과의 수교가 그처럼 수월하게 풀릴 것이라고는 노태우 대통령도 기대하지 않았다. 박철언을 통해 여러모로 비밀접촉을 시도해 왔지만, 손에 잡힐 만한 이렇다 할 공식 반응을 소련당국으로부터 별로 얻어내지 못했기 때문이다. 서울올림픽으로 제아무리 한국의 값이 오르고 호감을 갖게 되었다 해도 소련은 역시 '썩어도 준치'였다. 크렘린의 높은 담을 넘어가기에 한국 혼자의 외교 역량으로는 벅찼다. 89년 말에 이미 한·소 양국의 합의에 따라 서울과 모스크바에 총영사관을 설치하기는 했으나, 정작 정식 국교수립을 위한 논의는 전혀 진전이 없었다.

실마리를 풀어준 것은 미국이었다. 답답한 상황에서 미국이 나서야 북방정책도 실질적인 진전을 기할 수 있다고 코치를 한 사람은 경제수석 김종인이었다. 1990년 5월 노태우정부로부터 훈장을 받기 위해 서울에 온 미국의 전 국무장관 슐츠는 뜻밖의 선물을 한국에 안겨주었다.

"조만간 소련의 고르바초프 대통령이 스탠포드대학교 총장 초청으로 샌프란시스코에 오기로 되어 있는데, 아마도 그때 한국에 좋은 일이 있을지 모르겠다"는 귀띔을 해주었다.

그런 지 얼마 안 된 5월 21일, 모스크바에서 고르바초프의 외교담당 고문인 아나톨리 도브리닌이 서울로 날아와서 김종휘 외교안보수석과 만났다.

"고르바초프 대통령이 6월 4일 미국 샌프란시스코에서 한국 대통령과 만날 수 있다. 경제협력도 하고 수교문제도 논의하자"는 뜻을 전했다. 이어서 노재봉 비서실장과도 만난 도브리닌은 "한국과 소련의 정상회담이 샌프란시스코에서 열릴 계획이라는 사실이 사전에 노출되면 그 즉시 모든 일은 없던 일로 한다"는 점과 "경제협력 방안을 우선적으로 준비해 올 것"을 주문했다. 북한이나 소련 내부의 군부 등 강경파들이 한·소 정상회담 계획을 사전에 알고 판을 그르칠 것을 우려해서 신신당부한 말이었다.

이튿날인 5월 22일 도브리닌은 청와대에서 노태우 대통령을 직접 만나 소련의 정상회담 의사를 재확인시켜 주었다.

"소련은 한국과 수교할 의사가 있다. 고르바초프 대통령이 미·소 정상회담을 하러 워싱턴에 가는데, 그때 샌프란시스코에서 한국 대통령을 만날 용의가 있다."

정상회담 추진은 급박하게 돌아갔다. 그러나 이때까지도 불확실한 게 너무 많았다. 정상회담 장소도, 정확한 시간이나 의제도 구체적으로 합의되지 않았기 때문이다. 더구나 회담 장소로 도브리닌이 통보해 준 샌프란시스코의 소련 영사관은 아무리 수교가 절실하다 해도 한국으로서는 받아들이기 난처한 곳이었다.

5월 28일 의전수석 이병기는 정상회담 준비를 위해 비밀리에 샌프란시스코로 날아갔다. 가장 급한 일은 회담 장소였다. 우여곡절 끝에 미국 정부의 협조까지 얻어가며 간신히 회담 장소를 소련 영사관 대신 호텔로 변경시키는 데 성공했다.

노태우 대통령은 샌프란시스코에 도착했으나 불안하기 짝이 없었다. 중간에서 큰 도움을 준 슐츠 전 국무장관이 골프나 치면서 여독을 풀 것을 제의했으나 노 대통령은 사양했다. 그럴 경황이 아니었던 것이다.

6월 4일, 역사적인 첫 한·소 정상회담이 샌프란시스코 페어몬트호텔에서 열렸다. 소련 대통령은 노련했고, 한국 대통령은 초긴장했다. 회담에 배석했던 경제수석 김종인의 회고를 들어보자.

"원래 경제수석은 정상회담 참석자 명단에 들어가 있지 않았습니다. 그런데 소련 측이 '이번 회담은 경제협력 논의가 가장 중요하므로 꼭 경제보좌관을 참석시킬 것'을 요구해 왔던 겁니다. 그래서 하는 수 없이 원래 예정되었던 공노명 모스크바 총영사 대신 내가 들어갔던 거지요.

회담 시작 전 고르바초프 대통령이 한국 측 수행원들과 인사를 나누는데, 내가 경제보좌관이라고 하니까 내 손에 든 파일을 탁 치면서 '파일이 왜 이렇게 얇으냐'며 씨익 웃더군요. 경협에 관한 자신의 관심 표명이었던 것이겠지요."

이날 정상회담은 어차피 수교에 합의를 본다든지, 도장을 찍기를 기대한 것은 아니었다. 한국의 대통령과 소련의 대통령이 처음 만났다는 것 자체가 역사적 사건이었다. 비록 수교에 대한 구체적 논의는 없었다 해도 이날 회담을 계기로 곧바로 수교를 향한 실무작업이 진행되었다.

1990년 10월 1일은 노태우정권의 북방정책이 최대 전환점을 맞는 날이었다. 이날 새벽 1시미국 시간 9월 30일 낮 12시 뉴욕 유엔본부 안보리의장실에서 최호중 장관과 소련의 셰바르드나제 장관이 참석한 가운데 사상 첫 한·소 외무장관회담이 열렸다.

1시간 후 두 사람은 공동 기자회견을 갖고 "양국은 수교에 합의하는 공동 코뮤니케에 서명했다"고 발표했다. 1905년 한·러 통상수호조약이 폐기되면서 국교가 단절된 지 85년 만에 두 나라의 관계가 정상화된 것이다. 6월의 샌프란시스코 한·소 정상회담 등이 있은 후여서 예정된 수순이기는 했지만, 초조하게 공식 서명을 기다리던 한국정부의 입장에서는 2년여의 노력이 결실을 맺는 순간이었다. 당시 공산권의 종주국인 소련과의 수교는 노태우정부가 심혈을 들여 추진해 온 북방정책의 첫 번째 목표였는데, 그 목표가 성취된 것이다.

양국의 정상회담으로 수교는 기정사실로 여겨졌으나 정작 도장을 찍기까지는 넘어야 할 산이 아직 남아 있었다. 첫째로 소련은 경제협력, 다시 말해 한국의 경제적 지원을 우선적으로 요구했던 반면 한국정부는 수교부터 먼저 해야 할 것 아니냐는 것이었고, 둘째로는 돈을 빌려주는데 그 규모를 얼마로 할 것인가 하는 문제였다. 결국 문제는 돈이었다.

사실 한국으로서는 소련과의 수교에 돈이 든다는 점은 각오하고 있던 바였다. 돈이 들더라도 소련과 국교를 트면 북한 위협이 줄어서 국방비 부담이 줄게 된다는 점도 계산에 넣었다. 마침 국제수지 흑자가 푸짐하게 나고 있으니 웬만한 부담은 소화할 수 있다는 자신감도 깔려 있었.

돈문제는 사실 샌프란시스코 정상회담 때부터 터져 나왔다. 고르바초프 대통령은 시종 원론적 이야기로 일관했던 반면, 노태우 대통령은 수교문제를 보다 구체적으로 제안했다. 그러다 보니 당연히 경협제공 의사를 밝힐 수밖에 없었다. 회담에 배석했던 경제수석 김종인의 회고다.

"정상회담 직전 워싱턴에서 날아온 미국의 솔로몬 차관보가 부시와 고르바초프의 회담 결과를 설명하면서 '소련의 관심은 오로지 경제'라고 귀띔해 주었습니다. 아니나 다를까, 회담 중에 소련 측이 보인 관심은 오로지 경협문제였습니다. 구체적인 카드가 준비되지 않은 상황에서 노 대통령은 '기십억 달러를 제공할 용의가 있다'고 말했고, 우리 측 통역은 이를 'several billion dollars'로 번역했어요. 바로 이 통역 때문에 나중에 30억 달러라는 경협규모를 놓고 양국이 다투는 불씨가 되기도 했습니다." a few billion dollars로 통역하는 것이 옳았다는 것이다.

한국 측은 정상회담을 한다는 것 자체에 대해 양국 정상이 실제로 얼굴을 마주하고 대좌하는 순간까지도 불안을 감출 수 없었다. 사실상 일방적으로 소련 측이 만나주겠다고 해서 만나게 된 것이요, 따라서 만나서 회의를 진행하는 것 역시 그들의 페이스에 끌려갈 수밖에 없는 상황이었다.

고르바초프는 자기네 경제사령탑인 마슬류코프와 한국의 경제수석 김종인을 가리키며 "실무문제는 두 사람에게 맡기자"며 회의를 끝냈다. 정상회담 후 한 달 반 정도가 지난 뒤 고르바초프의 친서가 서울로 날아왔다. 경협을 책임지고 담당할 사람을 모스크바로 보내라는 것이었다.

경제수석 김종인이 대소협상의 전면에 나서 8월 초 모스크바로 향하게 된 것도 이 때문이었다. 소련과의 수교협상에 경제수석이 앞장선다는 것 자체가 정상적인 일이 아니었으나, 소련의 요구가 그러하니 다른 도리가 없었다. 외무부나 청와대 내의 외교안보수석이 불쾌했던 것은 말할 나위도 없는 일이었다.

우리 정부의 기본 전략은 '선수교, 후경협' 그리고 북한에 대한 소련의 무기공급 중단 등 2가지였다. 김종인은 마슬류코프의 집무실에서 대낮부터 보드카를 마셔가며 줄다리기를 벌였다.

"한국같이 조그만 나라가 당신네 같은 슈퍼파워 국가한테 약속을 안 지키고 어떻게 살아남을 수 있겠는가. 다만 우리는 국회가 있어서 '선경협, 후수교'는 현실적으로 불가능하다. 수교부터 먼저 해야 경협이 가능하다. 고르바초프 대통령에게 이 점을 강조해 달라."

김종인의 회고가 이어진다.

"결국 마슬류코프는 휴가차 크리미아반도에 가 있던 고르바초프한테 전화를 걸었고, 통화를 끝내더니 의외로 선선히 우리의 제의를 수락하더군요. 그래도 마음을 놓을 수가 있어야지요. 만일의 사태에 대비, 나중에 딴 말을 하지 못하도록 마슬류코프에게 공동 TV인터뷰를 갖자고 했지요. 이 자리에서 그는 '수교는 아무 때나 좋다'고 말했고, 이것이 즉각 서울에서 방영되면서 수교는 비로소 기정사실화되었던 것입니다."

수교가 되자 이제는 소련 쪽이 서두르기 시작했다. 한국이 원하던 수교를 해주었으니 이젠 자기네들이 원하는 돈을 챙길 차례라는 것이었다. 그해 11월 말 메드베데프 대통령위원회 위원이 고르바초프 특사로 날아왔다. 소련의 요구는 노태우 대통령이 모스크바에 올 때 경협협정에 서명하자는 것이었다. 그러나 이때까지도 양국이 경제협력 규모, 다시 말해 한국이 소련에 빌려줄 돈의 액수가 타결되지 않은 상태였다. 우리 정부 내에서조차 의견이 엇갈려 입장이 완전히 정리되지 않은 채 노태우 대통령의 소련 방문이 시작되었다. 결국 뒤늦게 양국의 경협규모를 둘러싼 협상이 시작되었다. 당시 실무대표였던 김종인과 마슬류코프 간의 협상내용을 재구성해 보자.

김종인 : 20억 달러 이상은 안 된다.

마슬류코프 : 언론보도 등을 통해 한국정부가 50억 달러 이상을 생각하고 있는 것으로 알고 있었다. 샌프란시스코에서도 several billion이라고 하지 않았는가. several은 5개 이상을 의미하지 않느냐.

김 : 그렇게는 할 수 없다.

마슬류코프 : 당신네 대통령이 그렇게 말하지 않았느냐.

김 : 통역상에 문제가 있었다.

마슬류코프 : 당신네하고는 협상 못하겠다. 수교를 하고 나니까 이제 발뺌하는 거냐.

소련 측이 노골적으로 불쾌해하며 이런 요구를 하는 데는 나름대로의 이유가 있었다. 소련과의 수교가 가시화된 90년 초부터 국내 인사들이 너도나도 한몫 끼기 위해 경쟁적으로 갖가지 지원을 약속해 소련 측의 기대를 잔뜩 부풀려 놓았던 것이다. 대표적인 예가 90년 3월 모스크바를 방문했던 김영삼 당시 민자당 대표최고위원이었다. 그는 차기 대통령 자리를 예약해 놓은 것이나 마찬가지인 상태에서 100억 달러를 지원하겠다고 말했는데, 이것 또한 두고두고 말썽을 부렸던 것이다.

결국 한국 측의 20억 달러와 소련 측의 50억 달러 주장이 맞서다가 30억 달러로 절충키로 합의했다. 그러나 세부사항을 둘러싼 양국의 줄다리기는 계속되었다. 이듬해인 1991년 1월 말 마슬류코프가 경협조건을 마무리 짓기 위해 서울로 날아왔다. 당시 실무주역이던 박운서 청와대 비서관은 이렇게 기억하고 있다.

"이때의 쟁점은 현금차관 규모와 기간이었다. 한국 입장은 현금차관 최대 5억 달러에 모든 자금은 5년에 걸쳐 제공한다는 입장인 반면, 소련

임기 중 남북통일을 실현한다는 최종 목표를 염두에 두고 추진된 북방정책은 가시적 성과를 보기 위해 서두르면서 '흥정'의 형태를 띠게 됐고, 이는 경제적인 부담으로 이어졌다. 사진은 90년 12월 소련을 방문한 노 대통령과 고르바초프 대통령.

측은 현금차관 15억 달러를 포함한 전액을 1년 내에 몽땅 달라는 것이었다."

3일간의 줄다리기 끝에 현금차관은 중간선인 10억 달러로 마무리되었는데, 우여곡절이 많았다. 소련 측 대표와 협상을 벌이는 동안 내내 정부는 매일 아침 안가에서 관계장관회의를 갖고 어떻게 해서라도 두 자리 숫자는 안 되도록 하고자 애를 썼다. 별다른 진척을 보지 못하자, 결국 노태우 대통령이 직접 나서야 했고, "현금차관을 10억 달러로 양보해서 매듭지으라"고 지시함으로써 어렵사리 매듭을 짓게 된다. 곧 있을 한국의 유엔가입 문제 등에서 소련의 협조를 얻어야 한다는 외교적 판단도 상당한 영향을 주었다.

당시에도 30억 달러의 지원이 꼭 필요했는가를 둘러싸고 평가가 엇갈렸다. 박철언은 "나는 소련의 경우 경협과 수교는 분리해야 한다는 입장이었어요. 옐친이 강력한 지도자로 부상하는 시기였기 때문에 경제적 부담을 지면서 수교를 서두를 필요는 없다고 생각했습니다. 고르바초프와 옐친의 갈등을 이용하면 쉽게 수교할 수 있다고 주장했으나 받아들여지지 않았습니다"라며 부정적인 입장을 보였다

그러나 바로 직전까지의 실권자였던 박철언의 이 같은 비판에 그 후임 격인 김종인은 전혀 개의치 않았다.

"소련과의 조속한 수교가 가져다줄 경제적 이익뿐 아니라 숫자로 계산할 수 없는 국가안보 차원의 변화까지 감안할 때, 이 정도의 대가를 치르는 것은 결코 비싼 게 아니었습니다. 당장 UN 가입 등으로 인해 북한으로부터의 위협이 줄어든 것만 해도 큰 소득이었으니까요."

30억 달러 경협규모를 둘러싼 시비는 노태우정부가 끝나고서도 한참 동안 계속되었다. 소련경제가 침몰하면서 완전히 돈만 날렸다는 비난의 소리가 훨씬 더 커졌는가 하면, 석유부국 러시아로 형편이 달라지자 비난의 소리는 쏙 들어간 대신 당시의 경협 주도론이 역시 옳았다는 목소리가 대세를 이루기도 했다.

아무튼 노태우 대통령의 진두지휘로 소련과 국교가 수립되는 것을 계기로 해서 이른바 북방정책은 가속 페달을 밟기 시작한다. 자신감을 갖게 된 그는 곧 이어 중국과의 수교에 박차를 가했다. 당시 대만과의 단교 등 난관이 없지 않았으나 이미 소련 수교 성사의 경험이 큰 힘이 돼서 92년 8월에 정식 수교에 이르게 된다.

영종도 신공항과 경부고속철

　　세계 최고의 국제공항으로 손꼽히는 인천 영종도국제공항이 노태우시대에 결정된 것이라는 데 주목하는 사람은 별로 없다. 영종도공항 건설을 놓고 논란이 한창이던 1990년 초반으로 돌아가 보자.

　　얼마나 많은 사람들이 반대와 비판을 쏟아냈던가. 전문가를 비롯해 주요 언론들도 노태우정부의 '무모한 신공항 건설 추진'을 날을 세워 비판했다. 신공항 입지를 인천 앞바다 영종도로 선정할 때부터 시작해서 8년간의 공사가 끝날 때까지 갖은 비난과 반대는 일일이 열거할 수 없을 정도였다.

　　경부고속철도 역시 노태우정부가 벌인 사업이었다. 이것 또한 얼마나 말이 많았는가. 몇 번이고 뒤집어지고 엎어지고를 거듭한 끝에 지금의 고속철 KTX가 달리게 된 것이다. 추정비용 문제만 해도 처음에는 5조 8천 500억 원[89년 불변가격 기준]이 들어간다고 했던 것이 10조 7천 400억 원[93년 기준]으로 늘어났다가, 다시 18조 4천 300억 원[98년 기준]으로 불어났다.

숱한 우여곡절을 겪었으나 영종도공항이나 경부고속철 등이 저마다 '단군 이래 최대의 역사'임을 자부하면서 노태우시대에 출발을 선언했고, 구체적인 실천도 이때 결실을 맺었던 것이다.

그뿐 아니다. 서해안고속도로가 놓여지게 된 것도 노태우정부가 결정한 일이었고, 경기도 일원의 순환도로, 대전-당진 등을 비롯한 충청지역의 고속도로 건설 등이 모두 6공화국에서 결정되었다. 항만시설도 마찬가지였다. 부산의 컨테이너항 확충과 광안대교, 그리고 양산 등을 비롯한 물류기지 계획들도 모두 이 당시에 탄생한 작품들이다. 야당에 휘둘려 힘 한 번 못 쓰던 노태우정권이 대체 어떻게 이처럼 SOC사회간접자본에 대한 대규모 투자를 감행했던 것일까. 더구나 당시의 사회 분위기로서는 정부의 대형 경제사업은 이미 하던 것도 중단할 판이었는데 말이다.

잠시 노태우정권 출범 때의 경제 상황을 돌아보자. 앞서도 여러 차례 살펴보았듯이 당시는 3저 호황의 정점을 만끽하던 때였다. 경기는 활기가 넘쳤고, 소득이 급속히 늘면서 마이카시대가 현실로 다가왔고, 어느 날 갑자기 소비가 미덕인 세상이 되어 버렸다. 자동차가 날개 돋친 듯이 팔리고 부동산투기가 불같이 달아올랐다. 땅값, 집값만이 아니었다. 200만호 주택 건설을 서두르다 보니 자재비와 인건비도 다락같이 올랐다. 노동조합의 임금인상 요구는 두 자릿수를 넘기는 게 당연했다. 게다가 물류비용까지 급등했다. 길은 막히고 비좁은데 물동량은 폭발적으로 증가했으니 길바닥에서 날리는 물류비용이 크게 늘어날 수밖에 없었다. '고비용 저효율 구조'라는 말이 신문용어로 널리 쓰이기 시작한 것이 이때였다. 물류비용의 급증은 사실 노태우정권 탓이 아니었다. 거슬러 올라가면 전임 정권에서 워낙 물류문제에 대해 소홀했던 결과, 그 부작용이 다음 정권에서 시차를 두고 터져 나왔을 뿐이었다. SOC기획단의 총괄과장을 맡았던 김영주전 산업자원부장관는 당시를 이렇게 회고했다.

"심각한 인플레를 물려받은 5공화국 정부는 예산동결 등 강력한 재정긴축정책을 폈습니다. 덕분에 재정을 건전하게 만들고 물가를 안정시켰으나 사회간접자본 투자를 소홀히 했습니다. 재정긴축을 위해서는 도로나 항만건설사업 등 뭉칫돈이 들어가는 예산들이 주로 삭감되기 마련이었지요. 그러나 경기가 좋아지고 물가도 안정되고 나서는 사회간접자본 투자예산을 융통성 있게 늘려 나갔어야 했는데, 그걸 못했던 겁니다. 더구나 기대 이상의 경기호황이 이어지니까 물류난이 급속히 가중될 수밖에 없었습니다."

길이든 항만시설이든 간에, 수요가 크게 늘어나는데도 신규공급을 늘리지 않아서 생겨난 심각한 수급 불균형이 근본 문제였다는 지적이다. 집도 마찬가지였다. 5공시절에 '서민 우선'을 명분으로 작은 아파트 건설에만 집중한 나머지 중대형 아파트의 신규공급을 늘리지 않았기 때문에 다음 정권에서 큰 아파트 위주의 분당·일산신도시를 건설했던 것이니 말이다.

도로 부족은 자동차 통계만 봐도 쉽게 알 수 있다. 한국의 자동차 수는 1988년에 240만 대였던 것이 1997년에 가서는 1천만 대로 불어났다. 길을 아무리 새로 닦는다 해도 이처럼 급증하는 자동차 통행량을 따라잡는 데 한계가 있을 것은 자명한 일이었다. 그 대안으로 고속철도 건설문제가 제기되기 시작한 것은 이미 80년대 중반부터였고, 그것이 정부방침으로 확정된 것이 89년 5월이었다.

항구의 물류체증도 심각했다. 특히 부산항은 컨테이너 물동량의 증가로 터져 나갈 지경이었다. 컨테이너 부두도 부족했지만, 들어온 컨테이너를 처리할 물류기지와 배후 도로가 태부족이었다.

김포공항이 한계에 도달해 새로운 대형 비행장 건설이 문제가 되기 시작한 것도 같은 시기였다. 1989년 1월 들어 '수도권 신공항 건설계획'이 확정된 데 이어 이듬해에는 서울을 중심으로 100킬로미터 반경 안에서 새 비행장 입지를 찾기로 했다.

이리하여 노태우정부는 89년 7월, 부총리 겸 경제기획원장관을 위원장으로 하는 '고속전철 및 신공항 건설 추진위원회'를 공식 발족시키게 된다. 대통령 공약사업이기도 했기에 여기까지는 문제가 없었다. 그러나 막상 실천계획을 짜고 예산을 확보하는 일이 난감했다. 언론에서는 물류대란이 갈수록 심각해져 가고 이것 때문에 경쟁력이 떨어져 수출까지 죽을 쑤고 있다며 연일 정부의 무능을 비판해 댔다.

하지만 야당이 지배하고 있는 국회에서는 눈앞의 민주화과업 완수가 더 절실하지, 언제 어떻게 될지도 모를 고속철이나 신공항 건설에 거액의 예산을 배정하는 일은 뒷전이었다. 오히려 고속철도 건설하는 돈으로 기존 철도나 도로를 확충하는 편이 낫다든지, 영종도의 신공항 입지의 타당성부터 재검토해야 한다는 등의 반대의견들이 분분했다. 그럴 돈 있으면 불쌍한 농민들의 빚을 한 푼이라도 더 탕감해 주자는 목소리가 더 컸다.

이런 상황 속에서 노태우 대통령이 무슨 생각으로 그답지 않게 강력한 리더십을 발휘해서 여소야대의 정치 환경에도 불구하고 대규모 사회간접자본 투자를 실천에 옮겨 나갔을까.

첫 단추를 끼워 나가기 시작한 주역은 두 번째 경제수석 문희갑이었다. 그는 논의 시작부터 뒤뚱거렸던 신공항 건설문제를 직접 챙겨 나갔다. 김포공항으로는 폭발하는 항공수요를 감당할 수 없다는 것을 뻔히 알면서도 정치적 부담 때문에 정부가 마땅히 할 일을 하지 않고 그냥 있어서는 안 된다는 생각이었다. 그는 전두환시절 예산실장을 하면서 '예산동결' 조치를 실천에 옮겼을 뿐 아니라, 서울-대전 고속도로 8차선 확장 결정도 앞장서서 실천에 옮겼던 소신파 인물이었다. 이석채 당시 SOC기획단장의 회고다.

"아마 문희갑 경제수석이 아니었다면 영종도신공항 건설사업은 어떻게 되었을지 모릅니다. 얼마나 말이 많았습니까. 그런데도 눈 하나 까딱하지 않고 영종도로 입지 선정은 물론 진입 도로의 노선 확정에 이르기까지 민감한 사안들을 눈치도 안 보고 소신껏 밀어붙였으니까요. 문희갑 수석이나 하니까 당시의 정치 상황에서 거침없이 영종도신공항 건설의 밑그림을 완성할 수 있었던 겁니다."

그러나 시대가 시대였던 만큼 무엇 하나 경제논리에 따라 체계적으로 되어 나가는 일이 드물었다. 여소야대시대였던 만큼 정부의 테크노크라트들의 영향력은 현저하게 위축되었고, 대통령의 선거공약 이행과 국회의원들의 지역구사업에 골몰하느라 정부 예산은 누더기가 되어 가고 있었다. 이런 마당에 대통령이라고 해서 특별히 사회간접자본 투자 확충의 필요성을 깨닫고 있던 처지도 아니었다.

본격적으로 판을 벌인 인물은 박승-문희갑에 이어 세 번째 경제수석에 앉은 김종인이었다. 김종인은 여러 면에서 전임자 문희갑과 생각과 노선을 달리했으나 묘하게도 사회간접자본 확충의 절실함에 대해서는 똑같았다. 그는 경제수석 자리에 앉으면서부터 대통령에게 사회간접자본 확충에 대해 전폭적으로 지원하겠다는 다짐을 받아냈다. 정치를 아는 그는 당시의 정치 상황을 감안할 때 SOC투자를 제대로 하려면 대통령의 결심과 강력한 뒷받침이 없으면 불가능하다는 점을 미리 간파했던 것이다. 김종인의 회고를 들어보자.

"경제수석 통보를 받은 자리에서 바로 대통령께 몇 가지 주요 현안을 말씀드렸지요. 그중 하나가 SOC투자 확충에 대한 다짐이었습니다. 정권이 출범한 지 2년이 지난 시점에, 그것도 야당을 상전으로 모시고 정책을 꾸려 나가야 하는 판에 SOC문제를 해결하려면 통치권 차원에서 굳은 결심이 없이는 불가능하다는 점을 누누이 강조했더랬습니다."

김종인은 자신이 구상했던 대로 청와대 안에 SOC기획단을 만들고 단장에 이석채를 앉혔다. 실무 지휘봉을 쥔 이석채는 각 부처에서 일급 실무자들을 차출해서 팀을 꾸리고 특유의 추진력으로 밀어붙였다. 필요한 돈을 마련하기 위해서는 추가경정예산을 편성해야 했다. 세계잉여금 3조 2천억 원으로 추경예산을 짜서 1조 원 규모의 SOC투자를 추가하겠다는 계획이었다. 뜻대로 될 리 만무했다.

정치권은 물론이고 경제기획원 예산실까지도 등을 돌렸다. 가뜩이나 손 벌리는 데가 많은 판국에 '불요불급한' SOC투자에 뭉칫돈을 쏟아부을 수 없다는 것이었다. 김종인은 직접 나서서 경제부총리와 여당 정책의장을 상대로 설득작업을 벌였으나 모두들 난색을 표했다. 김종인의 말이다.

"물류에 대한 투자가 부족해서 경제가 위기에 몰렸다는 것을 모두들 인정하면서도 정작 누구 하나 책임지고 해결하겠다는 사람은 없었습니다. 물류 해결을 위한 획기적인 전환점을 마련하기 위해서는 결국 추경예산을 짜는 것이 불가피한데도 불구하고 앞장서야 할 최각규 부총리조차 반대했으니까요. 나웅배 여당 정책의장을 찾아가 졸랐으나 그 역시 손사래를 쳤습니다. 추경을 하려면 임시국회를 열어야 하는데, 정치적으로 그럴 처지가 못 된다는 겁니다. 청와대 내에서라도 원군을 만들려고 민정수석과 비서실장에게까지 부탁을 했건만, 모두 고개를 돌렸습니다.

하는 수 없이 대통령을 움직이는 수밖에 없었지요. 나를 경제수석에 앉힐 때 약속한 내용을 환기시키면서 추경의 필요성을 간곡하게 말씀드렸습니다. 다행히도 결심을 해주었습니다. 돌이켜 보면 노태우 대통령으로서도 매우 어려운 일이었습니다."

경제수석의 집요한 재촉에 노 대통령은 그 자리에서 부총리와 비서실장을 불러 추경예산 편성을 지시했다. 이리하여 SOC 확충 프로그램에 대한 예산지원의 길이 열렸고, 비로소 주요 프로젝트들이 실질적으로 풀려 나가기 시작한 것이다. 이석채의 증언이 계속된다.

"정말 김종인 수석의 배짱과 추진력이 아니었으면 엄두도 못 낼 일이었습니다. 사방에서 반대하는 판국에 누가 감히 대통령을 압박해서 추경 편성을 위한 임시국회 소집이 가능하도록 할 수 있었겠습니까. 신공항 건설에 500억 원, 고속철사업에 500억 원의 예산을 배정하는 것으로부터 일이 시작되는 것이었는데, 이것부터가 엄청난 저항을 견뎌내야 했습니다. 여당의 어느 국회의원은 신공항과 고속철에 들어갈 1천억 원을 고속도로 건설에 쓰면 선거에서 100만 표는 더 얻을 것이라는 이야기를 공공연히 하고 다니기도 했습니다."

실무주역이었던 김영주의 말을 더 들어보자.

"김종인 경제수석과 이석채 기획단장의 콤비플레이가 오늘의 사회간접투자 확충을 가능하게 만들었다고 해도 과언이 아닙니다. 경제수석이 정치적으로 울타리를 쳐주고, 기획단장이 실무적으로 능란하게 끌어 나갔기 때문에 실무자들은 어려운 여건에도 불구하고 소신껏 할 수 있었습니다. SOC투자는 타이밍이 중요한 법인데, 만약 그때 밀어붙이지 않았더라면 과연 지금의 영종도공항이나 경부고속철이 존재했을까 의문입니다. 논란 속에 시간을 질질 끌었더라면 땅값 상승으로 토지수용 부담은 훨씬 더 커졌을 테고, 민주화 열풍 속에 얽히고설킨 이해관계를 조정하는 작업은 갈수록 힘들었을 테니까요."

새만금사업도 노태우시대에 확정된 것이기는 하나, 엄밀히 말해서 이는 노태우의 치적이라기보다는 김대중의 정치적 공세에 하는 수 없이 끌려 간 결과였다. 원래 검토는 전두환시대로 거슬러 올라간다. 4조 4천억 원당시 추산이 소요되는 새만금사업은 정권 말기 전두환 대통령에게 최종 보고되어 '추진 불가'로 결론이 났던 문제였다. 그러나 대통령선거 과정에서 야당후보 김대중이 새만금 부활을 들고 나서는 바람에 노태우후보도 어쩔 수 없이 죽었던 카드를 다시 살려서 선거공약에 포함시켰던 것이다.

대통령에 당선되고 나서 노태우는 새만금을 공약대로 추진할 생각이 아니었다. 경제 쪽의 실무자들도 하나같이 반대했다. 선거 과정에서 약속한 사항이기는 하지만 다른 핑곗거리를 찾아서라도 새만금사업은 하지 말아야 한다는 것이 전문가들의 중론이었다. 그래서 대안으로 생각해 낸 것이 서해안고속도로였다. 장차 서해안시대를 맞아서는 홀대받아 왔던 전라도 쪽이 각광을 받게 될 것이고, 서해안을 따라 고속도로를 건설하면 새만금사업보다 전라도에 실질적으로 더 많은 혜택이 주어질 것이라는 명분을 내세웠다.

그러나 김대중을 중심으로 한 야당 쪽의 정치 공세, 더구나 여소야대의 의회구조 속에서는 선거 때 약속한 새만금사업을 물릴 수가 없었다. 결국 새만금은 새만금대로 추진해야 했고, 거기에 보태서 이미 말을 꺼낸 서해안고속도로까지 건설해야 했다. 노태우정부가 선견지명이 있어서 중국시대의 도래를 미리 내다보고 치밀하게 검토해서 서해안고속도로를 건설한 것이 아니었다. 하지만 결과만 놓고 보면 대단히 잘된 결정이었던 셈이다.

어떻든 91년의 추경예산 편성을 기점으로 정부의 SOC예산은 부쩍 늘어나게 되었고, 여기에 힘입어 도로·항만·공항·물류기지 등에 대한 대규모 프로젝트들이 가능하게 되었다. 다행스러웠던 점은 김종인이 경제수석 자리에서 물러났지만 SOC 기획단장을 맡았던 이석채가 예산실장으로 자리를 옮겨 가게 된 것이다.

그가 예산실장으로 가는 것에 대해 직속상관이 될 최각규 부총리 겸 경제기획원장관은 반대했다. 이석채가 예산실 출신도 아닐뿐더러 평소 가까이하던 후배도 아니었기에 이미 최각규의 머릿속에는 다른 사람을 내정해 놓고 있었다. 이를 뒤집고 이석채를 예산실장에 앉힌 사람은 김종인이었다. 김종인은 비록 청와대를 나오기는 했어도 노태우 대통령에 대해 그 정도의 영향력은 유지하고 있었다. 사회간접자본에 대한 계속적인 투자 확충을 위해서도 그렇고, 민주화 수요를 소화하느라고 누더기가 되어 버린 정부 재정을 고쳐 잡기 위해서는 예산실장에 이석채를 기용해야 한다는 점을 대통령에게 강력히 진언했던 것이다.

사실 분배와 형평을 강조하는 민주화 길목에서 예산구조를 개혁하고 재정건전화를 도모한다는 것은 지극히 어려운 일이었다. SOC 기획단장에서 예산실장으로 옮겨 앉은 이석채로서는 후원자 김종인이 물러났으나 그전부터 노태우로부터 개인적인 신임을 받아 왔던 것이 큰 다행이었다. 그는 당시의 어려움을 이렇게 회고했다.

"가장 어려운 것은 대통령의 선거공약을 어기는 결정이었습니다. 민선 대통령의 선거공약이 뭡니까. 따지고 보면 대부분이 정부 예산사업의 우선순위를 높이는 것이 그 본질 아닙니까. 공약사업대로 예산을 짜고 집행하면 당연히 예산은 누더기가 될 수밖에 없는 것이지요. 내가 예산실장을 맡고 보니 바로 그런 지경이었습니다. 결국 설득에 설득을 거듭해서 공무원 봉급을 동결하고 추곡수매가 인상도 최대한 억제하는 대신 SOC와 경제 쪽에 대한 예산 비중을 다시 늘려가기 시작했습니다."

그는 김영삼정권으로 바뀌어서도 예산실장을 계속했다. 정권 2대에 걸쳐 예산실장을 계속한 경우는 그가 처음이었다. 그러는 동안 교통세, 컨테이너세 등의 목적세를 신설해서 새로운 재원조달 창구를 만들었고, 노태우정권에서 초래되었던 방만한 재정구조를 상당히 추스를 수 있었다.

후기(초판)

노태우시대의 경제를 정리하면서

이 책은 노태우시대의 경제 이야기다. 《경제는 당신이 대통령이야》라는 제목으로 출간된 전두환시대의 그것에 이어지는 속편이라고 할 수 있다. 책을 펴낸 과정도 전편과 마찬가지로 〈중앙경제신문〉에 먼저 연재총 75회를 하고 나서 단행본으로 보완 출간한 것이다. 다만 전편은 혼자 썼으나 이번 책은 동료기자 김왕기·허정구·김종수·남윤호 등과 함께 공동작업을 한 것이다.

작업은 노 정권 5년을 거의 마감해 가는 92년 9월, 집권기간의 주요 경제정책이나 사건들을 중심으로 일지를 만드는 일로부터 시작되었다. 불과 몇 년 안 된 지극히 가까운 과거사임에도 불구하고 경제일지 하나 제대로 만드는 것조차 쉽지 않았다. 일지를 중심으로 주요 이슈들을 골라냈고, 이것을 다시 쪼개서 기초자료 수집과 관련 인물들에 대한 보완 인터뷰에 착수했다.

서둘러야 했는데, 그 이유는 2가지였다. 첫째로 새로 출범하는 김영삼

정부에 무언가 메시지를 미리 전해보자는 욕심에서였다. 6공이 시작된 이후 노태우 대통령이 집권하는 동안 한국경제가 상당한 어려움을 겪었던 만큼, 그 배경과 원인들을 언론에서 미리 정리해 보임으로써 판을 새로 짜는 김영삼정부에 도움을 줄 수 있지 않겠느냐 하는 기대에서였다 지 내놓고 보니 참으로 물정 모르는 순진한 기대였음을 뒤늦게 깨닫게 된다.

서둘러야 했던 두 번째 이유는 사람들의 망각곡선이 너무도 가파르다는 것을 충분히 경험했기 때문이다. 때가 이르다며 입을 다무는 바람에 묻혀지는 사실들보다도, 시간이 흘러가면서 저절로 잊혀지거나 자의반 타의반으로 왜곡·변색되어 가는 사실들이 더 많고 더 심각하다고 확신했다. 내놓을 만한 기록문화라도 보존해 왔다면 모를까, 그런 것과는 담을 쌓다시피 해온 우리 역사를 감안할 때 그나마의 기억의 편린들이라도 더 이상 소실되기 전에 긁어모아 초벌구이라도 만들어 두어야 한다고 여겼던 것이다.

아무튼 노 정권이 채 끝나지도 않은 시점에서 그 시대를 정면으로 시비하는 내용을 신문에 연재한다는 것은 여러 면에서 어려움을 겪어야 했다. 인터뷰에 응하는 핵심인사들의 경우, 많은 사람들이 현 정권에 불리한 증언을 꺼려 했고, 어떤 사람들은 정권교체 이후에 게재될 것을 조건으로 입을 여는 경우도 있었다. 당시 〈중앙경제신문〉이 정권도 교체되기 전에 그 같은 연재물을 시작한다는 소식에 권력층 인사들로부터 우려의 목소리가 전해져 오긴 했으나, 막상 직접적인 압력으로까지 발전된 일은 없었다. 이런 것만 해도 세상은 확실히 많이 달라졌던 셈이다.

국세청 문제를 다루면서 '경제안기부'라는 제목의 글이 나가자 국세청이 벌컥 뒤집히기도 했으나 이때도 별 탈은 없었다. 그전 같으면 세무조사 운운하며 신문사 경영진에 대해 즉각 난리법석을 피웠을 일이었는데도 말이다.

6공시대가 5공시대에 비해 상대적으로 더 공개된 사회였으므로 흑막에 얽힌 에피소드나 비리 등에 관한 시비는 적을 수밖에 없다. 따라서 음모적 시각에만 익숙한 사람들이 보기에는 노태우시대의 경제 이야기가 무슨 흥미를 자아낼 수 있겠는가 하고 의문을 제기할 것이다. 그러나 시각을 달리하면 전두환시대의 경제 이야기보다 노태우시대의 경제 이야기가 오히려 더 흥미로울 수도 있을 것이다.

두 시대는 너무 대조적이었다. 87년 '6·29선언'을 계기로 정치·사회적 환경이 180도 달라졌다는 점은 재론이 필요없다. 그러나 이 같은 여건이나 환경이 대조적인 것에 더해서 두 시대를 이끌었던 장본인들의 개인적인 차이 또한 간과할 수 없다. 전과 노 두 사람의 성격 차이를 비롯해, 특히 이들이 경제분야에서 구사했던 정책들의 내용이나 결정 과정, 스타일에 이르기까지 너무도 극명한 대조를 이루었던 까닭에, 그것들을 하나하나 대비해 보는 것 자체가 모름지기 굵직굵직한 사례연구거리라고 할 수 있을 것이다.

　그러나 두 지도자, 또는 두 시대가 지니는 보다 중요한 의미는 외면적인 상반성보다 오히려 내재해 있는 연속성이라고 해야 할 것이다. 그것은 마치 경기의 호·불황의 교체가 서로 상반되는 상황이면서도 맞물려 순환되는 이치에 비유될 수 있을 것이다.

　어떤 경제 상황에서 두 정권이 출발했는지를 비교해 보는 것만으로도 이에 관한 해답을 간단히 얻을 수 있다. 어찌 보면 불황이 최악의 상태로 깊어가는 상황에서 출발했던 5공과, 반대로 단군 이래 최대의 호황을 구가했다는 올림픽 개최 직전에 출발했던 6공이 경제정책에서 각기 다른 입장을 취한 것은 지극히 당연한 일이었다. 전두환정권은 경제를 살렸는데, 노태우정권은 경제를 망쳤다는 식의 단순논리야말로 가장 경계해야 할 대상이라는 이야기다.

　돌이켜 보자. 민주화의 열기가 충천하던 6공 출범 초기, 한국경제의 장래를 심각하게 걱정했던 사람은 어디에도 없었다 해도 과언이 아닐 것이다. 요즈음 유행처럼 너도나도 강조해 마지않는 '국가 경쟁력' 문제를 걱정하는 사람이 당시에 있었다면 그는 당장 반민주화 인사로 돌팔매질을 당하기 십상이었던 시국이었다. 참으로 민주화의 물결은 노도같이 휘몰아쳤고, 때마침 경제는 불같이 달아오를 때였다.

　사방에서 민주화 잔치가 벌어졌다. 노 대통령이 취한 정책의 선택은 복잡하게 고민할 필요조차 없었다. 덮어놓고 앞선 시대에 취했던 것을 둘러엎기만 하면 여론의 지지를 획득하기가 여반장이었다.

어떤 면에서 전두환시대는 박정희시대의 연장선이었다고 할 수 있다. 경제운용의 목표가 3공 때 성장일변도였다면 5공 때는 안정 쪽에 치우쳤다는 차이 정도일 뿐이다. 그러나 노태우시대 6공의 출범은 모든 것을 송두리째 바꾸어 놓았다. 정책의 목표에서부터 추진방법에 이르기까지, 전임자의 방식으로 하지도 않았을 뿐 아니라 하고 싶어도 용납되지 않았다.

그러나 경제가 눈에 띄게 기울면서 이런 분위기도 오래가지 못했다. 심지어 구관이 명관이라는 소리까지 나왔다. 설마 군부독재시대로의 회귀를 갈망해서일 리는 없고, 다만 오늘의 문제가 워낙 심각해졌음을 알리는 신호탄 같은 것이라고 해석해야 할 것이다. 이 같은 혼란은 한국경제가 꼭 겪어내야 할 필연적인 과정이기도 했다. 정치민주화와 경제적 번영이라는 두 과제가 어떤 콤비네이션을 일으키는지를 한국 국민들 자신의 선택에 의해 경험했던 시기였다고 할 수 있을 것이다. 과연 이 혼란을 여하히 최소화하거나 슬기롭게 극복해 냈느냐는 물론 따로 따져봐야 할 문제다.

노 대통령은 많은 분야, 많은 시기에 잘못된 결정을 내려 한국경제를 어렵게 만들었던 지도자로 기록될 것이다. 이 책에서도 여러 군데서 노 대통령을 비판했다. 그럼에도 불구하고 6공경제 실정의 책임을 그에게 지나치게 전가하는 것에는 동의할 수 없다. 이 책을 쓰게 된 직접적인 동기의 하나가 노 대통령 한 사람에게 너무 많은 비난의 화살이 쏠리는 것이 매우 불만스러워서였다. 그가 잘했다는 것이 아니다. 잘못한 것 이상의 비난이 부당하다는 것이다. 이를테면 전 대통령과 노 대통령의 경제정책을 결과만 놓고 단순 비교하는 것은 지극히 어리석다는 점을 꼭 강조하고 싶었다.

최근 들어 유엔에서 한국경제가 자주 거론된다. 못사는 나라들의 개발전략을 짜면서 가장 유용한 선례를 한국에서 찾을 수 있을 것이라는 판단에서다. 세계의 석학들이 모여 장시간 토론을 벌였으나 정치민주화와 개발독재의 상충관계가 최대 쟁점이었다. 말이 쉬워 '양자의 조화'이지 치열한 갈등관계를 현실적으로 부인할 수 없었기 때문이리라. 그런 의미에서도 전두환시대와 노태우시대의 경제를 비교 분석해 보는 것은 매우 유용하리라 믿는다.

직업이 기자이면서 무슨 똥딴지같은 소리냐고 힐책할는지 모르겠으나, 사실을 사실대로 적는다는 것이 얼마나 어려운지를 이 책을 꾸미는 과정에서 또다시 절감해야 했다. 정확한 사실 정리를 위해 나름대로의 노력은 기울였으나 얼마나 많은 오류를 저질렀는지는 독자들의 지적이나 항의를 통해서야 깨닫게 될 것이다. 기록이 확실치 않은 것은 인터뷰를 통해 재삼 확인작업을 벌였으나 이것조차 사실 여부를 판별해 내기에 불충분한 경우가 많았다. 물론 어떤 핑계도 합당한 변명이 될 수 없다. 아무리 사소한 오류일지라도 그것은 전적으로 필자의 책임이다.

   최우석 주필의 가르침이 없었다면 이 책을 펴내지 못했을 것이다. 이 기회를 빌려 충심으로 감사드린다. 동료 기자들도 정말 열심히 해주었다.

1995년 2월

대표집필 이 장 규

부록

6공 경제일지
찾아보기(인명 한자표기 포함)

6공 경제일지
(1988. 1~1993. 2)
◆ ◆ ◆ ◆

1988

1. 11   민주화합추진위 발족
1. 18   대통령취임준비위 발족
1. 21   사공일 재무장관, "12% 성장하는 판에 금리 내릴 수 없다. 흑자관리대책 적극적으로 하겠다." 외채상환 적극 추진, 수출지원제도 전면 재조정
1. 25   박성상 한은총재, 확대연석회의에서 "민주화 추세에 맞는 금융자율화 추진"
1. 28   민정당, 공약사업 우선순위 확정. 1년 이내=금융산업 합리화, 중앙은행 독립, 정책금융 축소, 임기 내=철도사업 공사화
1. 29   증권시장 회오리. 농촌에서는 소 팔아 투자하는 사태로까지 번져
1. 30   미국, 한국을 GSP 적용대상에서 제외
2. 1   포철·국민은행·한전 등 국민주 세부계획 확정
2. 3   긴급 당정회의. 긴축 강화로 물가 억제, 총통화 18%, 추경 5천억원, 통안채 1조 3천억원, 소비자물가 5%
2. 4   미국 USTR, 담배로 무역통상법 301조 발동 결정
2. 8   대기업 무역금융 폐지(27년 만에)
2. 11   신정부 첫 총리에 이현재, 비서실장에 홍성철 내정
2. 12   금호그룹에 제2민항 허가
2. 15   토지거래허가제 발동
2. 17   정부, 흑자관리대책 발표. 145개 공산품 4월부터 수입개방(3개월 앞당겨), 일반인 외화소지 5천달러까지 허용, "100억달러 수준으로 예상되는 흑자를 60억달러 수준으로 줄이겠다."
2. 19   개각. 이현재 총리·나웅배 부총리·사공일 재무·안병화 상공·윤근환 농림수산·최동섭 건설·이봉서 동자·오명 체신·박승 경제수석

2. 25	제13대 노태우 대통령 취임
2. 26	나 부총리, 취임사에서 질적인 구조개선 강조
2. 27	노 대통령, 첫 내각회의에서 "최대의 과제는 물가안정이다. 그러나 금년의 최대 당면과제는 올림픽과 총선이다."
3. 4	차관급 인사. 국세청장 서영택(처음으로 세금전문가 기용), 문희갑 기획원 차관은 유임
3. 5	재무장관, 대통령에게 "상장기업을 현재 401개에서 금년 안에 500개로 늘리겠다"고 보고
3. 9	세계은행, 한은 독립을 비롯한 금융자율화 필요성 지적 87년 땅값 상승률 14.7% 기록(86년 7.3%, 85년 7%)
3. 11	물가안정대책의 일환으로 기름값 10.6%, 전기료 6% 인하
3. 17	30대 재벌에 대한 여신규제 강화. 은행여신 87년 말 기준 동결
3. 25	한은총재 경질 박성상 전임 총재, "할 말 많다"고 불만 토로 김건 신임 총재, "금리 신축운용, 정부와 한은은 부부관계와 같은 것"
3. 31	전두환 전 대통령 동생 전경환, 65억원 횡령 및 10억원 탈세 혐의로 구속
4. 1	정부, 광주사태 유감 표명
4. 2	해외관광 89년부터 완전 자유화하기로 양정모 전 국제그룹 회장, 한일합섬을 상대로 국제 반환청구소송 제기
4. 12	대우조선 직장폐쇄 신고
4. 13	전두환 전 대통령, 원로회의 의장직 사퇴
4. 21	관세개편 5개년계획 발표. 평균세율 93년까지 7%로
4. 23	부가세 과세특례자 범위 2천 400만원에서 3천 600만원으로(7월부터 적용)
4. 27	총선에서 민정당 패배. 여소야대 탄생

4. 28	염보현 전 서울시장 구속
5. 2	건설부, 토지보상제도 개선방안 발표. 수용보상금을 인상하고 보상심의회에 주민 참여 40%로 확대
5. 6	양담뱃값 1천 300원에서 750원으로 인하키로 이창석(전두환 전 대통령 처남)의 창원강업을 부산파이프가 인수
5. 7	중기재정계획 발표. 실명제는 91~92년께 실시한다는 전제 아래 차등과세 강화, 공무원 보수를 국영기업체의 90%선으로 상향 조정(공약에는 100%), 92년까지 200만호 주택 건설
5. 8	박동진 주미대사, 야이터 USTR(미무역대표부) 대표와 양담배 시장개방 양해각서 서명
5. 11	환율 비상. 연율 21% 절상
5. 12	행정개혁위원회 발족
5. 13	청와대, 대통령 수석비서관 10명에서 6명으로 축소. 교육·문화·사정·법무 수석은 없애기로 상공부, 한국중공업 민영화 방침 발표
5. 16	건축자재값 뛰고 품귀 현상 지방생보사 설립 허가
5. 19	IMF, 무역흑자 축소 권고
5. 21	금 수입자유화
5. 26	6차계획 수정. 5년간 주택 200만호 건설
5. 28	1분기 경제성장률 15.1%
5. 30	여소야대 국회 출범
6. 1	주택 전셋값 1년 사이 26% 상승
6. 10	노동부, '무노동무임금 원칙' 지침 시달

6. 11 전씨 일가 출국정지 요청, 검찰 내사 착수

6. 15 제조업 가동률 급락. 3월 82.3%에서 4월 76.85%로

6. 18 금융발전심의회, 실명제 조속 실시 요구

6. 29 노 대통령, "소외된 농어민·근로자·영세상인들에게 성장의 과실이 제대로 분배되도록 하겠다. 노사분규 및 학원소요에 공권력 개입 않겠다"고 강조

7. 2 정기승 대법원장 임명동의안 국회에서 부결

7. 4 이일규 씨, 대법원장으로 재임명

7. 6 하반기 경제운용계획 발표. 하반기 경제성장률 8%선 이상 유지하고 환율절상 속도 늦추기로, 물가는 당초목표 5~6%선에서 6~7%선으로 완화, 1조원 추경편성 통해 농어촌 및 중소기업 재정지원 확충

7. 18 노동부, '무노동무임금 원칙' 백지화

7. 19 이란·이라크 종전
올림픽 관련기관 파업 봉쇄

7. 20 90년부터 종합토지세 실시. 관인계약서 사용 의무화

7. 22 중국, 한국인에게 관광비자 발급키로

7. 26 철도기관사들 파업

7. 27 야3당, 한은법 개정 통해 금통위의장은 한은총재로 하자는 안 제시

7. 30 6차 5개년계획 수정 발표

8. 8 금융통화운영위원 6명 의견서 제출, "금통위가 한은 감독하도록"
노 대통령, 수석회의에서 부동산대책 강화를 강력히 지시

8. 10 물가종합대책 발표. 양도세 강화, 관인계약서 사용 의무화, 토지거래허가제 확대, 토지공개념 연구전담반 구성

8. 11 구본호 KDI 원장, 경제성장률을 88년 10%, 89년 8%로 예상
한국은행 부서장급 42명, 금통위원들의 의견서 발표에 대한 성명서 발표

8. 12	한국은행 외환보유고 100억달러 돌파
8. 13	국세청, 기업들의 부동산투기 집중 조사키로
	한호선 농협회장, 정부로부터의 독립 선언
8. 18	재무부, 세제개편안 확정 발표. 종합소득세율 8단계로
8. 19	국세청, 상습투기자 7천 820명 적발. 정밀 세무조사 착수
	6월 실업률 2.1%로 사상 최저 기록. 올림픽 특수로 서비스업 고용 증가
8. 20	해외부동산 취득자유화 방침 후퇴. 일부만 허용키로
8. 21	IMF 8조국 가입키로. 경상수지 적자시대 청산을 의미
8. 26	토지공개념 연구위원회 구성. 위원장은 허재영 국토개발연구원장
8. 31	재무부, 투기성자금 규제 강화. 3천달러 이상 들여올 때 등록 의무화
9. 2	한국은행, 재할금리 7%에서 8%로 인상
9. 3	북한의 로동신문 공개, 대학 도서관에 비치
9. 6	재무부, "금통위의장이 한은총재를 겸임하며 은행감독원은 독립시킨다"는
	계획 발표. 한국은행 즉각 반발
9. 7	경제기획원에 '북방경제정책 실무대책위원회' 설치
9. 8	경제차관회의, 사상 처음으로 기자들의 참석 허용
9. 9	국방부, 방위성금 15년 만에 폐지 발표(총계 608억원)
9. 13	헝가리와 상주대표부 교환설치 합의(공산권국가로서는 처음)
9. 17	서울올림픽 개최
	고르바초프 소련공산당 서기장, '한국과 경제교류' 의사 표명
	정부, 한국중공업을 12월 공개입찰 통해 민영화하기로
9. 23	경제장관회의, 서울올림픽 개최를 계기로 개방정책 본격화하기로. 농수산물
	시장도 개방하고 자본시장도 자유화
9. 30	집값 1년 사이에 21% 상승(주택은행 조사)

10. 5	국정감사 실시. 16년 만에 부활
10. 7	대북한 경제개방 조치. 민간상사의 북한과의 교역 허용
10. 25	양정모·윤석민 씨 국회 증언, "부실기업 정리는 정치적 보복"이라고 주장
11. 1	유가 평균 7.4% 인하, 환율 700선 깨져
11. 2	쌀 4천 203만섬 수확(사상 최대)
11. 9	미국 부시 대통령 당선
11. 10	정부·여당, 한은법 개정안 확정 발표. 재무장관이 금통위의장에서 물러나되 은행감독원은 정부 관할로
	정주영 현대그룹 회장 청문회 출석, "85년 이후의 모금은 모두 강제성이다."
11. 18	한은, 과감한 수입확대를 건의
11. 20	경제장관회의, 대우조선에 대해 자구노력을 전제로 지원키로 방침 결정
11. 22	KDI, 경제전망 발표. 88년 경제성장은 11.5%, 89년은 8.5%로 전망
11. 23	전두환 전 대통령, 백담사행
11. 24	주가 급등. 종합주가지수 800선 돌파
11. 25	4당 정책위의장, 농어촌 부채탕감 문제를 예산으로 해결키로
11. 29	국제통화기금 8조국 정식 가입
	행개위, 안기부의 기능 조정 건의
12. 2	5일부터 금리자유화. 통화관리 간접규제로 바꿔
12. 3	자본시장 개방계획 발표, "외국인 주식투자 92년부터 허용"
12. 5	개각. 조순 부총리·이규성 재무·한승수 상공·김식 농림수산·박승 건설·문희갑 경제수석
12. 7	한은, 지준율 7%에서 10%로 상향 조정(금리자유화)
12. 9	박승 건설장관, "200만호 건설로 자리 걸겠다. 토지의 종합과세 꼭 매듭짓겠다"고 강조

12. 12   주가 900선 돌파. 연초 대비 70% 상승, 증권주 거의 상한가
12. 13   한은, 금년 GNP 12.1%로 전망
12. 14   정부출연기관 연대파업
12. 15   여야, 의원의 대우를 차관급에서 장관급으로 격상키로
         말케비치 소련 상의의장, 3억달러 차관 요청
12. 28   노 대통령 특별지시, "공권력 엄중 행사하고 화염병 규제법을 제정하겠다."

1989

1. 4   조순 부총리, 신년사에서 "경제안정 기반 확고히 구축하겠다. 성장률 8%선"
        88년 수출 처음으로 600억달러 돌파
1. 5   국세청, 특정지역 고시 확대
        풍산금속 농성근로자 7명 구속. 불법 집단행동에 공권력 발동키로
1. 8   국세청, 임직원에 대한 실권주문제로 한국화약그룹에 증여세 200억원 추징
        현대와 럭키금성에도 각각 30억원씩
1. 12   정부, "한전·전기통신공사·국민은행을 국민주로 연내에 공개하겠다"고 발표함
1. 13   진도, 소련과 첫 직교역
1. 16   정부, 구정을 부활키로
1. 17   재무부와 한국은행, 합숙하며 한은 독립문제 토론
1. 18   전경련 회장단, 3월에 소련 방문키로
        농수축협 조합장 첫 직선
1. 19   한·미 통상협상 타결. 포도주 수입 1990년부터 완전 개방
1. 20   이규성 재무장관, 청와대 보고. 환율결정 일정 범위 안에서 자율화하고 해외

	부동산투자 전면 개방

 부동산투자 전면 개방
 임금협상 난항. 노총의 31.5% 요구에 경총은 10% 제시
1. 22 한승수 상공, "환율절상으로 어려움 겪고 있는 부산 신발업계 긴급 자금지원 하겠다."
1. 23 정주영 현대 회장, 평양 방문
 재무부와 한은, 한은법 개정 실무조정위원회 구성
1. 27 특정지역 기준시가 대폭 인상
1. 29 조순 부총리, 스위스 다보스에서 북한의 채희정 합영부장과 사상 첫 경제장관 회담
1. 31 남북한 구상무역 첫 성사
 한·소 공동어로사업 2월부터 시작
 한승수 상공장관, "수입이 비애국적이라는 선입견 불식해야"
2. 1 헝가리와 수교
2. 2 정주영 회장, 북한과 금강산 공동개발에 합의
2. 3 문교부, 대학생 과외 전면 허용
2. 5 50평 이상은 1가구 1주택도 양도세 부과키로 관련법 개정
2. 8 한은, 대기업의 상업어음 재할 중단
2. 10 이규성 재무, "시중에 돈 너무 풀렸다. 1월 중 총통화증가율 20.2%를 3월 중에 18%로 꼭 낮추겠다"고 발표
 남북교류특별법 제정. 물자교역 관세 및 방위세 면제
2. 11 노 대통령, 국제무역박람회 91년 충남 대덕에서 개최하겠다고 발표
2. 12 베트남 경공업장관, 장관급으로는 첫 내한
2. 14 김건 한은총재, "시중자금 1주일 안에 2조원 축소하라."
 5개 합작생보사 신설 내인가

2. 15	부동산정책위원회, 택지소유상한제 도입키로
2. 18	아파트 분양가격 현실화
2. 21	현 경기 조정기냐 침체기냐 놓고 논란
2. 22	물가안정대책 발표. 휘발유값 3월부터 인하키로
2. 23	핫머니 급증. 88년 한 해 동안 45억 달러
3. 8	노동관계장관회의, "분규 이대론 안 된다."
3. 10	대우자동차·현대중공업 조업 마비
3. 14	김용갑 총무처장관 사표
3. 17	서울시 지하철노조 전면파업
	89년 땅값 27.4% 상승
3. 21	노 대통령 담화, "중간평가 지금 않겠다."
3. 22	현대중공업 파업 100일. 재야·학생 가세
3. 23	노 대통령, 자위권 발동하여 강력 대처 지시. "공공시설 습격·방화에 무기 사용"
	조순 부총리, 업종별 임금인상한계 제시
3. 26	문익환 목사, 평양행
3. 27	정부, 대우조선 정상화조치 발표
3. 30	현대중공업 파업농성 강제 해산
4. 1	종합주가지수 한때 1천포인트 돌파
4. 3	소련상의 서울사무소 개설
4. 9	대형 주택은 1가구 1주택도 양도세 부과키로
4. 12	금융거래실명실시준비단 발족(재무부 산하)
4. 14	경기도 부천지역 40개 노조 동맹파업 결의
4. 18	노동부, 주요 기간산업 파업 시에 군부대 투입할 수 있는 긴급종합파업대책

	마련
	김건 한은총재, "노사분규 계속되면 8% 성장 어렵다."
4. 21	김대중 평민당 총재, 5월 한 달 파업 자제 촉구
4. 24	38개 탄광노조 쟁의발생 신고
4. 27	정부, 분당·일산에 신도시 건설계획 발표
5. 2	서울 택시 파업
5. 3	부산 동의대 대학생 방화로 경찰 6명 사망
	기획원, 처음으로 경제비관론 표명
5. 15	한진이 조선공사 인수
	한국중공업 민영화 표류
5. 25	고급 가전제품 수입 급증. 에어컨·냉장고 4~6배 증가
5. 31	외국기업 철수 급증. 89년 들어 49개사 철수
6. 5	중국, 천안문사태 발생
	해외부동산 투자자유화 방침 후퇴
6. 8	대우, 노조가 파업 결정하자 회사 측은 폐업조치로 강경 대응
6. 13	수출목표 700억달러에서 670억달러로 하향 조정
6. 15	원화 소폭 절하(87년 2월 이후 처음으로)
6. 19	하반기 경제종합대책 발표. 임금인상 10% 내에서 억제, 국민임금 조정위 설치, 경제성장률 7.5%로 조정, 세액공제 6개월 연장 등
	노 대통령, "경제가 중대한 갈림길에 서 있다. 이대로 가다간 내년부터 정말 큰 문제가 생길 것. 경제가 무너지면 민주화도 안 된다"고 강조
6. 20	야3당, 강도 높은 경기부양책 촉구. 환율동결, 금리인하, 추경편성
6. 27	대우조선 30일 만에 정상조업
6. 30	임수경, 밀입북

7. 2	종합주가지수 850선 깨져
7. 4	대전엑스포계획 확정 발표(3천억원 예산)
7. 7	토지공개념 세부안 확정, 입법 예고
7. 8	경제정의실천 시민연합 발족
7. 14	도시 가계근로자 소비증가율(25.6%)이 소득증가율(21.5%) 앞서
7. 16	IMF, 원화 추가절상 불필요하다고 권고
7. 20	안기부장 및 6개 장관 경질. 보사 김종인·건설 권영각·노동 최영철
7. 27	7월 수출 1% 감소
	재산세 과표현실화 조기 실시 기획원 찬성, 내무부 반대
8. 17	재산세 과표, 92년까지 시가의 60% 수준으로 끌어올리기로 결론(당초 계획보다 2년 앞당겨)
8. 26	토지초과이득세 내년 시행. 유휴지 상승분 50%를 과세
8. 29	대우조선 등 조선 3사 합리화대상 지정
9. 2	경기부양책 놓고 정부·업계 논란
9. 5	기획원, 성장전망 재수정. 7.5%에서 7.2%로 하향 조정
9. 6	민정당, 토지공개념 대폭 수정 요구. 서상목 의원, "한꺼번에 실시하면 중산층 세부담 과중, 단계적으로 실시해야"
9. 7	야당, 토지공개념 정부안 지지. "기득권층 보호 위한 수정 말라."
9. 9	5개 지방투신사 내인가
9. 27	쌀 경작지 줄이기로
9. 28	전경련, 토초세 입법유보 촉구
9. 29	국제수지 3년 만에 적자로(한은)
9. 30	문희갑 경제수석, 관훈토론회에서 "6공 경제정책은 경제정의 실현에 역점을 두겠다."

10. 6	공휴일 축소 검토. 연휴제도 전면 재검토
10. 13	재무부, 기업공개 요건 강화 방침
10. 14	건설부, "아파트 분양가 현실화, 분당아파트 분양부터 적용 실시하겠다."
10. 25	경실련, 전세임대계약 2년으로 연장하는 것을 골자로 하는 세입자 종합대책 마련
10. 29	미국, 한국을 환율조작국으로 재지정
11. 1	추곡수매 연기
11. 4	전국에 라면 쇼크. 공업용우지로 라면 만든 5개 업체 대표 구속
11. 10	경기부양으로 정책 선회. 조순 부총리, "위기상황을 극복하기 위해 정부는 적극적인 부양책을 펴나가겠다. 재무부와 협의해 금리도 내리겠다."
11. 15	은행대출금리 1%포인트 인하
11. 17	보사부, "우지라면 인체에 무해하다."
11. 21	3야당총재, 추곡가 20% 인상 관철키로 합의
11. 22	당정회의, 한은법 개정 유보키로 주가 1주일 사이에 50포인트 하락
11. 25	재무부, 증권사에 특별담보대출자금 3천억원 지원
11. 29	문희갑 경제수석, "토지공개념 정책을 강화하기 위해 제2단계 토지정책 추진, 업무용부동산 범위 축소, 산림법 개정, 경기진작 위해 환율 인하, 정치투쟁하는 노동운동 발본색원, 증시육성에 우선순위 두고 적극적인 대책 마련"
12. 7	분당아파트 분양신청 경쟁률 48대 1 외국기업 12곳 노사분규로 휴·폐업
12. 8	수도권 정비계획 완화. 수도권 자연보전지역에 공장·택지 건설 부분 허용
12. 10	기획원, 부총리를 위원장으로 하는 경제위기관리위원회를 연내에 발족시키고 노사분규문제 전담기구를 청와대 내에 설치를 추진하겠다고 발표

12. 11   언론들, 주가 속락에 '증시위기'라고 대서특필
12. 12   '12·12조치'. 한은의 발권력을 동원, 투신을 통해 주식을 무제한 매입키로
12. 15   4당, 농어촌 부채탕감방안 최종 합의
12. 16   청와대 영수회담, 5공청산 연내 종결 합의
12. 23   기획원, 90년 경제운용보고. 성장 6.5%, 흑자 20억~30억달러, 소비자물가 5~7% 상승
12. 27   토지초과이득세 90년 1월 1일부터 시행키로
12. 31   전두환 전 대통령, 국회청문회 출석 증언

1990

1. 4   김일성 신년사, "남북 자유왕래 협의하자"
1. 9   현대자동차노조, 태업=무임금 수용
1. 10   종합토지세율 부분 인하키로
1. 12   재벌들, 골프장 건설계획 취소(삼성·럭키·코오롱·동아·한국화약 등)
1. 18   대외경제정책연구원 개원
1. 19   물가대책회의, 서비스요금 중 인상 1년 이내의 것은 동결
1. 20   '산업평화의 정착과 임금 안정을 위한 보고', 노동운동 제3자 개입 엄벌
1. 22   민정·민주·공화 3당 합당 선언
         주가 25.6포인트 상승
1. 24   평민당, 합당반대 천만명 서명운동 전개
1. 25   KDI, 90년 경제성장률 6.5%로 전망
1. 30   주한 미공군 3개 기지 철수
1. 31   조순 부총리, "토지공개념과 금융실명제는 당초 계획대로 추진하며 실시 시

	기를 늦출 수 없다"
2. 1	89년 산업생산증가율 3%로 80년대 이후 최저(기획원 산업동향 보고)
2. 2	물가 1월 한 달에 1%나 급등. 정부, 전화·전기료 곧 내리기로 결정
2. 10	민주자유당 창당
2. 17	전세·임대료 등록제 실시
2. 18	국세청, 주택임대료 조사 착수
2. 23	종합토지세 최고세율 2%로 최종 확정 보고
3. 1	제1차 경제난국극복위원회에서 민간위원들, 실명제 반대
3. 2	노 대통령, "남북경협 즉각 협의하자"고 제의
3. 3	국제수지 4년 만에 적자로 반전, 1월에 4억2천만달러 적자
3. 4	제4땅굴 발견
3. 18	개각. 15부 장관 경질. 이승윤 부총리·김종인 경제수석·정영의 재무·박필수 상공·강보성 농림수산·이희일 동자
	이 부총리, "실명제 재검토하겠다. 한국경제는 4마리의 토끼 다 놓쳐버리는 위기에 처해 있다"며 정책 대전환 예고
	김 수석, "기업들의 투자의욕 회복시키는 것이 급선무. 사회간접자본 확충이 시급"
3. 20	건설부, 작년 땅값 31% 올랐다고 발표
3. 22	민자당, 경제정책 둘러싸고 내부갈등 표출. 경제활성화대책에는 합의, 그러나 실명제는 민주계가 실시 주장하는 데 반해 민정·공화계는 연기 주장
3. 23	김영삼 민자당 대표최고위원, 소련 방문 고르바초프와 회담
3. 28	89년 경제성장률 6.7%
3. 31	한·소 수교 합의
4. 1	경기선행지표 상승세로 반전

4. 3   순외채 다시 증가
4. 4   상공부, "사치성 수입품 유통실태 파악하겠다."
       '4·4조치' 발표. 금융실명제 무기 연기, 실세금리 1% 인하 유도, 설비자금 1조원 증액키로
4. 8   1분기 총통화(M_2)증가율 23.5%
4. 17 종합주가지수 777 기록. 언론들, 증시붕괴 상황이라며 정부의 대응책 촉구
4. 21 물가 연말 억제선 육박. 도시가스·전기료·시외전화요금 인하
       증권가 잇따른 시위, 전광판 등을 부수기도
4. 24 1분기 성장률 7.1% 기록
4. 27 종합주가지수 하루에 29포인트 하락
4. 28 청와대 경제장관회의. 증시에 무리한 부양책 안 쓰기로, 재벌의 부동산 처분 강력히 유도
4. 29 현대계열 9개사 연대파업, 600명 경찰 연행
       이승윤 부총리, "비업무용부동산 철저 색출하겠다."
4. 30 노 대통령, 부동산 및 증시특별대책 수립 지시
5. 1   KBS 노사분규사태에 공권력 투입
       노 대통령 지시로 심야에 경제장관회의 소집. 증시대책 논의, 재무장관은 ADB 총회 참석 중 급거 귀국
       '메이데이' 연대투쟁 확산 조짐(마산·창원 및 인천지역)
5. 3   재벌 부동산매입 동결 방침
       증권시장안정기금 발족. 2조원 자금 조성, 주식 매입
5. 4   주가 32포인트 급상승
5. 5   부동산 변칙매입한 재벌 4개 업체에 연체이자 122억원 첫 부과
       김종인 수석, "부동산문제, 경제로 안 되면 정치로라도 해결해야 한다. 총체

	적 위기론은 무책임한 것. 난국 규정은 성급하다."
5. 8	'5·8부동산대책' 발표. 대통령 특별담화, "대기업과 금융기관이 가지고 있는 비업무용부동산과 과다한 부동산은 강제로라도 매각토록 할 것. 연내에 정치·경제 안정 내가 책임지고 이룩할 터"
5. 9	경제장관 합동회견. 49개 재벌 부동산매입 금지, 비업무용은 6개월 내에 매각해야
	증권시장안정기금 배로 늘려 4조원 조성키로
	정부, 재벌 보유부동산의 10% 수준을 매각토록 요구
5. 11	10대 그룹, 1천 569만평 매각하겠다고 발표
5. 12	청와대에 특명사정반 설치
	25개 증권사도 부동산 매각
5. 13	사치성 건축 전면 금지
5. 15	주가 계속 하락
	현대자동차 전면 파업 돌입
5. 18	수도권 공장 신증설 대폭 허용
	박필수 상공, 환율 8~9% 추가인상 추진
5. 22	아파트 분양가 10~15% 인상
5. 25	일본 왕, "통석의 염을 금할 수 없다"고 사과
6. 1	물가안정에 행정력 총동원, 시장·도지사 긴급 소집
6. 2	경기 3개월째 상승
6. 6	샌프란시스코에서 한·소 정상회담. 수교원칙 합의
6. 16	KDI, 90년 물가 12~13%, 성장 9%, 국제수지 18억달러 적자로 전망치 수정
6. 17	이승윤 부총리, "건설과열 막기 위해 주택금융 단계적 축소하겠다."
6. 26	국세청, "5대 재벌 땅 18%가 비업무용"

6. 27	하반기 경제운용 수정. 성장보다는 안정에 치중
7. 1	상반기 물가 7.4% 상승. 81년 이후 최고 수준
7. 17	상속·증여세 시효 세제개편 통해 10년으로 연장키로
	주가 683으로 폭락(연중 최저)
7. 26	당정회의, 지자제 선거 내년 초에 실시
7. 27	OPEC회의, 기름값 20달러로 인상
8. 2	기름값 인상. 유가 전면 재조정
8. 3	이라크, 쿠웨이트 점령. 국제유가 폭등세
8. 18	휘발유값 21.7% 인상, 주차료도 대폭 올려
8. 21	이창석 씨, 법정구속
8. 23	한은, 2분기 성장률 9.7%로 발표
	종합주가지수 600선 위협
8. 24	국제유가 30달러 돌파
9. 1	아파트 기준시가 46.5% 인상
9. 5	남북 총리, 분단 후 첫 회담
9. 18	주가폭락세 거듭. 종합주가지수 570선 깨져
9. 19	수익률 보장 주식형펀드 2조 6천억 규모로 신설
	주가 폭등세로 돌변. 23포인트 상승
9. 20	3부 장관 경질. 농림수산 조경식·건설 이상희·환경처 허남훈
10. 1	한·소 수교
10. 5	독일 통일
10. 7	UR 농업대책 경제장관회의, 쌀·보리 등 9개 농산물 제외키로
10. 9	김대중 평민당 총재, 내각제 포기와 지자제 실시 등을 요구하며 단식에 돌입
10. 14	노 대통령, '범죄와 폭력에 대한 전쟁' 선포

10. 16	주택 건설 초과달성. 9월까지 55만 8천 가구, 연말까지 60만 가구 넘을 듯
10. 19	강영훈 총리, 북한을 방문해 김일성 면담
10. 20	종합토지세 이의신청 쇄도. 전산화 미비, 과세 근거 몰라
10. 21	김대중 총재, 13일 만에 단식 중단
10. 26	이승윤 부총리, 청와대에서 내년도 경제정책운용 보고. 추곡가와 임금인상을 한 자리로 억제, 성장은 6.5%~7%, 국제수지는 20억달러 적자, 소비자물가 8~10% 상승
11. 1	새 민간방송 지배주주로 태영 선정
11. 3	미국, 과소비 추방운동 중단 요청
11. 8	쌀 생산 3천 900만 섬
11. 9	핵폐기물 시설에 반대하는 안면도 주민 1만명, 지서와 예비군 무기고에 방화. 치안행정 완전 마비. 과기처장관, "주민들 반대하면 백지화하겠다."
11. 10	과기처장관 경질. 김진현 씨 임명
	미국, 국내 은행과 동등한 대우 요구
11. 11	국세청, 재벌이 자진매각키로 한 땅 중 17.6%(금액 기준) 구제하겠다고 발표
11. 15	미국, TV광고 확대 요구
11. 16	미국 솔로몬 차관보 내한, 한국의 UR 비협조에 불만 표시하며 소비억제운동 경고
11. 23	대처 영국 총리, 전격 사임
11. 25	휘발유·등유값 28% 인상
11. 28	리콴유 싱가포르 총리, 31년 만에 퇴임
12. 1	UR 협상대표 50명 브뤼셀 파견
	'우리 농산물 먹기' 시민운동 확산
12. 7	UR 브뤼셀협상 결렬

12. 13	노 대통령, 소련 방문
12. 23	주택 200만호 건설 1년 앞당겨 달성. 건설부 전망 90년 75만 가구 건설로 사상 최대
12. 24	조순 전 부총리, 방미 귀국회견에서 "한·미관계가 멀어지고 있어 신뢰관계 회복이 시급하다"고 강조
12. 28	개각. 총리 노재봉·체육 박철언·상공 이봉서·교통 임인택·노동 최병렬·비서실장 정해창
12. 29	90년 소비자물가 상승률 9.4% 기록
12. 30	전두환 전 대통령, 연희동 집으로 귀환

1991

1. 6	정부, 관계장관회의 열어, 미국의 통상 불만사항 대폭 수용키로 결정
1. 8	고르바초프, 친서 보내 경협차관 빨리 매듭지어 달라고 촉구
1. 9	가이후 일본 총리 방한. 양국 정상회담
1. 13	청와대에서 긴급 경제장관회의. 페르시아만사태와 지자제 선거로 생필품물가 급등에 대응책 마련
1. 16	정부, UR대책 확정 발표. 서비스시장 전면 개방 등
1. 18	승용차 10부제 실시
1. 19	요금인하 불응업소 세무조사
1. 23	소련에 30억달러 차관 제공키로 양국 대표단회의에서 합의
2. 1	시내버스요금 인상. 일반 170원, 좌석 470원
2. 4	수서특혜 시비로 정국 긴장
2. 5	무역협회 차기 회장에 금진호 씨로 회장단회의에서 결정. 이에 대해 각계 비

　　　　판 제기
2. 8　검찰, 수서특혜 수사 착수
2. 12　박용학 대농회장을 금진호 씨 대신 차기 무협회장으로 선출
2. 17　수서 관련 의원 5명 구속
2. 19　개각. 부총리 최각규·건설장관 이진설 등
2. 20　민자당 3역도 교체. 사무총장 김윤환·정책위의장 나웅배·원내총무 김종호
　　　최 부총리 첫 간담회, "물가안정에 정책의 최우선 두겠다."
2. 27　최병렬 노동장관, "부족한 광부 보충하기 위해 외국인근로자 수입 허용을 적극 검토하겠다."
3. 1　부시 미 대통령, 걸프전쟁 종전 선언
3. 5　부동산 매각처분 시한 넘긴 재벌에 금융제재 시작
3. 12　첨단인력 연간 5천명씩 양성키로. 이공계 대학정원 증원
3. 21　낙동강 페놀오염 파동
3. 26　지자제 기초의회선거
3. 29　차세대 전투기사업 F16으로 확정
3. 30　90년 경제성장률 9%, 1인당 GNP 5,569달러
　　　농수축산물 94년까지 131개 추가 개방
4. 16　건설부, 아파트 분양값 인상
4. 20　제주도에서 한·소 정상회담
4. 27　시위대학생 강경대 군 경찰에 맞아 사망
5. 2　서울 17개대 총장, 평화시위 보장과 분신 자제 호소
5. 3　투신사에 국고 여유자금으로 2조원 지원
　　　분신자살 확산
5. 4　정부, 건설경기 진정책 발표. 정부사업 9월까지 중단 등

5. 10	128개 대학 동맹휴업
5. 11	민자당, 보안법·경찰법 등 '개혁입법' 변칙 처리
5. 19	강군 유해 24일 만에 매장
5. 25	개각. 총리 정원식·재무 이용만·동자 진념·법무 김기춘·보사 안필준
6. 4	정원식 총리 외대 학생 300여명으로부터 집단폭행
6. 15	증시 내년 1월부터 외국인에게 개방
	소련 대통령 옐친 당선, 공산주의 끝장 선언
6. 21	민자당, 광역선거에서 압승
6. 22	주가 600선 깨져
6. 26	불량레미콘사건으로 신도시 건설 연기론 대두
6. 29	최각규 부총리, "신도시 건설 및 분양, 필요하면 순연"
7. 2	시멘트 구하기 전쟁
7. 7	아남정밀 부도
7. 8	건설부, 신도시 부실업체 재시공 조치. 올해 분양분 3만 가구 연기
7. 10	건설투자 및 신도시 건설대책 발표. 주택 25만 가구 신축 억제
7. 16	국세청 한보에 탈세 조사
7. 21	IMF, 재정긴축과 내수 억제 권고
7. 25	농지소유상한선 6만평으로 확대(내년 시행 추진)
7. 27	최각규 부총리, "재벌의 계열사 간 상호지급보증을 규제해 나가겠다."
7. 30	주가 700선 돌파
8. 6	토지초과이득세 첫 부과액 6,135억원
8. 14	이봉서 상공장관, 무역적자 당초 예상보다 20억달러 더 늘어날 것으로 전망
8. 24	재무부, 금리자유화 1단계계획 실시
8. 25	고르바초프, 소련공산당 해체 선언

	부동산 경기침체 가속, 복덕방들 문 닫아
8. 29	북한 평산에 우라늄농축시설 완공
9. 1	물가상승 10년 만에 최고, 금년 들어 8.3% 올라
9. 3	노 대통령, 수석비서관회의에서 경제부처 낙관론 질책. "국민 모두가 오늘의 경제상황을 어렵게 보고 있는데 청와대와 경제부처들만 낙관적으로 보고 있다."
9. 11	새 통합야당, 민주당 출범
9. 12	동양정밀, 법정관리 신청
9. 18	미국, 한국의 과소비 추방에 301조 발동 검토
9. 24	남북한 유엔 동시 가입
10. 2	달러환율 743.60원으로 연중 최고 수준
10. 3	서영택 국세청장, 국감 답변에서 "현대 정 회장 일가 주식 이동 및 상속 조사 중"
10. 4	통일벼 수매 내년부터 중단
10. 8	현대 정주영 회장, "미공개주식 수조원 은퇴 후에 사회재단에 기증" "정계에 입문할 뜻 전혀 없고 사업가로 남겠다."
10. 9	은행감독원장, 주력업체 대출심사 강화할 것을 은행장들에게 지시
10. 10	노 대통령 시정연설. 내년 성장 8% 유지
10. 12	최저임금 20만 9천 50원으로 결정
10. 14	최각규 부총리, 국회 답변에서 "쌀개방 않는다"
10. 20	이용만 재무장관, "통화량 늘더라도 중소기업 자금지원 적극적으로 하라"고 은행장회의에서 지시
11. 2	현대그룹에 1,361억원 세금 추징. 한진에도 515억원
11. 3	경제장관회의, 토지보상에 채권으로 지급키로

11. 6	노동법 개정 백지화
11. 7	삼성그룹, 신세계와 전주제지 분리
	집값 6개월째 하락
11. 8	9개 경제부처 장차관회의, 해외인력 종업원 수의 최고 10%까지 수입 허용키로 결정.
11. 9	최병렬 노동장관, 총액임금제는 예정대로 내년 1월부터 시행
11. 11	칼라 힐스 USTR대표 방한. 쌀개방에 예외 없다
11. 12	민자당, 제주개발법 제정 유보키로. 주민들 반발
11. 13	기획원, 7차계획 통해 재벌 소유분산 강력 추진키로
11. 18	정주영 회장, "돈 없어 세금 못 내겠다"며 법정투쟁 선언
11. 19	정부 고위 당국자, "국가 기능과 존립을 무시하는 방자한 행위"라고 정주영 회장 비난
	외환은행, 현대계열 3사에 대해 여신제재 착수
11. 21	현대, 921억원 납세키로 태도 바꿔. 나머지 440억원은 유예신청
12. 4	소련 해체
12. 10	한국, ILO 가입
	정주영, "직접 정치할 생각 없고 훌륭한 정치인 밀어주겠다. 93년께 경영일선에서 물러나겠다."
12. 13	남북합의서 타결
12. 17	무역금융 확대 등 제조업경쟁력강화 대책 보고
12. 20	개각. 7개 장관 경질. 상공 한봉수·건설 서영택·국세청장 추경석 등

1992

1. 4　외국인투자 개방 첫날, 매수주문 폭주
1. 7　동자부 산하기관 자가용 10부제 운행 시작
1. 8　일본 오리온전자, 단독투자기업으로 첫 철수
1. 9　정주영 씨, "연 2회씩 정치자금 냈다"고 폭로
1. 10　청와대 정치헌금 접수 시인
1. 11　노 대통령, "김영삼 대표가 당의 중심"이라고 공언
1. 15　상공·건설장관, 임금 5% 이상 올리는 기업 제재키로
1. 19　일부 은행, 긴급대 금리 0.5% 인하
1. 21　김우중 대우회장, 김일성 면담
1. 23　이용만 재무장관, 최종현 선경 회장과 통화금리 논쟁
　　　한은, 1분기 경기둔화 가속 예상
1. 25　일부 시중은행, 중소기업 당좌대월 금리 0.5% 인하
2. 1　정부기관, 승용차 10부제 실시
　　　한·중무역협정 발효
2. 8　EC 국가들, 마스트리히트조약 서명. 9개국 단일시장, 공동안보 체제 구축
2. 13　남덕우 전 총리, "정치 잘못으로 경제난국 심화되고 있다. 정책의 일관성도 없다"고 경총 연설에서 주장
2. 15　최각규 부총리 취임 1주년 회견, "7% 성장은 의도했던 정책의 결과다. 수입추이를 잘못 판단해서 국제수지 관리 면에서 착오가 생겼다."
2. 22　국세청, 수출업·제조업에 세무조사 유예
2. 23　현대그룹, 투신사들 회사채 인수 기피로 자금조달에 애로
3. 1　현대, 금융제재 해제 탄원. 재무부, "규정 따를 뿐"

3. 4	경제 5단체장, 현대사태 원만한 해결 촉구
3. 25	14대 총선에서 민자당 과반의석 확보 실패. 국민당 돌풍
3. 26	김건 한은총재 퇴임. 후임에 조순 전 부총리
3. 28	91년 1인당 GNP 6,498달러
3. 30	30대 재벌 가지급금 조기 회수토록 감독원 지시
3. 31	개각. 내무 이동호·농림수산 강현욱·경제수석 이진설
	증시 600선 깨져
4. 4	현대전자 대출금 유용했다고 은행감독원 발표
4. 5	현대 측, 일반적인 금융관행이라며 소명자료 제출
4. 9	국세청, 현대상선에 271억원 세금 추징. 정몽헌 부회장 등을 고발
4. 10	정주영 국민당 대표, "현대 탄압하면 경제파탄 부른다. 대통령 출마한다."
4. 21	1분기 성장률 7.6%
	정몽헌 씨 구속, 비자금 조성 시인
4. 30	신정제지, 상장 3개월 만에 부도
5. 1	미국 LA 흑인폭등. 한인상가 방화 약탈
	민자당 교육원 매각문제, 정치문제로 비화
5. 13	전경련, 이례적으로 감군 주장
5. 14	북한제 옷 수입(신성통상)
5. 15	은감원, 10대 그룹 가지급금 전면 금지
5. 16	국민당, 정주영 씨를 대통령선거 후보로 선출
5. 17	조순 한은총재, 투신사 특융 반대. "재정에서 하라."
5. 26	지방투신사에서 예금인출사태 발생
	국세청, 중소기업 1년간 세무조사 면제
5. 27	민주당, 김대중 씨를 대선후보로 선출

5. 28	한은, 부실화된 투자신탁에 2조 9천억원 한은특융 지원
5. 29	한은, 1분기 성장률 7.5% 추정
5. 30	외환은행, 현대 가지급금 6월 1일부터 금융제재
6. 13	국세청, 증시활성화 위해 자금추적 중지키로
6. 25	기름값 13.4% 인상
	한은, 하반기 경제성장률 7.2% 예상
6. 27	공공요금 하반기 동결
7. 2	제조업경쟁력강화대책. 운전자금에 3자담보 허용, 공장건립 규제 완화
7. 3	재벌상호지보 규제 법제화. 공정거래법 개정
7. 24	정보사 땅사기사건 관련, 금융계 44명 문책
7. 25	단자여수신 금리 인하
8. 8	한은 통화관리 강화. 18.5% 목표 달성 위해
8. 11	김우중 대우 회장, "신당 창당설은 흘러간 옛일"
	투신에 대한 특융지원 집행
8. 14	시중 실세금리, 오름세로 반전
8. 24	증시안정대책 발표. 1년 안에 3조 9천억원 조달
	한·중 수교(대만 단교)
8. 29	제2이동통신 차기 정부로 이관 결정
9. 3	세제 개편. 근소세 최고 33.6% 인하
9. 7	설비투자 10년 만에 첫 감소
9. 8	국제수지적자 예상액 50억달러에서 30억달러로 수정
9. 16	시중 실세금리 전반적으로 인하추세 본격화
9. 23	재무부, "실명제, 지금 거론할 때 아니다."
9. 25	내년도 정부 예산안, 14.6% 늘려 38조원

9. 26	유럽 통화위기
10. 4	포철 박태준 회장, 이사회서 사퇴 선언
10. 6	서울고법, 토초세 부과가 잘못됐다는 첫 판결
10. 12	노태우 대통령 시정연설, "선거에서의 관권 개입을 단호히 대처"
10. 15	김우중 대우 회장, 대선 출마설
10. 26	종합주가지수 24.8포인트 급등. 580선 회복
10. 29	김우중 회장, 불출마 선언. "경제인으로 국가 발전 돕겠다."
11. 4	클린턴, 미국 대통령 당선
11. 6	유창순 전경련 회장, "정치자금 안 내겠다."
11. 7	검찰, 현대의 대선 사전선거운동 혐의 조사
12. 4	경찰, 현대 계열 4사에 대해 압수수색
12. 5	현대중공업의 재정출납 담당직원 정윤옥 씨, 국민당에 203억원 줬다고 폭로
12. 8	현대사태(비자금 추적) 파문 확산
12. 18	김영삼 민자당후보, 대통령 당선

1993

1. 4	92년 수출, 767억 8천만달러로 작년동기보다 6.7% 늘어나는 데 그쳐
1. 6	남북한 농산물교역 본격화. 마늘과 양파를 보내고 참깨와 메밀 반입키로
	92년 기업부도 1만개 웃돌아
	전경련 회장단, 인위적 재벌해체 반대의사 표시
1. 8	정부, 설비투자 부추기기 위해 제조업에 무제한 외화대출 해주기로. 수출업체가 아닌 곳에도
	증시, 오름세로 반전. 주가 700선 돌파

1. 11　한·미 반도체분쟁 심화
　　　　정주영 씨, "정치발전기금 2조원 못 내겠다."
　　　　미 무역대표부(USTR), 한국에 경제정책 대화 제의
1. 13　검찰, 현대중공업 최수일 사장 구속
1. 14　미, 이라크 공습 단행
　　　　크리스토프(미 차기 정부 국무장관 내정자), 쌀시장 개방하지 않으면 한국에 불행한 일이 있을 것
　　　　국제심판소, 롯데와 포철에 대한 토초세 부과조치는 부당하다고 판결. 483억 원 환급토록 조치
1. 15　정주영 국민당 대표, 검찰 소환
1. 19　국세청, 모토롤라·필립모리스 등 국내 진출 외국기업에 대한 특별 세무조사
　　　　조순 한은총재, "금리자유화와 재할금리 인하를 조속히 추진"
1. 20　대통령인수위 활동 본격화
1. 25　고속전철, 프랑스와 독일 등 2개국으로 압축
　　　　재할인금리 등 금리인하 조치. 평균 1~3%포인트 인하
　　　　외국기업 철수 증가세로
1. 27　최종현 선경 회장, 전경련 회장으로 내정(유창순 씨 후임)
1. 30　최각규 부총리, "안정기조 계속 유지하는 게 바람직하다."
2. 1　정권인수위, 김영삼 차기 대통령에게 신한국기획단을 대통령직속기구로 만들겠다고 보고
2. 2　정주영 씨, "정치 계속하겠다. 대선 때 현대에서 빌린 비자금(500억원) 1주일 안에 갚겠다"고 발표
　　　　김 차기 대통령, "감사원의 위상 높여 부패 척결하겠다."
2. 6　검찰, 정주영 대표 불구속 기소. 정 씨 현대에 509억원 갚아

	민자당, 체육부와 동자부 폐지 추진 밝혀
	은감원, 은행의 불건전 관행에 대한 단속 강화키로
2. 9	정주영 대표, 기자회견을 통해 정계은퇴 선언. "대선 때 양 김씨 비난해 죄송하다. 앞으로는 경제에 전념하겠다"고 밝혀
	현대주 상한가
2. 10	국제원자력기구(IAEA), 북한핵 특별사찰키로
2. 11	김영삼 차기 대통령, "사정기관부터 사정하겠다. 취임 직후 이를 즉각 단행하겠다."
2. 12	기업들, 불황으로 감원 선풍
	최종현 선경 회장, 전경련 회장 취임
2. 15	경제기획원, 실업률 87년 이후 최고 수준 전망
	정부, 93년 예산 3천억원 절감 추진(김 차기 대통령 지시)
2. 17	새 정부 청와대 비서진 발표. 비서실장 박관용·경제수석 박재윤·정책수석 전병민·공보수석 이경재 등
2. 19	김 차기 대통령, 공휴일 축소 검토 지시. 복수노조는 시기상조라고 밝혀
2. 22	내각 내정자 발표. 총리 황인성·감사원장 이회창
	정주영 씨, 의원직 사퇴
	주가 17포인트 급등
2. 23	노태우 대통령, 고별 기자회견. "대임 완수하도록 도와준 국민에 감사"
2. 24	노태우정부의 마지막 국무회의
2. 25	김영삼 대통령 취임. "개혁은 위로부터. 부패 척결하고 경제 회복하겠다."
	남북회담 제의
	조각. 경제기획원 이경식·재무 홍재형·상공 김철수·농림수산 허신행·동자 진념·건설 허재영 등

찾아보기
(인명 한자표기 포함)

◆ ◆ ◆ ◆

12·12조치	225, 424	김건(金建)	374
12·28 민생치안 특별선언	184	김경우(金耕宇)	426
13대 총선	79	김대중(金大中)	500
200만호 건설	245	김동휘(金東輝)	123
3저 호황	56	김병로(金炳魯)	69
5·8조치	296, 302	김병주(金秉柱)	371
6·29선언	31	김복동(金復東)	115
6공 개각 내용	113	김봉호(金琫鎬)	96
88서울올림픽	56	김식(金湜)	92
		김안제(金安濟)	149
강경식(姜慶植)	205	김영삼(金泳三)	230, 353
강만수(姜萬洙)	461	김영주(金榮柱)	495, 499
강보성(姜普性)	452	김영진(金榮珍)	268
강봉균(康奉均)	176, 221, 440	김옥숙(金玉淑)	110
강성진(姜聲振)	429	김용갑(金容甲)	46, 111, 147
강영훈(姜英勳)	293	김용환(金龍煥)	87, 94, 378
구본영(具本英)	141	김우중(金宇中)	187
구자경(具滋暻)	34, 322	김인호(金仁浩)	216, 220
권영각(權寧珏)	244	김재익(金在益)	67
근로기준법	199	김정렴(金正濂)	378
금리자유화	397	김종기(金鍾基)	92
금융거래실시준비단	210	김종인(金鍾仁)	51, 67, 133, 140, 217, 307, 486, 497
금융실명제	206		
금진호(琴震鎬)	115, 118, 429	김종필(金鍾泌)	373

541

김종휘(金宗輝)	73, 479
김준성(金埈成)	332
김한곤(金漢坤)	97
나웅배(羅雄培)	26
남궁호(南宮浩)	340
노재봉(盧在鳳)	136, 286
노태우(盧泰愚)	25~502
농어촌 부채경감에 관한 특별조치법	86
대기업의 업종전문화정책	311
무노동 무임금	188
문동환(文東煥)	381
문희갑(文熹甲)	65, 71, 130, 132, 139, 207, 218, 227, 240, 265
민병균(閔炳均)	217
박경수(朴炅秀)	101
박관용(朴寬用)	355
박상우(朴相禹)	102
박성상(朴聖相)	366
박수길(朴銖吉)	451
박승(朴昇)	25, 129, 137, 235, 240
박영숙(朴英淑)	381
박영철(朴英哲)	158
박운서(朴雲緖)	359
박재윤(朴在潤)	370, 400
박정희(朴正熙)	128
박종근(朴鍾根)	195
박준규(朴浚圭)	91, 276
박철언(朴哲彦)	116, 478
박태준(朴泰俊)	345
박필수(朴弼秀)	294
백원구(白源九)	82, 399
변양호(邊陽浩)	398
변형윤(邊衡尹)	451
부실기업 정리	337
북방정책	477
불량레미콘사건	250
사공일(司空壹)	52, 82, 108, 397, 432
서상목(徐相穆)	274, 281
서영택(徐榮澤)	159
선진·화합 경제종합대책	206
송언종(宋彦鍾)	350
시장평균환율제	448
신도시 건설계획	239
신경식(辛卿植)	101
신두영(申斗永)	47
신명수(申明秀)	120, 413
신병현(申秉鉉)	53
신현확(申鉉碻)	148
신형식(申洞植)	264

안병화(安秉華)	118	이석용(李錫龍)	463
안무혁(安武赫)	47	이석채(李錫采)	76, 501
안현태(安賢泰)	51, 147	이수휴(李秀休)	220
양동생(梁東生)	187	이승윤(李承潤)	221
양수길(楊秀吉)	440	이용만(李龍萬)	413, 416
여소야대	79	이용성(李勇成)	444
오명(吳明)	52	이용희(李用熙)	47
우루과이라운드(UR)	449	이우영(李愚榮)	413
우재구(禹在九)	463	이원경(李源京)	468
원화절상	444	이원덕(李源德)	177, 191
유인호(俞仁浩)	451	이원조(李源祚)	118
유창순(劉彰順)	294	이일규(李一珪)	108
윤근환(尹勤煥)	102	이정재(李晶載)	408
윤재기(尹在基)	96	이진설(李鎭卨)	134
윤증현(尹增鉉)	211	이춘구(李春九)	47
윤한도(尹漢道)	264	이한빈(李漢彬)	146
이경식(李經植)	388	이현재(李賢宰)	47
이규성(李揆成)	404, 424	이형구(李炯九)	270
이규황(李圭煌)	264, 281	이환균(李桓均)	82, 289
이근영(李瑾榮)	264		
이기호(李起浩)	343	장덕진(張德鎭)	53
이동호(李同浩)	388, 424	장만화(張滿花)	339
이문옥(李文玉)	81	전대주(田大洲)	217, 297
이방호(李方鎬)	104	전두환(全斗煥)	40, 45, 60, 122, 128,
이병기(李丙琪)	333		332, 441
이봉서(李鳳瑞)	52	정기승(鄭起勝)	108
이상연(李相淵)	355	정세영(鄭世永)	217
이상옥(李相玉)	451	정인용(鄭寅用)	33

정영의(鄭永儀)	118, 431	한국중공업(한중)	342
정주영(鄭周永)	307, 315	한봉수(韓鳳洙)	350
정치자금	327	한·소 정상회담	486
정해창(丁海昌)	355	한승수(韓昇洙)	345
제2이동통신	347	한은법 개정	375
조경식(曺京植)	454	한은의 '독립운동'	365
조규하(曺圭河)	288, 301	한이헌(韓利憲)	221
조선공사	339	한호선(韓灝鮮)	100
조순(趙淳)	124, 131, 343	행정개혁위원회(행개위)	146, 151
조중훈(趙重勳)	321	허남훈(許南薰)	121
종합토지세(종토세)	269	허화평(許和平)	226
진념(陣稔)	117	현승종(玄勝鐘)	47
		홍성철(洪性澈)	49
총액임금제	192	홍영기(洪英基)	103, 337
최각규(崔珏圭)	134	홍종문(洪鍾文)	104
최동섭(崔同燮)	52	홍철(洪哲)	237, 246, 256
최명헌(崔明憲)	182, 189	황병태(黃秉泰)	87, 94
최병렬(崔秉烈)	192	황인성(黃寅性)	205, 355
최양부(崔洋夫)	454		
최연종(崔然宗)	392		
최종현(崔鍾賢)	120, 358, 413		
최창윤(崔昌潤)	355		
최호중(崔浩中)	468		
추곡수매가 국회동의제	95		
토지공개념	264		
토지보상금	258		
토초세(토지초과이득세)	251, 278		